本研究得到下列项目资助
国家自然科学基金项目（71040006）
北京市自然科学基金项目（9102021）

# 组织生态变迁研究

徐艳梅 范 昕 著

经济科学出版社

图书在版编目（CIP）数据

组织生态变迁研究／徐艳梅，范昕著．—北京：经济科学出版社，2013.4
ISBN 978-7-5141-3332-5

Ⅰ.①组… Ⅱ.①徐… ②范… Ⅲ.①企业管理-生态管理 Ⅳ.①F270-05

中国版本图书馆 CIP 数据核字（2013）第 083365 号

责任编辑：侯晓霞　王东岗
责任校对：隗立娜
责任印制：李　鹏

**组织生态变迁研究**

徐艳梅　范　昕　著

经济科学出版社出版、发行　新华书店经销
社址：北京市海淀区阜成路甲 28 号　邮编：100142
总编部分社电话：88191217　发行部电话：88191537
网址：www.esp.com.cn
电子邮件：esp@esp.com.cn
北京密兴印刷有限公司印装
710×1000　16 开　21.5 印张　380000 字
2013 年 5 月第 1 版　2013 年 5 月第 1 次印刷
ISBN 978-7-5141-3332-5　定价：48.00 元
（图书出现印装问题，本社负责调换。电话：88191502）
（版权所有　翻印必究）

# 序

"生态学"（ecology）一词源于希腊文，由"oikos"和"logos"两个词根组成，其本意是"研究住所"的学问。其后，生态学被界定为是研究有机体与其周围环境关系的一门科学。以帕克（Park，R.E.，1864~1944）和伯吉斯（Burgess，E.W.，1886~1966）等人为代表的芝加哥学派（Chicago school）的学者们最早将生态学的原理与方法运用于人类社会问题研究。

组织理论是管理理论体系中的重要内容，有完整的逻辑体系和内部结构。组织理论的核心是研究具有特定边界的组织与其外部环境的关系。组织生态学（organizational ecology）是在组织种群生态理论基础上发展起来的一门新兴交叉学科。它借鉴生物学、生态学、社会学等学科知识，结合新制度经济学和产业经济学等学科理论，研究组织个体的发展以及组织之间、组织与环境之间的相互关系。作为20世纪70年代以后自社会学中发展起来的一种研究"环境对组织结构影响"的理论，其所关注的核心问题是：组织随时间的发展变化。

"组织生态变迁"为组织理论、组织生态理论的核心与重点。即离开了环境，离开了组织与环境的互动，也就没有组织理论及组织生态理论。

不仅如此，组织生态学的理论研究本身，同样是动态的、变迁的，先后经历了一系列变化。20世纪70年代末到80年代末，研究主要集中在组织进入、组织退出、组织存活、组织设立和组织死亡等方面，此时，组织变革未被纳入到组织生态学的研究领域。20世纪90年代初到90年代中期，研究重点发展为社会环境如何影响组织的创建和死亡，以及组织形式的变化。从20世纪90年代末开始，主要研究影响组织种群演化的各种因素，演化经济理论、战略管理理论、制度理论、技术和创新管理理论等被极大程度地吸纳到组织生态学研究中。目前，组织生态学研究表现出一个明显的特征，也代表了该理论研究的一个重要发展方向：新型组织的生态学问题，如网络组织生态学和虚拟组织生态学等。

管理学作为一门独立的学科，从其诞生至目前，基本范式大体经过了三次转变。第一次是由科学管理范式向行为科学管理范式的转变，第二次是由行为科学管理范式向现代管理范式的转变，第三次是由现代管理范式向管理生态学范式的转变。其中，前两次转变的性质具有相通性，差异只是规模与体量上的。至第三次转变，情形有了根本性的变化，具体表现为，第一，管理生态学范式提供了一种全新的有机生态的世界观，实现了机械论的还原性世界观向有机论的整体性世界观的转变；第二，提供了一种全新的现代思维方式，实现了管理方法上的根本性转变。如果再进一步追究：为什么会出现这种根本性的变革？答案的核心必然涉及信息技术革命及其由此而导致的一系列技术创新。

信息技术创新对管理学领域带来的革命性影响表现在诸多方面。首先，与实体组织整合的资源只是企业内部现有资源相比，虚拟组织实现了超越传统组织边界、在更大的范围内整合资源的转变。也即，虚拟组织的革命性在于：原有组织的地理边界和能力边界在虚拟组织背景下均实质性得到了突破，由此，扩大了企业与外部的能动联系，企业的多样性与差异化明显增强，在这样的情形下，真正构成企业核心竞争力的因素也开始发生变化。其次，外界对企业的评价开始发生变化。由于企业与外部的联系在深度与广度方面都有所增强，则所有与企业发生联系的成员——企业的利益相关者，都无一例外地会对企业的表现做出各自的反应与评价，由此产生了组织有效性评价的崭新方法——利益相关者法。该方法的推广、普及，客观上起到了促进企业协调机能增强的作用，企业的柔性机能被进一步强化。最后，为迎合及适应外部评价的上述变化，企业的战略必然面临调整：由竞争战略过渡至蓝海战略，并进一步关注长尾战略，等等。

因此，组织生态变迁既体现在管理现实之中，亦体现在管理理论研究之中，二者相辅相成。研究组织生态变迁的客观现实，刻画变迁的性状、特征，记录变迁轨迹是必要的。同时，梳理组织生态学理论研究的脉络，挖掘研究深度的进化和研究广度的拓展，也是管理理论研究自身的需要。

本书是徐艳梅教授及其带领的团队在组织生态理论与实践方面深化研究的成果，在许多方面体现了创新性、实践性与有效性。我期待组织生态及企业仿生理论研究在我国有更多的发展与创新。

韩福荣<br>
2013.4

# 目　录

**第一章　绪　论** …………………………………………………… 1
　引言：新环境下的新问题 ……………………………………… 1
　第一节　企业生态及其变迁研究的意义 ……………………… 3
　　一、企业生态研究的意义 …………………………………… 3
　　二、企业生态变迁研究的意义 ……………………………… 5
　第二节　本书的研究思路 ……………………………………… 6
　　一、理论基础及框架 ………………………………………… 6
　　二、主要研究内容 …………………………………………… 8

**第二章　文献综述** ………………………………………………… 11
　第一节　前期理论 ……………………………………………… 11
　　一、关联理论 ………………………………………………… 11
　　二、不同学科视角的研究 …………………………………… 12
　第二节　国外相关研究综述 …………………………………… 24
　　一、进化、演化——生物学与经济学 ……………………… 24
　　二、组织生态理论研究 ……………………………………… 26
　　三、西方组织生态研究总结及分析 ………………………… 38

第三节　国内相关研究综述 …………………………………… 39
　　一、关于基本概念和基本现象的研究 …………………………… 39
　　二、国内相关研究的特征分析 …………………………………… 49
　　三、国内组织生态学深入研究的几个重要方向 ………………… 52

## 第三章　自然生态现象与组织生态现象 …………………… 55
第一节　自然生态 …………………………………………………… 55
　　一、生态学—经济学的渊源 ……………………………………… 55
　　二、生态系统 ……………………………………………………… 56
　　三、生态因子 ……………………………………………………… 56
第二节　组织生态 …………………………………………………… 58
　　一、企业组织的生命属性 ………………………………………… 58
　　二、企业组织的生命现象 ………………………………………… 60
第三节　组织生态系统 ……………………………………………… 63
　　一、概念背景 ……………………………………………………… 63
　　二、组织生态系统 ………………………………………………… 67
　　三、组织生态系统的特征 ………………………………………… 69
第四节　组织生态现象 ……………………………………………… 71
　　一、竞争 …………………………………………………………… 72
　　二、共生 …………………………………………………………… 75
　　三、捕食 …………………………………………………………… 76
　　四、协同进化 ……………………………………………………… 79

## 第四章　企业仿生与管理仿生 ……………………………… 90
第一节　流行性病毒传播 VS. 信息技术创新扩散 ………………… 91
　　一、流行性病毒传播扩散分析 …………………………………… 91
　　二、信息技术创新扩散分析 ……………………………………… 94
　　三、流行性病毒传播与信息技术创新扩散的仿生分析 ………… 96
第二节　精明捕食 VS. 战略合作 …………………………………… 99
　　一、食谱宽度模型及其启示 ……………………………………… 99
　　二、精明捕食假说与企业间的合作 ……………………………… 100
　　三、超前进化 VS. 业务归核 ……………………………………… 101
第三节　关键物种 VS. 核心（产业）企业 ………………………… 102
　　一、生物物种及其分类 …………………………………………… 102

二、关键物种与核心（产业）企业 …………………………… 104
　　三、核心企业及其经营特征 ………………………………… 107
　　四、主宰型企业对商业生态系统的影响 …………………… 112
第四节　动物求偶 VS. 企业招聘 ………………………………… 117
　　一、动物求偶行为 …………………………………………… 118
　　二、基于求偶行为的基因型企业招聘 ……………………… 118
　　三、动物求偶对企业招聘的启示 …………………………… 121

第五章　微观：基因变异与企业重组 ……………………………… 124
　第一节　生物进化与组织进化 …………………………………… 124
　　一、生物进化过程 …………………………………………… 124
　　二、组织进化过程 …………………………………………… 127
　第二节　组织演进 ………………………………………………… 129
　　一、组织结构演变 …………………………………………… 129
　　二、组织特征演进 …………………………………………… 132
　　三、组织评价标准演进 ……………………………………… 134
　第三节　组织变种的内在逻辑 …………………………………… 137
　　一、技术创新与业务归核 …………………………………… 137
　　二、能力要素与基因重组 …………………………………… 138
　第四节　技术创新与组织进化 …………………………………… 140
　　一、技术创新与组织进化协同发展 ………………………… 140
　　二、技术创新与组织机能进化 ……………………………… 142

第六章　老字号企业的组织惯例 …………………………………… 145
　第一节　组织惯例 ………………………………………………… 146
　　一、组织惯例的起源 ………………………………………… 146
　　二、组织惯例的特征 ………………………………………… 148
　　三、组织惯例的作用 ………………………………………… 150
　　四、组织惯例的演化 ………………………………………… 151
　第二节　老字号企业组织惯例的特征 …………………………… 154
　　一、老字号企业 ……………………………………………… 154
　　二、首批中华老字号样本统计分析 ………………………… 156
　　三、老字号企业的组织惯例及其特征 ……………………… 167

### 第三节　老字号企业组织惯例及其演化 …………………… 172
　　一、组织惯例演化的主要影响因素分析 ………………… 172
　　二、组织惯例演化的一般路径分析 ……………………… 173
　　三、老字号企业组织惯例的演化路径 …………………… 174

## 第七章　中观：种群生灭与产业兴衰 ……………………… 178
### 第一节　种群生态 ……………………………………………… 178
　　一、生境选择及其模型 …………………………………… 178
　　二、生境选择的灵活性 …………………………………… 179
　　三、领域行为 ……………………………………………… 180
### 第二节　种群密度与组织增长模型 …………………………… 181
　　一、最优社群与稳定社群 ………………………………… 181
　　二、种群密度及其调节 …………………………………… 182
　　三、组织密度与"环境非优定律" ……………………… 182
　　四、与密度有关的组织增长模型 ………………………… 184
### 第三节　技术创新与产业兴衰 ………………………………… 185
　　一、技术创新影响产业兴衰 ……………………………… 186
　　二、技术创新、自组织调节与产业变迁 ………………… 188
### 第四节　产业变迁的形式与意义 ……………………………… 190
　　一、极限形式——企业死亡 ……………………………… 190
　　二、普遍形式——企业"位移" ………………………… 196

## 第八章　数码成像带来的创新性毁灭 ……………………… 211
### 第一节　生态学原理与成像产业生态 ………………………… 212
　　一、数量特征与成像产业生态 …………………………… 212
　　二、成像产业生态及其因子 ……………………………… 213
　　三、成像产业生态格局 …………………………………… 214
### 第二节　数码技术对成像产业生态的影响 …………………… 214
　　一、数码技术彻底变革了成像产业的基本原理 ………… 214
　　二、数码成像的优势明显 ………………………………… 215
　　三、数码技术使化学成像迅速边缘化 …………………… 215
　　四、数码技术改变了成像产业的生态环境 ……………… 217
　　五、新技术促使产业内的生态物种协同进化 …………… 220

### 第三节　组织生态观视角下的成像产业生态分析 …………………… 222
一、数码技术与潜在生态位开发 ………………………………… 222
二、"正反馈循环"与逆向价值链模式 …………………………… 224

## 第九章　宏观：群落演替与产业变迁 ………………………………… 226
### 第一节　群落演替 …………………………………………………… 226
一、基本概念：演替、顶级与退化 ……………………………… 226
二、群落演替的权变因素 ………………………………………… 227
三、群落演替模型及演替中的物种分类 ………………………… 230
### 第二节　组织生态变迁 ……………………………………………… 231
一、产业进化 ……………………………………………………… 231
二、产业生态演变的启示 ………………………………………… 241

## 第十章　业竞天择——中关村产业生态变迁 ………………………… 242
### 第一节　中关村产业生态圈 ………………………………………… 242
一、中关村空间及地理概念 ……………………………………… 242
二、中关村产业生态及生态因子 ………………………………… 244
### 第二节　中关村产业生态演进过程 ………………………………… 247
一、产业生态演进过程 …………………………………………… 247
二、中关村科技园区生命周期分析 ……………………………… 256
三、中关村市场生态演进过程 …………………………………… 256
### 第三节　中关村产业生态演进路径 ………………………………… 261
一、"贸—工—贸"演进路径 ……………………………………… 261
二、演进路径成因分析 …………………………………………… 262
### 第四节　外资对中关村产业生态形成的影响 ……………………… 268
一、外资进入对区域生态要素的影响 …………………………… 269
二、外资对自主创新的作用 ……………………………………… 281
三、关于外资与中关村产业生态的几点结论与认识 …………… 288

## 第十一章　商业生态视角的中关村区域科技创新能力评价 ………… 291
### 第一节　中关村区域科技创新能力评价指标体系 ………………… 293
一、基于商业生态系统视角的区域科技创新能力构成要素 …… 293
二、区域科技创新能力评价指标体系 …………………………… 293
三、中关村区域科技创新能力评价指标体系 …………………… 294

第二节　中关村区域科技创新能力预警实证研究…………… 299
　　　　一、问卷编制…………………………………………………… 299
　　　　二、抽样与数据收集…………………………………………… 299
　　　　三、统计分析与讨论…………………………………………… 300
　　第三节　研究结论与政策建议……………………………………… 305
　　　　一、研究结论…………………………………………………… 305
　　　　二、政策建议…………………………………………………… 306
　　附件1　区域科技创新能力构成维度重要性评价问卷…………… 308
　　附件2　中关村区域科技创新能力调查问卷……………………… 311

**参考文献**……………………………………………………………… 314
**后　　记**……………………………………………………………… 333

# 第一章

# 绪　论

## 引言：新环境下的新问题

20世纪以来，随着科学技术的迅猛发展，人类的知识总量及生产能力大大提高，不仅对世界经济产生了深刻的影响，也对管理理念、经营模式、企业形态等产生了深刻的影响。与此同时，各学科的交叉、渗透日益明显并呈趋势化发展。

目前的经济体系已经明显地表现出复杂系统的特征：要素众多、变化剧烈、关系错综、无规律可言……面对这样的商业环境，企业管理人员及管理理论的研究者均需重新审视整个管理环境及其在过去所发生的一系列巨大变化，在这一过程中，非常有必要用更准确的概念界定这种新的环境及其变化。那么，究竟什么是相对准确的概念？什么又是相对有效的方法？以往行之有效的方法为什么不再奏效？

许多年来，在简单世界中，人们一直在机械论体系中探讨及研究问题，遵循的是线性规律。今天，在复杂世界中，面对非线性规律，什么是我们赖以遵循的？生物世界是最大的复杂世界，生物学方法是目前解决复杂体及复杂世界最有效的方法。因此，借鉴生物学理论与方法解决现实问题，可为我们提供一种全新的思路和视角。

事实上，人类社会也是生物系统的一个分支，人类的诸多行为模拟或近似于动物行为，这种客观基础的存在，也已经成为一系列相关研究殊途同归的前提背景。如现代演化经济学的兴起发轫于对企业惯例与生物基因相似性的研究；演化博弈理论起源于对动物和植物的冲突与合作的研究，后被推衍至社会经济系统及组织管理系统；产业组织理论范畴的策略性行为理论也与此有相通之处。尽管至目前为止，尚无人将这些内容直接与生态学相牵涉，但分析起来，被该理论所总结、归纳的一系列企业策略性行为，确实有许多内容类似于动物之间的博弈行为，20世纪80年代出现在企业战略管理理论体系中的企业动态竞争战略则就更加明显地具备了上述特征。因此，随着实践的发展及理论研究的深入，众多诸如网络经济理论、社会资本理论等多学科的交叉与融合必将更加紧密，相互渗透、相互裹挟的特征也必将更加凸显。

自20世纪70年代以来，生态学获得了广泛普及。自然界在解决复杂的组合优化问题方面已经有3.8亿年的历史，所以自然生态系统解决复杂性问题的能力和经验值得人类很好地学习。生态学知识为人类解决商业系统的问题提供了一个方向。因此，近年来，国际、国内众多的专家、学者、企业界人士不约而同地将自然生态学的部分理念引入到企业管理的理论研究与实际运作之中。因此，将自然生态系统的相关理论结合至企业管理理论的研究与实践，是企业管理理论发展至特定阶段的必然产物，有其特定的客观要求和历史必然。

已有观点认为，商业经营过程中管理水平的改进（即商业"物种"水平的提高），是公司保持成功的关键，与生物有机体参与生物生态系统一样，企业可以被看成是商业生态系统有机体的一部分，而商业竞争环境的变化，也应该被看做是一种演进的过程、变迁的过程。在新的商业环境中，企业所要考虑的不再仅仅是"顾客—供应商网络"或"联合企业"，而是企业的整个商业生态系统。

从生物学的角度研究企业，企业与环境的互动问题便无法回避。即：企业的生存、成长和发展已不再是企业的个体行为，而是必然要受到其所在环境的影响。这如同自然界的生态环境一样。因此，企业生态、生态变迁等问题便成为企业生态理论研究的重要内容。

在影响企业生存环境的诸多因素中，技术进步的影响最为活跃，也更加重要。科学技术本身的特性，使它一方面易于跨越人们在政治、地缘、文化等方面的认知差异而对企业产生影响；另一方面，企业具有把握或错失科学技术进步趋向的天然属性。在当今世界科学技术飞速发展的形势下，企业对因技术进步而可能引致的环境变迁的认知水平，以及据此所能够采取的应对策略，必将对企业的经营活动产生直接的影响，而这些都将通过企业产品的功能、质量、企业的经营效益、市场占有率等参数加以表现。参数综合作用的结果即为企业的竞争力水平和活力状况。

# 第一节 企业生态及其变迁研究的意义

## 一、企业生态研究的意义

至今为止，主流经济学的理论体系仍然难以摆脱经典力学的理论建构。但是，也应看到，马歇尔20世纪初提出的把经济过程看成是生物演化而不是机械力学过程的思想也一直都在激励着人们的思考。而且，在此之前，凡勃伦便于1898年发表了《经济学为什么不是一门演化的科学？》。在马歇尔之后，经济学家也从未停止过对经济过程做类似于生物演化过程研究的努力。从决策学派的西蒙（1945），到奥地利学派的门格尔（1934）、哈耶克（1988），再到纳尔逊和温特（1982），他们皆不满足于主流经济学线性的、还原的、机械论的理论方法，而是更加注重经济过程包含着的创新变异、惯例遗传、环境选择、群体互动等与生物演化运动所包含的因素相似的东西，以及由这些因素所导致的经济过程的随机性、偶然性与复杂性特征。经济过程类似于生物演化过程的特性，在今天已经被许多人所认识到，经济演化论思潮在经济学研究领域内正渐趋涌起，这是经济学家面对的不争的事实。

在管理层面，随着科技水平的发展，企业规模日趋大型化、全球化的同时，企业类型也日趋多元化、复杂化：单体企业、战略联盟、网络结构、虚拟组织等相继出现，并行不悖，从而使管理的复杂程度日益加深。客观世界的这种系统性及其系统的复杂性又进一步促进了学科间的相互融合。在此过程中，生态学思想、理论和方法正在向管理领域渗透、融合，并已然形成一种蓬勃之势。由此，借用生物进化理论描述企业进化现象及企业与环境之间的相互作用关系成为管理学领域的一种独特现象。事实上，一些公司也正在这样做。可以这样说：在企业管理领域，生态学概念的引入，是对传统管理理论的扩展，生态学的研究方法和逻辑体系，对企业管理理论的发展具有重要的指导价值。

近代和现代的思维模式是从单一的、线性的因果角度对复杂的世界作还原论和确定论的思考，并在此基础上建立模型，进行预测、决策、计划、控制等，把研究对象纳入在确定性条件下可以解决的范围。既往的经济管理理论正是建立在这样的基础之上的，如管理学认为，决策是通过对过去和现在的分析，得出将来的发展趋势，据此做出决定、计划和控制，以达到目标的过程。然而问题并非如此简单。事实上，建立在牛顿、拉普拉斯、笛卡尔、莱布尼兹等大师所创立的思想和方法论基础上的机械的、线性的、平衡静态的还原论和确定论并不能解释和解决人类原本就存在的复杂性问题。为此，我们必须发展非线性科学、复杂性科学，用以解决复杂系统和复杂性的问题。组织生态理论正是基于这样一种思想而产生的。

生态学对企业管理理论与战略思维发展的指导价值具体表现在：①以生态科学的整体论与系统观对企业经营的各类问题进行思考、分析、判断和决策，是管理理论与管理实践未来发展的一个方向。②以企业生态系统和生态系统演进的观点考察企业生态的结构和功能，将有利于认清企业发展过程中的生态不稳问题，从而实现企业生态系统的可持续发展。③运用生态学的原理和方法，将有助于深入洞察现代企业竞争的本质及其运行机制，寻求解决问题的方法和途径。④将生态意识整合至企业经营管理的过程之中，有利于促进企业与利益相关者群体以及企业之间关系的转变。⑤企业具有与生物高度相似的成长性、竞争性、环境适应性、周期性等特征。将"企业作为人格化的自然物或生态单元"加以研究，为进一步研究企业问题提供了一种新的视角。

总之，生态学为企业管理理论的发展提供了新视角、新思路、新方法、新的更为开阔的视野。

此外，企业生态的研究，还具有以下两个方面的意义。

第一，通过全面分析企业生态的系统构成，进一步阐明企业生态系统的结构、功能和相互作用机理、自组织机制、竞争与合作、捕食与共生、协同进化关系、生态因子中的主导因子、限制性因子等重要内容和概念，构建和完善企业生态学的逻辑体系。

第二，企业生态研究有助于企业经营管理者摆脱战略近视，以生态思维指导企业的战略竞争行为，实现企业经营理念革命性的转变。

研究企业生态系统理论，寻找企业生态与自然生态两个系统的异同，目的是更好地认识事物，在向自然学习的过程中，逐步解决社会理性领域尚未很好解决的问题。企业生态系统不只是一个名词，它更是一种宏观的经营理念和微观的经营策略。它要求企业经营者不但要注意企业自身的生命力，更要洞察先机，体察企业生态的变化，方能不断调整企业的体质来回应环境。根据企业生态系统的观点，企业自身是一个生命系统，同时它又是高一级的、其所栖息的生态系统的有机组成部分。这个生态系统是一个开放的、与社会有着全方位资源交换的而且不断在做内部调整的动态系统，具有企业自身所没有的新的特性和功能。企业要看清生态形势，顺势而为，通过适时调整战略，赢得最大的生存权，并为生态的繁荣做出贡献。企业个体不必建立完整的附加价值链，只需确知这些能力存在何处并加以利用，学会在生态系统中与其他企业结成一种基于竞争——合作——协调机制的利益共同体，以发挥整体效力。随着传统行业边界日益模糊，如何构筑新的生态系统，混合编排不同的能力和意向，发现新的增值链也将成为企业面临的新问题。总之，企业生态系统的研究将有助于企业家摆脱传统思维的束缚，完成将思想和机会转变成顾客的使用价值和投资者利润的职责。

### 二、企业生态变迁研究的意义

组织生态理论研究深度的不断扩展，使研究显现出从静态概念分析向动态机理分析深入展开的局面。在此之中，组织生态变迁研究不容忽视。目前，社会正面临着千年未有的大变革，经济、政治、社会和文化等领域都处于深刻的变迁中。在这样一种现实背景下，任何均衡都是一个相对短暂和特殊的时刻，持续的变化才是社会经济系统更为普遍的现象和事实。因此，这更需要我们运用动态的、变迁的视角来观测、描述和预测经济的发展规律。由于经济发展强烈地内嵌于各种制度、文化和社会结构的变迁中，或者说经济、制度、文化和社会结构等是处于共同演化的格局中的，对于组织演化的理论研究就更具有现实意义，有助于我们更加深刻地理解社会经济系统的演变规律，并从中探寻和发现一个与特定制度、文化和社会结构有效地协同发展的经济发展模式。可见，在此背景下，从变迁和演化的视角来研究企业和产业能够更为系统和全面地理解企业和产业的发展。

生态演替是自然生态学的重要研究内容，生物学家通过对某一地区，在某一时间内生态演替规律的分析，得出许多对于现实极富启发性、指导性的建议。从另一角度讲，任何现实的事物均非凭空显现，都有其历史渊源和路径依赖，既往对现实的影响不可忽略，因此，研究事物的演变及其由来均是为现实服务。况且，区别于自然生态系统的演替，人在人工生态系统变迁中的能动作用是突出的、主动的。将上述原理应用于组织管理理论，其意义更加明显。此外，进行组织生态变迁研究的重要意义还体现在：

① 从生态变迁的角度研究组织问题，是一种动态的观点，也是一种系统的观点。研究生态变迁问题，涉及与之相关联的一系列问题，不仅包括横断面的竞争态势分析，也包括纵向的演化分析，是一个系统概念。没有系统的协同作用，变迁不可能产生。因此，从变迁的角度研究组织生态问题，避免了静态组织生态研究的独立性和片面性。

② 从生态变迁的角度研究组织问题，也是现实发展的迫切需要。自从组织（产业、企业）作为一种社会单元形式产生以来，其基本结构、内部要素、运作模式、社会地位等均发生了巨大的变化，特别是网络经济出现以来，随着技术创新进程的加剧，组织的变迁速度也远远超出以往，今日的组织已远非传

统工业文明时代的组织。在这样的情势下,有关组织生态变迁的研究比以往任何时候都显得更为重要。同时,把握了组织生态变迁的动因、结果及与效率之间的内在关联,对于修正管理行为,趋近经营目标有重要而积极的作用。

③ 通过比较和研究不同国家、地区组织生态的变迁过程和规律,可以实现对组织生态演进模式的比较研究,总结不同组织生态演进模式的规律和特征,对于指导组织的未来发展同样具有重要意义。

④ 通过对不同层次的组织(企业、行业)生态系统变迁的分析,可以梳理出企业在内部管理(基因重组)、外部管理(产业竞争)和结构变化(产业演替)方面的特征及异同,为更广泛意义上的正确决策提供依据。

# 第二节 本书的研究思路

## 一、理论基础及框架

本书的研究重点关注于组织生态环境及其变迁的过程。

生态系统理论的观点是:生态系统不存在生物学意义上的进化。生态系统演化体现为群落类型的更替和群落演替,以及其中的物种形成和生态关系形成的过程。即生态系统的发展变化和动态过程具有双重含义:其一,指生态系统组成、功能、稳定性及环境方面的变化,这是在生态学的时间尺度内讨论生态系统的动态过程;其二,指生态系统复杂性的提高和空间上的扩展,以及生态系统内部发生的物种进化、生物间相互关系的深化、加强等进化过程,体现为进化的时间范围内发生在生态系统中的动态现象。

依据生态学的上述规律及特征,按照组织系统的层次性,本书对组织生态及其变迁的研究,重点是研究不同类型、不同层次组织结构的变化及重组过程。

本研究将"组织"概念界定为三个层面:微观层面的组织——企业;中观层面的组织——由企业集合而成的产业(或称行业);宏观层面的组织——产业组织的集合体。组织系统具有层次性,该三个层面组织间的关系是:企业组织为基本单位;产业组织构成企业组织的外部环境;大产业组织进一步构成产业组织的外部环境。如图1-1所示。

组织系统是一个动态的演化系统,随着时间的推移,其结构、状态、特性、行为、功能等会发生相应转换或升级,生长出此前完全没有的、新的子系统和新的关系。自人类社会产生以来,社会组织系统的结构经历了从无到有、从少到多、从简单到复杂的演化过程。演化是内生的,即由系统本身来确定,

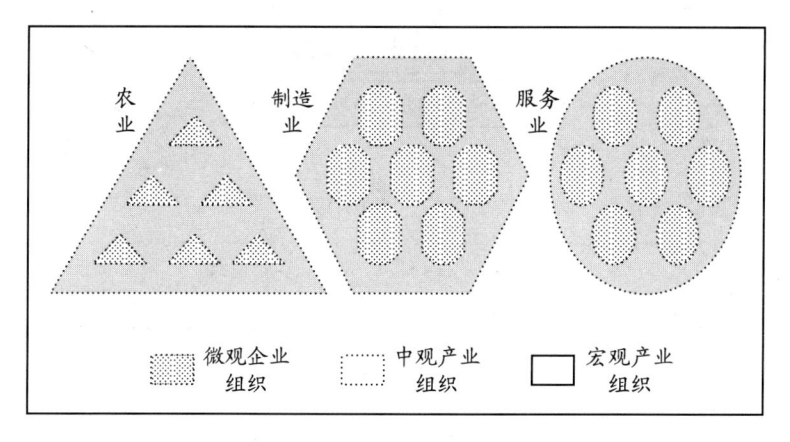

图1-1　组织生态系统层次

不以人的主观意志为转移。但社会组织在演化过程中，其动力机制、阻力机制、演化规律、特征、偶然事件的作用、政策助力与抑制等一系列因素，会决定组织演化的方向、速度和结果，即尽管演化具有内生性，但外生的力量会对内生构成影响。这正是研究的意义及重点所在。

另外，与上述角度不同，种群生态学中的生态系谱理论（参见图1-2），是本书对组织生态变迁研究的另一理论依据和组织层次划分依据。

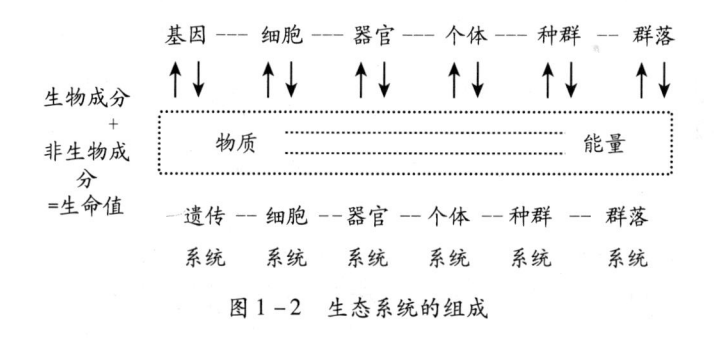

图1-2　生态系统的组成

同样是将组织系统划分为三个层次，分别是微观层面的企业，中层层面的行业和宏观层面的全行业系统。如图1-3所示。

根据图1-3，对宏观层面组织及其变迁的研究，依据自然生态系统的演替、顶级、退化理论。由不同产业系统集合而成的宏观产业环境是一矢量概念，变迁过程主要通过其内部要素结构的变化体现，要素结构的不同组合，不同要素在结构体系中地位、比重的变化，使这一系统在外部体征上表现出明显或细微的差异，从一个较长的时期分析，差异的积累过程即组织变迁的过程。因此，对该层面而言，研究的重点即结构构成的变迁，结构演化的规律及特

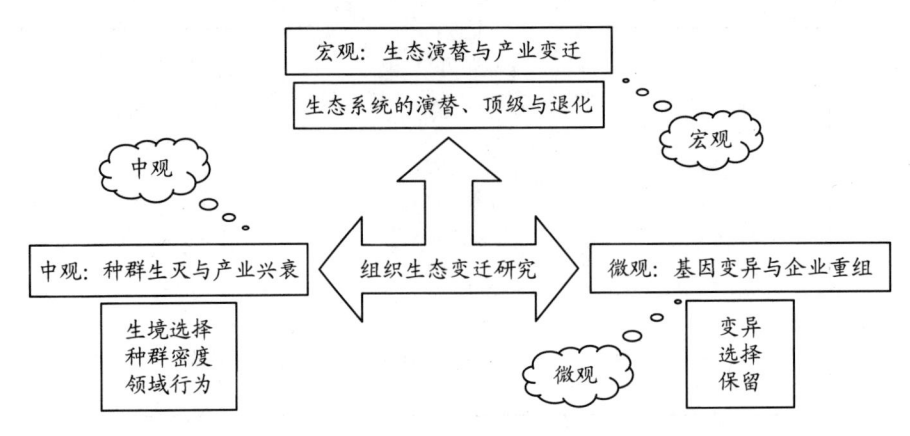

```
         ┌─────────────────────────────┐
         │ 宏观：生态演替与产业变迁      │
         │ 生态系统的演替、顶级与退化   │
         └─────────────────────────────┘
                      ↑
   (中观)             │              (宏观)
┌──────────────────┐ │ ┌──────────────────┐
│中观：种群生灭与   │←→│微观：基因变异与   │
│产业兴衰          │  │企业重组          │
└──────────────────┘  └──────────────────┘
 ┌──────┐      (微观)        ┌──────┐
 │生境选择│                   │变异  │
 │种群密度│                   │选择  │
 │领域行为│                   │保留  │
 └──────┘                    └──────┘
```

图1-3 组织生态变迁研究框架

征，影响结构变迁的因素、关键及偶然事件的作用等。

对中观层面组织生态变迁的研究，依据种群生态学有关种群密度、生境选择、领域共占、最优社群等理论，重点把握特定产业组织集合的内在规律及其所反映的一般规律性。研究系统内部的竞争结构及其力量博弈过程，分析系统内企业的出生、死亡、迁入和迁出的变化过程，进而分析系统的行业引力、竞争优势及发展趋势间的内在联系。

对微观组织生态变迁的研究，依据生物进化规律，重点把握组织内部的基因形成、基因积累、基因变异及基因重组的过程，揭示微观企业在基本属性及体征方面的变异和进化，描述企业发展及衰退的过程事件及关键拐点。

由于演化是一个普遍存在的多层级系统，即不仅存在于微观层次——基因之中，也存在于不同物种的个体群之间。这就是说，层级内的结构关系和层级间的结构关系构成了持久的演化动力。所以，生物界普遍存在的现象是"共生演化"。一个新事项的出现以及它能否通过频数效应在群体中成为大多数，关键要看该新事项是否与那些相关分支相互匹配并能够建立持久的协同关系，只有这样的变异才能被留住，并最终起到推动进化的作用。因此，本书关于组织生态变迁的研究，除上述三个层面组织系统的变迁外，还包括三层次间的"协同效应"研究。即三个层面组织变迁的研究，是基于三个层面的变迁过程之上的一个交织过程，它们互为前提、互为影响，是同一生态背景、生态环境中的不同方面。而且，三个层面的演进是一种协同进化关系。

## 二、主要研究内容

本书作为组织生态学研究的一部分，主要围绕运用组织生态学相关理论与概念分析企业管理现实中存在的生态现象、生态特征。建立基于组织生态视角的企业分析研究框架及研究理念及研究方法,用以丰富、补充管理学研究的更广泛的视域。

近年来,国内外学者围绕组织生态问题展开了广泛的研究,成果丰硕。本书首先对国内外的相关研究内容进行综述,在此基础上,尝试从现有经济学、管理学研究的坚实理论基石下,揭示出另外的一些目前尚属非主流体系,而恰恰可能正是我们以往有意无意忽略掉的、应该是主流的体系。如数理经济学与演化经济学的比拼、博弈与演化博弈的应用、竞争与动态竞争理论的普适性等,引发人们更广泛的讨论与思考。在上述理论分析后,围绕企业管理现实中存在的一些客观现象,对比生态、生物学相关现象、概念、理论,分析、剖解,抽象两者之间的内在联系和相关性,演示管理现象背后的生态学基础,进一步提请人们的思考。如分别就信息技术传播的规律、企业种群间的相互关系属性、企业招募员工技巧运用的来源等有趣性问题进行与生态概念的联系、对比、分析。

第三部分,围绕全书的三个研究层面:微观、中观和宏观,分别展开具体探讨,以生态变迁为核心,逐一分析。微观层面,以企业个体为研究对象,重点探讨企业的基因变异,借此说明组织变迁在微观层面上的具体表现,同时,辅以中国传统老字号企业的组织惯例问题加以佐证;中观层面,以行业分析为研究对象,运用种群生态学相关理论,如种间竞争、领域行为、r 选择与 K 选择、种群密度等分析说明产业变迁的内部影响因素。以技术因素对产业变迁的影响为例作重点分析,辅以数码技术对传统成像技术的破坏性创新案例。宏观层面,借用生态学的演替理论,在大尺度时空范围内(几次产业革命)探讨组织生态系统的变迁问题。辅以北京中关村技术开发区改革开放 30 年的生态变迁境况。

具体内容如图 1-4 所示。

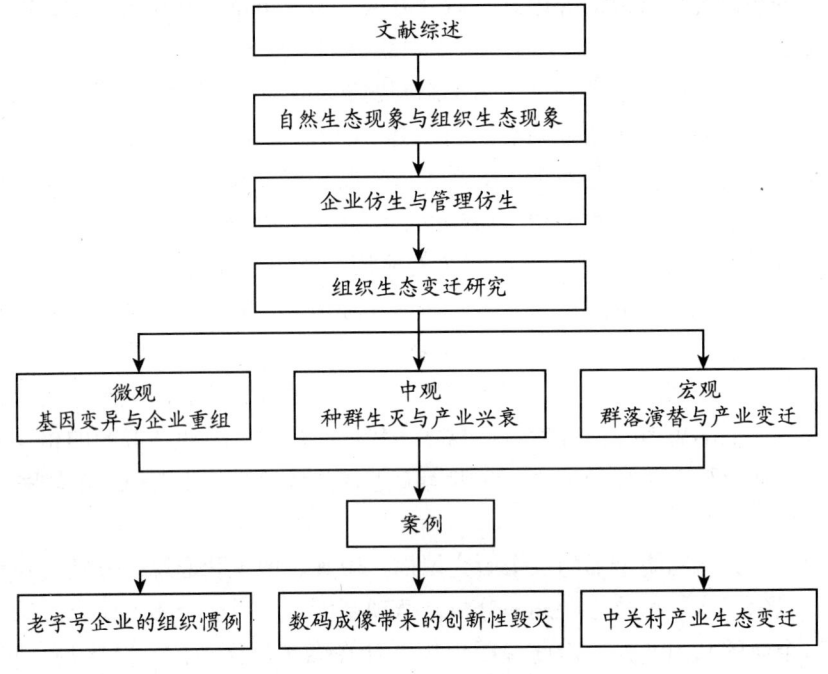

```
                    ┌──────────────┐
                    │   文献综述   │
                    └──────┬───────┘
                           ↓
              ┌──────────────────────────┐
              │ 自然生态现象与组织生态现象 │
              └────────────┬─────────────┘
                           ↓
                 ┌────────────────────┐
                 │  企业仿生与管理仿生 │
                 └──────────┬─────────┘
                            ↓
                 ┌────────────────────┐
                 │   组织生态变迁研究  │
                 └──────────┬─────────┘
          ┌─────────────────┼─────────────────┐
          ↓                 ↓                 ↓
  ┌──────────────┐  ┌──────────────┐  ┌──────────────┐
  │    微观      │  │    中观      │  │    宏观      │
  │基因变异与企业│  │种群生灭与产业│  │群落演替与产业│
  │    重组      │  │    兴衰      │  │    变迁      │
  └──────────────┘  └──────┬───────┘  └──────────────┘
                           ↓
                    ┌──────────────┐
                    │    案例      │
                    └──────┬───────┘
          ┌────────────────┼────────────────┐
          ↓                ↓                ↓
  ┌──────────────┐ ┌──────────────┐ ┌──────────────┐
  │老字号企业的  │ │数码成像带来的│ │中关村产业生态│
  │  组织惯例    │ │  创新性毁灭  │ │    变迁      │
  └──────────────┘ └──────────────┘ └──────────────┘
```

图1-4  研究思路及框架

# 第二章

# 文献综述

## 第一节 前期理论

组织生态思想相对新颖，在该理论出台前后，都有相关理论涉及此方面内容，这些理论的核心观点与组织生态思想具有密切联系。由此可见，组织生态思想不仅由来已久，而且普遍存在。

### 一、关联理论

**1. 开放系统理论（open system theory）**

开放系统理论认为，环境是组织设计的关键要素。组织为满足自身需要并生存和发展下去，必须与其所处的环境进行物质、能量和信息等方面的交换，否则组织将无法生存。因此，组织必须像生物体一样对环境开放，建立一种与周围环境融洽的关系。

**2. 权变理论（contingency theory）**

权变理论认为，组织除了需要对环境开放之外，还应该适应环境。权变理论的主要思想包括：①组织是开放系统。②没有最佳的组织形式，组织的适当形势取决于任务或所处环境的类型。③在同一组织中，不同的管理方法适用于不同的任务需要。④组织类型需配合环境而选取。

### 3. 种群生态理论（population ecology theory）

种群生态理论将达尔文的自然选择学说移植到组织分析之中，认为组织像自然界中的生物一样，其生存依赖于它获取资源的能力。有限资源及竞争的存在，造成"适者生存"的现象。即在某一特定时间里，组织的性质、数量、分布等依赖于可得到的资源的数量及各种组织种群内部和相互之间的竞争程度。环境通过优胜劣汰的自然法则选择最强者，所以环境成为决定组织成败的关键因素。

### 4. 合作竞争理论（co-opetition theory）

合作竞争理论从静态的角度考察了企业与所处的环境——顾客、供应商、互补者和竞争者之间合作与竞争并存的关系，强调合作与竞争的同时性。该理论认为企业之间既非单纯的竞争，也非单纯的合作，而是合作与竞争共存。

### 5. 商业生态系统理论（business ecosystem theory）

"协同进化"（coevolution）是商业生态系统理论的核心，该理论的观点主要是：（1）用商业生态系统来描述组织所处的环境；（2）任何一个企业都应与其所处的环境（商业生态系统）协同进化，而不只是竞争、合作、或单个企业的进化。

上述研究为组织生态及其变迁的研究奠定了良好的基础和有力的支持。如开放系统理论、权变理论等分别阐述了组织与环境的互动关系，提出了组织与环境相适应的思想与方法，这些均构成了组织生态及其变迁研究的重要基础。种群生态学则为组织生态及其变迁的研究提供了更直接、具体的理论支撑，该理论明确指出组织就如同自然界中的生物的观点，由此，揭开了组织生态研究的序幕。合作竞争理论则进一步明确和补充了组织及环境的关系。总之，已有的研究成果构成了组织生态变迁研究的重要基础，而且已有的研究成果相继产生、形成、成熟，并用于实践的一系列过程，已体现出明显的"变迁"过程。此外，在上述理论提出的同时，与这些思想相伴而生的其他一些研究成果，如组织寿命、组织年龄、合作竞争、协同进化等均具有极其丰富、深刻的内涵与寓意，不仅总结了以往的管理实践，也部分地预见了未来的发展，为组织生态变迁的研究奠定了坚实的基础。

## 二、不同学科视角的研究

在上述理论之外，围绕本书所研究的内容，还有几个分别属于不同学科的理论与组织生态学之间存在某种程度的关联和不谋而合，且呈现出非常有意思的对比性和相互印证、反证性。这些概念和理论分别是：数理经济学与演化经济学、博弈与演化博弈、策略性行为与动态竞争。

**1. 经济学范畴——数理经济学与演化经济学**

1.1 数理经济学

经济学诞生于工业和科学萌生的17~18世纪。牛顿力学是当时最伟大的科学发明之一。于是，这一理论便自然地成为了在当时起主导和支配作用的其他学科基础。人们也普遍地认为宇宙是一台机器，宇宙中的一切都是按力学原理运动的机械装置。牛顿力学不仅提供了对从天体星系运动到尘埃相互碰撞等各种机械运动的内在规律的解释，而且也被用来对各种生命现象进行解释。认为机械运动是宇宙间最基本的物质运动，一切其他形式的运动（包括自然界和人类社会的各种运动）都可以还原为机械运动。

用牛顿机械力学方法解释各种经济现象，始于德国经济学家戈森。戈森模仿牛顿用数学方法揭示物体空间运动的力学规律，同样用数学模型来揭示人类生产、消费等经济活动的规律，建立了戈森第一定律和戈森第二定律。在戈森之后，门格尔、杰文斯、瓦尔拉斯都在自己的经济理论研究中大量使用了牛顿在机械力学研究中所使用的数学方法。特别是瓦尔拉斯，运用统一的数学公式，建立起涵盖全部经济活动（生产与消费）的一般均衡模型。这是经济学发展史上第一个具有摹本意义的公理化理论体系。瓦尔拉斯亲自挑选数理功底比较好的帕累托作为由自己创始的瑞士洛桑学派的继承人。帕累托承袭瓦尔拉斯用数理方法演绎经济学的理论衣钵，在基数效用与序数效用的区分、帕累托改进与帕累托最优概念的提出、个人效用增进与他人效用增进之间的关系等方面进一步拓展和深化了经济学的数理逻辑构架。其后，又经过艾其沃斯、希克斯、阿罗、弗里德曼、索罗等经济学家的进一步发展，数理经济学最终成为在西方主流媒体和主流讲坛上占据垄断地位的经济学。

数理经济学是一种立足于少数几个基本假定之上的完备的公理化体系。它假定：①经济人动机自利。②自然资源与消费品稀缺。③信息完备并对称。④交易成本为零。在此假定之上，推导出生产者与消费者的行为选择规律。

由于数理经济学建立在逻辑推理的严密性和合理性之上，而不是从事实中归纳出一般的理论结论，所以它的真实性不依赖于具体的经济事实。这一点被科斯指责为"黑板经济学"。

由于受牛顿的机械物理学的重要影响，新古典主流经济学具有以下一些特征：

其一，线性逻辑。认为事物发展演变的过程均遵循线性规律，经济活动亦如此。

其二，静态观。忽视外部环境和约束条件的变化和演进，为了精确地把握当下此刻的状态，假设各种外部条件和相关因素处于静止状态。将技术、制度、分工视为给定不变的，致力于研究既定技术、制度与分工条件下的生产者选择，对市场交易扩大和分工深化的历史动态演化并不作追问。由于这种静态观，使得其无法对社会变迁和市场演进做出解释。

其三，缺乏时间维度。

总之，数理经济学追求一种古典物理学的精确性和严格性，给予经济过程完全机械的、线性的、与时间无关的、纯形式逻辑的描述与解释，忽视了人类理性的局限性和行为选择的不确定性；忽视了创新行为对制度、技术、知识等环境背景的改变和这种变异发生的偶然性。数理经济学首先赋予企业和消费者行为目标单一、同质、可测度、可解析等特性。企业目标被规定为可以用含最大值解的可微函数来表达的利润，消费者目标则是用可以测度并且能够用解析函数来显示的效用来表达。

在此基础上，数理经济学把企业和消费者决策作为在一个既定行为集合中通过精确计算的选择过程，企业与消费者需要做的，只是运用各种理性分析和计算技术而已。按照这种理论逻辑，经济过程是彻底机械决定论的，企业和消费者行为选择在理性算计之前就已被各种既定条件和逻辑因果所决定。

人的理性算计能力究竟有多大？受到哪些主观和客观条件的限制？主流经济学内含着一种基本假定：人的理性能力是完备的。理性能力的完备包含两个方面含义：一是"全知"，即信息收集能力是完备的。理性人无所不知，掌握有理性分析所需的全部信息。二是"全能"，即对所获信息加以分析处理，从中推演出正确理论结论和形成关于经济运行的正确预期的能力是完备的。无论事件多么复杂，涉及的变量多么大，都不会构成理性分析的障碍。

1947年，美国学者西蒙明确提出了"有限理性"的概念，并详细论证了人类理性诸多方面的局限。他认为，经济学赋予经济人无限制的理性能力，拥有一致的效用偏好体系，知道所有的行为策略方案，可以利用任何复杂的计算，了解每一种策略和方案的结果，并且还能够对所有结果的效用价值进行排列和对比。但是真实的人类经济行为是受"有限理性"支配的"管理人"行为。行为人的理性局限主要体现在以下三个方面：一是经济行为人无法知道所有可能的行为方案，行为人在行为选择过程中只可能想到有限的几个行为方案；二是经济行为人也无法知道所有行为选择的结果，行为人对结果的预期总是不完整的、不确定的；三是经济行为人对各种行为结果可能产生的实际效用和价值既难以准确地预期，更无法全部排序。在此理性条件下，经济行为人对行为方案的选择不是求得一种最大值,而是求得一种"满意"解。西蒙把理性有限的经济行为人称为"管理人",以与理性无限的"经济人"相区别。

表2-1 两种不同的认知

| 理性决策与完全理性假设 | 行为决策与有限理性假设 |
| --- | --- |
| ●决策者拥有与决策环境有关的完整的信息情报;决策者有唯一而明确的决策目标; | ●决策者在识别和发现问题的过程中容易受到知觉偏倚的影响; |
| ●决策者在进行决策时没有时间和成本限制; | ●决策者在进行决策时有时间和成本限制; |
| ●决策者能够找到所有的可行方案,并清楚每一个方案的所有可能的结果; | ●决策者一般都厌恶风险; |
| ●决策者清楚地了解所有评价标准,且这些标准及其重要性不随时间而改变; | ●决策者在决策时往往只求满意结果; |
| ●决策者完全具备分析和评估备选方案的能力; | ●决策是一种文化现象。 |
| ●决策者进行决策的目的始终是为了获得组织的最佳经济效益。 | |

20世纪以来,人类被科学理性乐观主义情绪所浸染,工业和科学的巨大成就使人类滋长起"科学万能"、"人定胜天"的信念,按照人类的主观意志、愿望与设想对自然、社会发展过程进行干预和改造成为现代社会的流行趋势。但事实上,现行的许多社会经济制度与法律规范,都不是人为设计安排的结果,而是一种"自发的秩序"。"自发的秩序"不是按照任何人的设计和理论方案建构起来的,而是社会行为主体在长期行为互动的过程中,达成稳态行为均衡的结果,是一种自我实施(self-enforcement)的行为规范。如果每个社会行为人都遵守该规则,则行为人群体就能共同实现利益的最大化。在互动关联的矛盾性对局中,个人理性策略经常会随着对手策略的改变而落空。即使所有行为人认同一种共同知识与信念,并且在共同知识与信念引导下采取满足纳什均衡条件的行为策略,但所达成的也可能仅仅是非稳态的"暂时均衡"。只要局中某行为人的行为发生细微的偏差或变异,群体行为均衡状态就会遭到破坏。所以,在日常社会经济活动中,事物的发展到底是必然性起作用的结果,还是偶然性起作用的结果,或者二者共同作用的结果,非常值得深思。

1.2 演化经济学

从经济学说史上来看,演化经济学拥有比数理经济学更加悠久和深厚的学术传统。例如,古典学派、德国历史学派、马克思经济学、旧制度经济学、熊彼特主义和奥地利学派等都蕴含着丰富的制度和演化观点。

一般认为凡勃伦、马克思、马歇尔、哈耶克等是经济演化思想的先驱。

凡勃伦始终一贯地坚持经济演化的理论立场,他把经济过程视为随着适应性的因果互动的累积而演变的过程,认为物理学的均衡分析方法在分析经济现象时是不适用的,应该依照生物与环境之间的适应性原理来研究经济制度的形成与变化。其后,马歇尔宣称经济学的麦加是经济生物学而不是经济力学,他当时就已经清楚地感悟到经济运行过程更类似于生物演化而不是机械运动。但是,由于牛顿物理学在当时的巨大成功造成数学物理方法在科学研究各个领域的全面入侵,马歇尔除了使用适合机械物理对象的数理方法外,并没有其他当下在手的方法可用来揭示经济过程的演化机理。方法上的局限使马歇尔关于经济演化的理论没能得到有效发展。基于同样的原因,许多致力于非均衡研究的演化理论或者被迫"改宗"去遵循均衡思想,或者被降格为非主流的异端学说。例如,熊彼特有关创新、结构转变和产业动态等核心思想被主流产业组织理论刻意抛弃,取而代之的是对既定市场结构下企业行为绩效的静态研究〔佛朗哥·马拉巴(Franco Malerba),2005〕;以凡勃伦、康芒斯和米切尔等为首的旧制度学派被以科斯、诺斯和威廉姆森等为首的新制度学派视为是"反理论的,留给后人的只是一堆毫无理论价值的实际材料"(科斯,1998);以门格尔、米塞斯和哈耶克为首的奥地利学派长期以来被视为非主流或异端经济学〔福斯(Foss),2005〕。

演化经济学作为一门独立学科出现是在20世纪80年代。1982年,美国经济学家纳尔逊和温特合作出版了《经济变迁的演化理论》一书,在书中比较系统地阐述了演化经济学的主要思想和理论方法,首次将生物学的选择理论系统地运用到经济演化领域中,并对选择过程进行模型化。纳尔逊和温特的研究引起了经济学界的震撼和巨大反响。

演化经济学放弃了数理经济学的理论假设、研究方法和逻辑架构,以一种全新的方式对经济运行过程的主要问题进行独到分析。纳尔逊和温特采纳西蒙关于有限理性的理论立场,并将达尔文生物遗传—变异的演化机理精致的移植到对经济发展与企业运行过程的研究之中,进而对数理经济学的两大理论支柱——最大化计算理性和经济均衡分析方法进行了直接否定。纳尔逊和温特认为:经济决策和行为选择是通过不断"试错"寻求"满意解"的适应性过程,而不是依靠精确计算对最大效用值的理性发现或决定的过程。企业通常是按照"惯例"进行生产,惯例是由既有的制度、技术、知识综合构成的稳定的企业行为范式和战略结构。当企业对惯例下的利润水平不满意时，就会通过"外部搜寻"或"内部搜寻"来改变调整旧的惯例。企业外部如果存在一种更好的制度、技术、产品或市场，企业就会通过"模仿"来替代过去的生产惯例。如果外部没有比自身惯例更合意的可供模仿的对象，企业就会依靠自主创新来获得一种可以替代惯例的新的技术、产品、管理制度与市场经营形式。纳尔逊和温特的演化经济理论还认为，经济均衡只是暂时现象，非均衡才是经济的常态，无论是企业还是市场都是在非均衡状态下随时间演变的动态发展过程。这个过程受各种随机因素影响而表现出非线性特征，无法仅仅依据当时的初始条件来准确预测未来的发展趋势。

如同生物进化受"基因变异"的偶然性支配，经济演化过程则主要受企业创新活动的随机性影响。企业创新活动是一种随机事件，何时发生、怎样发生、结果如何都难以事先准确推断。因此，企业与经济发展并不是可以由人类理智精心设计、规划和预测的一致均衡过程。

在随后的三十年里，现代演化经济学无论在理论、模型还是工具上都取得了突飞猛进的发展。在理论上，拓展了传统达尔文主义"遗传、变异和选择"的解释逻辑，建立"互动者"（interactor）和"复制者"（replicator）多层级的演化逻辑［克努森（Knudsen），2002；霍奇森（Hodgson），2004］。尤其是当前兴起的多层级共同演化理论使得现代演化经济学与复杂系统理论的结合更加紧密［卢因和沃尔伯达（Lewin & Volberda），1999；默曼（Murmann），2003；沃尔伯达（Volberda），2005］；在模型上，发展了大量刻画演化动态过程的模型。这包括演化博弈、学习模型、非线性动态、随机模型和自组织模型等［布鲁克纳（Bruckner），1996；弗里德曼（Friedman），1995；弗登博格和莱文（Fudenberg & Levine），1998；布伦纳（Brenner），2005；杨（Young H. P.），2004；陈平，2004；艾伦，2005］；在工具上，出现了大量运用计量、网络技术和计算机仿真模拟等的研究文献［温特（Winter），2003；考恩（Cowan），2005］。

上述进展使演化经济学摆脱了零散、缺乏形式化逻辑的传统，使其更加理论化和模型化。但是，从总体上讲，现代演化经济学仍处于一个相对稚嫩的发展阶段。

**2. 数学范畴——博弈与演化博弈**

2.1 两概念的区分

博弈论是在考虑到多个决策主体行为互动情形下，研究理性人如何决策及决策均衡问题的理论。进化生态学与博弈论的结合导致了演化博弈论的产生。最初起源于生物学家关于动物和植物的冲突与合作的研究中，目的是给达尔文的自然选择过程提供数理基础。20世纪60年代生态学家罗文丁（Richard Lewonti）就开始运用演化博弈理论的思想来研究生态问题。生态学家从动植物进化的研究中发现，达尔文"优胜劣汰"的生物进化理论在多数情况下都可以用博弈论的纳什均衡概念来解释。

20世纪70年代，生态学家梅纳德·史密斯（Maynard Smith）、普莱斯（Price, 1973）以及梅纳德·史密斯（1974）在考察种群中个体的适应度由各个个体行为共同决定的环境下，个体对成功策略的选择时提出演化博弈理论的基本均衡概念——演化稳定策略（Evolutionarily stable strategy, ESS）[①]，目前学术界普遍认为演化稳定策略概念的提出标志着演化博弈理论的诞生。此后，生态学家泰勒（Taylor）和琼克（Jonker）（1978）在《演化稳定策略和对策动力学》一文中首次提出了演化博弈理论基本动态概念——复制动态（replicator dynamics）。至此，演化博弈理论有了明确的研究目标。

随后演化博弈概念超出了生物进化理论的使用范围，逐步被广泛地应用于经济领域、社会领域，用以解释并预测人的群体决策行为。进化机制并不强调主观有意识的努力，更多强调个体本能潜意识的选择倾向性，或者通过自然选择和淘汰的过程，使得较优的策略和行为模式在群体频率意义上被更多地采用，从而实现策略的稳定和均衡。

演化博弈论放弃了传统博弈理论的完全理性假说，将博弈方视为有限理性的当局者，它们在相互竞争的同时，完成自身的演化。有限理性意味着博弈方往往不会一开始就找到最优策略，而是在博弈过程中通过学习和试错寻找较好的策略，有限理性也意味着一般至少有部分博弈方不会采用完全理性博弈的均衡策略，均衡是通过不断调整与改进逐渐达到的，而不是一次性选择的结果，而且即使达到了均衡也可能再次偏离。这里的有限理性假设是假定博弈方有一定的统计分析能力和对不同策略收益的事后判定能力，但缺乏完全的事前预测能力。这一点显然是对传统经济理论中企业完全理性假说的反叛。

演化博弈理论是经济学方法的一次创新，该理论从否定传统理论赖以成立的基础——理性人假定出发而建立起来一个新的分析框架，它结合了生态学、社会学、心理学及经济学的最新发展成果，从有限理性的社会人出发来分析参与人的资源配置行为。

---

① Taylor, P., Jonker, L. Evolutionarily stable strategy and game dynamics. Mathematical Biosciences, 1978, 40 (1–2): 145–156.

2.2 分歧的聚焦点

（1）理性与有限理性

"理性经济人假设"是新古典经济学进行分析研究的基础，行为主体始终要以自身利益最大化为目标。自 20 世纪 80 年代以来逐渐占据主流的博弈论则更进一步把这种假设前提深化到"完全理性"的状态，不仅要求行为主体始终以自身最大利益化为目标，具有在非确定性环境中追求自身利益最大化的判断和决策能力，还要求人们具有在交互博弈环境中的判断和预测能力，由此所推定的经济模型都具有理想化特征。

而演化博弈论则认为，对于现实经济生活中的参与主体来说，经济环境的复杂性所导致的信息不对称、参与主体能力和资源占有水平的差距、参与主体不可控或不可预期的市场扰乱因素的存在等都可能使"理性假设"难以实现。因此决策者只能根据其所能搜集到的信息就其一生中的每个阶段建立相对简单的行为模型——局部最优决策模型。从这个意义上讲，所有经济人都是理性的，但这种理性表现为是对满意值而不是对最大值的追求。行为结果不仅取决于当前阶段信息的搜集情况，还要受到在此之前的行为经验和知识积累的影响，这也意味着每个人的决策模型都可能是各不相同的。

（2）试错（trial and error）与学习

演化博弈论关于策略的采取包含三个层面：毫无理性要求的生物意义上的进化机制、理性要求较强的学习机制以及理性要求介于上面两者之间的模仿学习机制[①]。进化机制并不强调主观有意识的努力，而是更多强调个体本能潜意识的选择倾向性，或者通过自然选择和淘汰的过程，使得较优的策略或行为模式在群体频率意义上被更多地采用，从而实现策略的稳定和均衡。学习机制则强调个体主观调整和努力改进，通过有意识地积累实践经验，不断调整自己的判断和策略。学习机制通常是个体意义上的学习，包括从自己过去经验的纵向学习（调整）和向其他个体实际经验的横向学习（模仿）。模仿的学习机制介于前二者之间，更接近于现实。因此，演化博弈均衡是在多次试错的情形下达到的。惯性导致的或观察对手而模仿学习的行为策略并不能保证一次实现最优化，而需要数次现实的考验，从而达到动态的暂时均衡点。

在各个个体试错或学习的过程中，由于原有惯例或学习模式的不同所导致其遵循路径的差异，因此，演化博弈中时间和过程的地位至关重要。时间不可逆和过程多样性也会导致经济演化结果的非唯一性（多重均衡）。

---

① 李少斌. 进化博弈论与企业家形成机制研究. 北京：经济科学出版社，2005.

（3）选择（selection）与突变（mutation）

按照达尔文的生物进化理论，在生物进化过程中，处于相同环境的不同种群为同一种资源而相互竞争。根据适者生存的自然法则，那些具有更高适应度（后代成活率）的种群能够延续下来，竞争的失败者（较低的后代成活率）则逐渐被淘汰。经过长时期的演化后，这种优胜劣汰的自然法则导致的结果是现有种群是经过生存检验的，并且仍将接受这种检验。生物进化理论通常认为种群个体的后代会继承其前辈的策略（遗传）；另一方面，由于自然环境的剧烈变化将对生物的生存竞争产生影响，在进化过程中个体也可能产生突变（变异）。

综上所述，演化博弈模型主要是基于选择和突变这两个方面而建立起来的。选择是指本期中的赢者策略（获得较高的支付）在下一时期将更为流行（由于有更多的后代或被竞争对手学习与模仿等方式而被更多的参与者采用）；突变一般很少发生，它指种群中的某些个体以随机的方式选择策略，那些获得更高支付的突变策略经过选择后将变得流行，那些获得更低支付的突变策略则自然消亡。

### 3. 管理学范畴——策略性行为与动态竞争战略

#### 3.1 策略性行为

策略性行为是新产业组织理论（new industrial organization，NIO）研究的主要内容，2005年诺贝尔经济学奖获得者谢林（Schelling）对策略性行为做了定义：指一个厂商旨在通过影响竞争对手对该厂商行动的预期，使竞争对手在预期的基础上做出对该厂商有利的决策行为，这种影响竞争对手预期的行为就称为策略性行为。

策略性行为的产生源于厂商在市场决策方面存在的相互依赖关系。这种依赖关系在寡占市场和垄断市场上都存在，因此，这两种市场构成了策略性行为分析的市场基础。策略性行为的研究方法主要是运用博弈论和信息经济学，通过纳什均衡来阐明企业的行为，分析在既定的初始均衡条件或状态下，如何运用策略性行为实现新的均衡。

在现实生活中，企业之间的策略性相互作用构成了许多市场现象的基础，如合谋、掠夺性定价、垂直限制、排他性交易、价格歧视、研究与开发竞赛等。这些市场现象既是企业的自主行为，也是环境作用的结果，其往往是在不完全信息和动态竞争环境中进行的。因而要想明确地判断这些行为对消费者或环境的影响是相当困难的，即使是策略实施者自身，也未必能完全了解策略效果对自身的影响，这就是前述理论中所说的试错过程。

企业在现实生活中的策略性行为是随时发生的，有短期应对性策略、中期计划性策略和长期战略性策略。

（1）短期策略性行为

在短期内，企业通常通过定价策略实现与竞争对手的博弈和抗衡。也正是由于定价策略的时效性和迅速反应等特征，构成了企业的短期策略性行为。即企业通过对产品的价格进行调整，达到排挤竞争对手或者改变潜在厂商对进入市场后利润水平的预期，进而影响潜在厂商的进入决策。典型的短期策略性行为为限制性定价和掠夺性定价。限制性定价是一种短期非合作策略性行为，它通过在位厂商的当前价格策略来影响潜在厂商对进入市场后利润水平的预期，从而影响潜在厂商的进入决策。掠夺性定价是指在位厂商将价格削减至对手平均成本之下，以便将对手驱逐出市场或者遏制进入，即使遭受短期损失也在所不惜。一旦对手离开市场，在位厂商就会提高价格以补偿掠夺期损失。从现实的情况来看，掠夺性定价并非是一种理性行为。

（2）中期策略性行为

由于定价策略的局限性和负面影响，在较长时间内，企业会通过产品选择、产能变动和边界调整等方式将竞争对手逐出市场、缩小对手的生产规模或防止潜在进入者。因此，相对于短期策略性行为而言，中期策略性行为主要集中在一些非价格竞争手段上。如：①产品选择。企业产品的生产，不仅要注重产品的种类，也要注重产品上市时间的选择。在位厂商为了遏制潜在进入者生产替代产品，可以通过在潜在进入者进入之前抢先生产新产品，来填满产品特性空间，不给潜在进入者留下任何市场空间，这被称为空间先占策略。不过，当多产品生产厂商的退出成本非常低，在位厂商在进入发生后存在撤出某些产品的事后激励时，上述策略的优势就不明显了。所以，对一些退出成本不高的行业来说，空间先占策略并不是一个十分有效的遏制潜在进入者的有效壁垒。如果企业并没有新产品推出，那么，将已有产品通过新的方式搭配或捆绑后再销售，也可以在一定程度上排挤竞争对手。但在这个过程中企业有可能承担不正当竞争惩罚的风险。②成本变动。成本变动一方面指提高消费者的转换成本，另一方面指提高竞争对手的成本。相对于提高消费者的转换成本，提高竞争对手的成本是一种更具优势的竞争策略，即通过提高竞争对手成本将竞争对手赶出市场。对一个掠夺者来说，提高竞争对手成本比掠夺性定价有更明显的优点。与高成本者竞争总是一件更好的事情，也就是说，即便不会将竞争对手赶出市场，提高竞争对手成本也是有利可图的。③企业边界调整。企业调整规模，横向或纵向扩大生产范围其实是一种常见的经营行为，这也是一种策略性行为。企业选择横向并购的组织结构调整策略，一方面，可以扩大企业生产规模，降低单位产品成本，提高生产效率，形成规模经济；另一方面，横向并购能够形成卖方集中的态势，增加卖方施加市场势力的机会，形成一定程度的垄断，导致福利损失。企业选择纵向一体化，则是出于更多的目的：如降低道德风险、改变市场结构和供给条件、避免来自下游企业的垄断行为、控制价格、防止外部性等。有时候，企业并不需要通过边界的真正改变来获得竞争地位，而是通过签订长期契约的纵向限制方式起到遏制进入者的作用。但这种方式方法只具有部分排他性。

（3）长期策略性行为

一系列关乎企业长远发展的行为策略为企业的长期策略性行为。研发与创新是企业长期策略性行为的主要方面。该行为包括两个大的内容：革新工艺以降低成本和实现产品差异化。但是这些基于研发的创新在某些情况下会面临被模仿的窘境，因此相应的策略是企业的专利保护。

基于研发与创新的长期策略性行为主要围绕以下因素进行：①创新与阻止进入。创新者通过工艺创新可以降低产品的边际成本，拥有最新技术的厂商可以将价格定位于其他厂商的边际成本之下，将这些厂商赶出市场。②专利竞赛与模仿。专利制度是厂商获得合法的垄断地位的制度壁垒，因而成为激励厂商行为的有效方法。与此同时，模仿对手创新的成果或获得对手授予的许可证，厂商亦可以降低自己的产品成本，所以，也是厂商的一种行为选择。于是，围绕专利竞赛与模仿的博弈便在厂商之间展开。创新的发动者将根据对手的策略采取相应的行动，同样，模仿者也一样随机而动。③标准与兼容。标准的竞争在计算机产业、电信业和家用电器业等行业尤为激烈，标准的设定已由中介公司内的事情变为互相独立的厂商之间的竞争和合作。竞争的战略包括针对垂直联系的厂商的策略以及同一水平线的竞争者的策略。针对垂直联系的厂商的策略是减少它们给竞争对手供货的积极性；而针对同一水平线的竞争者的策略是是否让自己的产品与对手的产品兼容，也就是说，存在在标准内竞争和使自己的产品与对手互不兼容导致标准之间的竞争两种情况。

3.2 动态竞争战略

动态竞争的研究兴起于20世纪80年代初，其源头可追溯到20世纪50年代中期爱德华兹（Edwards）对企业间对抗的研究。他们主张从企业竞争行动的视角来探讨竞争战略。这种视角认为，战略是由一连串的行动构成的，正如著名战略管理学家明兹伯格（Minzberg）所言，战略是由一串已经实现的行动构成。这些行动包括并购、进入新市场、新行业、合作联盟、降低价格、提高价格、推出新产品等。这种视角与以前对企业战略的研究思路有很大的区别。

动态竞争研究路线的基础是：战略是动态的，企业所发动的竞争行为会引起其他参与竞争的企业的一系列回应行为。研究的重点是：企业间竞争行为之间的内在规律及其缘由。研究的角度主要有：单个企业的竞争行为特征、两个企业间的双边竞争行为特征及其规律以及产业环境对企业进攻与回应的影响等，其中企业间的双边行为特征及其规律是主要问题。

动态竞争理论关心的主要问题是企业间的竞争，它将这种竞争理解为竞争攻击与反击的交替情形。借助对竞争交替行动过程的解析，动态竞争理论识别出了竞争行动的特征（action/response）、攻击者的特征（actor）、反击者的特征（responsor），以及引起这些要素产生变异的原因和导致的结果。图2-1所示的框架较为完整地展示了动态竞争理论的基本模型以及各要素间的关系。

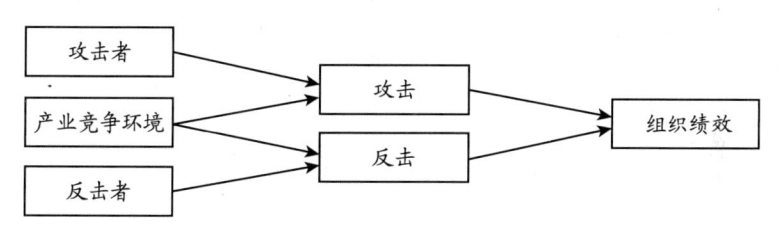

图 2-1 动态竞争研究的关系框架

动态竞争的研究大体分为两类：多点竞争（multipoint competition/multi-market competition）和竞争互动（competitive action-reaction）。

现实竞争环境下，竞争互动是客观实态，是考验企业智慧和表征企业运气的综合体。在这个过程中，究竟有没有可供企业参考、选择和借鉴的良方密药是许多企业管理人员对管理理论研究人员的追问。在企业间竞争互动的研究中，从理性的角度来考察互动行为的选择机制，例如博弈论的分析。但采用博弈方法对动态竞争进行研究，只有在假定竞争者非常理性以及竞争双方信息对称的条件下才有可能。为了适应更广泛的战略决策条件，有些学者引入行为科学的方法研究动态竞争的互动过程和竞争双方的行为特征。采用这种方法的学者认为人的思维存在着一些障碍而且认知能力是有限的，企业在动态竞争中的行为很可能不按照博弈方法分析的方式进行。他们还认为事实上许多没有掌握博弈方法的决策者却做出了许多正确而有效的决策。他们决策的方法或者决策能力的提高是通过从类似案例中得到的启示而实现的。采用这种方法的学者特别指出在不了解竞争者行为的情况下运用博弈方法可能给企业带来极大的危害，因为企业和竞争对手的信息与行为都不是对称的。当前，许多学者对动态竞争的研究是以行为科学为基础展开的，并且主要采用实证的研究方法。

但行为科学的方法仍是以个体为研究对象的，在现实中，企业间的互动往往是多边的，呈现交叉互动的状态。许多学者认识到博弈论和行为科学方法的优势和不足：博弈方法或者经济理论强调了理性和均衡，而行为科学方法强调了精神活动中的障碍和认识的局限性，于是，在此基础上，有学者提出了分析竞争行为的综合方法——共同演化的观点。他们认为，尽管这两种方法或者模式的共同点很少，但在复杂环境中，更需要将二者结合起来。参见图2-2。

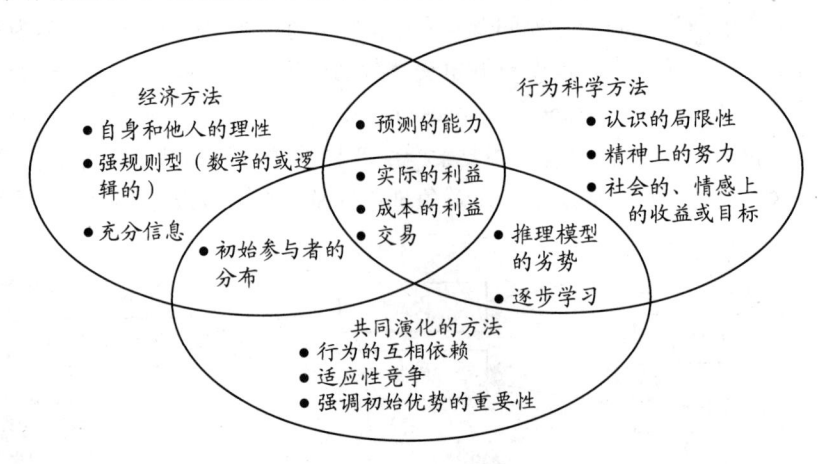

经济方法
- 自身和他人的理性
- 强规则型（数学的或逻辑的）
- 充分信息

预测的能力
- 实际的利益
- 成本的利益
- 交易

行为科学方法
- 认识的局限性
- 精神上的努力
- 社会的、情感上的收益或目标

- 初始参与者的分布

- 推理模型的劣势
- 逐步学习

共同演化的方法
- 行为的互相依赖
- 适应性竞争
- 强调初始优势的重要性

图2-2 博弈论、行为科学以及共同演化方法三者之间的比较

## 第二节 国外相关研究综述

### 一、进化、演化——生物学与经济学

最早提出生物进化观点的是法国生物学家布丰（Georges Louis de Buffon，1707~1788），他的研究证实了物种的变异性，并认为生物的进化有三个原因：气候变化、食物变化和被役使（被驯化、家养）。其后，他的学生拉马克（Jean Baptiste de Lamarck，1744~1829）通过对大量动物的观察得出一个结论：动物身上和各种器官具有"用进废退"的性质，并提出了生物进化的两条法则：环境适应法则和获得性遗传法则。

达尔文在广泛学习和吸收前人知识的基础上，于1859年出版了著名的《物种起源》一书。其主要思想可以用"优胜劣汰，适者生存"来概括。达尔文认为，现代生存的各种生物，都是由少数原始生物经过漫长的时间自然选择而成的，选择的过程是从低级到高级，从简单到复杂。达尔文的进化论观点还涉及如下内容：

第一，生物界存在大量的变异和强大的繁殖力；

第二，不同的变种对生存斗争有不同的适应能力；

第三，自然对所有的物种进行了选择，并且让最适宜者生存下来；

第四，自然选择比人工选择优越。

达尔文的生物进化论思想给全人类带来了广泛而深刻的影响。

生物学中的进化，在其他场合常被称为演化。"演化"不仅包含"进化"，也包含"退化"，其概念更为广泛，并越来越多地应用于非生物学领域，如天文学、地质学和经济学等。

生物进化和经济演化之间存在许多相近的特性，现实世界的经济现象与生物有机体和生物过程之间存在许多共同之处。在实践过程中，人们日趋认识到，经济系统和生物系统都是极其复杂的，生物学中的许多理论都是经济学可借鉴的。生物学方法日益受到经济学家的重视和青睐也是一种自然选择的过程。

1891年，马歇尔的《经济学原理》面世，不同于其同时代的杰文斯和瓦尔拉斯等人，他宣称推崇生物学模拟。他的名言是："经济学家的圣地在于经济生物学，而不在于经济动态学"。

1950年，新古典演化经济学的代表人物阿尔奇安撰文《不确定性、进化与经济理论》，发表对"自然淘汰"方法的看法。由此，一场围绕经济学中应用进化论思想的重大争议爆发，其中包括彭罗斯1952年发表的重要文章《企业理论中的生物学模拟》。

至20世纪70年代晚期，芝加哥学派的经济学家贝克尔、赫什利弗和塔洛克等抓住新兴的社会生物学，并视之为对其个人主义假设的证实和对跨越生物学和经济学两个领域的普遍规律的确认，分别发表了《利他主义、利己主义和遗传合理性：经济学与社会生物学》、《从生物学观点来看的经济学》和《社会生物学与经济学》等论文。他们把稀缺性和个体竞争等现象看成是在经济学和生物学两个领域的相通现象。在20世纪80年代初，随着纳尔逊和温特的重要著作《经济变迁的演化理论》出版，经济学援引生物学思想呈现出新趋势。该书有对基因（企业的惯例）、变异（企业寻求新技术）和淘汰（盈利企业获得发展）等概念进行了明确的说明。1993年，霍奇逊出版了演化经济学思想史的力作《经济学与演化》，并于1998年再次编辑出版了《演化经济学的基础》一书。

人类进入21世纪以来，随着网络技术的快速发展，信息经济和知识经济时代也随之到来。相应地，许多传统理念开始发生根本性的变革，其中有关对传统社会有机体论、进化论等的反思不断涌现。如传统生产力条件下的社会有机体论，与全球化的社会有机体论的最大不同在于，前者是建立在达尔文式冲突竞争的社会进化论基础之上的,而后者是建立在合作进化论基础之上的。合作与协同是互联网和生物技术革命的本质特征。先进生产力基础上的"竞争",不是一种传统的零和博弈式的竞争,而是双赢的合作竞争和有机协同。

总之,人类社会是一个演进的过程,并且组织具有演化的特征。作为以演化为研究对象的组织生态学的理论研究同样是一个演化的过程。在这一过程中,研究的深度和广度,研究所采用的方法和手段,研究队伍的规模和结构等均经历由初级到高级、由现象到本质、由个别到一般、由浅到深的进化。已有的组织生态学相关理论研究的总体情况见图2-3。

## 二、组织生态理论研究

### 1. 组织生态论

组织理论研究的一个重要内容,就是一个有特定边界的组织与其外部环境

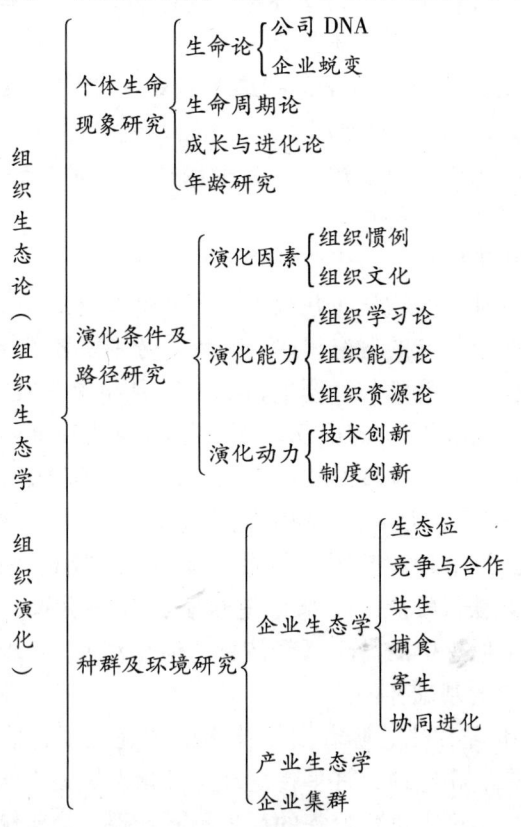

```
                          ┌ 生命论 ┌ 公司 DNA
                          │        └ 企业蜕变
              ┌ 个体生命 ─┤ 生命周期论
              │ 现象研究   成长与进化论
              │           └ 年龄研究
              │
              │           ┌ 演化因素 ┌ 组织惯例
组织生态论     │           │          └ 组织文化
(组织生态学 ─┤ 演化条件及 │          ┌ 组织学习论
 组织演化)    │ 路径研究  ─┤ 演化能力 ┤ 组织能力论
              │           │          └ 组织资源论
              │           │ 演化动力 ┌ 技术创新
              │           │          └ 制度创新
              │                      ┌ 生态位
              │                      │ 竞争与合作
              │           ┌ 企业生态学┤ 共生
              └ 种群及环境┤          │ 捕食
                 研究     │          │ 寄生
                          │          └ 协同进化
                          │ 产业生态学
                          └ 企业集群
```

图2-3 组织生态学研究及相关理论

的关系。组织生态学便是一种运用生态学及其他相关学科的概念、模型、理论和方法来对组织结构及其所受的环境影响进行研究的理论。

与其他组织理论的研究方法不同，组织生态理论研究的核心问题是组织的异质性和组织之间的替代问题。它主要关注的不是组织发展的结果，而是组织发展过程的选择。即"一些组织组成的一种形式何以被另外一种组织形式替代的变化"[汉南和卡罗尔（Hannan & Carroll），1995]。

组织生态理论源于达尔文的生物进化论思想，但将进化论思想系统运用于组织研究，却是始于20世纪70年代末80年代初。其代表人物是汉南和弗里曼（Freeman），他们在综合了有关组织生态学论述的基础上，提出了完整的组织生态概念和研究框架，建立了可以衡量企业个体成长、变迁和演替的数学模型。汉南和弗里曼认为：企业变迁（适应）和环境选择是种群演化的主要路径，种群密度与企业死亡率有直接的关系，而影响企业分类和种群密度的关键要素是技术与制度，同时，技术创新和环境制度变迁是企业变迁的主要途径。

汉南和弗里曼（1977）在美国社会学杂志 *American Journal of Sociology* 上发表了《组织种群生态》（The Population Ecology of Organizations）的著名论文[1]。在这篇论文中，作者系统地将生物进化与生态学原理运用于组织问题的研究，详细论述了组织与环境关系的"适应性理论"，提出了"组织种群"的概念，并从组织种群的不同层次进行分析，初步提出了组织种群的生态模型。对"竞争理论"、"组织小生境理论"（Niche Theory）等也做了阐述。在论文中，汉南和弗里曼提出了组织生态学的一个基本问题：为什么有这么多种类的组织？这篇论文的发表为组织生态理论的产生奠定了坚实的基础，是组织生态理论产生的标志性研究成果。此后，组织生态学的研究在各方面相继展开，同时吸引了许多研究者加入到这一研究领域。

20世纪70年代以来，国外组织生态理论的研究得到了快速发展，研究范围逐步扩大，研究领域逐步扩展，同时，研究的深度与水平日益提高。在此期间，国外组织生态相关理论研究的学者及其成果有：威廉姆森（Williamson）（1975）在《市场与层级结构》一文中重新定义了交易成本分析（transactions cost analysis）[2]；迈耶（Meyer）和罗恩（Rowan）（1977）提出了"机械论"（institutionalized organization）[3]；普费弗（Pfeffer）和萨兰西克（Salancik）提出

---

[1] Michael T. Hannan and J. Freeman. The Population Ecology of Organizations. American Journal of Sociology, 1977, 82 (5): 929–964.

[2] Williamson, O. E.. Market and Hierarchies: Analysis and Anti-trust Implications. New York: Free Press, 1975.

[3] Meyer, J., Rowan, B.. Institutionalized Organizations: Formal Structures as Myth and Ceremony. American Journal of Sociology, 1977, 83 (2): 340–363.

了"资源依赖论（resource dependence theory）"[①] 等。

1988 年，卡罗尔主编的《组织的生态模型》（Ecological Models of Organizations）[②] 收纳了 12 篇经典文章，对组织生态学发端自 70 年代中后期十年间的成果做了概括；提出了"存活率"的概念；此外，针对一般人认为生态选择模型是以"效率及效能"作为组织能否取代其他组织的唯一标准认识，卡罗尔提出了在组织中的许多选择过程其实是采用社会的、文化的、制度的标准的观点。1989 年，汉南和弗里曼合著的《组织生态学》[③] 一书出版，这部著作被认为是组织生态研究的开山之作，它的出版标志着组织生态研究从青春期走向成熟期[④]。在这部书中，汉南和弗里曼对早期组织生态学的理论、方法和经验研究成果进行了系统的总结。与此同时，卡罗尔等人侧重对组织种群增长模式及其影响因素进行研究。以酿酒业为例，通过对组织种群数据的曲线拟合来揭示组织种群增长的规律，具有代表性的研究成果是 Brewery and Brauerei: the Organizational Ecology of Brewing，发表于《组织研究》（Organization Studies）杂志[⑤]。1992 年，汉南和卡罗尔出版的《组织种群动力学：密度，合法化与竞争》[⑥] 一书，对组织种群动力学进行了系统研究，并进行了实证与模拟分析。作者系统地研究了控制组织种群增长和下降的机制与模式，应用数据分析、统计处理、数学公式、曲线拟合、计算机模拟等方法，确定组织出生率及死亡率，从而确定组织种群生长规律的定量表达。作者认为组织密度决定于组织的出生率和死亡率，而组织的出生率和死亡率是由竞争和立法两个方面来决定的。作者对它们之间的影响关系进行了详细的分析与研究，给出了十个假设和三个定理。从这些假设和定理出发，作者运用一系列数学模型对组织种群增长模式的定量关系做出了开创性的研究。1992 年，格雷格·阿诺德·利希滕斯坦（Gregg Arnold Lichtenstein）运用企业孵化器（incubator）模拟企业生态因素，研究企业之间的关系和企业家身份。其目的在于通过实验获取未来企业生存所需的环境条件和所需建立的市场关系，这是在实验室做企业生态问题的

---

[①] Pfeffer, J. M., Salancik, G. R.. The External Control of Organization: A Resource Dependence Perspective. New York: Harper & Row, 1978.

[②] Carroll, G. R.. Ecological Models of Organizations. Cambridge, MA: Ballinger, 1988.

[③] Hannan, M. T., Freeman, J. H.. Organizational Ecology. Cambridge, MA: Harvard University Press, 1989.

[④] Christophe Boone and Arjen van Witteloostuijn. Industrial Organization and Organizational Ecology: the Potentials for Cross-fertilization. Organization Studies, 1995, 16 (2): 265-298.

[⑤] Glenn R. Carroll, Peter Preisendoerfer, Anand Swaminathan and Gabriele Wiedenmayer. Brewery and Brauerei: the Organizational Ecology of Brewing. Organization Studies, 1993, 14: l55-188.

[⑥] Hannan, M. T., Carroll, G. R.. Dynamics of Organizational Populations: Density, Legitimation, and Competition. New York: Oxford University Press, 1992.

研究①。

保罗·霍肯（Paul Hawken，1994）② 在其著作《商业生态学：可持续发展的宣言》中，利用生态思想系统探讨了商业活动与环境问题的相互关系，并指出环境保护问题的关键是设计而非管理问题，创造一个可持续发展的商业模式才是企业唯一的真正出路。

1996年，苏安（Suan），坦·森（Tan Sen）完成了企业生态学（Enterprise Ecology）专论，将自然生态系统原理应用于人类组织活动，所涉及的对象包括工业部门、学术领域和政府机构，研究的目的是环境资源的可持续性和保护问题③。

布达佩斯俱乐部的创始人欧文·拉兹洛（Ervin Laszlo，1997）④ 在其著作《管理的新思维》中指出，在今天动荡变革的时代，整个商务世界正以前所未有的速度向全球化方向进化，新产品和新技术以前所未有的速度加快其更新换代的步伐，企业正面临来自生态环境，社会环境以及适应消费者价值观念变化的严峻挑战。在此基础上，作者从组织原则，战略原则和经营原则三个方面提出了进化管理的十八项原则。拉兹洛认为，为了企业的长期生存，企业必须与整个行业系统，包括供应商、分销商、转包人、直接和间接竞争对手等共同进化和发展。企业的长期生存与它所处的行业系统的整个发展水平正在发生着日益密切的联系。建立共同进化的战略合作伙伴的目的不仅仅是传统意义上的风险共担，也包括从长远利益和大局考虑所创建的提供可持续盈利机会的各种新的战略联盟。这种联盟包括当地的社团组织、其他行业组织以及公共机构等。企业的未来日益与更加广泛的社会和生态环境的未来息息相关。只有通过资源和责任共享，才能维持企业可持续的盈利发展。

肯·巴斯金（Ken Baskin，1998）⑤ 发表新著《公司DNA：来自生物的启示》。书中提出了"市场生态"的概念，并通过研究混乱和复杂的自然界（生物生态系统）来理解同样复杂的商界发展的基本动力和对企业组织设计和组织管理的意义。作者将自然科学中的一些最新见解以及关于动荡和复杂问题的最新研究成果融入现实战略管理中，帮助企业重新思考它们的未来。强调忘掉公司再造，把注意力放在公司DNA上，它不仅关系到生物的生存，也关系到整个企业的未来。作者通过绘制生态图深刻剖析了个人计算机市场生态进化的

---

① Gregg Arnold Lichtenstein. The Significance of Relationships in Entrepreneurship: A Case Study of the Ecology of Enterprise in Two Buiness Incubators. Philadelphia: University of Pennsylvania, 1992.
② [美] 保罗·霍肯著，夏善晨等译. 商业生态学. 上海：上海译文出版社，2001.
③ Suan, Tan Sen. Enterprise Ecology. Singapore Management Review, 1996, 8 (2): 51–63.
④ [美] 欧文·拉兹洛等著，文昭译. 管理的新思维. 北京：社会科学文献出版社，2001.
⑤ [美] 肯·巴斯金著，刘文军译. 公司DNA：来自生物的启示. 北京：中信出版社，2001.

过程，以及如何创建有机公司与市场生态协同进化。

约瑟夫·亚伯（Joseph Abe），帕特丽夏·登普西（Patricia Dempsey），大卫·巴西特（David Bassett）等（1998）认为企业组织是有生命的系统，与自然生命体具有相同的生态属性，并描述了企业的某些生态现象①。这一研究并没有深入分析企业的生态行为，也没有构造企业生态学的研究内容。此外，高森·桑吉夫（Gossain Sanjiv）和坎戴·加詹（Kandiah Gajen）（1998）提出在需求驱动的经济将要转为信息经济驱动的条件下，将产生新的商业生态范例。这要求企业家用与之相适应的方式思考问题，而不仅仅是倾听顾客的需求。新的商业生态系统的目标是通过增强对顾客有用的信息、服务、产品的数量和品种来创造价值②。

理查德·L·达夫特（Richard L. Daft）（1998年）③在《组织理论与设计精要》这本著作中利用种群生态学的概念论述了有关组织间的冲突与协作、"组织生态系统"演化以及正在出现的学习型组织等许多新的观点和方法，从而拓宽了原有组织理论的固有疆界，并预示这是企业未来战略和结构设计的前沿课题。

卡罗尔与汉南（2000）出版了《公司与产业的人口统计学》④一书，借鉴人口统计学的方法深化了组织生态学的研究。鲍姆（Baum）在2002年出版的《组织指南》⑤一书中，则按照组织内、组织和组织间三个层次对组织生态学研究的成果进行全面系统的总结和分析，并提出了未来的研究方向。

木内多知（Tachi Kiuchi）和比尔·舍尔曼（Bill Shireman）（2002）合作出版专著 What We Learned in the Rainforest: business lessons from nature: innovation, growth, profit, and sustainability at 20 of the world's top companies⑥该书使用了一种独特的方式，将商业规则比做一个生态系统加以分析，就企业如何运用自然原理，从经济、社会和环境三个方面提高企业的效益底线问题展开论述。作者在书中讨论了新经济模式下使企业效益最大化的原理。作者指出：旧的经营模式——商业与自然抗衡的机器时代已经过时，在新兴经济时代，仿效

---

① Joseph Abe, Patricia Dempsey, David Bassett. Buiness Ecology: Giving Your Organization The Natural Edge. Oxford: Butterworth Heinemann, 1998.
② Gossain Sanjiv, Kandiah Gajen. The New Buiness Ecosystem. Strategy & Leadership, 1998, 25 (5): 28–33.
③ [美] 达夫特著，李维安等译. 组织理论与设计精要. 北京：机械工业出版社，1999.
④ Carroll, G. R., Hannan, M. T.. The Demography of Corporations and Industries. Princeton: Princeton University Press, 2000.
⑤ Baum, J. A. C.. Companion to Organizations. Malden, MA: Blackwell Publishers Ltd., 2002.
⑥ Tachi Kiuchi, Bill Shireman. What We Learned in the Rainforest: business lessons from nature: innovation, growth, profit, and sustainability at 20 of the world's top companies. San Francisco: Berrett-Koehler Publishers, Inc., 2002.

自然的企业才能在竞争中胜出。企业在接近自然生态系统时，其效益也在实现最大化。该书还提供了一套经营管理、绩效测评和谋略策划的工具。

约翰·C·奥里科（Johan C. Aurik）、吉利斯·J·琼克（Gillis J. Jonk）和罗伯特·E·威伦（Robert E. Willen）（2003）合作出版了 *Rebuilding the Corporate Genome: Unlocking the Real Value of Your Business*[①] 一书。作者对科尔尼管理顾问公司承担的咨询项目进行深入研究，描述了企业正在被分解为越来越小的业务单元，并指出这一趋势对企业管理者的启示。该书详尽地阐述了一个新的战略观念，即在一个更为基础的业务构成层面上构建企业战略。从这一战略观念出发，企业可以抓住新的成长机遇，进一步增强竞争力，并击败那些意想不到的竞争者。作者认为，现代科技的发展使企业间的交易成本大幅度降低，这为那些注重价值链上某些关键能力的企业提供了机会。这些企业可以只集中于自身最有价值的业务，以更低的成本从外界获取其他能力，或直接将自身创造的价值出售给价值链上的其他成员。由此，作者大胆指出：未来只有两种企业存在：一种是在价值链的某个环节上，即企业基因的层面上，具有最佳能力要素的企业；另一种是将这些最佳能力要素进行最优组合的企业。

**2. 组织演化思想**

组织演化理论起源于生物学中的物种演化理论，其中心思想是企业种群与周围开放环境的互动关系，即变异、选择和演化。组织遵循创新（变异）、市场检验、适应并发展的循环演变规律。组织演化思想的理论基础是变异—选择的不确定性。

确立演化理论在管理学领域中地位的是理查德·R·纳尔逊（Richard R. Nelson）和悉尼·G·温特（Sideny G. Winter）。他们在吸收自然选择和企业组织行为等相关理论的基础上，于1982年完成了《经济变迁的演化理论》一书，从动态演化的角度解释经济变迁。在借用行为主义的分析方法，参照大量生物进化行为的基础上，引进大量新概念并建立了一系列动态演化的经济模型。他们认为，经济演化的过程是一个惯例的学习过程，惯例是一种光滑序列的协调一致的行为能力。惯例是程序化的，在很大程度上是一种无意识的，并且往往是经济主体自动进行的选择。它控制、复制和模仿着经济演化的路径和范围，企业行为的大部分规则和可以预测的事件，都可以包括在惯例之下。惯例形成企业处理它所面临的非惯例问题的方法。他们还认为，

---

[①] Johan C. Aurik, Gillis J. Jonk, Robert E. Willen. Rebuilding the Corporate Genome: Unlocking the Real Value of Your Business. New York: John Wiley & Sons, Inc., 2003.

演化理论是一种关于市场过程的理论，可以用来分析市场情况对自发变化的影响，以及内部创新所导致的变化①。至此，完整而严密的进化理论研究的轮廓开始形成。纳尔逊和温特认为：企业要接受市场环境的"自然选择"；企业在市场中互相竞争；盈利的企业成长、壮大，而不盈利的企业收缩、衰退，直至被淘汰出局。

事实上，在纳尔逊和温特之前，已经有人对组织演化问题进行过较深入的研究。1950年，阿门·阿尔钦（Armen Alchian）阐述了企业与生物相似性的演化思想，成为企业演化理论的思想先驱。阿尔钦在《不确定性、演化与经济理论》一文中，论述了演化的观点②。他主张在经济分析中用自然选择的概念代替最大化概念，并论证了自然演进与理性选择的等效性。沿着这一思路，贝克尔认为在自然选择的压力下，只有能够获得最多资源的行为主体才能存活下来。弗里德曼（Milton Friedman，1953年）认为，在经济演化过程中，只有那些力图获取最大化收益的企业才能够在市场选择过程中存活下来③，这就是著名的as-if理论。行为主体只能是在主观意志上追求利益最大化，但真正的利益最大化是市场选择的结果。阿尔钦和弗里德曼都力图说明市场竞争类似于生物进化，并非所有理性最大化目标的企业均能实现其目标，其最终决定于类似生物学中自然选择的力量——市场选择。在由有限理性企业集合而成的市场竞争中，只有适合特定市场环境的企业才能真正存活下来，并有可能发展。艾尔奇安指出演化的机制会有助于实现企业群体对动荡市场环境的反应。

图斯曼和罗曼利（Tushman and Romanelli，1985，1994）进一步深入研究了企业的演化规律，认为企业变迁的规律是间断均衡的，长期的渐进增长伴随着短期的中断突变。企业能否生存取决于他们能否不断地顺利完成重新定位及业务收敛的循环过程。伯格曼（Burgelman，1983，1986，1987，1988，1991）则从企业内部生态演化的角度对企业战略进行了考察，认为战略决策是企业内不同管理层互动演化推动的结果④。

斯蒂格勒在《规模经济》一文中根据自然演化的思想，运用生存原理来测度企业的合理规模⑤。他认为不同规模的企业在竞争中会表现出效率的差

---

① [美]理查德·R·纳尔逊，悉尼·G·温特. 经济变迁的演化理论. 北京：商务印书馆，1997.
② Alchian, A.. Uncertainty, Evolution and Economic Theory. Journal of Political Economy, 1950, 58 (3): 211-222.
③ Friedman, M.. The Methodology of Positive Economic. in Essays in Economics. Chicago: Chicago University Press, 1953.
④ 刘东. 企业网络论. 北京：中国人民大学出版社，2003.
⑤ [美]斯蒂格勒. 产业组织与政府管制. 上海：上海人民出版社，1996.

别。竞争会筛选出有效规模的企业，会导致低效率企业的消失。因此，在不同的市场类型中，凡是在长期竞争中得以生存的规模都是最佳规模。

1990年，辛格编辑的《组织演化：新方向》[①] 把组织生态学的中心任务定义为"对社会环境如何决定组织形态的产生与消亡，组织的创建与死亡率，以及组织形态的变化率进行调查"，并对组织生态学的内涵作了调整，把组织转换（transformation）看做组织生态学分析的结果。

鲍姆和辛格（1994）编辑的《组织的演化动力学》[②] 侧重讨论了"组织演化的层级本质"等问题。鲍姆和辛格除了增加理论应用在实务上的探讨外，还广泛吸收了其他众多学者的研究成果，同时增加了对社区生态及劳动力分化的研究。在这些研究的基础上，鲍姆和辛格把收录的文献分成了四个层次递进的部分，即组织内演化（intraorganizational evolution）、组织演化（organizational evolution）、种群演化（population evolution）和群落演化（community evolution）。

如果说《组织演化：新方向》一书提出了由生态向演化转变的思想，那么《组织演化动力学》则比较详尽地说明了演化的思想，并且开始尝试着对不同层次演化问题的分析。卡罗尔和汉南（1995）出版了《产业中的组织：战略，结构与选择》[③] 一书，对多种产业的演化问题进行了具体的分析和实证研究。

James F. Moore（1996）在《竞争的衰亡》（*The Death of Competition*）一书中对企业生态系统（business ecosystem）进行了生动的描述[④]，认为"公司仅拥有一种商业模式是远远不够的，领导们必须建立具有分享意义、产生特殊恢复力和机动性、抵御灾难的强健的共同体"。同时，James F. Moore 还提出了组织生态系统合作演化（business ecosystem coevolution）理论，其理论要点包括如下内容：

其一，在当今产业界限日益模糊的情况下，企业不应把自己看做是单个的企业或扩展的企业，而应把自己当做一个企业生态系统（business ecosystem）的成员。这个经济系统生产对顾客有价值的产品或服务，其成员包括供应商、主要生产者、竞争者和其他利益相关者。随着时间变化，它们常常倾向于围绕其中一个或多个核心企业指引的方向，合作演进各自的能力和角色。这些领导企业的角色可能会随时间而发生变化，但其发挥的功能对整个共同体有重要价

---

[①] Singh, J. V.. Organizational Evolution: New Directions. Newbury Park, CA: Sage, 1990.
[②] Baum, J. A. C., Singh, J. V.. Evolutionary Dynamics of Organizations. New York: Oxford University Press, 1994.
[③] Carroll, G. R., Hannan, M. T.. Organizations in Industry: strategy, structure, and selection. New York: Oxford University Press, 1995.
[④] James F. Moore. The Death of Competition: Leadership and Strategy in the Age of Business Ecosystems. New York: Harper Paperbacks, 1996.

值,因为它使其成员朝着共同愿景来配置投资并且相互支持。在这个系统中,企业的投资与回报,建立在网络系统效益递增的经济原理之上。

其二,在企业生态系统中,企业战略的制定与传统战略有很大不同。它不是把产业或国家界限看做是给定的,而是在很大程度上可选择的;战略制定的基本单位不再是企业或产业,而是合作演化的生态系统;企业经济业绩不仅是企业内部管理好坏和行业平均利润的函数,而主要是企业在生态系统中联盟和网络关系管理好坏的函数;个别企业的成长不再是考虑的重点,整个经济网络的发展和公司在其中的地位成为考虑的重点;合作不再局限于直接的供应商和顾客,而是扩展到包括所有寻求新主意和解决未满足需求,并且可以被纳入整个生态系统范围内的相关方;竞争不再被看做主要在产品与产品、公司与公司之间进行,而主要是在企业生态系统之间以及在系统内取得领导和中心地位间进行。简而言之,竞争优势来源于在成功的企业生态系统中取得领导地位。

其三,一个企业生态系统的合作演化大约经历四个阶段:开拓(pioneering)、扩展(expansion)、权威(authority)、重振或死亡(renewal or death)。在开拓阶段,要形成生态系统的基本范式,即要综合各种能力创造生态系统赖以建立的核心贡献(core offer)。企业面临的合作性挑战是同顾客和供应商一起工作,以确定新的价值主张和更有效地展开竞争;竞争性挑战是保护企业的创意,防止其他企业模仿,此阶段企业面临的最大挑战是能否提供更多的价值。在扩展阶段,要开始建立一系列重要的协作关系并进行投资以增强其规模和范围。企业面临的合作性挑战是与伙伴和供应商协作向更大市场提供新贡献、取得最大的市场占有率;竞争性挑战是要让企业的方法成为市场标准,以及强化同主导客户、重要供应商和主渠道的关系。此阶段对企业面临的最大挑战是及时形成大批量。在权威阶段,要关注于使自己的贡献成为系统的核心。企业面临的合作性挑战是提供有号召力的未来愿景以鼓励供应商和顾客共同改善系统;竞争性挑战是保持与系统内的供应商和顾客的强议价能力。此阶段企业面临的最大挑战是领导合作演进。在重振或死亡阶段,要发现用新主意改造旧秩序的方法。企业面临的合作性挑战是同创新者一起给现有系统带来新主意;竞争性挑战是构建高的进入障碍,防止创新者建立其他系统,保持高的顾客转换成本以获得时间,从而在现有产品或服务中增加新内容。此阶段企业面临的最大挑战是继续进行绩效改善,否则就会衰退或死亡。

其四,管理一个企业生态系统要考虑七个维度,即顾客、市场、产品或服务、经营过程、组织、利益相关者、社会价值和政府政策。在合作演化的每一阶段，管理者可以从这七个方面根据各阶段的主要任务和挑战的特征进行管理，以最终达到在成功的企业生态系统中取得领导地位的目的。

### 3. 与组织变迁有关的研究

基于任何组织都必须依赖外部环境所提供的资源条件而生存这一客观现实，西方组织生态学的研究出现了一个新领域，即运用"生态位"（niche）概念对企业组织经营进行分析和研究。生态学中的生态位概念是指一个种群和其他所有种群不存在竞争的特定资源空间。生态位是由种群可以在其中生存和自行复制的所有资源相互结合而构成的，因此我们可以把生态位理解为支持一个种群的资源集合。由于不同种群的生存和发展对资源的需要可能完全相同、部分相同或完全不同，因此不同种群间便会出现不同程度的争夺资源的竞争。于是，种群间的竞争就可以用"生态位重叠"（niche overlap）和"生态位宽度"（niche width）进行描述。生态位重叠是指两个（或多个）种群竞争相同资源集合的状态，而生态位宽度则是指用于支持一个特定种群的资源集合的幅度，或者说资源用于特定种群的专门化程度。由于不同生态位所具有的资源量是有限的，其承载能力（carrying capacity），即一个特定生态位所能够支持的特定种群的成员数量也就是有限的。

由于资源的限制，不同种群以及种群内的不同组织为了谋求生存和发展会尝试改变对资源的占用状态，进而产生竞争。种群间竞争的结果是两个种群无法在均衡状态下共同在一个生态位中生存，即一个种群总要排斥与另外一个种群共同分享有限的生态位资源。这就是所谓的"竞争排斥"（competitive exclusion）。竞争使种群密度（density，构成一个种群的组织的数量）发生相应的改变。因为环境所能够提供的资源量有限，种群内的组织必然会以不同的方式展开资源竞争，并且因所占有的资源量不同而具有不同的创建率、变化率和消亡率，综合表现出不同的密度依赖性（density dependence）。所谓密度依赖，是指在一定时间内，特定种群的规模对组织进入和退出种群的比率有影响。因为不同的进入和退出比率及其组合，会使种群的规模发生不同方向的变化，或增大，或减小，或保持不变。同时不同的种群密度也会反作用于进入和退出过程，使之发生相应的变化，以此保持种群和资源间的平衡。

如果种群规模与特定生态位的承载能力之间还存在差异，即存在剩余能力（excess capacity），种群的密度一般会继续发生变化。生态位的承载能力同时依赖于种群对资源的需要和生态位从环境中汲取资源的效率。如果一个种群的规模接近了特定生态位的承载能力，即生态位的剩余能力很小，那么组织的创建率就会下降，而消亡率则会相应上升，以此减缓种群的增长。所以，种群密度和承载能力共同决定着种群的增长。

当组织生存的环境以及竞争条件发生变化时，有些组织也许不会改变，表现出一定的结构惯性（structural inertia），即组织保持现有结构状态不变的特性。但是，面对竞争和环境变化，绝大多数组织会做出相应的选择（selection），以保证在变化了的环境中得以继续生存，甚至获得进一步的发展。组织往往会选择不同程度的（结构）变革（change）方案，以期保持或提高组织的运行绩效。组织进行选择的基本准则和目的是提高环境适应性（adaptation）和组织生存能力（viability）。由于不同组织自身条件的差异，其在适应环境变化的过程中，会选择不同的方案，从而产生了多样化（diversification）的组织形态，这些组织形态总体上表现出与环境的同构（isomorphic）特性[1]。

进入20世纪90年代以后，随着产业环境的日益动态化、技术创新的加剧、竞争的国际化和顾客需求的日益多样化，创新和创造未来日益成为企业战略管理研究的重点。在此背景下，超越竞争成为管理学研究的重要内容。企业生态系统合作演化（business ecosystem coevolution）理论正是在这一背景下提出来的。从战略管理理论发展史的角度看，该理论超越了20世纪90年代以前的战略管理理论偏重竞争而忽视合作的缺陷，给出了在产业融合环境下理解企业经营的整体画面（big picture），企业生态系统演化动态的基本框架，以及企业如何在其中发展并取得领导地位的战略管理方法，这是该理论的一个贡献。从产生背景来看，它适应了20世纪90年代至21世纪产业环境激烈变化，创新和创造未来成为发展战略焦点的趋势要求，并吸收了产品生命周期理论和生态进化理论的合理成分。从理论的经济学基础来看，它把理论建立在网络经济（economy of network）而不是传统的规模经济（economy of scale）或范围经济（economy of scope）的基础上，并且从均衡演化的角度进行分析，这是它的一个特色。

当企业间关系日益紧密时，一个企业的发展是与其他企业的共同发展不可分离的，企业A的选择决定了企业B的变化。哈佛大学商学院的斯蒂芬·杰伊·古尔德（Stephen Jay Gould）教授提出了"竞争生态理论"，认为企业行业生态系统可以围绕创新的概念，既竞争又合作地支持新产品，以满足市场的需求。为此，企业必须吸引各种资源、资本、合作者、供应商和顾客以共同创造性地构建合作网络。仅靠战略联盟或虚拟企业之类的结构并不能为管理者理解变化的战略逻辑提供任何支持系统[2]。

---

[1] Hawley, A. H.. Human ecology, in David, L. S. （Eds.）, International Encyclopedia of the Social Sciences. New York: Macmillan, 1968.
[2] 本杰明·古莫斯-卡瑟尔斯著，吴镝译. 竞争的革命. 广州：中山大学出版社，2002.

**4. 组织生态学研究方法**

在组织生态学形成的早期，西方学者集中研究的是种群（population）问题。其后，随着研究的不断深化，借鉴现代生态学的理论成果，西方组织生态学将研究的对象拓展到包括组织内单元（units）、组织（organizations）、组织种群（populations）、组织群落（communities）和组织生态系统（ecosystem）这样一个递进的层次系列，极大地丰富了组织生态学研究的内容。

从上述文献中我们可以知道，西方组织生态学的研究不断向深度和广度两个方向发展，并且逐渐形成了比较系统的理论体系。

在理论研究的同时，西方组织生态学一直关注运用基本原理和方法开展应用研究。在研究方法上，西方组织生态学的成果广泛采用了经验研究，案例研究和比较研究的方法。其中的一个显著特点就是对典型行业的分析和研究。这方面的研究广泛涉及了报纸[1]、酒类、半导体[2]、旅馆、铁路、电话、汽车等诸多行业，并由此得出对于调整和发展相关行业的许多重要结论。

早期文献在规范研究的基础上，为了适应对不同行业和组织深入研究的需要，一些学者采集了相关的动态数据进行计算和分析，从经验研究的角度得到了一些重要的结论，丰富了组织生态学的应用对象和研究方法[3][4][5][6]。而案例研究[7][8][9]则通过运用组织生态学的概念和原理对不同类型的组织进行分析，扩

---

[1] Delacroix, J., Carroll, G. R.. Organizational founding: an ecological study of the newspaper industries in Argentina and Ireland. Administrative Science Quarterly, 1983, 28 (2): 274–291.

[2] Brirrain, J. W., Freeman, T. M.. Competitive dynamics and organizational diversity: strategic interactions insemi-conductor components. Proceedings of the Southwest Academy of Management, 27th Annual Meeting, New Orleans, LA, 1985.

[3] Marret, C. B.. Influence on the rise of new organizations: the formation of women's medical societies. Administrative Science Quarterly, 1980, 25 (2): 185–199.

[4] Pennings, J. M.. Organizational birth frequencies: an empirical investigation. Administrative Science Quarterly, 1982, 27 (1): 120–144.

[5] Brirrain, J. W., Freeman, T. M., Competitive dynamics and organizational diversity: strategic interactions in semi-conductor components, Proceedings of the Southwest Academy of Management, 27th Annual Meeting, New Orleans, LA, 1985.

[6] Swaminathan, A., Delacroix, J.. Differentiation within an organizational population: additional evidence from the wine industry. The Academy of Management Journal, 1991, 34 (3): 679–692.

[7] Burns, L. R., The Chicago School and the study of organization-environment relations. Journal of the History of the Behavioral Sciences, 1980, 16 (4): 342–358.

[8] Marple, D.. Technological innovation and organizational survival: a population ecology study of nineteenth-century American railroads, Sociological Quarterly, 1982, 23 (1): 107–116.

[9] Wholey, D. R., Christianson, J. B., Sanchez, S.. The effect of physician and corporate interests on the formation of health maintenance organizations, American Journal of Sociology, 1993, 99 (1): 164–200.

展了理论的应用。在此基础上对不同类型组织（或行业）的比较分析①②，进一步得到了一些具有跨组织（跨行业）意义的一般性结论，使得组织生态学逐渐成为现代组织理论的重要组成部分。由于多方面的原因，在进行应用研究时，人们经常面临难以找到恰当的经验数据来进行分析的难题。于是，一些学者还使用了仿真技术来开展相应的研究工作③④。近年来，除了借鉴传统的生态学定量研究方法（如 Lotka-Volterra 模型、对数二次模型等）之外，一些学者还尝试运用遗传算法等新的数理分析工具来开展研究工作，为组织生态学的进一步发展提供了更加有力的多样化技术支持⑤⑥。

总之，在 20 多年的发展中，组织生态学在西方获得了显著的发展，不仅在社会学、经济学和管理学等学科的重要期刊上发表了大量的学术论文，出版了一批重要的研究专著和文集，而且在欧美（特别是北美）形成了若干重要的研究团队和著名机构，如美国的斯坦福大学、加州大学伯克利分校、宾夕法尼亚大学和加拿大的多伦多大学等。

## 三、西方组织生态研究总结及分析

总结国外已有的研究成果，组织生态论的主要议题包括：密度依赖、组织创建、组织死亡、适应与选择、组织多样化等。近年来，组织生态的新趋势进一步结合了策略管理、组织经济学、代理人理论及创业研究等观点，出现了一些新的研究焦点。

总体而言，组织生态理论在西方一批专家和学者的积极倡导下，取得了可观的研究成果，也逐步得到了管理学者和实践者的高度重视。有关生态学思想在管理实践中应用的呼声日益高涨。但是，组织生态理论在整个组织理论当中，仍然一直被认为是小派别，其更多的是被用于解释组织与环境的关系。这一方面是由于以往研究者偏重于理论性研究，如出生率、死亡率的决定和种群增长模式等，较少将上述研究与实际中的管理问题联系在一起进行研究；另一

---

① Delacroix, J., Carroll, G. R.. Organizational founding: an ecological study of the newspaper industries in Argentina and Ireland. Administrative Science Quarterly, 1983, 28 (2): 274–291.

② Freeman, J., Carroll, G. R., Hannan, M. T.. The liability of newness: age dependence in organizational death rates. American Sociological Review, 1983, 48 (5): 692–710.

③ Lant, T. K., Mezias, S. J.. Managing discontinuous change: a simulation study of organizational learning and entrepreneurship, Strategic Management Journal, 1990, 11 (special issue): 147–179.

④ Petersen, T., Koput, K. W.. Density dependence in organizational mortality: legitimacy or unobserved heterogeneity? American Sociological Review, 1991, 56 (3): 399–409.

⑤ Peli, G., Bruggeman, J., Masuch, M., Nuallain, B. O.. A logical approach to formalizing organizational ecology. American Sociological Review, 1994, 59 (4): 571–593.

⑥ Bruderer, E., Singh, J. V.. Organizational evolution, learning, and selection: a genetic-algorithm-based model. The Academy of Management Journal, 1996, 39 (5): 1322–1349.

方面，已有的组织生态学的研究策略主线在于寻求适用于所有组织的一般规律，从而忽略了不同组织之间的差异性。尽管也有学者专门从工业组织的角度结合组织生态理论加以研究，但更多地仍局限于一般工业组织特性的分析。因此，组织生态理论在经济和管理领域中的应用研究一直未能充分展开。而且这些年来随着技术创新速度的加快，企业的组织变化明显，相对于管理实践的快速发展，理论研究的滞后性更显突出；再者，组织生态学的研究尚未形成完整的体系，已有的研究成果还比较支离，没有纳入一个总的研究框架之中。相信随着研究的不断深入，组织生态理论会引起管理学界的普遍重视，成为组织管理理论的重要分支。

## 第三节 国内相关研究综述

### 一、关于基本概念和基本现象的研究

过去十余年间，国内学者结合经济改革实践的需要和对西方经济学理论的研究，较多地吸收、分析和研究有关交易费用理论和制度理论，而对组织生态学的关注却很少，这方面的研究总体上还处于起步阶段。从对相关文献的分析来看，国内学者所完成的一些成果，大致可以分成以下几个方面。

**1. 组织生态及组织生态系统**

席酉民等（1998，2000）编著的《经济管理基础》[①] 和《管理研究》[②] 都曾将组织生态学作为重要的新理论加以介绍，并与其他理论进行了比较。

孙成章（1996）在其所著的《现代企业生态概论——企业五五五管理法》[③] 一书中提出企业是有生命的，企业生命是具有周期性的，企业生命周期是内因与外因相互作用的结果，内因与外因相互作用决定了企业的生命质量。该书提出了企业生态的概念和理念，在一定程度上涉及了企业生态和企业生命周期等概念，但未对有关具体理论做具体、深入的阐述。在内容上也多涉及企业内部因素，对企业外部因素（环境因素）研究较少。

刘洪涛、李垣等（1999）则将当代企业战略研究所依赖的理论基础归纳

---

[①] 席酉民. 经济管理基础. 北京：高等教育出版社，1998.
[②] 席酉民. 管理研究. 北京：机械工业出版社，2000.
[③] 孙成章. 现代企业生态概论——企业五五五管理法. 北京：经济管理出版社，1996.

为源于传统经济学的理论和源于组织生态学的理论两类①。

李维安（1999）等翻译的美国学者 Daft 的《组织理论与设计精要》② 一书中，也有对组织生态学（种群生态学）介绍的章节。

罗珉（2001）的《组织理论的新发展——种群生态学理论的贡献》一文③，运用组织（种群）生态学的观点解释了为什么随着新公司的增加，组织的多样性也不断增强，而且经过变革、选择和保留，一些组织生存下来并得到发展，另一些组织则消亡了，并且指出了企业怎样采取全面或专门战略求得生存。该文可以说是国内对组织生态学进行比较系统介绍的文章。

张长元（1998）④ 认为与法学、社会学、管理学一样，应从生态学角度赋予企业"社会人"的概念，这一观点显然可以将企业纳入生态学的研究领域。

伟鼎（1999）在中国乡镇企业报上撰文《生命型企业的本质》，认为企业是生命型组织，有不同的寿命。

邹凤岭（1998）在其论文《欧美构筑现代企业模式强化竞争新动向》⑤ 中介绍了欧美企业竞争的新动向是知识型企业和商业生态系统。

许亮（1998）⑥ 则撰文介绍了商业生态系统产生的背景、意义和特点，研究了商业生态系统形成和发展的条件，以及引起管理模式变革和对企业经济及发展的影响。

唐小我（1999）提出了"企业生态系统"的概念，认为企业生态系统的出现是知识经济时代企业竞争的新特点，并对其进行了准确定义。他认为企业生态系统是一个由企业之间、企业与环境之间相互作用、相互影响而形成的社会。

罗珉（2003）在《管理理论的新发展》一书中，对种群生态学的一些基本概念和原理做了进一步的介绍⑦。

蓝海林、谢洪明（2003）发表论文《企业战略的抽象群及其演化引论》⑧，把企业的战略群而不是影响单个企业战略的因素作为研究对象，提出了战略生态的概念。战略生态的结构是指战略生态系统所涉及的要素，按照特定的规则所组成的结构关系。主要包括战略群、利益相关者、顾客、市场、产品或服务、经营过程、组织、社会价值和政府政策等。企业在战略生态演化的每一阶

---

① 刘洪涛，李垣，王磊. 当代企业战略研究的理论基础综述. 经济学动态，1999，2.
② 理查德·L·达夫特著，王凤彬等译. 组织理论与设计. 北京：清华大学出版社，2003.
③ 罗珉. 组织理论的新发展——种群生态学理论的贡献. 外国经济与管理，2001，10：34－37.
④ 张长元. 构建企业生态学人格. 环境科学进展，1998，6：82－86.
⑤ 邹凤岭. 欧美构筑现代企业模式强化竞争新动向. 财贸论坛，1998，12：47－49.
⑥ 许亮. 谈现代企业商业生态系统的建立. 昆明理工大学学报，1998，4：38－41.
⑦ 罗珉. 管理理论的新发展. 成都：西南财经大学出版社，2003.
⑧ 蓝海林，谢洪明. 企业战略的抽象群及其演化引论. 管理工程学报，2003，4：55－60.

段，根据各阶段的主要任务和挑战的特征进行管理，以最终达到在成功的企业生态系统中取得恰当地位的目的。作者总结了战略生态的四个基本形态：相残态，互不侵犯态，跟进态和牵制态。认为其他形态可以看作这几种形态的组合或者整合体。由此可见，战略生态研究不是一般战略的研究，而是战略系统的研究。它与系统科学具有天然联系，可以应用系统科学的成果于研究之中。

梁嘉骅、葛振忠、范建平（2002）发表论文《企业生态与企业发展》[①]，对企业生态、企业生态环境、企业生态因子等概念进行了具体界定。作者把企业生态环境分为经济生态、社会生态和自然生态三大部分，并对各部分的具体内容进行详细划分，绘制了企业生态系统图。作者还探讨了有关企业进化、竞争、共生、协作及前、后工业社会的企业生态变迁等问题。作者认为企业生态对企业发展和管理的影响深刻。

齐振彪、齐振宏（2002）发表论文《组织及其智能优势：组织生态学的新视角》[②]，提出了生态组织的概念，比较了生态组织与机械式组织的异同。基于组织创建和组织智能优势方面的研究，作者认为组织生态系统的运行可以使人力网络在技术网络的支撑下，通过结构网络的功能与文化网络的协调，创造知识与共享知识，由此产生组织智能优势。

**2. 组织生命现象**

企业生命周期的理论研究始于20世纪50年代，繁荣于70~80年代，90年代末出现了新的高潮。企业生命周期理论把企业看成是一个系统，其兴衰不是单一因素造成的，而是系统内外各种因素共同作用的结果。同时，企业系统在不同时期有不同的特征和问题，需要权变地选择解决问题的方法与战略。迄今为止，已有20多种生命周期阶段模型问世，所有模型的共同之处在于企业的生命周期遵循大致相同的规律，不同生命周期阶段有不同的特征和问题，这正是企业生命周期理论的核心思想。

企业生命周期理论发展至今，已经具备了比较扎实的理论基础，但管理实践发展迅猛，理论研究仍存在着很多未解决的问题。近些年，很多学者也对企业生命周期理论进行了更多的探索性研究。

陈佳贵（1995）发表论文《关于企业生命周期与企业蜕变的探讨》[③]，将企业生命周期划分为孕育期、生长期、高速发展期、成熟期和衰退期，并分析

---

① 梁嘉骅，葛振忠，范建平．企业生态与企业发展．管理科学学报，2002，2：34-40．
② 齐振彪，齐振宏．组织及其智能优势：组织生态学的新视角．科技进步与对策，2002，10：18-20．
③ 陈佳贵．关于企业生命周期与企业蜕变的探讨．中国工业经济，1995，11：5-13．

了各生命周期阶段经营及管理特点。在对日本学者藤芳诚一的"企业蜕变论"评介的基础上,进一步提出企业蜕变主要体现于以下三个方面:经济形体的蜕变、实物形态的蜕变和产品蜕变。

肖海林（2003）[①] 在学术论坛上发表论文《企业生命周期理论辨析》,对已有的企业生命周期研究提出了大胆的置疑。他认为现有企业生命周期理论有其局限性。首先,忽视了两种类型的企业——一种寿命极短,没有典型的生命周期,代表着企业的大多数;另一种是可持续发展的企业,存在多个经营周期,老化特征并不明显。他认为企业并不存在固定的生命周期,在一定技术条件下,其生命周期是可以改变甚至消失的。其次,他将现有企业生命周期理论研究的局限性具体概括为如下几个方面:①企业生命周期是一个容易引起歧义的概念,生命周期理论中的生命周期是一种特殊现象。②现有生命周期理论强调了企业与人的相似性,但忽视了企业与人的本质差异。从而忽视了企业的另外一种可能,即可持续发展。③现有企业生命周期理论提出的解决企业生命周期问题的方法是有局限性的。④企业的生命周期特征无法用恰当的数量指标加以衡量,因此,现有的企业生命周期曲线的上下变化缺乏决定依据。

任佩瑜、林兴国（2003）在《基于复杂性科学的企业生命周期研究》[②] 一文中利用复杂性科学的最新成果和研究方法,剖析企业生命周期的复杂过程,揭示了企业发展变化的内在机理。复杂性科学作为一门新兴科学,与经典科学相比更接近于真实世界。企业是一个开放的复杂系统,复杂性科学向企业管理学科的渗透是必然的。基于复杂性科学的企业生命周期理论,对企业生命周期各阶段企业内部各要素及其与外界环境相互作用的复杂性进行剖析,对实践中的企业管理决策具有一定的指导意义。

韩永学（2004）在《企业生命周期的二阶段多重性周期曲线与混沌边界管理》[③] 一文中认为,企业生命周期的传统模型都是多阶段的单一性周期曲线。虽然有利于某阶段局部建立健康的企业生命状态,但不利于企业整体生命状态的良性循环。而且没有或很少考虑经济周期、创新周期、产品生命周期以及经营者生命周期,有极大的局限性。韩永学教授在这篇文章中对企业生命周期、经济周期、创新周期、产品生命周期、经营者生命周期等周期曲线进行简化与合成,构筑了企业生命周期的二阶段多重性周期曲线,阐述了钟型理论。同时运用复杂性科学理论分析了企业生命周期中几个关键的临界点,提出加强

---

① 肖海林. 企业生命周期理论辨析. 学术论坛, 2003, 1: 65 - 67.
② 任佩瑜, 林兴国. 基于复杂性科学的企业生命周期研究. 四川大学学报, 2003, 6: 35 - 39.
③ 韩永学. 企业生命周期的二阶段多重性周期曲线与混沌边界管理. 商业经济与管理, 2004, 1: 20 - 23.

混沌边界管理，实现企业的螺旋式上升与跳跃式发展的基本观点。

韩永学（2005）在《"后结构主义"思维框架下的企业生命有机体理论研究》[①]一文中提出，"企业生命有机体"应走德里达的后结构主义道路，建立具有混沌吸引子的创新性信息空间。通过"解构"打破企业系统的平衡，把握企业成长阶段与老化阶段的创新性空间，走出企业生命周期（"婴儿夭折"、"壮年陨落"）的周期怪圈。同时，结合哲学、生态学、复杂性科学以及自然科学的前沿成果，阐释企业信息系统应以信息熵为唯一衡量标准，确定混沌吸引子所处的稳定与不稳定间的相变状态，实现企业的适应性自组织与突变性创新。

王玉（1997）先后撰写并出版了有关"企业进化"方面的两部著作《企业进化的战略选择》[②]和《企业进化》[③]，相继阐述了企业进化的规律、特征、过程和方式等，是企业进化研究的理论性成果，其贡献在于提出了企业的生物性。

韩福荣、徐艳梅（1997）出版了专著《合营企业稳定性与寿命周期》[④]，较系统地研究了中外合资企业的稳定性与寿命周期问题，提出了企业稳定性的概念、类型、判定标准，分析了中外合资企业稳定性的影响因素。并提出了对合营企业不稳定的新的认识视角，即合营企业的不稳定与失败不能相提并论。将合营企业的寿命划分为法定寿命和自然寿命两类，并分析了合营企业不同寿命阶段的特征和管理重点。其后，在此基础上，作者进一步对合营企业因不稳定而引发的投资减撤问题进行了继续研究。

陆玲、黄稼跃（2000）发表论文《企业生态健康理论基础探讨》[⑤]，认为企业与生物有机体一样，其健康可以通过相应的医疗手段进行检测和给以保障，企业健康状况的主要检测指标包括企业各系统的组合要素、各要素的比例、组合方式、演化程序、运动速度以及与其他系统（包括内部系统和外部系统）是否协调等。

周晖、彭星闾（2000）在《企业生命模型初探》[⑥]一文中，对已有的各种企业成长理论的不完整性进行了分析，并在此基础上提出了企业生命模型——一种新的企业成长理论范式。作者认为企业的"基因"决定了企业的多样性

---

① 韩永学．"后结构主义"思维框架下的企业生命有机体理论研究．北方论丛，2005，3：145-149．
② 王玉．企业进化的战略选择．上海：上海财经大学出版社，1997．
③ 王玉．公司进化．北京：企业管理出版社，2002．
④ 韩福荣，徐艳梅．合营企业稳定性与寿命周期．北京：中国发展出版社，1997．
⑤ 陆玲，黄稼跃．企业生态健康理论基础探讨．中国生态学学会通讯，2000年特刊：18-20．
⑥ 周晖，彭星闾．企业生命模型初探．中国软科学，2000，10：36-40．

与生命周期特征。构成企业"基因"的"DNA双螺旋结构"的双链是资本链（capital）与劳动力链（labor）。连接双链的四个要素是企业家、企业机制、技术与文化。

冯德连（2000）在《财经研究》上发表论文《中小企业与大企业共生模式的分析》①，从共生理论与交易费用理论出发，分析企业的共生问题。该研究指出：从共生理论分析，中小企业与大企业的共生模式大致有八种组合。各种模式的共生机制可分为三种：市场制、中间性体制和科层制。从交易费用理论分析，共生机制与资产专用化水平、交易频率、不确定性等因素有关，各有其对应的缔约活动。在此基础上，作者提出优化中小企业与大企业的共生模式应从共生环境入手，发挥共生单元、共生秩序、外生媒介、内生媒介等的作用，促进共生的目标模式朝着符合市场经济体制的结构演进。

韩福荣、徐艳梅（2001）合著的《企业仿生学》②较系统地分析了企业仿生理论及其研究内容。分别从企业生命周期、企业年龄、企业进化、企业死亡、企业种群等方面做出了论述。

由王晓路翻译的《企业生理学——企业活力探源》③（2001）一书基于"人体与企业具有相同的机能和科目"这一认知，将企业的八种科目同人体的八种器官系统进行了比较，分别就"董事会与首席执行官——大脑"、"财务——心脏与血液循环"、"会计——肺"、"市场经营与销售——成长"、"信息系统——神经系统"、"管理——肾脏"、"库存与后勤——肠道"、"企业的灵魂——人的精神"等问题进行了具体而生动的分析。《企业生理学》是对企业的一种全新的考察，是对企业和生物学进行比较解剖学研究的一次尝试。

王强（2002）④对企业的失败问题进行了较系统的研究，其在总结中外学者有关企业失败经典定义的基础上，对企业失败的几个相关概念（破产、绩效不佳、困境、财务危机、亏损、逆境）进行辨析并提出了广义的企业失败概念。王强认为，企业失败应包括企业财务困境（危机）、企业无法清偿债务、企业违约、企业破产、清算、倒闭等内容，而且企业失败还应包括对企业失败发生过程的阶段描述，这样才能较全面地反映企业失败发生的本质。

周浩（2003）发表论文《企业集群的共生模型及稳定性分析》⑤，借用生物学中的 logistic 方程，通过对处于集群形成过程中企业产出水平的刻画，动态地描述企业集群现象。分别就卫星式企业集群和网状式企业集群两种集群模

---

① 冯德连. 中小企业与大企业共生模式的分析. 财经研究, 2000, 6: 35-42.
② 韩福荣, 徐艳梅. 企业仿生学. 北京: 企业管理出版社, 2001.
③ [美] 罗启义著, 王晓路译. 企业生理学——企业活力探源. 北京: 新华出版社, 2001.
④ 王强. 企业失败定义研究. 北京工业大学学报（社会科学版）, 2002, 1: 21-26.
⑤ 周洁. 企业集群的共生模型及稳定性分析. 系统工程, 2003, 4: 32-37.

式进行了具体讨论,分别给出了两种集群模式达到稳定共生的条件并对其进行了经济解释。该研究的主要结论是集群内部激烈的竞争是企业集群达到稳定共生的关键。

唐海滨(2002)撰写的《企业生命的秘密——兼论与社会科学有关的话题》[①] 一书从企业的生命角度来研究企业,其主导思想是恢复企业"女儿身",使企业具有新陈代谢(自我更新)机能,充满生命活力。作者认为"为什么长期以来企业一直是行政机关的附属物?企业效益低下,活力不足?'企业法'难以贯彻?'破产法'难以实施?企业亏损面大?关键在于企业还不是真正的企业,没有新陈代谢机能,企业的功能没有得到恢复"。该书利用生物学基础理论,从生物学角度研究了企业的起源和进化、企业生存机理、企业成长及发展,分别对企业的本质、企业规模与成长的关系、企业生命周期、企业死亡等问题进行了探讨。

张涛、晏文胜(2003)[②] 发表论文《高科技企业的"捕食"模型及资源瓶颈问题分析》,从模拟生态学"捕食"系统的角度分析了一般企业与高科技企业争夺竞争资源的生存现状,并探讨了我国高科技企业的资源瓶颈问题及对策。研究认为,我国高科技企业的瓶颈问题主要有以下几个方面:①政策资源供给不足;②技术支撑力量不足;③高技术人才匮乏以及流失现象严重。

张红岩[③](2003) 从企业发展的历史出发,依据企业内部的资本运营能力,开发创新能力和组织的人力资源状况,提出了企业生命形态划分模式和评判标准。其所界定的企业分类模式有:健将型、健康型、亚健康型、病态型和植物人型五种,并分别采用销售利润率、总资产报酬率、净资产收益率、资产负债率、流动比率、应收账款周转率、存货周转率、社会贡献率、社会资本积累率九项指标体系进行量化分析,由此可以对某一企业的现况进行评判。

万伦来(2004)[④] 借用生物学理论中有关生物单元的"态"、"势"属性研究,结合生物学中的生态位原理,将企业生态位定义为:"在一定社会经济环境下,企业以核心技术能力、生产制造能力为支撑,通过组织内部战略管理、组织界面管理、营销管理、学习创新管理等子过程的交互作用而获取企业生存、发展、竞争的能力。"并进一步指出企业生存力、发展力、竞争力是企业生态位的三个层面。生存力描述的是企业的"态"属性,反映

---

① 唐海滨. 企业生命的秘密——兼论与社会科学有关的话题. 北京:中国经济出版社,2002.
② 张涛、晏文胜. 高科技企业的"捕食"模型及资源瓶颈问题分析. 科研管理,2003,3:75-78.
③ 张红岩. 企业生命形态的病理研究. 马钢职工大学学报,2003,4:70-72.
④ 万伦来. 企业生态位及其评价方法研究. 中国软科学,2004,1:73-78.

的是企业机体内部构成要素的完整性及各要素功能的完好性，是企业生命体得以生存的基础；发展力描述的是企业的"态"和"势"交界面属性，既含有"态"的因素，又具有"势"的成分，反映的是企业机体内部构成要素之间相互协调性；竞争力描述的是企业的"势"属性，反映的是企业机体与环境之间的物质、能量、信息交流转换情况，主要是指组织对环境的主动适应性，即企业不断学习创新的进化能力。在此基础上，万伦来对企业生态位问题作出了重要的研究，设计了企业生态位评价指标体系，给出了企业生态位的定量评价方法，从而为直观评价企业生命力的强弱态势提供了一个有用的工具。

李文华、韩福荣（2006）在《企业生态位参数计测方法研究》[①]一文中，通过对自然生态系统的生态位仿生化研究，定义了企业生态位综合宽度，结构宽度；综合重叠、结构重叠；综合分离、结构分离、分离倾向等参数。在企业资源、生存能力、环境、空间、时间等维度的基础上，确定企业生态位参数计测方法和计测模型。该研究为企业生态学定量描述和分析企业生态系统演化规律，为建立基于生态位的企业竞争策略优化模型和生存模型提供了很好的理论支持。

刘友金、罗发友（2004）[②]发表论文《企业技术创新集群行为的行为生态学研究——一个分析框架的提出与构思》，把行为生态学引入到企业技术创新集群行为的研究中，将企业技术创新集群的行为特征概括为互惠共生、协同竞争、领域共占和结网群居四个方面。文章构建了企业技术创新集群行为的行为生态学系统分析框架，并着重对企业技术创新集群行为的行为生态学研究现状、研究思路和研究内容进行了初步的探讨。该论文是运用行为生态学理论对企业组织进行研究的一篇重要文章。

毛凯军、田敏、许庆瑞（2004）在《基于复杂系统理论的企业集群进化动力研究》[③]中认为，我国对企业集群现象的研究颇多，但对其进化动力的研究却较少。而事实上，研究企业集群进化动力对我国大力发展企业集群具有重要的现实意义。作者以复杂系统理论为基础，借助其中的系统演化思想，以生物群落的进化为背景，系统地分析了影响企业集群进化的主要动力，总结出企业集群内竞争、合作、有限的不同心智模式、创业氛围、创新氛围和机遇是集群进化最重要的动力，并且给出了相应的政策建议。

---

① 李文华，韩福荣．企业生态位参数计测方法研究．北京工业大学学报，2006，4．
② 刘友金，罗发友．企业技术创新集群行为的行为生态学研究——一个分析框架的提出与构思．中国软科学，2004，1：68-72．
③ 毛凯军，田敏，许庆瑞．基于复杂系统理论的企业集群进化动力研究．科研管理，2004，4：110-115．

夏训峰在其博士论文《企业生态系统理论与典型模式研究——以肉类加工企业为例》中对企业生态系统的主要特征和基本原理作了详细的阐述，并通过理论研究、实证研究、典型案例研究相结合的方法对肉类加工企业的生态系统进行了全面的分析。这篇文章选取肉类加工行业进行企业生态系统的研究，分析的典型案例也都是大众所熟知的，解析了肉类产业的整体结构和发展趋势，具有很好的理论和现实意义。

杨忠直、陈炳富（2003）在《商业生态学与商业生态工程探讨》[①] 一文中首次提出了商业生态工程的概念。作者认为商业生态工程是人的管理与工程活动，作用的对象是商业生态系统。管理与工程活动的目标是使企业与环境协调发展与进化并有科学理论作为指导，有科学的方法和手段予以规划与设计。工程活动的内容是建设与管理，再造与协调，治理与监控等工作。不论是指导思想、科学方法还是实施工作都必须遵循商业生态系统中企业共生、适应、进化和物质交换的规律。商业生态工程分为区域商业生态工程，行为商业生态工程，国家商业生态工程、国际商业生态工程、商业生态环境工程和商业生态系统工程等。商业生态工程为企业的组建和治理，市场的建设和管理，经济可持续发展和全球经济一体化提供了可参考的理论基础和操作方法。特别是进入高科技经济和信息革命时代，运用电子网络与现代通信技术将促使商业生态工程付诸实践。

**3. 有关具体应用的研究**

组织生态系统旨在通过模拟自然生态系统的进化过程和机制建立高效率的生态体系，目标是实现组织、社会经济效率的最大化，即"经济性"。从研究资料分析看，杨元丁（1999）在《业竞天择——高科技产业生态》[②] 一书中从生态形成和演化的角度对台湾电子信息（IC）产业的发展进行了分析，这是在产业组织层面进行的理论与实证相结合的研究。万荧屏（2000）在《从组织生态理论观点探讨组织生死与组织转变》[③] 的论文中，结合电子零部件制造业和通信机械器材制造业的发展及演变过程，对台湾这两业别组织的出生、死亡、密度、生命周期等问题进行了实证研究，并据此总结了组织转变的策略、型态、内容等。王育民（2000）在研究高科技产业生态与林业产业的竞争力时[④]，提出了"产业生态"的概念，使组织生态领域的研究更深入了一步。王

---

① 杨忠直，陈炳富. 商业生态学与商业生态工程探讨. 自然辩证法通讯，2003，4：55 - 61.
② 杨丁元. 业竞天择——高科技产业生态. 北京：航天工业出版社，1999.
③ 万荧屏. 从组织生态理论观点探讨组织生死与组织转变. 台北：国立中央大学人力资源管理研究所，2000.
④ 王育民. 高科技产业生态与林业产业的竞争力. 林业经济，2003，3：27 - 33.

育民的研究不仅强调了自然界生物的生态功能对人类生产活动的重要影响，而且逐渐把生态系统理论和进化思想引入了经济组织领域，在产业和企业层次上详细论述了它们的生态演化规律，并对产业生态的成因、特征、发展框架、演化机制、作用等问题进行了剖析。

蒋德鹏、盛昭瀚（2000）发表论文《基于产业进化模型的主导产业策略分析》[①]，通过对企业总成本设立合理函数，引入成本因子变量，建立了产业进化模型。论证了成本优势在产业进化中的重要性，阐述了过程变革和产品开发等策略对于企业取得和维护产业主导地位的作用。通过对具体案例的分析，剖析了企业成长过程中的策略行为，并提出了政府对主导企业的行为应采取的措施。

万伦来、达庆利、黄熙（2001）发表论文《虚拟企业类生物特征及其生长机理透视》[②]，对虚拟企业的类生物性进行了研究，总结归纳了虚拟企业指挥协作中心的高智商性、触角器官灵敏性、运动系统敏捷性、新陈代谢通道高畅通性、虚拟企业生命周期短暂性和生命体组成要素长期性五大类生物特征，并运用经济学理论阐明了虚拟企业类生物生长的机理。

袁智德等（2000）[③]从产业生态的基本要素出发，概括了高科技产业的基本特征，对我国高科技产业及高新技术园区的发展进行了分析，得到了对我国高科技产业发展的若干启示。而林共市（2002）的文章[④]则从产业生态的基本要素（企业、人、技术及资本）以及产业上中下游层次的完整性、各层次内企业附加价值链的能力、企业密集度、产业技术的完整性和商品化经验等方面，分析了产业生态的健全程度，探讨了台湾新竹科学工业园区的发展。

郝刚、胡悦、张东生等（2002）的文章《区域产业生态分析框架》[⑤]，借鉴"产业生态"观，提出了区域产业生态的概念及分析框架，讨论了区域产业生态的外部影响因素、产业生态的发展动力和区域产业贡献，为全面了解和评价区域产业状况提供了理论支持。该研究认为区域产业生态的内涵，就是某区域范围内一个生态存在的条件，是一种宏观的企业环境组成因素的变化。

姚群峰（2003）发表了《论3G产业生态》[⑥]的论文，对3G移动数据业务价值链与产业价值链的概念进行了区分，介绍了3G产业生态系统的含义，

---

① 蒋德鹏,盛昭瀚.基于产业进化模型的主导产业策略分析.东南大学学报（自然科学版），2000，3：1-6.
② 万伦来,达庆利,黄熙.虚拟企业类生物特征及其生长机理透视.科研管理，2001，5：32-36.
③ 袁智德,宣国良.产业生态与高科技产业的发展.科学·经济·社会，2000，2：53-57.
④ 林共市.高科技产业生态与中国台湾新竹科学工业园区的发展.科技进步与对策，2002，8：49-51.
⑤ 郝刚,胡悦,张东生.区域产业生态分析框架.科学学与科学技术管理，2002，3：91-94.
⑥ 姚群峰.论3G产业生态.现代电信科技，2003，8：30-35.

对 3G 产业生态系统中的最终用户、网络设备供应商以及移动终端等几个角色进行了分析。同时分析了 3G 产业的现状、发展趋势以及竞争状况等。该研究认为 3G 移动数据业务取得成功的关键在于建立起了良性循环、成熟稳定的产业生态系统。

在关于生态工业园企业共生问题的研究方面，王兆华和武春友（2002）从资源利用、环境保护及污染防止的角度提出了工业园资源循环共生网络的概念，并应用交易费用理论对生态工业园中企业的共生行为和机理进行了分析①。他们还通过对丹麦和中国生态工业园的介绍，提出了自主实体和复合实体两种工业共生模式，并对这两种模式的运作规律进行了比较研究②。

在有关企业演化与成长的研究方面，林瑞基（2002）对由兼并引发的组织生命问题和企业的市场退出问题进行了分析③。而郑如霞（2002）则采用生物分类方法，将中小企业的成长与已知的生物现象作类比，依据其外在特征和组织功能的相似性，提出了描述产业特性及其分类的方法，并建立了中小企业追求成长的方向及生长和扩散的黏菌模型④。值得一提的是杨忠直在《企业生态学引论》一书中对企业生态学理论的探讨⑤。在该书中，作者构造了企业生态学的一系列基本概念，并且对企业生存理论、企业行为、企业生存竞争、企业适应性与进化、商业生态系统、商业生态工程及可持续发展等问题进行了分析，得到了一些有益的结论。可以说该书是国内组织生态学研究方面第一本比较系统的成果。

## 二、国内相关研究的特征分析

相对于国外组织生态理论的研究，国内学者的研究起步较晚，相应地，研究结论的广度与深度存在明显差距。

近年来，国内此方面的研究出现发展迅猛的势头，同时，研究受到国家、省部级及地方科研立项资助的也比较多。这种情况说明，组织生态理论的研究与实践需求在中国有日渐成为热点的趋势。但通过对国内外相关文献的分析和比较可知，国内在此领域的研究还存在以下几个方面的不足。

---

① 王兆华，武春友．基于交易费用理论的生态工业园中企业共生机理研究．科学学与科学技术管理，2002，8：9-13．
② 王兆华，武春友，王国红．生态工业园中两种工业共生模式比较研究．软科学，2002，2：11-14．
③ 林瑞基．企业兼并与破产的组织人口生态学解释．经济体制改革，2002，4．
④ 郑如霞．从生态理论探索研究中小企业的成长．工业技术经济，2002，5：84-86．
⑤ 杨忠直．企业生态学引论．北京：科学出版社，2003．

**1. 概念研究多于实证研究**

国内相关的研究成果大多属于组织生态学基本概念和原理引用的论说式成果，还较少有从特定组织如企业、产业、区域等方面进行实证调查和规范的数据分析的深入研究。而且主观臆断较多，科学依据较少，与西方组织生态学的研究方法存在显著的差别，在论证的科学性方面也有待加强。

应该说，这一点是中国企业管理理论研究的通病，表现在组织生态这一选题方向上，则更为明显。当然，以中国目前的发展格局和所处的时期而言，出现上述特征也有其客观必然性。首先，理论（概念）研究发展迅猛的主推力来源于中国经济快速发展与资源"瓶颈"制约的突出矛盾。当资源短缺成为经济进一步发展的制约因素时，为寻求出路而产生的对策研究与现况分析，使可持续发展概念受到普遍认同。继之，可持续发展概念的适用范围被部分独具分析深度的学者从有形资源层面引申至无形资源层面，于是，有关管理思想、管理理念、管理模式及其效果的可持续与否成为新的研究主题。在这一主题之下，西方相关思想的引入加之现实管理中短期行为现象的普遍存在，使从可持续发展战略高度出发，以平抑现实实践中的短期行为，追求组织的长期发展为目的组织生态研究迅速引起理论界的关注。客观分析，以中国目前的发展现状而言，这种源于现实，成于非"现实"的理论积累，即使暂时还难以具体运用，仍有其重要作用。

也正是这一研究背景，决定了国内该领域研究理论先于实践的现状。从总体上分析，理论成果与现实需求的落差明显，从而使理论对现实指导作用的发挥尚难以形成显著的影响。一方面是专家、学者关于建立生命型组织的急切呼吁；另一方面是不少企业为追求当期利润，竭泽而渔的现实选择。

换一角度，从理论至理论的组织生态研究，无论设计参量如何精准和细致，终究难以穷尽企业现实发展中的各种生态因素。因此，相应对策建议的给定，难免说理深刻，效果一般。因此，组织生态理论研究的实证模式选择将是未来深入研究必不可缺的重要内容。比较国外的研究，我们正是在此方面欠缺明显。

**2. 书斋研究多于实践研究**

目前已有的一些研究成果，从理论角度所做的努力卓有成效，如运用数学模型系统分析和论证各类组织的生态现象等，开启了此类研究的新视角。但此间存在的最大问题是：数学关系式的建立是基于各种假设条件前提之下的，与企业所面临的实际情况相距甚远。企业的实际运营发生于各类复杂情况之下，各种条件假设和条件回避将无助于企业实践问题的解决。因此,运用组织生态理论研究企业中的实践问题还存在相当的距离。

### 3. 相对简单的类比

不少管理学者还局限于把企业当做生物进行解剖,运用生物学原理来理解企业的功能系统,如神经协调系统、信息反馈系统、组织运动系统、能量循环系统、能量增殖系统、能量降解系统、预防免疫系统、保障代偿系统等。并把企业的各部门相应的比作生物的各种器官,运用物种遗传学的变异、选择原理来探究企业的进化。尽管商业过程中物种水平的改进无疑是保持公司成功的关键,但在实际过程中,企业的基本特征远比生物体要复杂得多。显然,单纯生物学方法的应用是非常狭隘的,无法解决企业与其相关者之间错综复杂的关系。

### 4. 研究深度有待加强

从现有"企业生态"的研究内容来看,还存在许多问题。具体表现在:其一,研究深度不够,缺乏对企业生态系统的组成与结构、企业生态环境、自组织机制、核心竞争力及其扩张性、生态系统的竞争与合作、生态系统演化以及企业如何与战略生态系统共同发展等理论性问题进行系统深入的研究。其二,可操作性较差。企业生态管理作为一种全新的管理范式,缺乏对企业生态评价、企业生态规划、企业生态建设和企业生态管理等问题的系统研究,因而这一新的管理范式目前还难以指导企业的具体实践。

### 5. 典型企业、典型行业的分析尚不成规模

国外组织生态理论研究的一个重点领域是对典型行业的具体分析,并由此得出对于相关行业发展趋势的分析与预测,给出各方面的对策建议,引导企业成长和产业转移。而在此方面,国内的研究匮乏,而且深度不足。现有的部分研究,只是较多地涉及了与新技术发展密切相关的领域和行业,如姚建峰等对3G产业生态的分析与描述[1];杜惠平等对电子信息产品制造业产业链及产业生态的分析[2];熊炜烨、张圣亮对宽带产业生态的描述[3];徐艳梅对成像产业生态变迁的分析[4]等,对于一些传统行业生态系统的分析与研究明显不足。

---

[1] 姚群峰. 论3G产业生态. 现代电信科技, 2003, 8: 30-35.
[2] 杜惠平, 杜和平, 赵为粮. 电子信息产品制造业产业链分析. 重庆邮电大学学报(社会科学版), 2002, 11: 35-39.
[3] 熊炜烨, 张圣亮. 基于生态系统的我国宽带产业发展对策研究. 管理评论, 2004, 7: 34-37.
[4] 徐艳梅, 柳玉峰. 竞争格局与成像产业生态实证分析. 研究与发展管理, 2004, 2: 33-38.

实际上，借鉴西方的研究成果，应用组织生态理论对中国在特定时期所形成的特定组织生态系统进行分析，研究由计划经济向市场经济转换过程中组织生态环境变迁对企业演化的影响，研究新技术革命浪潮、经济全球化、战略联盟等对企业组织结构、战略制定、经营模式选择的影响，研究产业结构调整、跨国投资转移对企业购并、企业组织边界、企业文化的影响等，将可以得到对政府和不同类型企业在政策制定、制度调整、策略实施等方面的有益对策和建议。但是限于研究思路、研究方法和诸多因素的制约，目前此方面的研究还非常有限。

**6. 相关概念的界定还需进一步规范和统一**

由于不同学者从不同的层次、角度、领域，采用不同的方法对组织生态问题进行研究，而且目前相应的理论体系尚未建构成熟，因此，在诸多的文献中，反复出现的一些概念口径不一和解释各异的情况，难以形成主流的和规范的概念界定。如在一些文献中，分别用"组织生态"、"人口生态"、"种群生态"、"企业生态"、"商业生态"等不同的术语来分析大致相同的研究对象，产生了一定的概念混淆。这种情况不利于理论研究的专业、科学和深入，也不利理论体系的丰富、完善和进一步发展。为此，综合归纳和提出系统的概念体系是组织生态学在国内获得顺利发展的重要基础。

## 三、国内组织生态学深入研究的几个重要方向

过去20多年间，中国的改革开放带来了产业和企业组织的显著变化。但是在以往的研究中，从组织生态学的角度对企业改革与产业结构调整等问题进行的分析还非常缺乏，因此所提出的政策建议也往往忽略系统的联系性。就事论事，难以产生综合效益。基于组织生态学理论和中国转型期产业与企业组织的发展与变革，今后国内组织生态学的研究可以在以下几个重要问题上有所突破。

**1. 企业组织演化的综合分析**

交易费用理论和代理理论强调，有效的监督和激励是组织存在的核心。而组织生态学认为，环境是决定组织进化的重要影响力量，同时，企业组织与自然生物最显著的区别在于组织对环境具有反作用。现代社会，技术与制度共同构成企业环境的重要内容。企业的演化，不仅涉及经济过程，也涉及技术过程和制度过程，同时，企业的演化与发展，企业规模的扩大与势力的提升，反作用于技术与制度的变迁，这是一个复杂的循环系统。因此，研究

企业组织的演进规律和演进过程，研究不同企业组织的不同发展特点，需从技术、经济、制度之间的相互影响、相互作用的变迁过程出发，以系统的思想为前提。

**2. 从企业演化而非企业成长的角度研究企业**

企业成长与企业演化是两个不同的概念，企业成长更多地含有量的积累的特征，这其中没有变异的发生，企业演化则含有性质改变的特征，有变异发生。自从企业作为一种组织形式产生以来，其内在性质和外在特征均已发生巨大变化，但企业组织性质变化的速度及程度随新技术革命的发生而表现显著，即与工业经济相联系的企业组织的变革远不如与知识经济相联系的组织变化更剧烈，更具有变异的性质。如企业组织形式从直线制到职能制，到事业部制，再到矩阵组织结构等。随着组织适应环境能力的逐步提高，其基本属性并未发生根本的变革。但信息经济的发展和网络的普及，产生了虚拟组织。与既有组织形式相比，这是一种完全不同的系统结构，其发生原理、边界结构、内部要素等均不同于既有组织。因此，虚拟组织的产生可视为组织演化的结果，而非成长的结果。

随着新技术革命的不断发展，企业演化的速度明显加快。对组织的研究宜从演化的角度加以把握，方能掌握事物的本质。因此，从组织生态学的角度出发，用演化的观点分析和研究企业组织，是技术进步的结果和社会发展的需求。

**3. 从种群生灭和群落变迁的角度研究组织**

种群生态学研究某一生物种群在特定环境中的生长问题，通过对群内物种出生、死亡、迁入和迁出规律的分析来预测种群的成长。这一点对企业组织的研究具有启示意义。以产业为对象，研究某一产业在某一时期内企业出生、死亡、退出、进入的动态变化，可以协助观察该产业的市场引力、竞争状况及产业环境，为企业的行业选择和产业转移提供信息。

群落变迁揭示了生态演替过程中不同群落的更替过程。从组织生态学的角度出发，研究组织群落的演替过程，具有理论意义。分析已有产业在过去若干年的变化轨迹，从生态学的角度研究其变迁过程的规律，可以丰富组织生态研究的主体内容，为组织生态学学科体系的建设提供支持。在现实意义方面，比较不同地区（区域）产业群落变迁的特征和规律，可以相应地搜寻该地区产业环境的相关信息，借助产业链理论及产业协同发展规律，为在一定程度上引导不同地区产业的适宜发展提供决策支持。

**4. 深入剖析技术因素对企业生态变迁及企业成长的影响**

在知识经济时代，技术进步对企业环境及企业寿命的影响是直接而剧烈的，一项革命性技术的诞生，可以迅速改变企业甚至行业的寿命。另一方面，不同的行业有不同的技术变迁轨迹。从动态的角度研究技术创新和技术进步对企业环境变迁的影响，环境变迁和协同进化对企业技术创新的反作用等问题具有重要的意义。从目前的研究来看，此方面存在不足，因此这将是未来的一个重要研究方向。

# 第三章

# 自然生态现象与组织生态现象

## 第一节 自然生态

### 一、生态学—经济学的渊源

生态学（ecology）一词源于希腊文 oikos，其意为"住所"或"栖息地"[①]。从字义上讲，生态学是关于居住环境的科学。准确地说，生态学是研究"生活所在地"的生物，即研究生物和它所在地关系的一门科学。

生态学作为一个学科名词，由德国博物学家 E·海克尔（E. Haeckel）在其所著的《普通生物形态学》（*Generelle Morphologie der Organismen*）（1866）一书中首先提出，E·海克尔认为，生态学是研究生物在其生活过程中与环境的关系，尤指动物有机体与其他动物、植物之间的互惠或敌对关系。此后，不同学者依据其研究相继提出了不同的定义。

20 世纪 50 年代之后，生态学打破了动植物界限，进入生态系统时期，其研究范围日益广泛并超出生物学的领域。我国著名生态学家马世骏教授对生态学所下的定义为："生态学是研究生命系统与环境系统相互关系的科学"[②]。

"Economics"（经济学）与"ecology"（生态学）同词源。早期经济学

---

[①] 陈天乙. 生态学基础教程. 天津：南开大学出版社，1995.
[②] 马世骏. 现代生态学透视. 北京：科学出版社，1990.

"economics"中"eco"意为"家庭"（family），是人们居住在一起的一个群体单元，"nomics"意为"科学"。因此，"economics"即为"家庭管理的科学"。由于家庭是社会经济系统中的基本生命单元，经济学（economics）是研究家庭与其生存环境相互关系的科学，即家庭生态学（family ecology），经济学家把研究家庭的经济学称为消费者行为经济学（consumer's behavioural economics）[①]。

## 二、生态系统

生态系统（ecosystem）是指在一定时间和空间内，由生物群落与其环境组成的一个整体，各组成要素间借助物种流动、能量流动、物质循环、信息传递和价值流动而相互联系、相互制约，并形成具有自动调节功能的复合体[②]。

生态系统的范围可大可小，通常是根据研究的目标和具体对象而定，最大是生物圈，可看做是全球生态系统，最小可至一块草地，一个池塘。

生态系统的研究对象可划分为基因、细胞、器官、个体、种群和群落等几个层次，每个层次的生物成分和非生物成分的相互作用（能量和物质关系）产生了具有不同特征的功能系统，如图3-1所示。

```
                基因---细胞---器官---个体---种群---群落
                 ↑↓    ↑↓    ↑↓    ↑↓    ↑↓    ↑↓
生物成分      ┌─────────────────────────────────────┐
    +         │ 物质 ══════════════════════════ 能量 │
非生物成分    └─────────────────────────────────────┘
                 ‖     ‖     ‖     ‖     ‖     ‖
                遗传--细胞--器官  个体--种群 -- 群落
                系统  系统  系统  系统  系统    系统
```

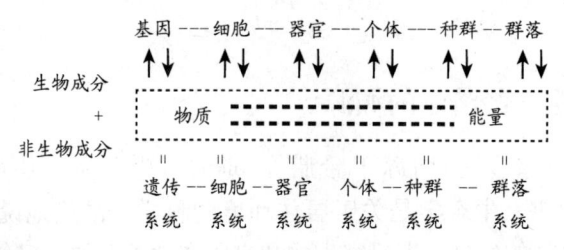

图3-1 不同特征的组织层次谱系（奥德姆，1971）

## 三、生态因子

生态因子（ecological factors）是指环境中对生物生长、发育、生殖、行为和分布有直接或间接影响的环境要素。例如温度、湿度、食物、空气和其他相关生物等。生态因子中生物生存所不可缺少的环境条件，有时又称为生物的生存条件。所有的生态因子构成生物的生态环境（ecological environment）。

---

① 杨忠直. 企业生态学引论. 北京：科学出版社，2003.
② 戈峰主编. 现代生态学. 北京：科学出版社，2002.

**1. 生态因子作用的一般特征**

生态因子作为环境要素在对生物产生影响的过程中，呈现出规律性。这些规律在不同时期、不同阶段、不同条件和背景下会发挥不同的作用，这些作用归纳起来主要有以下几类：

1.1 综合作用

环境中各种生态因子不是孤立存在的，而是彼此联系、互相促进、互相制约的。任何一个生态因子的变化，都必将引起其他因子不同程度的变化及其反作用。生态因子所发生的作用虽然有直接和间接作用、主要和次要作用、重要和不重要作用之分，但它们在一定条件下可以相互转化。这是由于某一个极限因子的耐受限度，会因其他因子的改变而改变，所以生态因子对生物的作用不是单一的，而是综合的。

1.2 主导因子作用

在诸多环境因子中，有一个能够对生物起决定性作用的生态因子，称为主导因子。主导因子的变化会引起其他因子的变化。如光合作用时，光照强度是主导因子，温度和二氧化碳是次要因子。在以食物为主导因子时，表现在动物食性方面可分为草食动物、肉食动物、腐食动物、杂食动物等。

1.3 直接和间接作用

区分生态因子的直接和间接作用对认识生物的生长、发育、繁殖及分布等非常重要。如环境中的地形因子，其起伏程度、坡度、坡向、海拔高度、经纬度等对生物的作用不是直接的，但他们能影响光照、温度、雨水等因子的分布，因而对生物产生间接的作用。而这些地方的光照、温度、水分状况则对生物类型、生长和分布起直接作用。

1.4 阶段性作用

由于生物生长发育不同阶段对生态因子的需求不同，因此，生态因子对生物的作用也具有阶段性，这种阶段性是由生态环境的规律性变化造成的。

1.5 不可替代性和补偿作用

环境中各种生态因子对生物的作用虽然不尽相同，但都各具重要性，尤其是起主导作用的因子，如果缺少就会影响生物的正常发育，甚至造成其生病或死亡。所以从总体上说生态因子是不可替代的，但是局部能够补偿。在某一由多个生态因子综合作用的过程中，由于某因子在量上的不足，可由其他因子来补偿，以获得相似的生态效应。以植物进行光合作用为例，如果光照不足，可以增加二氧化碳的量来补足。

## 2. 生态因子的限制性作用

在众多的生态因子中，存在一些比较关键和重要的因素，它们的存在和作用，能够较明显地改变和影响着生物的生存与繁殖，这类关键性的因素被称为生态因子中的限制性因子。有关生态因子的限制性作用有以下两条定律。

2.1　李比希最小因子定律（Liebig's law of minimum）

德国化学家 Liebig 在《有机化学及其在农业和胜利学中的应用》一书中，认为每种植物都需要一定种类和数量的营养元素，并阐明在植物生长所必需的元素中，供给量最少（与需要量比相差最大）的元素决定着植物的产量。此理论与管理学中的"木桶理论"效应有类似之处。

2.2　谢尔福德耐受定律（Shelford's law of tolerance）

美国生态学家谢尔福德（Shelford）于 1913 年指出，生物的存在与繁殖，要依赖于某种综合环境因子的存在，只要其中一项因子的量不足或过多，超过了某种生物的耐受限度（生物的耐受限度会因发育时期、季节、环境的不同而变化），该物种的生存就会受到影响，甚至灭绝。该定律把最低量因子和最高量因子相提并论，把任何接近或超过耐受下限或耐受上限的因子都称作限制因子。

# 第二节　组织生态

## 一、企业组织的生命属性

组织（organization）一词原本即包含"有机体"的含义，词根"Organ"的原意义为"器官"。由于组织创立者、主要构成者均为"人"，因此组织是具有生命的，与自然人一样，也会经历孕育、出生、成长、成熟、衰退和死亡的生命过程。

将组织视为有机体的观点古已有之，如，在瑞典，"企业经营"的古语为"Narings Liv"，意为"滋养生命"；在中国，至少在 3000 年前，"生意"二字依据象形文字的解释，被理解为许多人每日在一起，认真地、辛勤地劳动[①]。

组织不仅用来指有生命的东西，同时还代表任何与生物体具有相似结构与功能的东西，因此存在社会组织这类提法。从生物体的特征出发对企业组织进

---

①　[美] 阿里·德赫斯著，王晓霞译. 长寿公司. 北京：经济日报出版社，1998.

# 生意

行考察，可以找出企业组织的生命特征。

**1. 组织可以独立存在**

企业及其员工可以开展许多独立的活动，包括获取信息和资源。尽管虚拟组织的出现提出了企业合作的趋势和重要性，但独立地开展活动仍然是企业组织的基本特征之一。

**2. 企业组织消耗资源及能量，输出产品和服务，同时输出废弃物**

企业组织将资金、技术、信息、人才等生产要素投入运营过程，通过一系列物理和化学变化将上述物质转化为适合市场的产品或服务，同时，企业组织将剩余能量的残留物（固体、气体、液体）等排放到周围的环境中去。

**3. 企业组织具有繁殖性**

企业组织的繁殖性与生物组织的繁殖性有相似之处，但不完全相同。有些企业组织的繁殖是由单个组织自身完成的，如大公司发展到一定程度后派生出一个个子公司、孙公司等。也有一些企业组织的繁殖不由单个组织自身完成，而由专门的外部实体来承担，如由趋利作用而引发的新企业组织的建立等。

**4. 企业组织具有应激能力**

企业组织对外部环境（如资源的可获得性、潜在的客户、竞争对手、价格、政府政策等）能做出及时的反应和应对。

**5. 企业组织经历不同的生长阶段**

企业组织的生长阶段并非与生物组织的生长阶段一样具有特定的规律性和有序性，但企业组织自创建之日起，至其退出市场，确实经历不同的生长阶段，而且每一阶段的生命力、抗风险能力、灵活性和可控性都不尽相同[1]。

---

① ［美］伊查克·艾迪斯. 企业生命周期. 北京：中国社会科学出版社，1997.

### 6. 从普遍规律讲，企业组织具有有限的寿命

从理论上讲，企业组织的寿命是无限的，但现实中，绝大部分的企业组织具有有限的寿命，长盛不衰的企业正是因其稀有而备受推举和瞩目。

## 二、企业组织的生命现象

企业组织生命现象的具体表现参见表 3-1 和表 3-2。

表 3-1　　　　　　　　　企业组织生命现象 I

| 生命现象 | 自然生物 | 企业组织 |
| --- | --- | --- |
| 资源争夺 | 食物、生存场所 | 投入要素：资金、人才、技术、信息<br>市场资源：消费者及其需求 |
| 适者生存 | 物竞天择 | 物竞天择 |
| 群落变迁 | 生物种群、食物链 | 产业集群、产业链、价值链、协作联盟 |
| 生存空间 | 生物生态位 | 组织生态位 |

表 3-2　　　　　　　　　企业组织生命现象 II

| 自然生物的生命现象 | 组织的生命现象 |
| --- | --- |
| 流行病与免疫力低下 | 经济危机与行业性不景气 |
| 先天不足 | 产品或行业选择错误、技术力量不足等 |
| 机体老化 | 信息交换机能减退 |
|  | 组织系统老化，行动迟缓 |
|  | 资金流转不畅 |
| 寄生虫 | 企业冗员 |
| 肿瘤 | 组织机构庞杂 |
| 事故 | 政府、环境、竞争者、消费者压力 |

此外，企业的生命现象还可概括为如下方面：

### 1. 企业是一个生命体

生物体从食物中摄取养料转换成自身的组成物质而储存能量的过程，称为同化作用。反之，生物体将自身的组成物质分解以释放能量或排出杂物的过程，

称为异化作用。企业的新陈代谢是建立在同化作用与异化作用对立统一的基础之上的，这对矛盾构成了企业自我运动的源泉。企业不断从外界获得资源，为企业生命体提供营养，企业内部的经营机制将得到的人、财、物、技术、信息等资源结合起来，经过内部的各种循环，消化吸收为企业内部的生产要素，这一过程就是同化过程。相反，企业将材料消耗，生产出合格产品的过程就是异化过程。同化与异化互为条件，缺一不可，相互转化，转化停止了，企业的生命就停止了。

企业生命系统具体而形象，罗启义（2001）[①] 曾将企业的生命系统概括为思维中枢系统、循环系统、神经系统、泌尿系统、消化系统等几大系统。见图3-2。

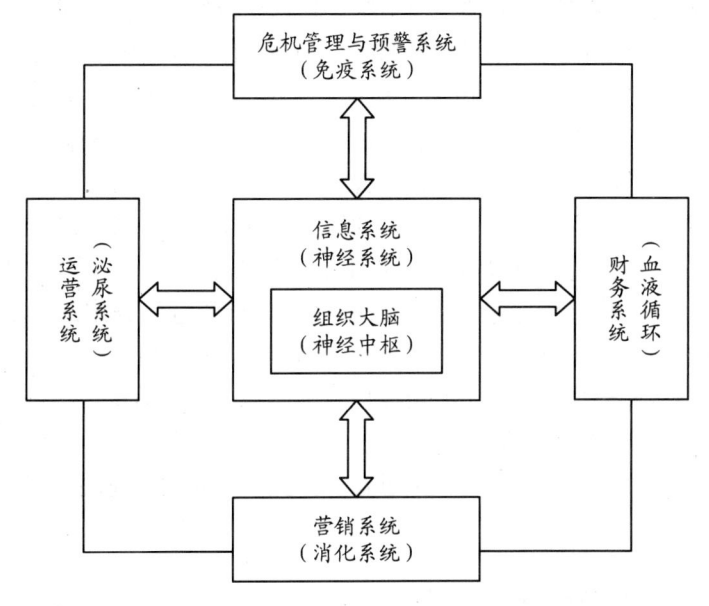

```
        ┌─────────────────┐
        │ 危机管理与预警系统 │
        │    （免疫系统）   │
        └─────────────────┘
                ↕
┌──────┐   ┌─────────────┐   ┌──────┐
│运营  │   │  信息系统   │   │财务  │
│系统  │↔ │（神经系统） │↔ │系统  │
│(泌尿│   │ ┌─────────┐ │   │(血液│
│系统)│   │ │ 组织大脑 │ │   │循环)│
│     │   │ │(神经中枢)│ │   │     │
│     │   │ └─────────┘ │   │     │
└──────┘   └─────────────┘   └──────┘
                ↕
        ┌─────────────────┐
        │    营销系统     │
        │   （消化系统）   │
        └─────────────────┘
```

图3-2　企业生命系统

依据罗氏的分析，董事会和首席执行官是企业的大脑。企业活动就是思维之战——微小的想法会导致巨大的差异，重大的思想能拯救或毁灭企业。上脑皮质机能决定着思维和判断，下脑皮质机能控制人体活动。董事会和首席执行官是企业的思维中枢，核心机能控制着经营活动，交流信息就是同其他大脑联网。因此战略性思维对企业大脑来说至关重要。

财务是企业的心脏和血液循环系统。在企业中，财务管理增强了金钱的能力，把永远紧缺的金钱投入到最需要和收效最高的地方。钱对于企业就像血液对于人体一样重要。血液的数量和质量对于健康的人体来说至关重要，启动资

---

[①] ［美］罗启义（Ronald K. Law）. 企业生理学. 北京：新华出版社，2001.

金和经营资金的性质同样决定了企业能否有效地进行竞争。人体状态调试能改进人的无氧临界值并产生最佳的体能，一个强有力的企业会对债务加以控制并产生更加卓越的远期成效。

市场销售和竞争就是企业的生长细胞。随着身体成熟，人必须日益展开与他人的竞争。当一个企业成熟时，它的市场经营和销售能力具有日益增强的重要性。人体的每个行动都具有重要性，对于企业的评判是以其每个销售人员为根据的。健康人体的存在，是要为他自身和它环境的利益而实行有意义的活动。明智的市场经营和销售不仅是企业的首要活动，也是基本的活动。

企业的信息系统如同人的神经系统。任何企业要在一个充满竞争的市场中生存，必须具有与日俱新的核心机能。企业拥有一个将其中枢机能（战略和计划）同其管理机能（同环境相互作用）和经营机能（核心机能）结合为一体的信息系统，借此来达到自己的目标。神经系统内部的能动作用是人体智能的基础。企业的进化是人工的，也是智能的。

库存和后勤是企业的肠道。生命的很大部分是在获取和处理物质，而企业的很大部分是在创造和管理物质。人体以一种应急的、和谐"准时"的生理方式获取、吸收和存储能量，企业则以一种执行紧急任务式的、不那么和谐的、并非准时的后勤智能来采购、制造、储存和销售物资。

企业必须有精神存在。人的精神是一种根本的超越力量，企业的灵魂要超越盈利性。企业的精神如同人的精神一样可以通过自我发现、对更高任务的贡献、技艺的运用和对社会的贡献来更新。因此，企业的灵魂决定着一个企业的前途与发展。

### 2. 企业存在遗传和进化机制

DNA 是生命体的遗传物质，生命体所有的程序和结构信息都分布其中，它使生命体具有独特的遗传特征，并使生命体的各器官为完成生命体的整体目标服务。同样，企业组织要生存也必须确立自己的特征，即遗传特征，企业组织的遗传特征存储企业组织的程序与结构信息，指导企业组织的运行。相对于自上而下的命令式管理，通过改进组织的程序与结构更能提高企业组织的灵活性、适应性。

### 3. 企业具有自组织特性

许多动植物的细胞和器官，特别是在发育过程中，再生能力很强。这主要是靠自组织和自装配过程来完成的。自组织过程，即自我调节、自我完成的过程，是生命体的重要特性，也是区别于非生命体的第一个特点。企业作为一个生命有机体，同样具备这种机能，当企业内部结构出现某些缺陷时，它可以通过内部结构的自我修复和调整，使企业的状态恢复到原有水平，使其得以生存。它可以运用经营机制，不断地进行自我调节，使企业的资金运动、企业内部各部门、各环节间的实物流动得以通畅和协调，从而使企业从较低级的组织形式向更高级的组织形式发展。

企业组织的生命特征与生命体的生命特征又存在差异。企业组织作为社会分工的产物具有高度的社会性，区别于一般生物体，企业组织是具有高度目的性、能动性的构成。

企业组织的上述特征表明，从生态学的视角对企业的分析和研究依循了组织的本质特性和组织的基本规律，对全面理解和认识组织的性质是非常有益的。因此，从生态学、仿生学的角度对组织进行研究，是组织理论发展到一定阶段的必然产物，是组织理论研究不断深化的有力体现。

传统的管理思想视企业组织为经济组织（机械组织），认为组织的目的是实现经济效益最大化。资本报酬率、利润、成本等是至高无上的管理概念，这是工业时代管理的基本特征。而在人类进入知识经济和信息时代的今天，组织被赋予了生命，认为组织从受资本支配的系统转而为受知识支配的系统。生命型组织的目标是生存和长寿。于是，组织生命周期、组织进化、商业生态系统等相继成为管理学的前沿概念，这些概念的提出及其研究的不断深入，进一步赋予管理理论以新的内容，从而为管理理论的创新拓宽了领域。

将企业组织视为机械体还是生命有机体在管理思想上有着本质的区别。首先，视组织为生命有机体，意味着组织具有主观能动性，有自然演进的特征；其次，组织有其独特的基因、个性、气质、理念和思想，组织因其特质不同而表现出不同的进化路径和进化过程，并被环境选择；再者，视组织为生命有机体，则组织的学习习性便成为自然属性，诚如阿里·德赫斯（Arie de Gues）在《长寿公司》一书中所言：只有生命体才会学习。

## 第三节　组织生态系统

### 一、概念背景

组织生态系统是一种客观存在。但理论界和学术界展开对组织生态系统的研究却是近些年的事情。此间最大的诱因在于技术创新对组织生产、组织形式及组织战略所带来的一系列重大影响。

第一，从技术创新对生产效率提高及资源利用情况的角度看，在传统工业经济中，生产者与消费者通过使用机器加速生产和财富的传播，在此过程中消耗大量的自然资源。在新兴经济中，人们普遍认识到一个简单的道理：所有的污染和浪费都是利润的损失，"绿色成本"迟早是企业的成本。环境压力与资源压力迫使人们开始寻求通过新的方式来创造利润，于是，一部分独具战略眼光的专家开始提出新的利润创造模式——模仿自然的模式、原则和观念，学习自然如何持续地创造价值。这是组织生态思想的萌芽背景。1995年12月，在美国科罗拉多州的阿斯彭（Aspen）市，60家公司的总裁们联合在一起组建了一个"未来500强组织"，这是一个知名公司的全球性网络，其任务是应用自然原则提高商业的效率和持续发展的能力，目标是协调经济、社会和环境三者的利益关系，在实现经济效益的同时促进环境和社会效益。他们将雨林系统的生态原则引入商业管理中，目的是使各公司通过运用自然生态的原则来获得更多的利润和更具持久发展的能力。他们将商业看做一个生态系统，而非传统的机器商业模式[①]。

第二，从企业发展条件的角度看，传统的观点一直将组织看作相对独立的个体。这一观点的前提假设是：世界是由独立的企业构成的，各企业为了保持自己的自主性和垄断地位而进行竞争，一个企业是否与其他企业结成某种组织关系，取决于该企业的需要和环境的稳定性。20世纪90年代以来，特别是随着网络经济的出现和IT等高技术产业的兴起，类似的观点正日益受到冲击。

组织开始重新思考所做业务的每一个方面，一种新的趋势是：组织的边界正日益削弱，增强与其他组织甚至竞争对手的合作成为组织的必修课程。在这种形势下，组织开始向商业生态系统演进。

第三，从战略管理的角度看，20世纪90年代以前的企业战略管理理论相对偏重讨论竞争和竞争优势，这曾经对战略管理理论的发展和企业经营业绩的提高起到了积极的促进作用。20世纪90年代以后，随着产业环境的日益动态化、技术创新的加剧、竞争的国际化和顾客需求的日益多样化，创新和创造未来日益成为企业战略管理研究的重点。在此背景下，超越竞争成为战略管理理论发展的一个新热点。1996年，詹姆斯·弗·穆尔（Moore）提出了企业生态系统合作演化（Business Ecosystem Coevolution）的理论[②]。

该理论超越了20世纪90年代以前的战略管理理论偏重竞争而忽视合作的缺陷，给出了在产业融合环境下理解企业经营的整体画面（Big Picture）、企业生态系统演化动态的基本框架以及企业如何在其中发展并取得领导地位的战

---

① [美] 比尔·舍尔曼著，潘海燕译. 企业的自然课——从雨林中寻求持续盈利的商业法则. 北京：机械工业出版社，2003.
② 詹姆斯·弗·穆尔著，梁俊等译. 竞争的衰亡. 北京：北京出版社，1999.

略管理方法，这是对企业生态系统合作演化理论的一个贡献。从产生背景看，它适应了20世纪90年代以至21世纪产业环境剧烈变化、创新和创造未来成为发展战略焦点的趋势要求，并吸收了产品生命周期理论和生态进化理论的合理成分。从理论的经济学基础看，这一观点是建立在网络经济（economy of network）而不是传统的规模经济（economy of scale）或范围经济（economy of scope）基础之上的。

第四，超分工整合（super dis-integration）的发展凸显企业生态位的重要性。随着技术创新和产业趋势的改变，企业日益由工业时代传统的层级式垂直整合，演进到信息时代扁平式的授权分工整合，再到知识经济时代的超分工管理模式。要能做到超分工整合，专精的管理是企业成功的关键。所谓专精，就是企业要根据自己的特点和优势选择好所要经营的企业生态位，并在所选择的企业生态位内做到最好。超分工整合使许多公司的命运绑在了一起，为了发展，它们组成一个相互依赖的网络，共享相关的产品、服务和技术。同时，超分工整合的发展导致单个企业无法独立为消费者提供全套产品，为了满足消费需求，企业必须与相关的企业更加紧密地合作。因此，企业最终将走向一个更高水平上的合作，即组织生态系统。

第五，通信技术的发展为组织生态系统的形成提供了支持条件。通过先进的电子商务技术和网络平台，可以灵活地建立起各种组织间高效的电子化连接，将伙伴企业的各个业务环节孤岛连接在一起，从而大大改善了商务伙伴间的通信方式，使组织间的信息和知识的交换量与交换速度大大提高，同时也节省了大笔费用，为形成组织生态系统提供了有力的支持。

总之，任何企业都处于特定的生态系统之中，这是一种客观存在。见图3-3。在整个生态系统中，每个企业又有可能创设自己的生态系统。例如，微软公司涉足四大行业，即消费电子、信息、通信、个人电脑。其生态系统包括几百家供应商以及上百万的消费者[1]。又如，苹果公司是一个至少横跨四个行业的生态系统的领导者，这四个行业分别是：计算机、家电电器、信息和通信。苹果公司所在的生态系统包括范围广泛的供应商网络（包括索尼公司和摩托罗拉公司）以及分属不同市场的大量消费者网络[2]。图3-4是丰田汽车的生态系统。

---

[1] ［美］理查德·L·达夫特著，王凤彬译. 组织理论与设计. 北京：清华大学出版社，2003.
[2] Robert A. Burgelman 著，陈劲，王毅译. 技术与创新的战略管理. 北京：机械工业出版社，2004.

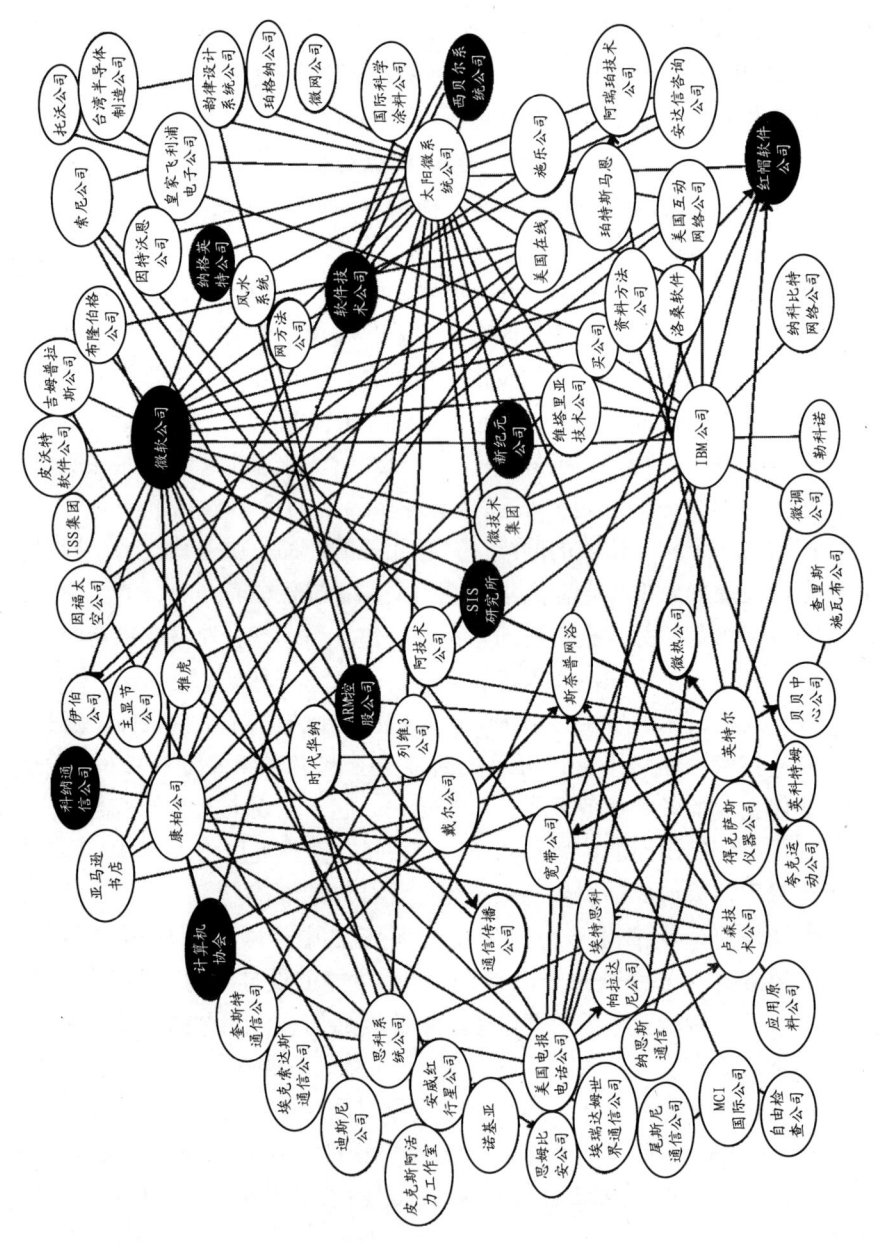

图 3-3　组织生态系统示例①

---

① [美] 理查德·L·达夫特著，王凤彬等译. 组织理论与设计. 北京：清华大学出版社，2003.

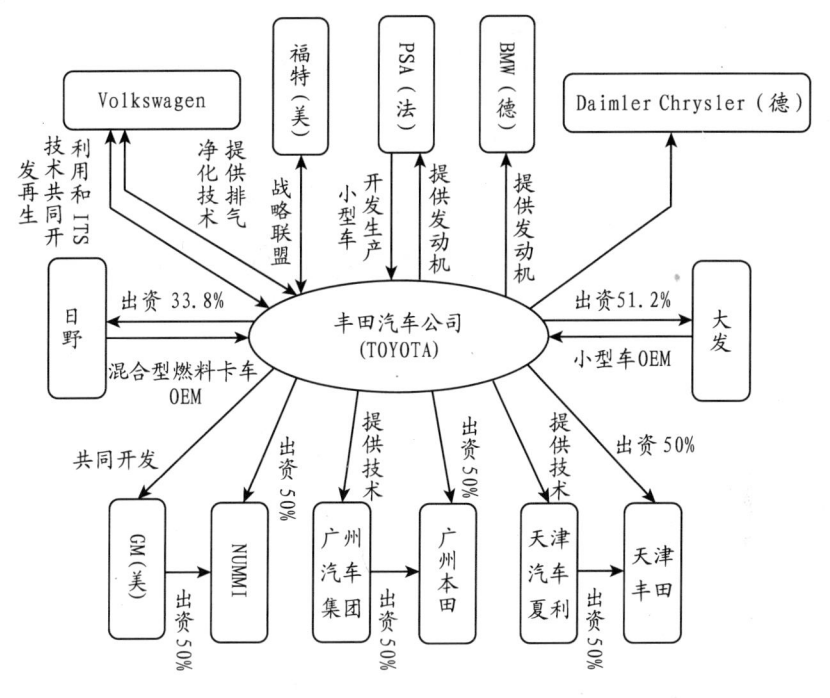

图 3-4 丰田汽车全球生产系统

## 二、组织生态系统

在自然生态系统中,"生产者"、"消费者"和"分解者"共同构成了生命活动的主要组成部分,三者缺一不可。"生产者"是能用简单的无机物制造有机物的自养生物,包括所有绿色植物和某些细菌,它们制造的有机物是地球上包括人类在内的其他一切异养生物的食物资源,是生态系统中最基础的成分。"消费者"是不能用无机物质制造有机物质的生物,它们直接或间接地依赖于"生产者"所制造的有机物质。"消费者"不仅对初级生产物起着加工、再生产的作用,而且对其他生物的生存、繁衍起着积极作用。"分解者""都属于异养生物,它们把复杂的有机物分解为简单的无机物回归到环境中。"[1] "生产者"与各级"消费者"组成或简单或复杂的"食物链"或"食物网",构成整个生命系统运转的内在机制。如图 3-5 和图 3-6 所示。

---

[1] [美] H. T. Odum 著,将有绪,徐德应译. 系统生态学. 北京:科学出版社,1993.

图 3-5 生命系统运转机制

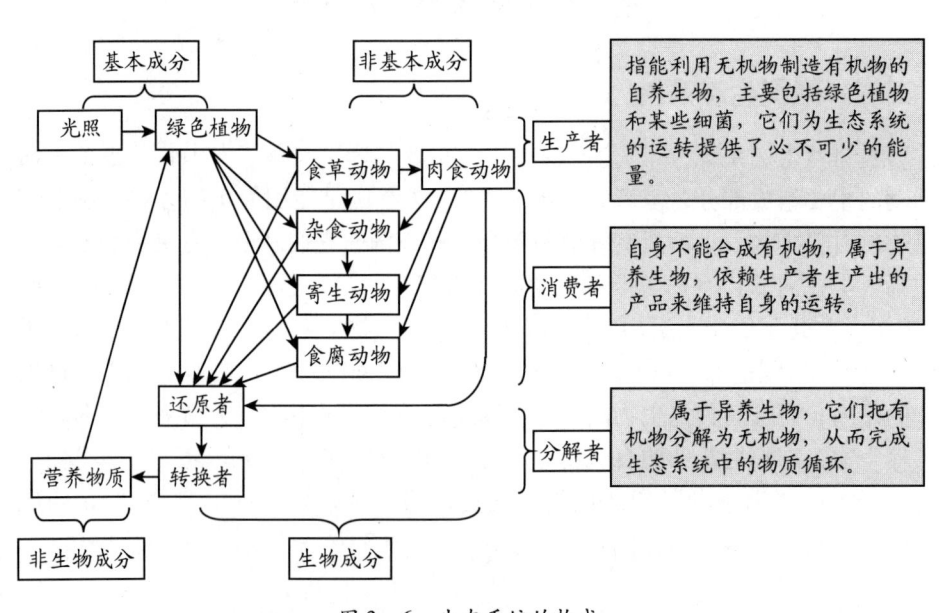

图 3-6 生态系统的构成

组织生态系统（organizational ecosystem）指由组织共同体与环境相互作用而形成的系统。组织共同体之间构成了价值链，类似于自然生态系统中的食物链，不同的链之间相互交织形成了价值网，物质、能量和信息等通过价值网在共同体成员间流动和循环。与自然生态系统的食物链不同的是，价值链上各环节之间不是吃与被吃的关系，而是价值或利益交换的关系。从这个意义上说，处在价值链的一个环节两端的单位更像是共生关系，多个共生关系形成了组织生态系统的价值网。

组织生态系统的不同层次分为组织个体、组织种群和组织群落。组织个体是单个的组织，如一个企业；组织种群是同类组织的集合，如相机生产企业；组织群落则是组织种群的集合。

以单个企业组织为例，企业生态环境大致可分为生物成分和非生物成分两大部分，除企业个体以外的消费者、市场中介、供应商和投资者等被看做企业环境中的主要物种，构成了企业环境的生物成分。这些成分之间构成了类似于自然生态系统中的生物链，不同链条之间相互交叉，形成了网状结构，使经济活动的可靠性和相互依赖性大大增强。不同企业把由于专业化分工带来的比较优势通过物质、能量和信息的流动在网络中进行扩散。非生物成分是所谓的无机环境，包括政治形势、经济环境、社会文化、科技发展水平、劳动力知识水平和自然资源等。这与生物具有综合性和可调剂性的环境因子如土壤、水分、温度、光照和大气因子等类似。

因此，企业生态系统的概念可定义为以企业为主体，以自然和社会因素相互作用为依托的综合体。企业生态系统与自然生态系统不同，其表现形态不仅包含物质方面，还涉及制度方面和精神方面，如企业制度、公司文化。企业生态系统不仅指自然环境，还包括社会环境。企业生态系统的结构与组成如图3-7所示。

## 三、组织生态系统的特征

与网络经济环境相关联的组织生态系统，一方面，继承和延续了规模经济与范围经济的基本特质；另一方面，也呈现出其独特的结构与功能。如在经济一体化趋势日益明显，产业界限日益融合的大趋势下，企业不再是单个的或扩展的组织，而成为商业生态系统（business ecosystem）的成员，这个经济系统的目标不再是单纯的为利润而成长，而是为其"关系者"创造价值，使自己成为组织生态系统中有生存价值的一员。这里所言的"关系者"也不再是单纯的产业链的上下游关系，而是包括产业链上各环节的参与者——供应商、顾客、竞争对手、联盟者等。随着时间变化，生态系统中的各参与者的角色分工趋于明确和专业化，各企业在其生态位上发挥相应的功能和作用，与此同时，核心企业担当引导职能，引导整个生态系统的演化方向，各参与成员围绕系统

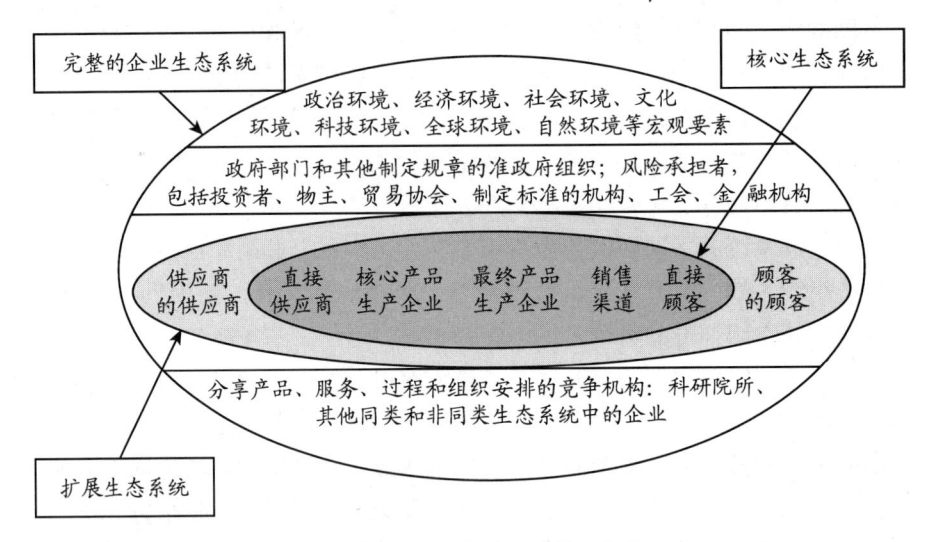

图 3-7 企业生态系统结构及组成

的整体目标协同进化，合作演进。在演进的过程中，担当领导角色的企业可能会随时间的改变而发生变化，但其发挥的功能对整个共同体的重要性方面不随担当领导角色的企业的改变而变化，因为它使其成员朝着共同愿景来配置资源并且相互支持。在这个系统中，企业的投资与回报，是建立在网络系统的效益递增经济原理之上的。

通过具体分析组织生态系统与自然生态系统，可以归纳出组织生态系统的如下特征。

**1. 组织生态系统具有较强的能动作用**

组织与环境的关系，从本质上区别了一般生物与环境的关系。组织生态环境指组织生存与发展的自然与社会环境，它包括市场环境、政策环境、科技环境、地域环境、地缘政治环境等。组织生态环境具有复杂性的特点。组织不仅受到自然环境的限制，也受到变化剧烈的社会环境的影响，作为一个开放的系统，组织不断地与其生态环境发生物质、能量、信息的交换。组织具有社会属性，组织对环境的影响明显地强于生物体对自然环境的影响，即组织不但能够通过生物生态适应和文化生态适应两方面去适应环境，而且能够用自身的文化能动地利用和影响环境，使环境更宜于自身的生存与发展。

**2. 组织生态系统的承载力具有扩张性**

组织生态环境承载力指在一定时间、一定区域内，组织生态环境对组织发展支持能力的阈值。如果在一定时间、一定区域内所有组织发展对组织生态环境的作用超出了其承载力，组织生态系统就会遭到破坏，出现组织生态链的破坏、大批组织倒闭甚至经济危机。在自然生态系统中，生态环境承载力有一定的稳定性，即在某一生态环境中所能维持的生物量的阈值在相当长的时间内变化不大。而组织生态环境承载力的可扩张性是组织生态系统与自然生态系统的一个重要区别。在组织生态系统之中，组织可利用的资源不再局限于物质和能量，信息成为组织生态系统进化的推动力。由于知识资源、信息资源的无限性，使得组织生态系统的承载力得以迅速增加。

### 3. 组织生态系统的协同共生性

组织生态系统是一个复杂的巨系统，该系统包括技术、经济、自然、社会等宏观因素，也包括人、财、物、技术、信息等微观因素。从本质上讲，这些因素在系统中的关系是一种协同共生关系。

组织生态系统的协同共生机制强调发展的整体性、发展着的各个因素之间的协调性等问题，强调要处理好组织内部各要素之间以及组织与环境之间的协同发展问题，既要满足组织目前经营的需要，又要满足组织长期发展战略的需要。

### 4. 组织生态系统发展的不平衡性

生态系统之间由于自然和历史等原因，在进化程度上表现出极大的差异性。有些组织、生态系统的发展与进化由于借助先进的生产力、得天独厚的自然资源禀赋以及大量信息的迅速交流，使系统的发展呈现出明显的正反馈；而在另一些区域，由于组织生态环境中的某些生态因子长期剧烈动荡、自然生态环境恶劣和劳动力整体素质不高等原因，造成组织生态系统发展、进化的缓慢。

## 第四节　组织生态现象

企业间的相互作用关系决定了资源和要素的流动与组合方式，生态学物种间相互作用关系的理论适用于企业间关系的描述。生物物种间的相互关系分为正相互作用和负相互作用两大类，详细划分见表3-3。

表 3-3　　　　　　　不同生物物种间相互作用的类型[①]

| 0 | 表示没有意义的相互影响 |
|---|---|
| + | 表示对生长、存活或其他特征有益 |
| - | 表示对生长、存活或其他特征有害 |

| 相互作用类型 | 物种 1 | 物种 2 | 相互作用的一般特征 |
|---|---|---|---|
| 中性作用 | 0 | 0 | 彼此不受影响 |
| 竞争：直接干涉型 | - | - | 每一物种直接抑制另一种 |
| 竞争：资源利用型 | - | - | 资源缺乏时的间接抑制 |
| 偏害作用 | - | 0 | 1 受抑制，2 无影响 |
| 寄生作用 | + | - | 1 寄生于 2 内，且较宿主 2 的个体小 |
| 捕食作用 | + | - | 1 是捕食者，较 2 的个体大 |
| 偏利作用 | + | 0 | 1 是偏利受益者，对 2 无影响 |
| 原始合作 | + | + | 相互作用对二者都有利，但不是必然 |
| 互利共生 | + | + | 相互作用对二者都必然有利 |

类似于自然种群间的竞争、捕食、寄生、共生等关系，在企业的生存与发展过程中，上述四种关系也表现得非常突出和明显。

## 一、竞争

在自然生态学中，当两个或两个以上物种共同利用同一资源而受到相互干扰或抑制时，称为种间竞争。种间竞争又进一步分为资源利用性竞争（exploitation competition）和相互干扰性竞争（interference competition）。此外，不同营养级间的物种还存在似然竞争（apperent competition）。即当两个物种共享相同的捕食者时，一个物种个体数量的增加会导致捕食者种群个体数量增加，从而加重对另一物种的捕食作用。

达尔文自然选择学说的重要内容之一是强调由于资源的有限性而产生的竞争关系。资源竞争共有三种类型：利用竞争（exploitation competition）、争夺竞争（scramble competition）和对抗竞争（contest competition）[②]。

---

[①] 李博. 生态学. 北京：高等教育出版社, 2000.
[②] 尚玉昌. 行为生态学. 北京：北京大学出版社, 2001.

### 1. 利用竞争

利用竞争（exploitation competition）是资源竞争的一种最简单形式。在发生利用竞争时，每个竞争者都依据最适寻觅法则参与竞争，而不管这种资源是否已经被利用过和其数量如何。

### 2. 争夺竞争

争夺竞争（scramble competition）是资源竞争的第二种类型，在争夺竞争中，每个竞争者都试图作出最大努力，以便能获得尽可能多的资源。在这种竞争中，竞争者不会发生直接的冲突和对抗，更不会出现攻击和打击行为。

### 3. 对抗竞争

对抗竞争（contest competition）是资源竞争的第三种类型。在对抗竞争中，竞争者为了保卫资源而会付出代价，彼此形成对抗。但竞争者在战斗中所付出的代价并非固定不变，它随竞争对手所采取的不同对策而有所变化。

企业间的竞争是指处于完全相同或部分相同的生存空间的企业，为了各自的生存与发展，在生产要素市场上对稀有资源展开竞争，或在产品市场上对市场占有率展开竞争。企业在生产要素市场上展开的竞争类似于资源利用性竞争，企业在产品市场上展开的竞争类似似然竞争。

当企业间的竞争使一些企业的利润增加，而另一些企业的利润减少时，称为淘汰性竞争。由于具体情况的复杂性，企业间的淘汰性竞争并不会在一些企业利润额的增加与另一些企业利润额的减少间保持一致。

竞争者的存在并非仅仅对企业构成威胁，在某些情况下，竞争者的存在也有战略利益。根据迈克尔·波特的研究，竞争者存在可以给企业带来四种战略利益：①增加竞争优势。首先，竞争者及其竞争产品（服务）的存在，是测量企业产品相对价值的重要标志。没有竞争对手，消费者难以理解和判断该公司所创造的价值，因而企业难以形成独特的识别。其次，竞争对手的缺失，使企业在降低成本、改进质量、技术创新等方面的激励受到影响，从进化的角度讲，不利于企业的成长和发展。最后，竞争的存在可以大幅度地降低政府反垄断的风险。②改善现有的产业结构。首先，增强整个产业的市场需求。对许多产业而言，某一产品的市场需求量是整个产业营销投入的函数，因此，竞争者的营销努力会增加整个产业的需求，从而扩张了企业的生存空间。同时，由公司和竞争者共同创造的有规律的产品推广趋势可以扩大整个产业的感染力，从而提高产业的知名度，增加市场需求。其次，竞争者的存在有利于行业产品和服务的多元化、差异化，从而更好地满足用户多样化的需求，增强行业的吸引力。最后，提供第二或第三货源。在许多产业中，特别是在那些涉及重要原材料或其他重要投入品的产业中，顾客希望有第二或第三货源，以减轻供给中断的风险，并防御供给者的讨价还价，这时候，作为第二和第三供货源的竞争者的存在就消除了企业的这种压力，它们可以防止顾客引诱更具威胁的竞争者进入。③结成进入壁垒。竞争者的存在对于阻止其他进入者的进入起着关键性的作用。首先，预示成功进入的难度。竞争者的存在对潜在竞争者的进入起到了一定程度的阻止作用，使潜在竞争者对行业密度及竞争强度给予必要的重视。其次，竞争者的存在可以形成销售渠道的先占，使潜在竞争者的进入难度加大，或使其不得不支付更高的成本。④形成行业标准。采用与本公司相同技术的竞争者的存在，可以加速本公司技术合法化或使技术成为标准的过程。一方面，增强顾客对产品的认知度；另一方面，获得政府和技术标准组织的认可与支持。

竞争是企业组织或个人的一种市场行为，它体现了人与人之间、组织与组织之间在一定环境下的互动关系。因此，竞争也必然表现出动态性的特征，表现为进化的过程。

人类历史上的企业竞争，大体经过了如下几个主要的阶段：

第一阶段，绝对竞争。企业的竞争行为在初期阶段一般表现为极强的对抗性，企业间是一种绝对的竞争关系，这一竞争方式主要与资本主义自由竞争与垄断竞争时期相联系。其特点可以概括为：①在资源的需求和获取资源的手段上竞争十分激励，尤其是当资源有限时。②绝对性的竞争思维。认为竞争者之间是互不相容的，视竞争者的存在为一种巨大的威胁，对竞争者抱以极大的恐惧，欲除之而后快。③以价格为主要的竞争手段，以低价吸引消费者，并将其作为攻击竞争者的主要手段，为了将竞争者逐出市场有时甚至不惜代价。④以垄断为竞争的目的。即竞争的目的在于控制和消除竞争，以获取对某一市场或行业的垄断。

第二阶段，竞争控制。随着市场的发展及企业的日渐成熟，企业对于竞争者的认识开始发生重要的转变。首先，企业开始逐步认识到竞争是永存的，消除竞争者而独占市场不仅不可能，也不经济。其次，在经营实践中，越来越多的企业意识到，直接的、对抗性的竞争是一把"双刃剑"。与此同时，由于市场规范性要求的提升和竞争环境的变化，各国政府也相继出台了一系列反垄断法规，这在客观上要求企业重新审视竞争问题。于是，企业的竞争意识发生了重要转变，由绝对竞争逐步向对竞争进行适度控制的方向演进。

竞争控制具体表现在企业不再以对抗的思维看待竞争对手，不再单纯地采用价格竞争的手段,而是以相对缓和的态度默认竞争以及竞争者。在竞争的方式和方法上,除了必要的价格竞争,更多地采取一些非价格的竞争手段,如更注重对品牌的推广、更多地使用广告、更快地推出质高价低的产品及服务等。

由绝对竞争向竞争控制的演进是竞争演进的一般形态,在走向竞争控制(非价格竞争)的过程中,要求企业避免进行单纯的价格战,而是在竞争的一切方面展开竞争。这样,它不仅可以使企业避免绝对竞争给竞争双方带来的损害,而且可以使企业立足细分市场,通过不断创新(包括技术、营销、组织等)寻求市场机会,建立及强化自身的竞争优势,从而使行业的发展不断走向深入。因此,与绝对竞争相比,竞争控制是竞争的深化和拓展。

第三阶段,合作竞争。近年来,企业间又出现了一种新的竞争方式:合作竞争。合作竞争的特点是:当企业均参与竞争时,各企业的利润都增加。反之,当企业均退出竞争时,各企业的利润均减少。不过,在此过程中,各企业利润增加或减少的比率并不相同。"合作竞争"(coopetition)一词最早是由英特尔总裁安迪·格罗夫最先提出的,它是"合作"(cooperation)和"竞争"(competition)两个词的组合词。随着市场演进的发展,竞争开始逐步转向合作,所谓合作,体现的是企业在看待竞争和处理竞争关系时,从谋求差异化的共存转变为在竞争对手中寻求合作的可能,并与竞争对手建立某种形式的伙伴关系。在这一过程中,差异是合作展开的基础。

企业间由竞争对手关系转变为合作伙伴关系的主要原因在于协作是实现更大的创新及解决问题、提高绩效的重要前提条件。同时,合作可以改进组织在某些特定的产业或技术领域的业务组合[1]。

合作竞争是企业长期进化过程中的选择行为,因而对大多数企业而言均存在巨大的挑战。在经营实践中,企业逐步尝试调整自身的行为以适应市场演进的要求。

## 二、共生

共生(intergrowth)一词来源于希腊语,按照德国生物学家德贝里(1879)的定义[2],共生是一起生活的生物体某种程度的永久性的物质联系。生物的共生同竞争一样,是一种普遍的现象。

共生现象不仅存在于生物界,而且广泛存在于社会体系之中。互惠共生是组织生态理论的重要概念,组织生态理论研究的一个重要目的就是要使生态系

---

[1] Christine Oliver. Determinants of Interorganizational Relationships: Integration and Future Directions. Academy of Management Review, 1990, 15 (2): 241 – 265.
[2] 冯德连. 中小企业与大企业共生模式的分析. 财经研究, 2003, 8: 28 – 35.

统中不同的组织能够互惠共生,至少也要达到"共栖"(在两物种中,有一个物种受益,另一物种既不受益,也不受害)的状态。这与"竞争排斥原理"有着根本的区别。

在企业生态系统中,企业间不完全是竞争关系,在一定范围内或一定程度上相互之间还存在共生关系。企业的互惠共生是指企业可以独立生存,但当两个企业或若干个企业相互联合进行生产和营销时,不仅其总体收益增加,而且分配到每一个企业的收益也增加的现象。这种共生关系的强度虽然可能会有所不同,但彼此之间相互依存,共谋发展的关系不变。如同一产业链上,上游企业与下游企业间的配合与协作,终端产品企业与零部件配套企业间的协作,供应商与生产商的协作,生产商与经营商的协作等,都是在竞争环境下的合作关系,这种关系即为企业的共生关系。共生关系给共生体带来共生能量,对企业而言,共生能量通常以企业效益的增加或企业规模的扩大来表现,也可以通过成本降低等加以表现。

## 三、捕食

### 1. 动物的社群生活

自然界中的捕食(predation)是指某种生物消耗另一种生物活体的全部或部分身体,直接获得营养以维持自己生命的现象。前者称为捕食者(predator),后者称为猎物(prey)。捕食者觅食和选择猎物的行为是动物的最基本的捕食行为,动物的捕食行为包括对猎物的搜寻、捕获、处理和进食四个方面,影响捕食收益的因素包括:猎物的含能值、搜寻猎物的时间、处理猎物的时间。

自然界中的任何一种动物都会受到来自各方面的选择压力,这些压力会迫使动物朝两个相反的方向进化:社群生活或独居。动物的社群结构和行为大都与捕食现象有关。

动物的社群生活,对捕食者及猎物都具有有益的一面。

对猎物而言,社群生活的好处体现在以下几个方面:第一,社群生活可以使猎物不易被捕食者发现。由于动物群体数目比动物个体数目少得多,所以,一个捕食动物要想找到一个动物群体比要找到一个单独活动的动物来得更难。而且,即使是发现了一个动物群体,要想在动物群体中猎取一只动物则更为不易。第二,稀释效应。猎物群越大,其中每一个个体被猎杀的机会就越小。第三,集体防御。第四,避免使自己成为牺牲品。总之,对于一部分猎物而言,社群生活可以使其得到比单独活动更多的益处。

对捕食者而言，社群生活的好处体现在：第一，群体行为有助于信息交流，从而有利于捕食者尽快地找到食物；第二，提高猎食的成功率；第三，便于捕捉较大的猎物；第四，有利于捕食者在与其他捕食者的竞争中取胜。此外，由于捕食者本身也常常会成为其他捕食者的潜在猎物，因此，社群生活对捕食者的好处，还应包括猎物从社群中所获得的益处。

**2. 企业集群行为**

借助社群生活对猎物和捕食者的益处，我们可以归纳出企业群聚的种种益处，并由此找到企业生态系统与自然生态联系性的又一表现。

2.1 成本优势

成本优势主要从以下方面反映出来：①环境成本低。集群内企业呈现相对集中的地理空间布局，可充分利用基础设施等公共产品，减少分散布局所需的额外投资。②信息成本低。集群内企业相对集中，容易通过市场的变化灵敏捕捉各种最新的信息，借助网络状的人际关系将信息高效传播，企业搜索信息的时间和费用大大节省。③配套成本低。集群内部大量专业化生产的企业之间形成了高效的分工协作系统，有利于降低企业之间配套产品的采购、运输和库存费用，有利于实现规模生产。④交易成本低。集群内企业利用空间接近可大大降低每次交易的费用，同一区域内共同的产业文化传统和价值观，有利于企业间建立以合作与信任为基础的社会网络，使双方容易达成交易并履行合约，有效地降低交易成本。⑤劳动力成本低。首先，集群的区域性易形成供给充足的劳动力市场，企业可减少寻找合适工人的搜寻费用与降低工资成本。其次，劳动力在区域内企业间自由流动，促成了信息、思想的扩散和传播，可有效地降低劳动力的培训成本。

2.2 技术创新优势

学习效应和竞争效应的存在大大加快了集群内企业技术创新步伐，使其创新优势更为明显。从竞争压力来看，企业在空间上的集聚，存在大量的竞争对手，既加剧了竞争，同时也成了企业竞争优势的重要来源。充分的竞争迫使企业加快技术创新步伐，改进产品和服务，推动整个行业的技术进步；从技术溢出及吸纳方面来看，由于空间上的比邻，集群内的市场信息交流快，集群内企业会同步吸纳消化一个具有潜力和市场前景的重大技术创新成果，通过学习和模仿实现自身技术的更新和升级；从技术配套来看，集群区域内，除了生产企业集聚外，也会聚了大量的服务企业以及提供研究和技术性支持的机构，如学校、管理咨询机构、技术开发机构、行业协会等。这些机构的存在加强了技术的研发、交流和扩散能力，促进了区域内企业的技术进步。

### 2.3 市场竞争优势

首先，有利于形成专业市场。企业集群与专业市场的相互依存是其竞争优势的重要体现。企业集群的发展创造了一个较大的市场需求空间，为形成专业市场提供了条件，而专业市场的形成又可有效地配置资源，提高生产效率；其次，有利于建立区域性品牌。与单个企业品牌相比，区域性品牌具有广泛、持续的品牌效应。企业通过集聚，利用群体效应，有利于建立区域性的品牌；最后，有利于企业经营的国际化。企业集群利用其整体的产业规模优势可以帮助势单力薄的中小企业直接参与国际竞争。特别是在网络经济下，集群内的龙头企业可充分利用电子商务手段，带动集群企业拓展国际市场。

### 2.4 产品差异化优势

差异化战略使企业竞争策略从以价格竞争为主，转到在价格基础上的非价格竞争为主的市场竞争上来，差异化产品还能得到顾客的信赖，使产业入侵者耗费大量资金克服原有的顾客信誉，为竞争对手设置了产业进入障碍。集群内部良好的竞争与合作、分工与协作的产业环境，使集群内企业更能适应市场环境的变化，利用产品差异化与市场占有率之间的交互反馈机制，形成市场势力。一方面，已形成产品差别化的企业具有较大的市场竞争优势，可以拥有较大的市场份额；另一方面，具有较大市场占有率的企业，可以利用自己的规模经济实力，通过研究开发、购买专利、广告宣传、售后服务等进一步扩大产品差异化，形成市场占有率和差异化之间的良性循环。

### 2.5 合作优势

第一，企业间形成网络促进创新。企业间的技术合作和技术战略联盟能够获得技术资源，取得规模经济的效益，获得协同效应。集群内企业通过合作，共同解决技术难题，研制新产品，从而提高企业的创新绩效。第二，政府部门、中介服务机构等对集群创新起引导作用。当地政府通过改善交通、通信等基础设施为企业创新提供良好的外部环境，还可利用政府的调控作用，对集群企业采取更加灵活宽松的财政、税收等政策。而完善的中介服务机构加强了知识和技术的交流及扩散，促使企业技术成果的迅速商品化，也可以避免产品的重复开发。第三，利用大学、研究所等进行产、学、研一体化合作。大学和科研院所作为企业创新的主要知识来源，其知识储备向企业流动，快速将科技信息和知识转化为新产品，同时通过企业的反馈，解决企业在产品生产和创新中的难题，以联合的力量克服单个企业势单力薄的局面，获得持续的创新和竞争优势。

### 2.6 外部扩张优势

企业集群作为地区经济的增长极，其自身的规模扩张优势远优于单个企业，它可以在短时间形成巨大规模，拉动地区经济快速增长。①新企业的扩张。由于集群区域内企业的盈利示范效应,会不断吸引新的投资进入。同时大量集中的市场需求降低了设立新企业的投资风险,投资者更容易发现市场机会,创业者更易发现产品或服务缺口,从而导致区域内产业规模不断壮大。②产业链的扩张。随着企业集群规模的扩张,更多资金和生产要素进入产业集聚区,大量配套企业和服务性企业也相伴产生,集群区域内的企业就会出现全方位的高速扩张、不断拓展产业链以及产业规模成倍增长,使其迅速在激烈的市场竞争中脱颖而出。③产业整体合力的扩张。企业集聚虽然加强了企业竞争的压力,但同时也加强了企业间的合作。在企业集群内部,由于各自追求的细分市场并不完全相同,企业之间更多的是相互合作,容易形成产业的整体合力,企业群的外部效应也随之放大。

2.7 社会网络文化优势

集群文化是指在区域上集中的企业在长期发展过程中逐渐形成的共同理念,硅谷、新竹等企业集群发展的实例证明集群文化是一种难以模仿的、持续的竞争力。企业集群往往可以凭借畅通的关系网络通道进行各种资源的交流与分配。通过关系网络的运用和实施,往往能够使得行为主体获得额外的社会资源或社会资本。在这个关系网络共同体内,各个行为主体均可以凭借其社会关系来获取对自己行动有利的信息资源。同时,关系网络内部共同的规范体系往往能够通过内在或者外在的约束,引导或者制约各个行为主体的行为,从而促进整体的协调、有序发展。事实上,除了正式的手段(例如,通过知识产权转让等)外,非正式的关系网络往往可以弥补企业集群内部相关行为主体之间在信息、资源上的不对称,使得信息、资源在企业之间能够得以共享。集群文化与单个的、零散的企业文化相比,更具有持久的影响力。

## 四、协同进化

协同进化(co-evolution)是"自然生态物种间的一种重要关系。指一个物种的性状作为对另一物种性状的反应而进化,而后一个物种的这一性状本身又是对前一物种的反应而进化"。①

在生态系统中,存在着因子补偿效应,它是指生物物种间通过相互调节以共同适应环境的变化,其机制是通过生物间功能的互补和替代作用,以恢复或提高环境的整体水平。也即,生态系统的进化是生物种群的协同进化。一个物种的进化可能会改变作用于其他生物的选择压力,从而引起其他生物的适应性变化,而这种变化将会引起相关物种的进一步变化。所以,两个或多个组织的

---

① 戈峰. 现代生态学. 北京:科学出版社,2002.

自身进化常常是相互影响的,这样就形成了一个互相作用的协同进化系统。

协同进化有两种类型,第一种是直接协同进化,即一个种群与其他种群共同演进。第二种是弥漫协同进化,即一个种群与更广泛的生态群落共同演化。

企业生态系统中的协同进化现象是一种客观存在,它促进了企业发展。同自然生态系统中的种间协同进化一样,企业间的协同进化不仅发生于竞争者之间,也发生在非竞争者(捕食者、寄生者、食物链)之间。

**1. 竞争企业间的协同进化**

1.1 $r$ 选择和 $K$ 选择

生态策略(bionomic strategy)也称生活史对策(life history strategy),是生物学中的重要概念,指生物在进化过程中,对某一些特定的生态压力所采取的行为模式。生态策略是生物在环境适应过程中形成的进化策略,与经济学家提出的最优化理论相对应,生物学家认为自然选择是一个最优化过程,一个现存物种表明了它是其对环境各种可能适应方式中的最佳选择之一。此原理亦适用于企业的进化过程。

自然生物的生态对策包括繁殖对策、取食对策、避敌对策、扩散对策、$r$ 对策和 $K$ 对策等。

鸟类学家们很早就发现不同的鸟类会在产卵上存在着质与量上的差异,研究表明:为保证幼鸟成活率达到最大值,不同的鸟类会表现出不同的倾向。成体大小相似的物种,如果产卵大则卵的数量就会少,反之卵越小则数量上就会越多。由于特定区域内食物量的限制,必然在保幼力和生育力上作出选择:若生育力低,则亲体有完善的护幼能力;若生育力高,则亲体的照顾相应较弱。

在此基础上,科学家们按照栖息、环境和进化策略将生物分成 $r$ 策略者和 $K$ 策略者两大类。首先是从环境稳定性来考虑,如果某一环境为气候稳定、资源丰富、灾害稀少,则称之为饱和系统。在这一系统内动物密度高,生存竞争激烈,该系统对生物的作用称为 $K$ 选择;而如果某一环境气候变化大、资源相对短缺、灾害较多,则称为不饱和系统,生物密度影响很小,缺乏竞争,该系统对生物的作用称为 $r$ 选择。

R. H. 麦克阿瑟(R. H. MacArthur)(1962)在总结前人研究成果的基础上,提出了稳定的环境对那些能更好地利用环境承载力的物种是非常有利的,反之,不稳定的环境特别是自然灾害经常发生的地方,对具有较高的繁殖能力的物种是有利的[1]。因通常用来表达繁殖力的测度之一是内禀增长率 $r_m$,所以

---

[1] 戈峰. 现代生态学. 北京:科学出版社, 2002.

居住在不稳定环境中的物种，具有较大的 $r_m$ 是有利的。有利于增大内禀增长率的选择为 $r$ - 选择，有利于竞争能力增加的选择为 $K$ - 选择。其后，R. H. 麦克阿瑟和 E. O. 威尔逊（E. O. Wilson）（1967）又从物种的适应性出发，进一步将 $r$ 选择的物种称为 $r$ 策略者，（r-strategistis），$r$ 选择的物种称为 $r$ 策略者（K-strategistis）。他们认为物种总是面临两个相互对立的进化途径，各自只能择其一才能在竞争中生存下来。美国生态学家 E. R. 皮安卡（E. R. Pianka）（1970）将，R. H. 麦克阿瑟和 E. O. 威尔逊的 $r$ - 选择和 $K$ - 选择理论推广到一切有机体，并将两种选择的特征总结于表 3 – 4。

表 3 – 4　　　　　　$r$ - 选择和 $K$ - 选择的相关特征①②

| 特性 | $r$ - 选择 | $K$ - 选择 |
| --- | --- | --- |
| 气候 | 多变不确定，难以预测 | 稳定较稳定，可预测 |
| 死亡 | 具灾变性，无规律 | 比较有规律 |
|  | 非密度制约 | 密度制约 |
| 存活 | 幼体存活率低 | 幼体存活率高 |
| 数量 | 时间上变动大，不稳定 | 时间上稳定 |
|  | 远远低于环境承载力 | 通常临近 $K$ 值 |
| 种内、种间竞争 | 多变，通常不紧张 | 经常保持紧张 |
| 选择倾向 | 1. 发育快 | 1. 发育缓慢 |
|  | 2. 增长力高 | 2. 竞争力高 |
|  | 3. 提高生育 | 3. 延迟生育 |
|  | 4. 体型小 | 4. 体型大 |
|  | 5. 一次繁殖 | 5. 多次繁殖 |
| 寿命 | 短，通常少于一年 | 长，通常大于一年 |
| 最终结果 | 高繁殖力 | 高存活力 |

表 3 – 4 显示，在生存竞争中，$K$ 策略者是以"质"取胜，$r$ 策略者则是以"量"取胜，$K$ 策略者将大部分能量用于提高存活，$r$ 策略者将大部分能量用于繁殖。从生物的比较而言，昆虫是典型的 $r$ 策略者，脊椎动物是 $K$ 策略者。再以同为哺乳动物的大象和鼠为例，前者有极低的生育力，但有很长时间的哺幼过

---

① 李博. 生态学. 北京：高等教育出版社，2002.
② 戈峰. 现代生态学. 北京：科学出版社，2002.

程，鼠类则生殖能力相对强得多，幼鼠在一个短暂的生长期后即可独立生活。

### 1.2 生态位

生态位（niche）是生态学中的重要概念，主要指在自然生态系统中，一个种群在时间、空间上的位置及其与相关种群间的功能关系[①]。明确这一概念对于正确认识物种在自然选择进化过程中的作用，以及在运用生态位理论指导人工群落建立种群的配置等方面具有十分重要的意义。生态位理论对于指导企业的经营与决策有重要的启示作用。

理论上，物种生态位的分离可用图3-8来表示，①两个物种对资源谱的利用曲线完全分开，这样就有一些中间资源没有被利用，谁能开发出这一资源带，对谁就有利［见图3-8（a）］；②若重叠太多，两个物种所需的资源几乎相同，即生态位基本重叠，竞争就会十分激烈［见图3-8（c）］；③竞争的结果使两个物种均能充分利用资源而又达到共存［见图3-8（b）］。

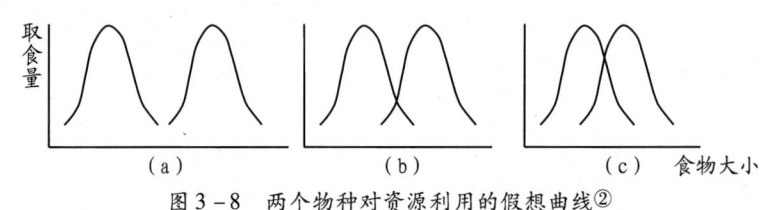

图3-8 两个物种对资源利用的假想曲线[②]

那么，两个共存竞争物种之间的生态位重叠极限应该是多大？从图3-9、图3-10的图形上看，极限就是种间的平均分离度 $d$ 超过种内的标准变异，即 $d/\omega = 1$ 大致作为相似性的极限。其中，种间平均分离度 $d$ 是指两个物种的喜好位置之间的距离；种内标准变异 $\omega$ 为每一物种喜好位置的变异度。$d/\omega$ 值大，生态位充分地分离，$d/\omega$ 值小，生态位高度重叠。

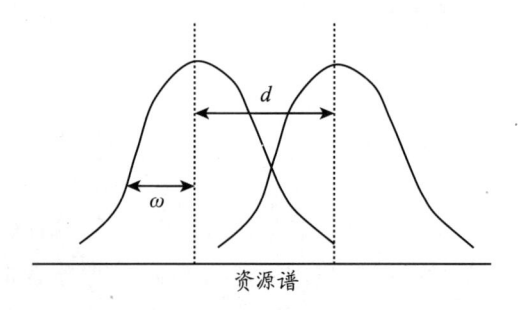

图3-9 生态位重叠分析图

---

[①][②] 李博. 生态学. 北京：高等教育出版社，2002.

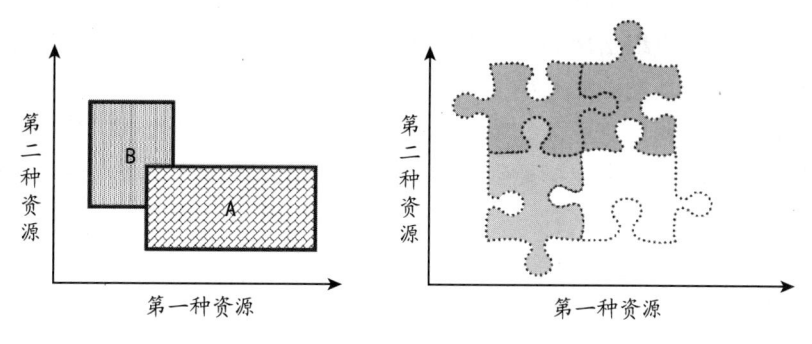

图 3-10　生态位重叠状况图

### 1.3　企业的生态策略

企业的进化过程亦是典型的选择过程。若将行业视为企业生存的亚环境，则 r 策略者通常为以规模取胜，具有专业化、低成本优势的企业。但竞争的壁垒相对较低，易于复制。当生长、繁殖总量超出环境的承载极限时，将会导致因资源消耗而趋于消亡。于是，环境迫使企业改进策略模式，企业需要完成由 r 策略者向 K 策略者的转化，否则，企业将不被选择。K 策略型企业的特征是：繁殖率相对低，适应环境变化，具有较强且独特的核心能力，不易被复制。当这类企业逐步成为行业内的主导物种时，环境对其而言，便成为饱和系统，见图 3-11。

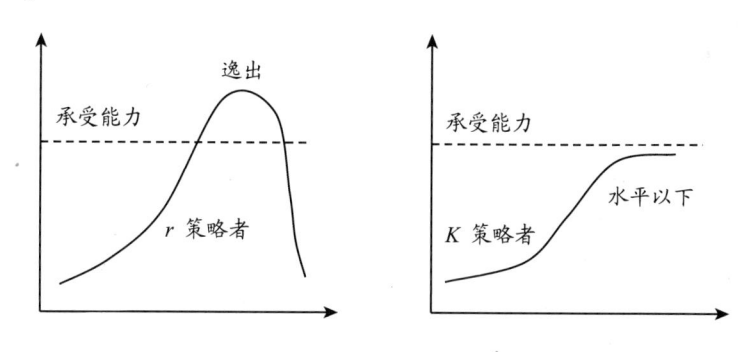

图 3-11　r 策略者与 K 策略者[①]

在产品统一化的工业市场，企业的主要威胁来自竞争，随着经济的发展开始呈现多样化、无序性和不可预测的特点。市场的变化莫测的特征对企业的威胁日益提高，因此，柔性、多样性、技术、创新便成为企业存活和致胜的利器。

以管理学中环境因素对企业组织结构的权变影响为例，可得到恰当的印

---

[①] [美] 比尔·舍尔曼著，企业的自然课．北京：机械工业出版社，2003．

证和说明。企业组织结构的类型选择受到环境、战略、企业规模和技术等因素的影响,其中环境因素是重要变量之一。如当企业的外部环境相对稳定、变化较少,且企业自身产品的复杂程度相对偏低时,企业的组织结构以刚性结构为宜;反之,如企业身处动荡、多变的外部市场环境,而自身产品的技术复杂程度又相对偏高时,企业则宜选择柔性组织结构与之对应。见图3-12和图3-13。

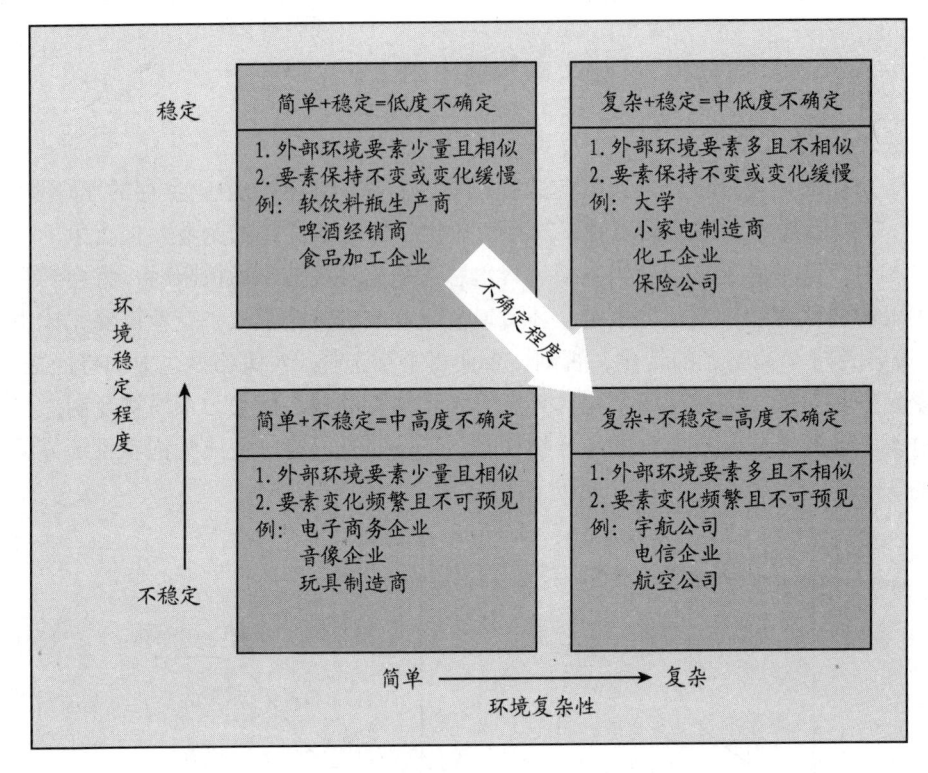

|  | 简单 | 复杂 |
|---|---|---|
| 稳定 | 简单+稳定=低度不确定<br>1. 外部环境要素少量且相似<br>2. 要素保持不变或变化缓慢<br>例:软饮料瓶生产商<br>　　啤酒经销商<br>　　食品加工企业 | 复杂+稳定=中低度不确定<br>1. 外部环境要素多且不相似<br>2. 要素保持不变或变化缓慢<br>例:大学<br>　　小家电制造商<br>　　化工企业<br>　　保险公司 |
| 不稳定 | 简单+不稳定=中高度不确定<br>1. 外部环境要素少量且相似<br>2. 要素变化频繁且不可预见<br>例:电子商务企业<br>　　音像企业<br>　　玩具制造商 | 复杂+不稳定=高度不确定<br>1. 外部环境要素多且不相似<br>2. 要素变化频繁且不可预见<br>例:宇航公司<br>　　电信企业<br>　　航空公司 |

纵轴:环境稳定程度　横轴:环境复杂性　斜向箭头:不确定程度

图3-12　环境不确定性分析框架

### 1.4 竞争策略与企业间的协同进化

企业间的协同进化现象相当普遍,因竞争引发的协同进化存在较广,也最具特殊性。其特殊主要表现为竞争者之间的协同进化是被迫行为,其形成并非源于进化主体的自愿行为,而是对竞争对手策略回应的结果,这一结果进一步反作用于竞争对手,从而形成递进式循环。

对于企业来说,垄断所有市场、一家独大无疑是无数企业梦寐以求的。但是,完全没有竞争对手一定是最好的吗?从协同进化的观点看,未必。企业之间的相互竞争也会促使企业个体不断创新和发展,企业种群则不断进化到一个更新、更高的阶段。而那些没有竞争对手的企业,感觉不到进化的压力,时间

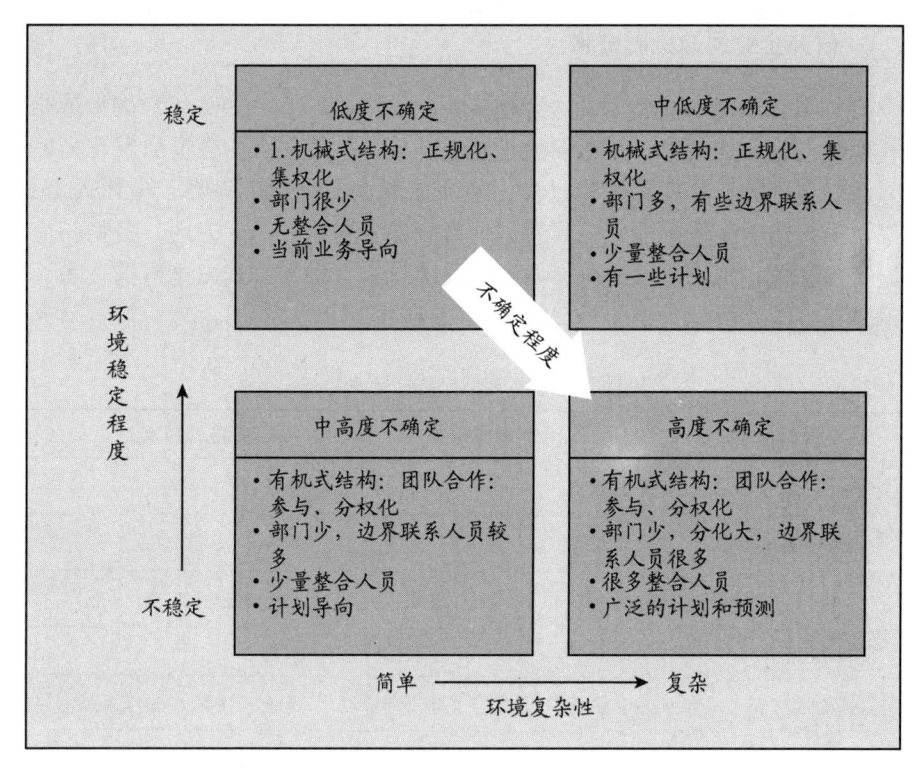

## 第三章　自然生态现象与组织生态现象

|  | 稳定 | 低度不确定 | 中低度不确定 |
|---|---|---|---|
|  |  | ・1.机械式结构：正规化、集权化<br>・部门很少<br>・无整合人员<br>・当前业务导向 | ・机械式结构：正规化、集权化<br>・部门多，有些边界联系人员<br>・少量整合人员<br>・有一些计划 |
| 环境稳定程度 |  | 中高度不确定 | 高度不确定 |
|  | 不稳定 | ・有机式结构：团队合作：参与、分权化<br>・部门少，边界联系人员较多<br>・少量整合人员<br>・计划导向 | ・有机式结构：团队合作：参与、分权化<br>・部门少，分化大，边界联系人员很多<br>・很多整合人员<br>・广泛的计划和预测 |
|  |  | 简单　→　环境复杂性　→　复杂 | |

图 3-13　环境不确定性和组织反应对策权变框架

长了，各种能力都陷于衰退或停滞，一旦环境改变，可能会遭遇灭顶之灾。

企业生态位重叠对协同进化的作用主要体现为：①资源生态位开发。生态位重叠造成资源短缺，企业为突破资源制约而寻求途径，有效的方式体现为通过技术创新开发新资源，开辟新的资源空间。人类社会的发展史，即是一部不断创新资源领域，扩大资源范围的历史。统计显示，农业经济 90% 的资源依赖于自然资源；工业经济 5%~60% 依赖于自然资源；知识经济 20% 依赖于自然资源。②市场生态位开发。竞争对手在固定市场上竞争，发展空间的限制促使企业寻求新的市场领域，开发新产品、新市场。技术进步导致的新产品开发频度的明显加快是竞争引发的企业协同进化的结果。③人才生态位开发。企业的发展对人才需要日益紧迫，为适应市场需求，越来越多的管理人员、技术人员不断学习，积极进取，向复合型、综合型人才方向发展，从而丰富了人才市场，优秀人才反作用于各类管理实践，不断提升企业竞争力。优秀人才在不同企业的有效活动，促进企业协同进化。

## 2. 兼并企业间的协同进化

自然生态系统中的捕食者—猎物系统（predator - prey system）的形成是二者长期协同进化的结果。其对发生于企业间的协同进化行为极富启发意义。

自然界中的捕食者在进化过程中发展了锐齿、利爪、尖喙、毒牙等工具，运用诱饵追击、集体围捕等方式，以便有利捕食猎物；另一方面，猎物相应地发展了保护色、拟态、警戒色、假死、集体抵御等种种方式以逃避捕食者，二者形成了复杂的协同进化关系，如表 3 - 5 所示。

表 3 - 5　　　　　　捕食者的适应和猎物的反适应实例①

| 捕食者的活动 | 捕食者的适应 | 猎物的反适应 |
| --- | --- | --- |
| 搜寻猎物 | 改进视力 | 隐蔽性 |
|  | 搜寻印象 | 多态现象 |
|  | 限制在猎物多的地区搜寻 | 个体间拉开距离 |
| 识别猎物 | 学习 | 拟态 |
| 捕捉猎物 | 运动技能（速度与灵敏性） | 逃避、飞翔、惊吓反应 |
|  | 进攻武器 | 防御武器 |
| 处理猎物 | 征服猎物技能 | 积极防卫：刺、棘、体壁 |
|  | 解毒能力 | 毒物 |

在企业生态系统中，也存在与此相对应的现象。如兼并企业为获得对某一企业的兼并权，通常在事前为兼并做各方面充分的准备，以提高获取兼并资格的能力。在实施兼并的过程中，为促使兼并成功并实现兼并效果，首先面临自身能力、水平、实力的提升；兼并后，通过被兼并企业的重组，实现资源的优化配置，扩充企业经营范围、扩大社会影响和讨价还价能力，实现成长和发展，整个过程对兼并企业而言即是一种进化过程。从被兼并企业而言，兼并使其资源能力得以发挥，有可能通过新一轮整合重新成长、发展。因此，成功的兼并过程即兼并双方协同进化的过程。

## 3. 企业与合作厂商间的协同进化

企业与合作厂商之间也是一种协同进化关系，合作厂商在一定条件下也能

---

① 戈峰. 现代生态学. 北京：科学出版社，2002.

对企业产生非常重要的作用。忽视这一点可能影响到企业的长期利益。

在企业与合作厂商之间，更多的也应该是一种互惠关系，而这种互惠对于双方的长期协同进化都是有利的。谁能保证企业的优势是永久的呢？在环境变化时，比如资金紧张，竞争者增多，企业有所求时，可以想见，以前滥用优势地位、冷酷对待合作厂商的是不可能得到合作厂商的合作响应的。所以，企业应该追求的是一种共赢互惠的协同进化，而不是千方百计的压缩合作厂商的利润空间，让双方成为一种单方的适应选择关系。

在自然生态系统中，寄生物与其寄主间紧密地关联，经常会提高彼此相反的进化选择压力。在这种压力下，寄主对寄生物反应的进化变化会提高寄生物的进化变化，这是一种协同进化，往往形成"军备竞赛"。当寄主提高防御机制，遇到寄生物为克服这些防御而发展的进攻机制的反击时，"军备竞赛"不断加强。

在实际运营中，企业与供应（协作）厂商间的关系在某种意义上讲具有寄主与寄生物间关系的特点，同样也存在两者之间的协同进化反应。企业（寄主）随其技术、质量、标准、规格甚至品种等方面的变化，要求配套（协作）厂商（寄生物）适应其需求变化，即寄生条件（环境）驱使寄生物产生进化反应，否则寄生关系有中断的威胁。而寄生物（配套企业）进化的结果，使其讨价还价的能力提高，谈判能力增强，反过来构成对寄主的威胁，进一步迫使寄主做相应进化反应。如此循环往复，两者协同进化。

现实企业活动中，由于日本汽车业和电子业的突出表现，生产过程的转包引起了人们极大的关注。即供应商与装配商之间的合作关系。出于对成本、产品增值、技术创新以及实现战略目标和时间限制等方面的考虑，装配商不得不设法从合作形式、限制条件、激励机制等方面与供应商讨价还价。如日本的制造业已形成一种体制，即外购商明确制定降低价格的目标和降价的期限，且这不随供应商是否提高生产率而变动，以此来激励供应商创新能力的提高。此外，外购商将供应商按其产品质量、供货及其他方面的表现划分档次，将利润更高的订单给予表现优良的供应商。初期在装配商的帮助下进行渐进创新，提高产品质量及质量控制能力，是日本制造业中供应商关系的一个普遍现象。日本丰田公司及其他汽车装配公司的"准时"（just-in-time）生产方式在长期的合作过程中，已演变得非常到位，分包商与再分包商的即时交货方式也同样到位。

再以网络经济条件下的企业合作为例，协同进化的特征更加明显。图3－14显示了淘宝网与支付宝之间互相借力，协同发展的具体情况。

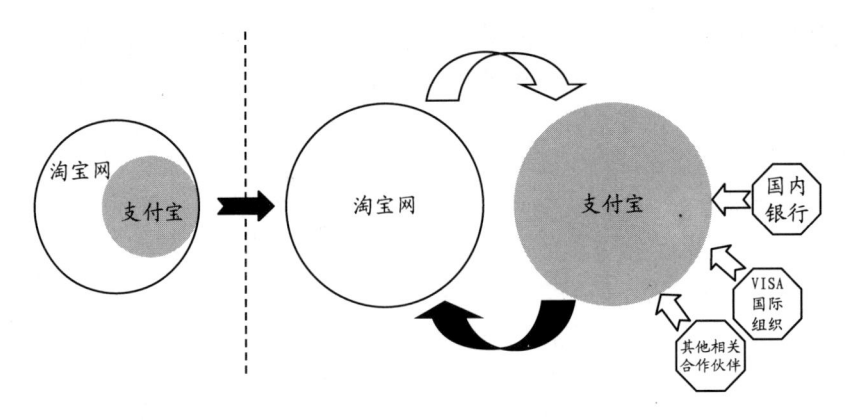

图 3-14 淘宝网与支付宝协同发展过程示意图

**4. 企业与消费者间的协同进化**

在企业生态中，是谁在评判、选择、接受、否定企业，决定企业的命运呢？是消费者。消费者是产品价值链的最后环节，是购—产—销环节中多米诺骨牌的最后一环，任何商品、任何企业，缺失了这最后一环，没有最后一环来埋单，或迟或早会被淘汰出局。可见，消费者决定企业的生存，对企业构成强大的进化压力。能得到消费者选择，适应消费者需求、偏好的就能生存，否则就被淘汰。企业在这个过程中提高了能力，改善了服务，增进了质量，对其长期、稳定、持续的发展是有利的。越苛刻的顾客越有可能给企业更大的进化压力。

总之，协同进化是这个时代的特征，任何一个企业要发展，靠单打独斗是行不通的，为了更好地为顾客创造价值，一个企业必须与其相关的贡献者（contributors）共同努力。具体到某一企业来说，要求其在注重自己的核心业务培养的同时，必须有步骤地与其他企业配合，确保这些企业做出补充性的贡献。即企业应当正确全面地认识和把握与其他相关企业的关系，否则，它可能会陷入被动局面甚至困境。通用汽车公司的例子很能说明问题。在前些年，作为全球最大汽车制造商之一的通用汽车公司，常常因自己的订单大来迫使供应商大幅降价，结果不仅供应商的利润受损，其忠诚度也大打折扣。按照传统的"分饼即竞争"的观点，通用汽车的做法是对的。但是，从长期来看，并非如此。一方面，供应商利润受损，使之难以投入大量资金进行研究开发工作，阻碍供应商与通用公司同步发展的步伐，结果还是会影响到通用的整车质量；另一方面，造成供应商对通用公司的忠诚度降低，在供货紧张时，供应商往往故意不给通用公司供货，而把货供给其对手，如一些日本汽车制造商。可见，通用公司原来看似聪明的做法虽然在短期内实现了个体进化，但长期下来影响了它对市场波动的抵御能力。显然，现在的通用汽车公司已经意识到了这一点，因为它不再压榨供应商的利润，而是与之建立伙伴关系，协同进化。

# 第四章

# 企业仿生与管理仿生

　　仿生学的诞生,是生物生态系统理论扩展的结果。生态系统的广泛适用性为仿生学理论的诞生提供了基础。不仅在自然科学领域,在社会科学领域同样可以找到生态理论的适用条件和存在环境,这就是诸如社会仿生、政治仿生、城市仿生等一系列学科先后产生并快速发展的原因。同理,生态学知识和理论在管理学领域、在组织(企业)系统中可以找到众多的适用性。

　　依循生命特征研究组织(企业)现象,即为企业仿生,依据生命规律研究组织(企业)管理即为管理仿生。进入21世纪以来,视企业为生命有机体而非利润体的观念日益深入并成为公识和共识,因此,企业仿生及管理仿生研究也就自然成为一种客观存在。这之间最主要的依据是:第一,企业的主体构成要素是人,人是生物、人有生命,研究企业,只能也必然仿"生",而非仿"它";第二,客观上,企业的诸多现实情况和运行规律,自然地遵从生态及生命现象。

　　本章以企业及管理过程中表现出来的诸多客观事实为基础,从中选取几组有特色及代表性的内容进行对比分析,如信息技术创新的扩散过程与流行性病毒传播的过程何其相似;企业的战略合作及战略联盟如何与动物捕食的规律不谋而合;生态系统中存在的关键物种与非关键物种之间的关系多么相似于企业组织系统中的核心企业与非核心以及配套企业之间的关系;企业在招募员工与吸引人才时,采用的手段及方法竟然与动物求偶的表现高度相似,等等。

　　通过这些对比分析,本章将尝试说明组织生态学研究的有趣性,并透过这些有趣性，进一步证明组织生态学研究的有益性、重要性。

# 第一节 流行性病毒传播 VS. 信息技术创新扩散

以因特网、商业软件、通信技术、计算机技术为代表的信息技术，不仅对农业、制造业、运输业有深远影响，还渗透到服务业、金融业等领域。目前，信息技术是应用最为广泛的技术，远远超出了传统观念中"技术"的层次，已经改变了和正在改变着社会生活的各个方面。

信息产业是20世纪40年代以来伴随着信息技术发展起来的高科技产业，具有高知识性、高创新性、高渗透性、高增值性以及低消耗等特点，已经成为衡量国家竞争力的关键指标。中国信息产业自20世纪90年代以来，在全球化信息浪潮的推动下，以年均高于GDP三倍的速度增长，使我国成为世界十大信息产业国之一，而信息产业成为国民经济的第一大支柱产业。

纵观信息产业的发展史，贯穿其中的核心就是信息技术的创新。信息技术创新是信息产业发展变革的重要动因，也是经济增长的核心驱动力，而技术创新的实际价值又体现在技术创新的扩散。所以，对信息技术创新扩散的研究意义非凡。学术界对于技术创新扩散问题的研究有着较长的历史，最早可以追溯到20世纪初熊彼特创立的创新理论中的"模仿"。20世纪50年代以后，随着对技术创新理论的深入探讨，越来越多的学者开始对技术创新扩散进行研究，提出了许多技术创新扩散的理论和模型。但是信息技术创新扩散由于信息技术本身所具有的开发周期短、应用速度快、更新频率高、市场扩张快等特点，对传统的技术创新扩散理论提出了新的挑战。

国际上已有一些研究显示：流行性病毒传播扩散与信息技术创新扩散之间存在类似特征，而从仿生的角度将技术创新扩散与流行病毒传播进行类比分析，可以得到一些独特的启示。

## 一、流行性病毒传播扩散分析

**1. 病毒和宿主**

病毒是一类不具细胞结构，具有遗传、复制等生命特征的微生物。病毒体积微小，绝大多数要用电子显微镜才能观察到。病毒的基本化学组成为核酸和蛋白质，一种病毒只有一种核酸（DNA或RNA）遗传物质。

病毒侵入的细胞就叫宿主细胞。病毒具有高度的寄生性，完全依赖宿主细胞的能量和代谢系统获取生命活动所需的物质和能量。离开宿主细胞，它只是一个大化学分子，停止活动，成为一个非生命体；而遇到宿主细胞后，它会通过吸附、进入、复制、装配、释放子代病毒而显示典型的生命体特征。各种病毒具有不同的结构和形态，并具有严格的寄主专一性，即只能在一定种类的活细胞中增殖。

宿主是能给病原体（包括病毒）提供营养和场所的生物。病毒与宿主之间的关系异常复杂，任何一个因素既不能孤立看待，也不能过分强调。

病毒的感染与宿主的反应在细胞水平和机体水平上会有不同的表现。宿主细胞对病毒感染的反应有四种：无明显反应、细胞死亡、细胞增生后死亡和细胞转化；宿主对病毒感染在机体水平上可表现为显性感染，隐性感染和持续感染。病毒与宿主之间相互作用的结果，一般可归为三类：①宿主清除了体内病毒，并可防御再感染；②宿主清除了大部分或者未能清除体内病毒，但对再感染具有一定的抵抗力，宿主与病毒之间将维持相当长时间的寄生关系；③宿主不能控制病毒的生长或繁殖，表现出明显的临床症状和病理变化。

总之，剖析病毒与宿主之间的相互关系是研究病毒传播扩散的基础。

**2. 流行性病毒的传播扩散**

流行性病毒通常有发病率高、传染性强、扩散范围广、具有周期性等特点。流行性病毒的传播扩散一直是医学界和生态环境学界关注的热点。对于传染病传播的数学模型的研究最早始于20世纪初，1906年，哈默（Hamer）为了理解麻疹的反复流行，构建了一个离散时间的模型。1926年，克马克（Kermark）和麦肯德里克（Mckendrick）构造了著名的SIR仓室模型，又在1932年提出了SIS仓室模型，并在模型分析的基础上，提出了区分疾病流行与否的"阈值定理"，为传染病动力学的研究奠定了基础。仓室模型就是针对某类传染病将研究对象分为若干类——若干仓室。常用仓室有：易感者类（S），潜伏类（E），染病者类（I），移除者类（R）。其后的很多学者又提出了大量不同的数学模型用以分析各种不同的传染病的传播扩散，但大多是以SIR和SIS仓室模型为基础，进行的不同角度的修正和改进。

本部分将以21世纪初在世界范围内传播的SARS病毒为例，通过分析SARS病毒传播扩散模型，阐释流行性病毒的传播扩散过程。SARS病毒传播扩散模型以SIR仓室模型为基础，基本假定如下：

① $s(t)$ 表示 $t$ 天时易受感染的人数（健康者），$i(t)$ 表示 $t$ 天时已受感染的人数（病人）；

② 每个被感染者在单位时间 $t$（每天）传染的人数 $k_0$ 与健康者呈正比，即 $k_0 = ks(t)$；

③ 区域人口总数为 $N$，被感染者在传染期内不会死亡，即有 $s(t) + i(t) = N$；

由上述假设可得微分方程为：

$$\begin{cases} \dfrac{\mathrm{d}i(t)}{\mathrm{d}t} = ks(t)i(t) \\ s(t) + i(t) = N \\ i(0) = i_0 \end{cases}$$

分离变量求解得：

$$i(t) = \dfrac{N}{1 + \left(\dfrac{N}{i_0} - 1\right)e^{-kNt}}$$

$i(t) - t$ 和 $\dfrac{\mathrm{d}i}{\mathrm{d}t} - i$ 的图形如图 4-1 所示。

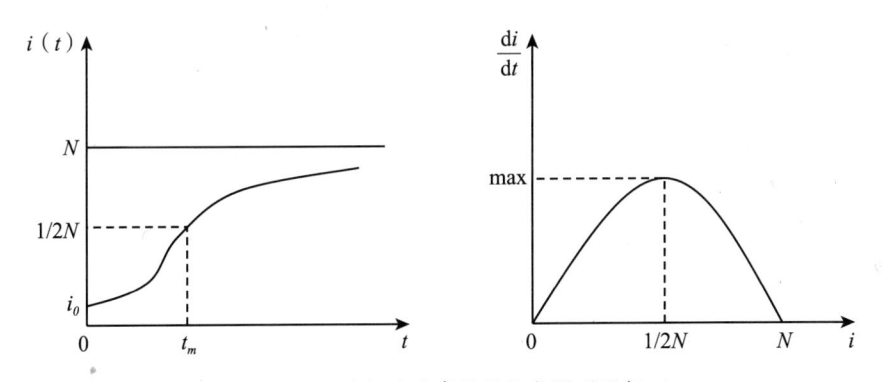

图 4-1　流行性病毒传播扩散模型图解

从以上的方程和图 4-1 可以看出，在 SARS 病毒传播的初期，扩散速度快，被感染人数按指数函数增长，当 $i(t) - 1/2N$ 时，病毒传播速度达到峰值，高峰期后传播速度开始减慢。$t_m$ 与传染系数 $k$ 和区域人口总数 $N$ 的乘积呈反比，即当传染系数越高，人口总数越大，病毒传播高峰期来临越快，这与实际情况非常吻合。

通过以上对 SARS 病毒传播模型的分析，可以得到流行性病毒传播扩散的一般规律：流行性病毒的传播扩散过程呈现为典型的 S 形曲线。

## 二、信息技术创新扩散分析

### 1. 信息技术创新扩散模型

技术创新扩散是技术创新大过程中的一个后续子过程，但同时又是一个完整的、独立的技术与经济相结合的运动过程。国内外学术界对于技术创新扩散的概念还没有统一的界定，但对其本质的阐释基本一致。综合国内外已有的研究，本文认为，技术创新扩散是指商业化的技术创新成果，通过一定的渠道和途径，在潜在采用者之间进行传播、采用和推广，通过采用者之间的扩散、采用者内部的扩散和两者叠加的扩散，实现技术创新的再应用和多次应用的过程。

自20世纪60年代起，对于技术创新扩散模型的研究日趋增多，许多学者从不同角度对技术创新扩散的规律和影响因素等方面进行考察，提出了不同类型的扩散模型，其中最具代表性的就是S形系列扩散模型，也称为速度模型或宏观分析模型，该类模型建立在潜在采用者总体扩散率宏观统计分析的基础上，反映了技术创新扩散速度的实践过程。

本文以S形系列扩散模型中较为简单的基本模型为例，阐释信息技术创新扩散的过程。基本扩散模型假定如下：

① $Y(t)$ 为 $t$ 时刻技术创新采用者的数量，$Y(0) = Y_0$；

② $r$ 为扩散系数，依赖于技术创新的效益及所需要的投资；

③ 与该技术创新相关的领域内企业的总数为 $N$；

由上述假定得到逻辑方程：$\frac{dY}{dt} = rY(t)[N - Y(t)]$，即技术创新采用者增长的速率（扩散速度）与 $t$ 时刻技术创新采用的数量 $Y(t)$ 和 $t$ 时刻潜在采用者的数量 $[N - Y(t)]$ 成正比。

求解逻辑方程，得：

$$Y(t) = \frac{N}{1 + \left(\frac{N}{Y_0} - 1\right)e^{-YNt}}$$，模型解的图形表示见图4-2。

由图4-2可知，技术创新扩散的初期，扩散速度逐渐增加，在技术创新采用者占总数一半时，扩散速度达到最大，之后速度逐渐减小，当技术创新者的数目趋于总数时，扩散速度趋于零。S形曲线在 $Y = 1/2N$，$t = t_m$ 处出现拐点，$t_m = \frac{1}{rN}\ln\frac{Y_0}{N - Y_0}$，点 $\left(-\frac{1}{rN}\ln\frac{Y_0}{N - Y_0}, 1/2N\right)$ 为加速扩散到减速扩散的转折点。

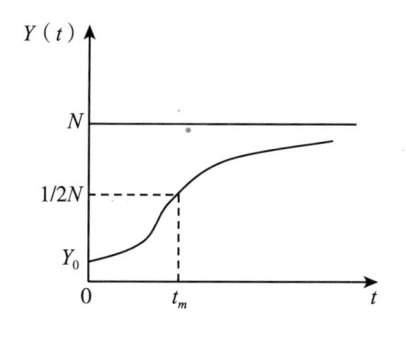

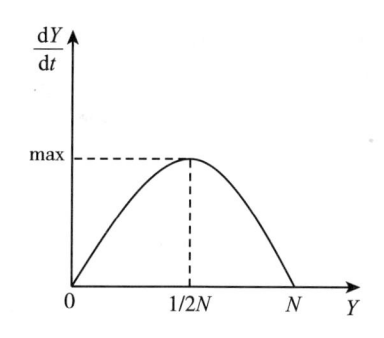

图 4-2 信息技术创新扩散模型图解

**2. S 形扩散模型的实证研究**

S 形曲线是最早建立的技术创新扩散的模型,存在着很多局限和不足,但是 S 形扩散规律具有普遍意义,其概念和计算简单易懂,在学术界被公认为是可靠的。巴斯(Bass)(1969)对 11 种耐用品的销售预测,包括电冰箱、黑白电视机等;曼斯菲尔德(Mansfield)(1961)关于铁路、煤炭、钢铁等 12 项技术创新的研究;布莱克曼(Blackman)(1971,1972)对航空喷气式发动机市场、电子应用及汽车部门的研究;朱兰德(Jeuland)(1994)利用 32 个数据集对巴斯模型的研究;哈拉尔德·格鲁贝(Harald Grube)(2001)对移动通信在中东部欧洲的扩散研究等,都证明 S 形曲线的拟合优度高,实证预测效果理想。

本部分以移动电话技术在各个国家和地区的扩散过程为例对 S 形扩散模型进行实证分析。根据数据资料统计,世界上大部分国家和地区移动电话用户的成长轨迹有一共同现象——呈现 S 形的走势。在刚开始引入移动电话时,用户成长非常缓慢,有一段相当平缓的成长斜率,但随着用户数量逐步增加到某一水平后,则会有一段明显的起飞阶段,一直到接近某一饱和点后成长走势开始变缓。具体参见图 4-3。

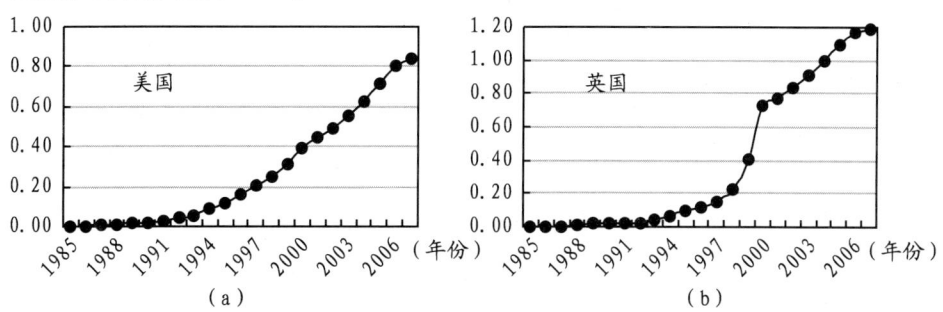

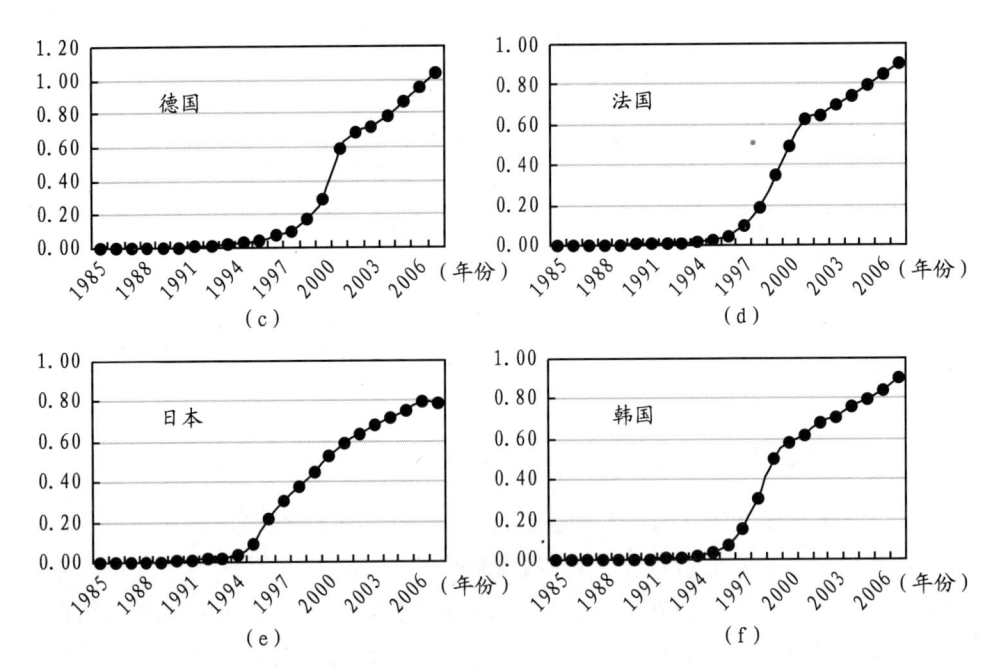

图 4-3　各国移动电话扩散图示

从以上国家移动电话的扩散轨迹可以看出，英国，德国等西欧国家从 1985 年起开始陆续采用移动电话，早期发展非常缓慢，1996 年前后移动电话的普及率开始起飞，发展速度激增，形成接近垂直的成长曲线，2001 年前后接近饱和点，发展速度减缓，形成了完整的 S 形曲线；美国移动电话的发展较为独特，在数位通讯系统的使用上比欧洲各国晚了两年多，2001 年移动电话的普及率只有 0.45，发展速度相对比较平缓，图中曲线的 S 形走势不是非常明显；日本是最早将移动电话商业化的国家（1979），并一直坚持使用独自研发的移动通讯系统，其成长轨迹也呈现出较为明显的 S 形曲线；韩国本身并无自主研发的移动通讯系统，采用的是其他国家已有的较为成熟的技术，在短时间内立刻形成对欧洲国家的追赶过程，其扩散轨迹的 S 形曲线也较为完整。

### 三、流行性病毒传播与信息技术创新扩散的仿生分析

#### 1. 概念和特征的静态分析

通过以上对流行性病毒传播扩散和信息技术创新扩散的分析，可以看出二者有很多类似的特征，具有很好的仿生意义。对二者相关的基本概念和主要特征进行类比，如表 4-1 所示。

表4-1　　　流行性病毒传播扩散和信息技术创新扩散的类比分析

| 流行性病毒传播扩散的基本概念和特征 | 信息技术创新扩散的基本概念和特征 |
|---|---|
| 病毒 | 技术创新成果 |
| 宿主细胞 | 实现技术创新成果商业化的组织 |
| 病毒只有依附宿主细胞才能显示生命特征 | 技术创新成果只有商业化后才能实现价值 |
| 病毒可能引起宿主细胞病变 | 技术创新可能引发组织变革 |
| 病毒具有严格的寄主专一性，即只能在一定种类的活细胞中增殖 | 组织实现技术创新成果商业化需要一定的条件，而技术创新的率先者通常只有一家 |
| 流行性病毒 | 信息技术创新扩散 |
| 流行性病毒具有发病率高，传染性强，扩散范围广等特点 | 信息技术创新扩散具有开发周期短，应用速度快，市场扩张快，影响范围广等特点 |
| 宿主（感染者） | 技术创新的采用者 |
| 健康个体 | 技术创新的潜在采用者 |
| 流行性病毒传染 | 信息技术创新扩散 |
| 健康个体与感染者的不断接触，是流行性病毒传染的主要途径 | 企业采用技术创新在很大程度上是受其他企业采用行为的影响 |

## 2. 扩散过程的动态分析

通过对流行性病毒传播扩散模型和信息技术创新扩散模型的分析，可以发现二者的扩散过程非常拟合，都呈现出典型的 S 形曲线。

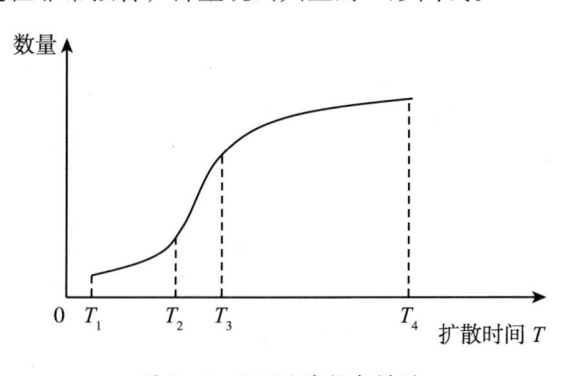

图4-4　S形曲线扩散模型

对流行性病毒传播扩散和信息技术创新扩散的过程进行类比分析,如表 4-2 所示。

表 4-2　流行性病毒传播扩散和信息技术创新扩散过程的类比分析

| 扩散时间 | 流行性病毒传播扩散 | 信息技术创新扩散 |
| --- | --- | --- |
| $T_1 \sim T_2$ | 健康者与感染者接触较少,病毒传播速度较慢,总感染者较少 | 潜在采用者所能获取的信息量很小,采用创新的风险很大,扩散速度较慢 |
| $T_2 \sim T_3$ | 健康者与感染者接触增多,病毒携带者越来越多,扩散速度不断加快 | 潜在采用者采用成功信息增多,技术创新采用者越来越多,扩散速度激增 |
| $T_3$ | 病毒传播速度达到最大值 | 技术创新扩散速度达到最大值 |
| $T_3 \sim T_4$ | 健康个体逐渐减少,扩散速度逐渐减小,直至病毒传播结束 | 潜在采用者逐渐减少,技术创新扩散速度逐渐减小,直至扩散过程结束 |

### 3. 信息技术企业的生态分类——病毒式企业与宿主式企业

在上述对流行性病毒与信息技术创新的类比分析的基础上,从仿生学的视角,给予信息技术企业一个生态学意义上的分类:病毒式企业与宿主式企业。

病毒式企业意指引领信息技术产业市场,根据科技发展与市场需求快速做出反应,率先采用技术创新的信息技术企业。病毒式企业一般是以自身的研究开发为基础,通过实现科技成果的商品化、产业化和国际化,以获取商业利益的企业。病毒式企业在技术创新扩散过程中处于领先者地位,其他企业通常都只是跟随者。

相对于病毒式企业,宿主式企业意指在信息技术产业市场,对科技发展和市场需求反应较慢,在技术创新的开发和应用过程中处于落后地位的企业。宿主式企业一般是技术创新成果的被动采用者,在技术创新扩散过程中处于跟随者地位。

病毒式企业作为技术创新的领先者,具有一系列优势:①在一定时期内掌握和控制某种核心技术,赢得竞争优势。②在技术创新扩散初期,处于垄断地位,获得超额利润。③在生产、管理、运营、销售等方面具有先发优势,可以构建竞争壁垒。④某些技术领域的自主创新往往能带动一系列的技术创新,从而推动新兴产业的发展,使企业在行业发展中占据主导地位。同样,病毒式企业也面临一些问题：①信息技术创新需要巨额的投入，对企业的资本实力，研发团队等提出了非常高的要求。②自主研发创新的风险极高。在美国，基础性研究的成功率仅为5%，应用研究中有50%能获得技术上的成功，30%能获得商业上的成功，只有12%能给企业带来利润。③在法律不健全，知识产权保护不力的情况下，自主创新成果面临被侵犯的危险，"搭便车"现象难以避免。④市场的不确定性较大，在技术创新扩散过程中，面临着跟随者后来居上的威胁。

宿主式企业尽管由于自身在资源、技术、市场等方面的劣势，在竞争中处于弱势地位，面临着被病毒式企业吞噬的威胁，但是在技术创新扩散过程中，仍可以发挥后发的学习优势。有研究表明，尽管大企业（通常是技术创新的领先者）在自主创新中占据优势地位，但是中小企业（通常是技术创新的跟随者）却明显在二次创新中占据主导地位。

所以，病毒式企业与宿主式企业的生态位可以相互转化。在某一次技术创新中处于病毒式生态位的企业，有可能在新一轮的技术创新中沦为宿主式企业；相应的宿主式企业也可以在技术创新扩散过程中实现二次创新，转化为新的病毒式企业。

通过对流行性病毒扩散和信息技术创新扩散的基本阐释，可以发现二者在相关概念、主要特征、扩散规律等方面非常拟合，具有较好的仿生意义。

## 第二节　精明捕食 VS. 战略合作

从生物学的角度分析，自然选择总是倾向于使动物从所发生的行为中获得最大的收益，即所谓的最佳摄食问题（optimal foraging）。在长期的协同进化过程中，捕食者逐渐形成了一系列的捕食策略，这些捕食策略为研究企业间的关系提供了许多有益的思路。

### 一、食谱宽度模型及其启示

生态学家通过对捕食者行为的研究，总结出了食谱宽度模型[①]。

设 $\bar{E}$ 为捕食者现有食谱中食物的平均能量含量，$\bar{h}$ 为食物的平均处理时间，$\bar{s}$ 为食物的平均搜寻时间。当捕食者遇到了食物 $i$ 时，有 $E_i$ 为第 $i$ 种食物的能量含量，$h_i$ 为处理食物的时间，则 $E_i/h_i$ 为第 $i$ 种食物的获得程度，即单

---
① 戈峰. 现代生态学. 北京：科学出版社，2002.

位处理时间可获得的能量。如果捕食者决定吃它，其能量摄入率的期望值为 $E_i/h_i$；如果捕食者决定放弃它而去寻找价值更高的食物，可以推测它将大约再搜寻 $\bar{s}$ 时间，然后再花 $\bar{h}$ 时间处理它，这样，总的时间为 $\bar{s}+\bar{h}$，因而其决定放弃食物 $i$ 的期望能量摄入率为 $\bar{E}/(\bar{s}+\bar{h})$。显然，捕食的最优觅食对策应该选择吃食物 $i$ 的条件是：

$$E_i/h_i \geq \bar{E}/(\bar{s}+\bar{h})$$

因此，如果上述条件得到满足，捕食者将不断地拓宽其食谱，以便最大限度地提高总能量摄入率，$\bar{E}/(\bar{s}+\bar{h})$。

依据该理论，可以得出以下结论：①任何捕食者都不捕食不利的猎物，不论该猎物的可获得性有多大。②搜索精明的捕食动物应当是泛化者，否则它们将有花费长时间搜索猎物的不利。③处理精明的捕食者一定是专化者，由此有利于减少处理猎物的时间。④高生产力的环境有利于专化者，因为搜索更为容易，而非高生产力的环境则有利于泛化者。

## 二、精明捕食假说与企业间的合作

按照生态学的逻辑，捕食者发展了最有效的捕食对策，而猎物则发展了最有效的反捕对策，那么，最有效的捕食对策为什么没能导致猎物灭绝？反过来讲，最有效的反捕为什么没有让捕食者全部饿死？

在一个由精明捕食者组成的种群中，如果出现了一个欺骗者，它就会吃掉比它"合理分享的一份食物"更多一些的食物，结果，欺骗者就会因欺骗行为而得到好处，它们传给未来世代的基因也就会比老实的精明个体更多一些，这将导致种群内的欺骗者越来越多，其结果是所有精明者的利益均受到影响。于是，在一些动物中，个体通过占有领域而排他性地独占一部分资源，并会为了自己的长远利益（不是为了种群的利益）而节省食物资源和不进行过捕，因此成为精明的捕食者。斯洛博金（Slobodkin）提出的"精明的捕食者"（prudent predators）的观点认为：捕食者在进化过程中，能够形成自我约束能力，对猎物不造成过捕（overharvesting）。[①]

长期进化的结果，使人类有能力让自己成为一个精明的捕食者，以避免由于过度利用资源和过度竞争而使自身灭绝。处于生态系统中的企业，特别是新组织形式的虚拟企业的合作现象是一个充分的例证。在经济学的视野中，合作双方是否有诚意或有多大的诚意并非单纯的人性问题，而是一个成本问题[②]。对"囚

---

[①] 戈峰. 现代生态学. 北京：科学出版社，2002.
[②] 张军. 合作团体的经济学：一个文献综述. 上海：上海财经大学出版社，1999.

徒困境"模型的分析表明，个体理性的冲突造成了集体的非理性，合作一般是不可能的。但处于商业生态系统中的企业越来越多地寻求合作，其原因何在？根本的原因在于合作能带来利益，特别是对于虚拟企业一类的组织形式。正如普瑞斯所言，"虚拟企业队伍中的成员，必须以互相信任的方式行动，如果没有相互信任，这些成员无法取得成功，顾客也不会同其开展业务①。"

以下就形成机制对企业特别是虚拟企业的合作行为进行分析。

企业合作行为的产生是博弈的结果。在单次博弈中，参与人总有动力使自己偷懒，让别人努力工作。当双方参与人都持有这一观点时，均衡的结果将是非合作。而在重复博弈中，特别是在不完全信息条件下，每一个参与者都会因为想获得长期的合作利益而在开始时树立一个合作的形象（使对方认为自己是喜欢合作的），即使其在本质上不是合作性的，所以，合作成为均衡解。重复博弈理论认为，在不完全契约条件下，企业为了减少市场交易费用，会约束自身的机会主义行为，以建立合作的信誉②。现代生态环境下的企业在其组织生命周期内，都需要与外部合作，合作网络也相对固定，这样，如果某一企业在一次具体的合作过程中采取偷懒的做法，会获得暂时的利益，但其也同时在网络中暴露了不合作的面目，从而降低了其在下一个项目中与其他企业合作而获得长期利益的可能性。因此，按照声誉模型，单个企业会基于理性的判断树立合作的声誉，这样才能在竞争日益激烈的生态环境中获得最大的利益。即虚拟企业的合作行为实际上是在企业基于个体理性判断基础上，追求自身利益最大化的结果。

## 三、超前进化 VS. 业务归核

猎物的"超前进化假说"认为，稳定的捕食者——猎物系统之所以能够形成，是因为在进化过程中，猎物总是比捕食者超前一步进化。"Life-dinner"原理讲的是：兔子比狐狸跑得快是因为兔子快跑是为了活命，而狐狸快跑是为了获得一餐。狐狸的一次捕食失败并不构成对其生殖的影响，而兔子如果在一次与狐狸的快跑竞赛中落后就会丢掉性命，绝不会再有生殖的可能性。显然，快跑的进化压力兔子大于狐狸。所以，在捕食者与猎物的协同进化中，猎物总是超前一步适应。再者，猎物之所以比捕食者超前一步进化，还因为通常情况下猎物的世代历期比捕食者物种要短，因此，进化速度也相对更快。这一假说可以用于解释中小企业组织发展过程中的种种优势所在。日本曾有一管理实践者提出"我的企业分家"的理

---

① ［美］肯尼斯·普瑞斯著，以合作求竞争．沈阳：辽宁教育出版社，1998．
② D. Kreps and W. Rober. Repuation and Imperfect Information. Journal of Economic Theory, 1982, 27 (2): 253–279.

论,并运用于实践操作。其基本观点为企业过大如同一大型动物,消耗高、占用多、行动不便。也曾有美国学者专门研究中小企业的优势和发展条件,论述中小企业对经济发展的贡献。

## 第三节 关键物种 VS. 核心(产业)企业

### 一、生物物种及其分类

在自然生态系统中,存在着关键种、优势种、伴生种、冗余种等。其中,关键种是近年来在生物多样性和保护生物学文献中出现的一个新术语。与其他物种比较,关键种对其所在的生态系统具有更深远的影响。

所谓关键种指的是这样一些物种:它们的丢失导致生态系统其他种群或功能过程的变化比其他物种丢失所造成的影响更大。其基本特征是:关键种的微小变化将导致群落或生态系统过程较大的变化;关键种在生态系统中有比它的结构比例更大的功能比例。

关键种概念及其依据的理论认为:生物群落内不仅存在制约种分布与多度的相互作用关系,而且还存在起关键作用的物种,即关键种。它对其他物种的分布和多度起着直接或间接的调控作用,决定着生态系统的稳定性、物种多样性和生态系统的生产率。

1996年,安德鲁·T·史密斯(Andrew T. Smith)和J·马克·福金(J. Marc Foggin)经过研究发现,高原鼠兔是青藏高原生态系统的关键种。原因在于:①高原鼠兔决定青藏高原物种的多样性。在整体上,青藏高原是一个无森林的环境,开阔的草地构成了它的主体,因此为巢居动物提供的保护就很少。高原鼠兔所挖的洞穴为多种动物提供了繁殖场所,如果鼠兔被彻底消灭,其挖的洞穴也将不复存在,这将直接导致这些相关物种的减少,并使青藏高原当地的生物多样性降低。②高原鼠兔决定青藏高原生态系统的稳定性。青藏高原上的大部分食肉动物在很大程度上依赖鼠兔,鼠兔不仅在夏季是食肉动物最丰富的食物源,而且因为鼠兔不冬眠,因此其在冬天几乎成为唯一的食物源。如果鼠兔被灭绝,这种重要的食物源将消失,从而导致许多食肉动物饿死,破坏了整个生态系统的稳定性。③高原鼠兔决定青藏高原生态系统的生产率。高原鼠兔的挖洞活动能疏松并改善土壤,而其在洞穴内留存的粪便和残留物可产生大量的有机物质,可使洞穴周围植物比其他地方长得更高,地下生物量更多,植物覆盖率也有所增加。

有一份报告提到马来西亚在20世纪70年代的榴莲产量突然下降。当时，研究人员进行了大量的研究，分析产量下降的原因，但难以给出明确的结论。一个偶然的机会，人们发现，该榴莲品种的花粉是由一种蝙蝠传粉，而蝙蝠的主要食物是附近沼泽地中红树林的花朵，蝙蝠栖息于石灰岩山洞中。由于当地一家水泥厂的兴建，大量石灰岩的山洞受到影响，进而影响到了蝙蝠的生存环境，致使其种群数量减少。原因找到后，为了保护石灰岩山洞，关闭了那家水泥厂。其后，蝙蝠的数量和榴莲的产量得以慢慢恢复。此种蝙蝠被认为是该生态系统的关键种。

再如，四川卧龙自然保护区是我国熊猫保护基地之一。通过研究，人们认为在那里分布的竹子中，箭竹和拐竹是熊猫和一些啮齿类动物的主要食物来源，在生态系统中起着重要的作用，是关键种。

与关键种相对应，自然生态系统中还存在优势种。优势种在生态系统和群落中的结构比例往往很大，控制整个生态系统，对种群的结构和群落环境的形成有明显抑制作用（见表4-3）。

表4-3　　　　　　　　　　关键种与优势种比较

| 项目 | 关键种 | 优势种 |
| --- | --- | --- |
| 对系统的作用 | 决定着生态系统的稳定性、物种多样性和生态系统的生产率 | 控制整个生态系统，对种群的结构和群落环境的形成有明显抑制作用 |
| 对系统的影响 | 维持系统稳定发展 | 破坏系统稳定 |
| 在系统中的比例 | 较小 | 较大 |

在自然生态系统中，与关键种、优势种相伴而生的还有伴生种和冗余种。伴生种是指对生态系统或群落的作用和影响不大的物种，它包括除优势种或关键种外的一个很大范围，它们在群落中的作用不尽相同，有的是群落中常见的，即相当稳定地与优势种及关键种伴生在一起，有的是由于外界因素（如动物、人类作用）偶然进入群落的；冗余种是指这些种的去除不会引起生态系统内其他物种的丢失，同时对整个群落和生态系统的结构和功能不会造成太大影响的物种。

关键种又可进一步分为两大类：一类在生态系统中具有积极的作用，即一般所称的关键种，一旦它们受到严重的干扰，很多依赖于它们而生存的物种也将受到严重的威胁或即将消失。在植物群落中，这些物种往往是群落的优势种或建群种，如在滇南热带雨林生态系统中的望天树（shorea wangtianshuea）和版纳青梅（vatica xishuanrbannaensis），它们在各自的群落中是单优势种，其树冠高踞于第一层空间；而在第二层的空间中，番龙眼（pornetia tomentosa）和云南肉豆蔻（mvristica vunnunertsis）等树种形成了浓郁的冠层，是其群落的共建种。这些树种为其群落的很多物种创造了特殊的生境和生态位。如果它们受到严重威胁或消失了，其群落的结构和成分将发生较大的变化，甚至发生群落类型的替换。而另一类则相反，具有巨大的潜在消极作用，称为"潜关键种"（potential keystone species），它们在稳定的生态系统中不会起重要的生态作用。当生态系统受人类严重干扰或破坏时，它们便会迅速发展，成为生态系统或群落的优势种，进而占领大部分的空间，使原来生态系统中的绝大多数物种消失。潜关键种多数是外来的、带侵略性的殖民者，其特征是适应性很广和繁殖能力很强。例如滇南热带、亚热带山地的飞机草（eupatorium odoratum）和紫茎泽兰（E. coelesticum），它们在人类经济活动的严重干扰下迅速发展，在退化的山地上蔓延。

关键种理论从系统调控机制的高度，揭示了生态系统自身的维持方式。在20世纪60年代以前，关于捕食者作用的研究还多限于从种间关系的角度，探讨捕食者与被捕食者种群消长规律。虽然人们已认识到捕食者的消失往往能引起植物群落的变化，但仍停留在种间相互影响的水平上。关键种理论的提出，使人们对这种变化的认识上升到了调控机制的高度，这是关键种理论最核心的思想。关键种理论的另一个重要思想，是强调对生态过程起关键作用或具有特殊功能的物种的研究和保护。尽管这些物种可能不是食物链中的大型食肉动物或食植动物，也可能不是旗舰种（flagship species）或优势种，然而它们在保持生态系统结构和功能的稳定方面却起着至关重要的作用。

## 二、关键物种与核心（产业）企业

### 1. 概念对比

与自然生态系统不同，在商业生态系统中，企业的边界是相对的、模糊的、变动的。但同时也还有一些规律的东西可以显现和搜寻，对照自然生态系统中的物种分类，我们亦可以在商业生态系统中捕捉相应对象。如商业生态系统网络内部的其中一些节点比另外一些节点所产生的影响要大，这些影响较大的节点便成为一个中枢，或者说成为其网络系统中的关键节点。马可·扬西蒂（Marco Iansiti）与罗伊·莱温（Roy Levien）认为："这些中枢对其整个网络系统如何运作有巨大的影响——其影响比系统中任何一个自然存在的因素都大，因为它们规定了系统运作的方式。如果企业认识到这些关键节点的作用，并恰当地加以运用，那么通过推动系统的价值流，这些企业就会获得提高这些系统稳定性与生产力的潜力。这些企业的特权地位使它们能够控制应该为自身创造的价值流量,以及给网络系统中其他成员剩余多少价值。如果谁能够很好地平衡自身与同一系统中其他成员的关系,那么谁就可以营造一个庞大的、有活力的系统,并且可以使这一系统的生命力持续很长时间。"见图4-5。

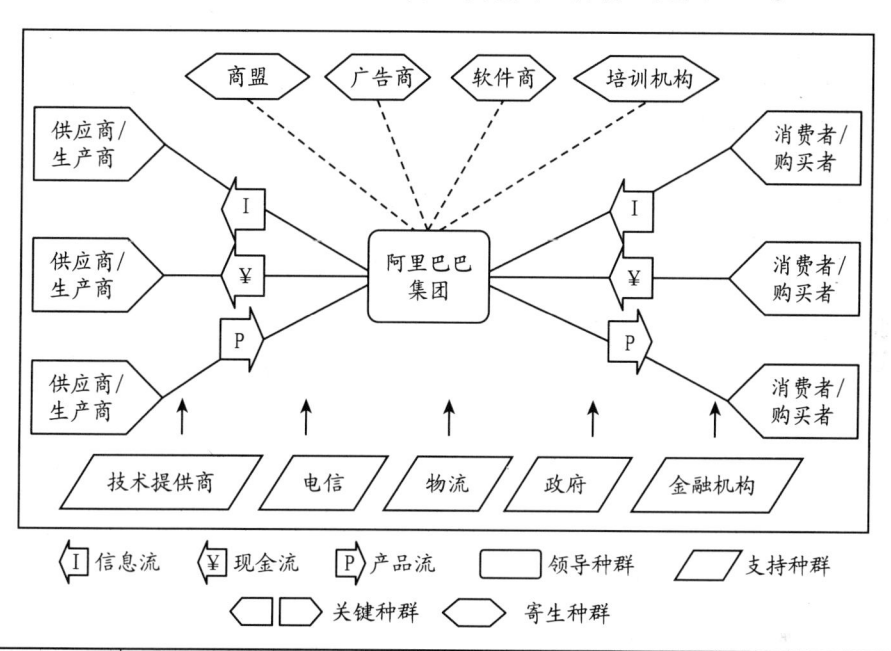

| 领导种群 | 阿里巴巴集团 |
|---|---|
| 关键种群 | 使用阿里巴巴提供的电子商务平台进行交易的买卖双方,包括供应商、生产商、进行国际贸易和中国本土贸易中小企业、个体卖家、消费者等 |
| 支持种群 | 支撑网络交易完成的相关机构,包括电信、金融机构、政府、物流公司、互联网技术提供商等 |
| 寄生种群 | 为关键种群或支持种群提供增值服务的机构,如各类互联网商盟、广告服务商、软件开发商、网商培训机构、网商创业咨询机构等 |

图4-5 阿里巴巴商业生态系统种群结构

有鉴于此,与关键物种概念相对应,我们可以给出核心(产业)企业的概念。

核心产业是指处于生态产业网络关键节点处,能够对相关企业及整个网络的产业链延伸和产业发展产生不可替代的重要影响的产业。在生态工业园中,它们使用和传输的物质最多,能量流动的规模也最为庞大。在生态工业园中的关键产业往往决定着整个群落的形成与完善,影响生态系统功能的发挥。本质上关键产业并不一定是规模最大的主导产业,也不一定是为保持经济长期增长需要超前发展的先导产业,而是某些传递产业。传递产业对于生态工业园的发育、壮大起着承上启下的作用,对维护系统内产业多样性和整个生态工业园的稳定性具有核心地位。换句话说,一旦这类产业消失或削弱,整个生态工业园就可能发生根本性的变化或崩溃。

以目前已成功运行或正在建设中的生态工业园为例,它们的"核心产业"是:著名的卡伦堡生态工业园的发电厂、日本太平洋水泥生态工业园的水泥厂等。这些核心产业废物多、能耗高、横向链长,纵向联结着第一、第三产业,带动和牵制着其他企业、行业的发展,是园区内的链核,具有不可替代的作用,也反映了所在生态工业园的特征。

核心产业具有向前、向后和旁侧等连锁反应效应,能使大量个别产业发生相互关联和协同作用,带动的是产业群体的变化,从而使整个产业系统的结构产生巨大改观。一般而言关键产业必须具有较强的资源辐射能力(如能源业、冶金业、制造业等),以此影响着其他产业。

所谓核心企业即指:对商业生态系统的稳定性、多样性及生产率起着关键作用的企业。它通过向整个系统成员提供公用的平台或解决方案,有效组合各种要素并加以充分利用,引领商业生态系统创造价值,并与生态系统中的其他成员一起分享价值。

合理的商业生态系统必然存在核心企业,一个企业在商业生态系统中是否是核心企业,先决条件在于其是否拥有一个供组织内其他企业可以利用的平台。例如沃尔玛遍布全球的销售网点、微软一统 PC 操作系统的 Windows、中国移动覆盖广阔的移动通信平台、eBay 在全球拥有的 1.5 亿用户资源等。核心企业把大部分的增值空间让给了系统内的其他企业,而它们则牢牢掌控着最核心的资源。

与自然生态系统中的优势种、伴生种相对应,在商业生态系统中,存在着主宰型企业和缝隙型企业。主宰型企业(如 Intel、高通公司等)往往在系统中拥有关键位置,不论是否控制系统中的资产,它们都力图最大限度地从中攫取价值;缝隙型企业则构成了商业生态系统的主体,为数众多的缝隙型企业采取的是高度专业化的战略,对其他企业有一种天然的依赖。只有依靠其他企业提供的资源,它们才能有精力专注狭窄的细分市场,以差异化求得一席之地。

### 2. 关键明星企业(anchor tenant)及其相关研究

在商业生态实践环节,1976 年萨缪尔森(Samuelson)根据外部经济性原理最早提出了零售业中"关键明星企业"(anchor tenant)的概念。即消费者所选择的消费区域和购物地点主要是根据区域内是否存在特具吸引力的商店——关键明星企业。此后,有很多研究都专注于关键明星企业的出现对购物中心的影响。1993 年,加茨拉夫(Gatzlaff),西尔曼斯(Sirmans)和迪斯金(Diskin)从反面进行思考,希望了解购物中心若失去原有的明星企业将会如何?研究针对 1991 年美国佛罗里达州与乔治亚州的 36 家中型与小型购物中心进行调查,结果发现商场内关键明星企业出走会引起当地租金下滑。

2002 年,阿格拉沃尔(Agrawal)和科克布姆(Cockbum)在高科技产业的研究中也使用了关键明星的概念。他们利用北美地区 254 个大都会统计区域作为样本,并汇集 1991~1997 年间的厂商专利数与学术研究出版数来检验其核心假设——一个大型区域性研究密集的企业,是否会增强区域开发体系,提高上游学术研究成果的被吸收度并刺激下游当地产业从事相关研发。也即一个地区出现关键明星企业对当地生产力驱动是否有显著影响。研究结果显示:当地经济内有明星企业出现时,会影响研发活动的地理群聚性,也证明上下游研发单位在体系内有共同配置的情形。

随着研究的深化,直至 2001 年,科霍南(Korhonen)、伯斯特龙(Burstrom)合作研究如何促进自治都市区域生态可持续发展的方案与措施等问题。为了使不同产业可以基于环保理由而相互依存,他们提出了建立驱动的方法,即提出了自然关键明星企业(physical anchor tenant)和制度关键明星企业(institutional anchor tenant)的概念。所谓自然关键明星企业(physical anchor tenant)是指区域内主要能源或材料的驱动者——通常为电力公司;制度关键明星企业(institutional anchor tenant)是指可提供相关社会经济基础、教育、资讯、政策支持等的企业,理论上来说,即政策制定当局。

## 三、核心企业及其经营特征

**1. 商业生态系统中核心企业的作用**

1.1 构筑公用平台

所有商业生态系统中的核心企业,都为其所在系统的全体成员提供一个平台,作为整个系统成员创造价值的起点与基石,系统成员在此基础上构造自己的产品。公用平台是核心企业针对生态系统中共同问题而设计的通用解决方案,有利于系统成员在共享平台中减少各自重复劳动。

1.2 整合系统资源

在商业生态系统中,鉴于资源分布的广泛性以及所涉及组织的分散性等特性,在整合系统资源方面,核心企业起着非常重要的作用。核心企业通过整合资源，不断地将新的概念与技术添加到产品与服务中去，以扩展新功能、开发新需求。必要时通过市场选择最优环节进行整合或重新设计价值链，达到把核心价值链扩展为功能更强的价值网络的目的，以此提升新产品开发能力、引导消费热点的转移或升级、创造新的顾客价值、保持生态系统持续发展的能力。

### 1.3 推动成员合作

核心企业必须推动整个生态系统内的价值创造活动，其中既包括合作伙伴与自己的合作，也包括合作伙伴之间的合作。核心企业在有效组合各种要素并充分利用的情况下，通过寻求新业务、解决未满足需求和不断创造新需求，扩大核心企业预期的最大产值。这样才能使商业生态系统不断改造和更新，并确保在与其他核心企业的竞争中获胜。

### 1.4 引导价值分配

商业生态系统打破了单一企业、行业部门、地域的界限，将整个系统中的企业汇集到一起，所有的成员以各自独特的贡献建立起了一个经济利益相连、业务关系紧密的生态网络。为维持整个商业生态系统稳定健康地发展，核心企业要引导整个系统价值在系统成员中进行合理分配。同时，核心企业对非核心企业要有较大的贡献，即核心企业要与商业生态系统中的其他企业共同分享整个商业生态系统创造的价值。

## 2. 核心企业的经营特征

### 2.1 为商业生态系统创造价值

以施乐（Xeron）公司为例，如果按企业仿生的视角进行分析，将其定位于一家核心企业，则其所创造的价值远非今日人们对它所持有的认知和界定。人们通常把施乐看作复印机公司，但实际上施乐也涉足了其他我们在办公室可以看到的产品领域。例如，它设计了所有现代便携机的原型 Alto；还有后来被用于微软 Word 系统的字处理器 Bravo；公司还开发了电子邮件，它有效地帮助了美国在线的成长；以及 Apple 公司用来开发 Macintosh 及 Microsoft 公司试图借用于 Windows 的 GUI（绘图使用者界面）；它们还开发了以太网，使个人电脑能够连接高速网，推广了国际互联网，为 3Com 和 Cisco 系统创造了数十亿美元的价值。以上的这些发明尽管最终产品并未袋落施乐，但作为提供给消费市场的最终产品，施乐在其中的贡献功不可没，如图 4-6 所示。

施乐公司的 PARC 中心是为应对"无纸化办公"而设立的专门机构，这个机构充分地发挥了创新与研发的作用，获得了一系列显著成果。但是，由于当时的施乐在复印机领域处于遥遥领先的地位，对于涉足其他新领域的动力和压力均有限。公司专注于坚持不懈地提高复印机的效率、质量和性能。于是，

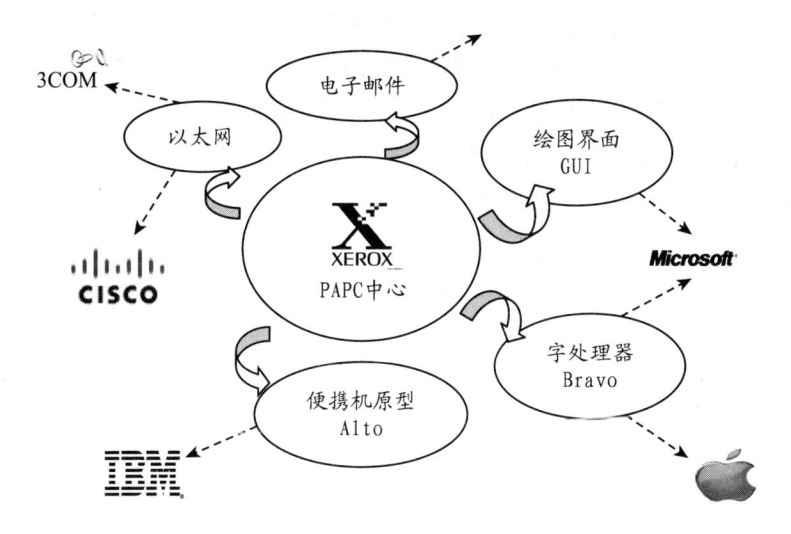

图 4-6 施乐研发中心技术发明图

将复印机做到极致的同时,施乐也错过了机会。"施乐本在今天应该拥有整个计算机工业,"Apple 公司前总裁斯蒂夫·乔布斯(Steve Jobs)说,"但是它没有抓住机会。在发明出现时,公司的复印机市场一片大好,12 年间收入攀升了 10 倍,此时,公司既没有一个有组织的激励机制也没有类似的系统来突破创新,步入新领域。"但是,从商业生态系统的角度讲,施乐的生命基因的传递远不止复印机一种产品所能涵盖。

### 2.2 维持系统稳定发展

核心企业维持系统稳定发展的能力在于与生态系统中的其他成员一起分享价值,实现优势互补、资源利用和信息共享,在保持个体优势的同时增强了组织适应环境的能力以及可利用资源的范围和系统竞争力。

沃尔玛之所以能成为 500 强之首,首先在于它能为顾客节省每一分钱。从沃尔玛诞生那天起,它的经营者们就在门前立起了两块牌子,一边写着"低价销售",另一边则写着"保证满意"。沃尔玛从顾客身上赚的是微利,双方共生共长在可持续赚钱的新型商业生态系统里,沃尔玛就走上了可持续增长的轨道。其次,它做到了与顾客共享企业成果。早在 1977 年,沃尔玛便引入了计算机网络管理系统。1983 年,沃尔顿投资 2400 万美元,第一个在商业领域建起交互式卫星通讯系统,公司总部对所有商店、分销中心实施高效率的互动式沟通管理,通过这套系统及其提供的相关硬件和软件,成千上万家沃尔玛的合作伙伴能得到实时的销售信息,并将这一系统的功能延伸到合作伙伴的上游供应商网络。通过共享销售数据,以及其他的一些措施,建立起了一个巨大的、低成本的、高效率并储有大量信息的平台，提高了计划的精确度和对存储商品类型的判断，使供应商可以提前安排好生产进度计划，沃尔玛及其合作伙伴大大降低了库存商品数量，由此获得了较低的价格。沃尔玛配送中心运用的交叉作业和电子数据交换系统，使补货时间仅为 2 天，低于美国同行 5 天的平均水平。沃尔玛同其合作伙伴及供应商的互动关系，在零售业产生了一种连锁反应，迫使其竞争对手不得不通过信息系统和供应链管理流程的改进来改进它们自己的生产率，这些努力产生的连锁反应已经远远超出了沃尔玛自己的生态系统，而进入了更广阔的经济领域。

另一个典型案例是微软。微软公司通过对商业生态系统动力机制的积极利用和引导，不仅为自己，也为大量的其他企业创造了巨大的商业机会。本着"合作共赢"的策略，微软力求与合作伙伴协同发展，并尽可能为它们提供更多的机会，分享商业价值。根据一项针对全球 22000 家科技公司的研究结果，微软"每收入 1 美元"，合作伙伴平均可以"收入 8 美元"。微软在 2004 年所作的一次调查也验证了上面的结论。为了构建 IT 生态系统，并分享商业成功，微软一直在加强对合作伙伴的扶持。微软公司处于一个世界上最大的商业生态系统中，整个商业生态系统由 38338 家企业构成（见表 4-4），包括 7752 家系统集成商、5747 家服务发展商、4743 家校园分销商、3817 家独立软件开发商、2717 家培训企业、2580 家产品线增值分销商，以及英特尔和个人电脑硬件的制造商等，整个系统中有 600 万开发人员，总的营业收入达上千亿美元。微软公司通过应用编程界面来控制其软件的演进，一方面有能力保护其知识产权，另一方面又依照相对开放的标准，使其他公司能够与之一起进行合作开发。

表 4-4　　　　　　　　微软商业生态系统成员构成表

| 序号 | 合作伙伴类别 | 数量（家） |
| --- | --- | --- |
| 1 | 系统集成商 | 7752 |
| 2 | 服务发展商 | 5747 |
| 3 | 校园分销商 | 4743 |
| 4 | 独立软件开发商 | 3817 |
| 5 | 培训企业 | 2717 |
| 6 | 产品线增值分销商 | 2580 |
| 7 | 小型特殊企业 | 2252 |

续表

| 序号 | 合作伙伴类别 | 数量（家） |
| --- | --- | --- |
| 8 | 深度增值分销商 | 2156 |
| 9 | 主机托管商 | 1379 |
| 10 | 互联网服务商 | 1253 |
| 11 | 企业顾问 | 938 |
| 12 | 软件供应商 | 675 |
| 13 | 外部硬件企业 | 653 |
| 14 | 消费电子企业 | 467 |
| 15 | 混合领域分销商 | 290 |
| 16 | 杂志零售店 | 238 |
| 17 | 大众零售商 | 220 |
| 18 | 外部软件商 | 160 |
| 19 | 电脑超市 | 51 |
| 20 | 应用服务软件集成商 | 50 |
| 21 | 网站销售商 | 46 |
| 22 | 办公用品超市 | 13 |
| 23 | 一般集成商 | 7 |
| 24 | 仓库俱乐部商店 | 6 |
| 25 | 特殊商品店 | 6 |
| 26 | 二级分销商 | 6 |
| 27 | 应用服务集成商 | 5 |
| 28 | 微软直接分销商 | 2 |
| 29 | 微软直销出口 | 1 |
| 30 | 网络设备提供商 | 1 |
| 31 | 网络服务提供商 | 1 |

资料来源：Marco Lansiti & Roy Levien, 2004。

## 四、主宰型企业对商业生态系统的影响

在现实的商业生态系统中，有两种不同类型的领导型企业：核心企业及主宰型企业。与核心企业不断创造价值、与系统内成员分享价值和维持系统健康稳定发展的作用相对应，主宰型企业则力图从整个商业系统内最大限度地攫取价值。主宰型企业又可分为实物资产主宰型企业及价值主宰型企业（见表4-5）。

表4-5　核心企业、实物资产主宰型企业及价值主宰型企业经营特征比较

| 企业类型 | 价值创造 | 价值分享 | 经营侧重点 | 经营结果 |
| --- | --- | --- | --- | --- |
| 核心企业 | 提供寻求新业务及共享平台，为系统成员创造价值提供保障 | 与系统内成员分享价值，自身占有小部分价值，使系统内所有成员共同受益 | 有效组合各种要素，努力创建系统共享平台，通过寻求新业务和解决未满足需求，为大量的其他企业创造巨大的商业机会 | 维持整个系统健康稳定地发展 |
| 实物资产主宰型企业 | 承担了交付产品或服务的所有任务，自己负责绝大多数价值创造活动 | 以获得价值最大化为目标，自身占有大部分价值 | 通过纵向或横向一体化，来管理或控制其所在的商业生态系统，采用封闭的产品结构以杜绝其他企业利用它作为平台，改变或扩展其自身产品的可能性 | 在技术或运营环境发生巨变的时候，最终会导致生态系统极其混乱，从而引致替代它的核心企业的出现 |
| 价值主宰型企业 | 完全依赖系统成员创造价值 | 最大限度攫取系统成员创造的价值 | 不断损害系统中其他成员的利益，以获得最大的收益 | 导致整个商业生态系统崩溃 |

### 1. 实物资产主宰型企业

与核心企业一样，实物资产主宰型企业在其所在的商业生态系统中也处于中心位置。与核心企业不同的是，实物资产主宰型企业是通过纵向或横向一体化来管理或控制其所在的商业生态系统的。以企业内部价值创造和价值获得最大化为目标的战略，不仅支配着生态系统的价值创造活动，也主宰了其价值的分配。这些企业自己承担了交付产品或服务的所有任务，常常采用封闭的产品结构以杜绝其他企业利用它作为平台来改变或扩展其自身产品的可能性。在动荡的社会环境中，实物资产主宰型企业可能会在短期或中期内创造出惊人的收益，而在技术或运营环境发生巨变的时候，最终则会导致生态系统的崩溃和极

度的混乱，从而引致替代它的核心企业的出现。

20世纪70年代末，随着超大规模集成电路和微处理器技术的进步，计算机进入寻常百姓家的技术障碍逐渐被突破。特别是在Intel公司发布了其面向个人用户的微处理器8080之后，这一浪潮终于汹涌澎湃起来，同时也催生出了一大批信息时代的弄潮儿，其中，史蒂芬·乔布斯（Stephen Jobs）对整个计算机产业的发展起到了重要的作用。1976年3月，Steve Jobs开发出世界上第一台供个人使用的计算机Apple I。1977年4月，苹果推出了世界上第一台真正的个人电脑——Apple II，并由此创立了个人电脑这个行业，Apple II也是使苹果电脑公司迅速成长并扬名世界的著名产品。直到四年之后，IBM才推出了他们的类似产品IBM PC电脑。此时，苹果（Apple）公司控制着从操作系统到硬件，从应用程序到外设等一切方面，个人计算机市场基本被苹果电脑公司垄断。1978年Apple股票上市，3周内市值达到17.9亿美元，超过福特汽车。1981年Apple进入《财富》500强。

然而，Apple却错过了IT业（木内多知、比尔·金尔曼，2003）。1980年7月，一个负责"跳棋计划"的13人小组秘密来到佛罗里达州波克罗顿镇的IBM研究发展中心，开始开发后来被称为IBM PC的产品。为了尽快推出自己的产品，IBM将大量工作交给第三方来完成（其中微软公司就承担了操作系统的开发工作，这同时也为微软后来的崛起奠定了基础）。1981年8月12日，在电子计算机诞生三十五年之后，IBM发布了它的标价为1565美元的第一台IBM个人电脑，配备5.25英寸的软盘驱动器和16KB的内存。在8月24日，也就是IBM发布其PC后的第12天，苹果在华尔街邮报上刊登了醒目的整幅广告，大标题名为"Welcome IBM, Seriously"（欢迎IBM，认真地）。这时的苹果是以一种主人的姿态，一种老大的口气迎接IBM的到来，此时它们仅仅将IBM PC看做是二流的技术。但是，事实上IBM PC是来自一家严肃的公司的一台严肃的商用机器，没有多久苹果就意识到问题的严重性。仅仅到年底，IBM就销售了五万台电脑，而两年之后就在销售额上超过了苹果公司。1983年，苹果在个人电脑的市场份额仅仅从20%上升到21%，而IBM则从18%飙升至26%，一举成为个人电脑最大的供应商。IBM原来预计在一年中售出241683台PC，然而用户的需求被大大低估了，实际上一个月的订货量就超出了预计。

整个1982年都成为IBM PC展示其巨大魅力的演出时间，这一年IBM PC共生产了25万台，以每月2万台的速度迅速接近Apple II的产量。采用开放的系统，是IBM PC迅速称雄最关键的一步棋。第一台PC采用了总线技术和零散的部件（即"开放标准"），IBM还公开了PC除BIOS之外的全部技术资料，从而形成了 PC 机的"开放标准"，使不同厂商的标准部件可以互换。开放标准聚拢了大量板卡生产商和整机生产商，大大促进了 PC 机的产业化发展速度。这一系列的开放措施极大地促进了个人电脑的发展，同时也给兼容机制造商开辟了巨大的空间。

为了迎战 IBM PC 的强劲势头，1983 年 1 月 19 日，Apple 推出 Lisa 电脑，这是第一种使用图形用户界面（GUI）的个人电脑，它还第一次采用了鼠标器。但 Lisa 的售价高达 10000 美元，结果总共售出不足 2 万台。Apple 股票直线下滑，Apple 在和 IBM 的较量中开始走下坡路。IBM 在 1983 年 3 月 8 日发布了 PC 的改进型 IBM PC/XT，凭借 XT，IBM 市场占有率超过 76%，一举把 Apple 挤下微型电脑霸主的宝座。1984 年 8 月，IBM 推出更先进的 IBM PC/AT，支持多任务多用户，增加了网络能力，可联网 1000 台 PC。至此，IBM 彻底确立了在微机领域的霸主地位。在经历了与 IBM 长达四年的竞争之后，Apple 内部危机四伏。1985 年 2 月和 9 月，两位创始人史蒂夫·沃兹尼亚克（Steve Wozniak）和史蒂夫·乔布斯（Steve Jobs）先后辞职，微型机作为一个时代成为历史。

在个人电脑发展的初期，许多厂商希望购买 IBM 和 Apple 两个公司的电脑系统结构专利，以生产微型计算机。然而，IBM 和 Apple 采取了两种截然不同的策略。就当时技术而言，IBM 生产的电脑比 Apple 公司生产的电脑在性能上要差一截。所以，Apple 自恃技术优势，没有将电脑系统结构技术的专利开放给其他生产厂商。而 IBM 则将自身所拥有的计算机结构技术，让其他电脑厂商无偿（低价）地使用，生产出很多与 IBM 公司电脑所兼容的机器，也就是电脑市场上所谓的"兼容机"。这种截然不同的策略，导致计算机市场划分为 Wintel 结构（以 IBM 为首的 PC 机）和 PowerPc + Macos 结构（以 Apple 为首的 Mac 机）。自 20 世纪 90 年代以来，世界计算机市场的 90% 以上被 Wintel 结构的 PC 机所占领，而 Mac 机占领的市场不到 6%。而当初 Mac 机刚出现时，曾经占领以美国为主的世界市场的 50% 以上。IBM 的开放策略，促进了世界计算机市场的扩大，吸引了大批软硬件厂商的支持，特别是由 Intel 提供的芯片和 Microsoft 提供的软件，直接促进了 PC 计算机的销售和创新。而 Apple 公司则拒绝转让 Mac 机的制作权，坚持自主开发硬、软件，导致在新产品开发上，陷入不是软件落后就是硬件落后甚至软硬件都落后于对手的境地。如今，在微型计算机市场上，除 Apple 外，其他厂商都以 IBM 的系统结构生产，并在 IBM 的系统结构下开发出更多的功能，同时有大量的软件与之相配合。IBM 虽然没有垄断电脑市场，但是一直是电脑市场上的领导企业之一。IBM 也成就了 Intel 和 Microsoft，而 Apple 公司封闭在自身的技术圈子里，从电脑硬件到软件都需要独自牵头开发,最终只在电脑市场上占领很小的市场份额。Wintel 结构的计算机成为微型计算机市场上"事实上的技术标准"。

史蒂芬·乔布斯没有说他也本应拥有整个计算机工业,如果他没有两次甚至三次犯同样的错误。正如施乐公司死守高利润的复印机市场而放弃创新投资,乔布斯也是局限于 Apple 的高利润计算机硬件而放弃了使用公司操作系统扩大网络规模的机会。在 20 世纪 80 年代,当时的 Microsoft 在市场上还无足轻重,而乔布斯拒绝对 Apple 操作系统颁发许可。这刺激了公司的短期利润,但最终却使市场份额缩至 5 个百分点。命运给了乔布斯第二次机会,在他被迫离开 Apple 后,他组建了一个拥有超级开发阵容的公司,开发出高级 NeXT 操作系统。当 IBM 以 6000 万美元的价格要求获得 NeXT 的许可,将之用于个人电脑的标准操作系统时,乔布斯开始同意了,随后又为短期利益而放弃了这笔交易。以至 Microsoft 可以在乔布斯两次放弃的领域里获得垄断。

Apple 为其他物种构造了一个可以繁衍生息的生态系统,而最终却无处容生,关键在于作为生态系统中的核心企业,尽管为整个生态系统创造了价值,却不顾整个系统的利益,不考虑整个系统的健康发展,力图从整个系统中攫取最大的价值,最后造成了自身的灭亡。可见,企业的发展离不开它所处环境的培育,企业在积极增强自身的同时,也要同商业生态系统中的其他成员共同分享利润,使与自己密切相关的企业共同体得到同步的发展。

**2. 价值主宰型企业**

与实物资产主宰型企业不同的是,价值主宰型企业一方面反对通过纵向或横向一体化来控制生态系统中的关键资产或业务领域,无法为生态系统创造价值,另一方面,它们又通过各种手段从生态系统中攫取巨大的价值,最终必然导致生态系统的崩溃。

安然公司在 2000 年《财富》世界 500 强排名第 16 位,在《财富》杂志的调查中连续 4 年荣获"美国最具创新精神的公司"称号,是美国最大的天然气采购商及出售商,也是领先的能源批发商。在 2000 年的鼎盛时期其年收入达 1000 多亿美元,营业收入增长率达 151.3%。该公司在美国控制着一条长达 32000 英里的煤气输送管道,并且提供有关能源输送的咨询、建筑工程等服务。

2001 年年初其经营开始出现危机:一是因能源价格下跌使公司盈利大减;二是从事利率方面的衍生金融商品出现巨额亏损;三是在网络及其他投资上出现大幅亏损。2001 年年底,安然公司在经营方面存在的许多问题暴露出来,其主要问题是利用复杂的财务合伙形式,虚报了将近 6 亿美元的盈余,从

1997~2000年掩盖了25.85亿美元的巨额债务,从而能够不断获得贷款,股东权益多了12亿美元。在16年时间里成长为世界企业500强第16位的美国安然公司,在2001年年底宣布破产,其破产前的资产规模为498亿美元,并有312亿美元的沉重债务(见表4-6)。

表4-6　　　　　1997~2000年安然公司相关经营数据

| 年份 | 1997 | 1998 | 1999 | 2000 |
|---|---|---|---|---|
| 收入（亿美元） | — | 312.60 | 401.12 | 1007.89 |
| 净利润（亿美元） | 1.05 | 7.03 | 8.93 | 9.79 |
| 销售利润率（%） | — | 4.4 | 2.0 | 1.9 |
| 债务总额（亿美元） | 62.54 | 73.57 | 81.52 | 100.23 |

资料来源：安然公司年报1998年、1999年、2000年。

在企业扩展时期,安然公司不断进入新领域,包括风能源、水能、宽带、纸、金属、数据存储、广告等,很多业务并没有创造出利润,但安然公司为了达到投资者期望,通过改变会计制度而增加收入,将预期的利润计算在内,使受债务困扰的公司产生大量的收入。首先,在1997年安然公司建立了一种合伙企业——Chewco,这些合伙企业通过转移资产来提高收入,帮助其夸大利润和隐藏债务,这是安然走向灭亡的开始;同时,安然利用财经审计的巨大漏洞,进行秘密交易以及"圈内人交易",在这一过程中,相关的律师、投资银行、会计师们可能捞取了3亿美元;另外,安然利用与美国政界的良好关系,重写美国政府的能源政策条文,使能源政策对自己倾斜,获得大量利益;最后,安然公司不断制造商业景气的报道,误导股民及公众视听,在安然宣布破产的前几个月,安然已将内里掏空,但对外宣传仍然是莺歌燕舞,一片繁荣。实际上安然公司在1985年成立时只是一家天然气分销商,公司管理层一直通过扩大公司规模、利用金融市场的策略,通过控股50%的方式控制了约3000家"特殊目的的实体"和子公司,即使从安然公司发布的虚假年报上来看,尽管收入在不断扩大,而利润并没有太多的增长,没有创造更多的价值。

1997年安然公司股票达到90美元,在2001年11月,随着安然公司债务被曝光,安然的信誉迅速下降,债权人要求安然马上兑现几亿美元的债务,从而导致企业迅速崩溃。在2001年12月,安然公司每股跌到68美分,根据美国破产法规定,向纽约破产法院申请破产保护,创下当时美国历史上最大宗的公司破产案纪录。而安然公司的董事、CEO一方面通过做假账抬高股价获得了大量的股票期权，另一方面，他们在安然公司股票价格虚高的情况下抛出自己所持的股票，将资金攫为己有，不仅不吃亏，还趁火打劫，大赚一把。安然公司的前CEO肯金斯·莱从2000年5月至2001年8月，共抛售价值3768万美元的安然公司的股票，并且利用股票期权获利近2.05亿美元。

安然公司破产后，使包括J·P·摩根大通和花旗银行在内的美国、德国、日本等国的债权银行损失50多亿美元，使持有安然股票的共同基金及退休金者损失数10亿美元，同时也危及到美国社会的民主及政治。许多金融机构愤怒的职员和股民向公司执行长、董事会及高层管理人员提出47项指控，主要的五项是：涉嫌违反《公司法》；隐瞒债务；私下股票交易；公开用谎言误导公司职员；违反公司职员退休金进入股市不得超过20%的规定。

安然公司的管理层不顾员工、社区、市场、环境和政府等利益相关者的利益，与相关机构互相勾结，虚构利润，隐瞒巨额债务，不但没有为整个生态系统创造价值，却疯狂地从整个商业生态系统中攫取价值，最终导致整个商业生态系统的崩溃。

在日益全球化和网络化的现代商业中，企业仅凭单打独斗是无法立足的。任何一家企业的产品从最初的构思、生产到最终交付，都要与多家企业发生千丝万缕的联系。相辅相成、互为依赖的各类企业编织成庞大的商业网络——商业生态系统。

与自然生态系统中的物种一样，商业生态系统中的每一家企业最终都要与整个商业生态系统共命运。因此，在制定公司战略时，不能只着眼于公司本身，还应从全局考虑，了解整个生态系统的健康状况，以及公司在系统中扮演的角色。基于生态系统的战略不仅使公司自身得利，而且使所有系统成员共同受益，从而形成商业上的良性循环，使公司得以持续发展。

## 第四节　动物求偶 VS. 企业招聘

人才招聘是企业获得竞争优势的关键因素之一。为了实现自身的发展壮大，企业需通过人员的更新来适应动态的环境。在自然界，动物经过世代经验累积，它们的求偶行为实现了最优化选择，能有效地发出求偶信号、进行交配对象选择。企业的人才招聘和选择与动物求偶行为之间存在着很多的相似性。

## 一、动物求偶行为

求偶行为指伴随着性活动和作为性行为前奏的所有行为表现①。其本质是通过一系列外在行为来吸引和甄选出携载优势基因的异性,确认交配的可能性,并通过交配使这些优势基因传递给后代。

动物的求偶行为多种多样,其目的是把自己的信息准确无误地传递出去。根据生存环境的差异,动物选择不同的信息传递方式。森林中的动物由于视野受限,更多依靠鸣吼等声音信号;生活在开阔地的动物则选择体色或炫耀性行为;夜行性动物主要依靠听觉和嗅觉信息;两栖类动物通常聚集在特定地点集体求偶;另外还有两种独特的求偶方式——"寄生"和"聘礼"。"寄生"方式的代表是牛蛙,体型小的年轻牛蛙因太弱难以和强壮的雄性争夺到领域,他们将自己放到"卫星"位置,即悄悄坐在强壮雄牛蛙领地周围,拦截被强壮雄蛙吸引过来的雌蛙;而"聘礼"求偶方式的例子更多,盗蛛求偶时会将猎物用丝包裹起来当作礼物送给雌蛛,另一些雄性动物会建造"精舍"或装饰自己的巢穴来吸引异性。

性选择理论在解释动物求偶行为时很重要。性选择指通过自然选择的作用,使某一性别的个体(通常是雄性)在寻求配偶时获得比同性其他个体更有竞争力的特征②。性选择包括两种方式:①性内选择。同性个体间(通常雄性)进行直接战斗,赢者才能获得配偶,这有利于使雄性动物变得更加强健和使战斗器官逐渐得到进化;②性间选择。同性通过竞争而吸引异性,这一性选择方式常常会导致本性别的形态和行为发生改变,这种改变是由于异性对某种特质的偏好而导致的,如亮丽的皮毛。性选择的本质是寻取优势基因,并通过交配能使之传递给后代。而亮丽的体色等往往与个体的体质有密切关系,异性(尤其是雌性)对于外表的特殊要求与体质健康存在着联系,通过对这种外表的判断,能够简捷地判断是否携带优质基因。

## 二、基于求偶行为的基因型企业招聘

### 1. 招聘与企业基因重组

在当前动态复杂的环境中,企业更多地被看成有机的生命体,存在着从出生到死亡的过程。为求生存它们必须具有适应性,根据环境的变化及时调整自身行为。为获得竞争优势,需要实现企业的持续进化(而不是实现简单的量

---

① 尚玉昌. 行为生态学(第一版). 北京:北京大学出版社,1998.
② 张恩迪,康蔼黎. 追捕与逃亡:行为生态学. 上海:上海科学技术出版社,2002.

的增加）。

基因是遗传密码的载体，是遗传的功能单位。通过求偶交配，来自父母双方的基因打乱重新组合，并因此产生新的基因，经过自然选择遴选出那些具有比其他物种更强的环境适应性的基因，而后将其在种群中迅速传递（即进化）。企业也进行着类似生物界的进化，其遗传密码的载体是企业基因。

企业基因是一组概念的集合，是价值观、规范、知识、能力等组成的可传递的企业制胜战略或策略的基础单元[①]，员工是携载企业基因的最基本单元。对于企业来说，每一名员工所携企业基因的改变或所有员工所携企业基因的重新组合都可能导致企业的进化。而招聘是企业与内部或外部人力资源的一种有计划的交接方式（麦克纳和比奇，1995），是企业有意识的根据对自身的判断进行内部基因重组，或搜寻并吸引携载新的企业基因的人才的过程。因此，企业的进化可能在招聘的过程中发生。

在稳定的环境中，企业发展壮大后力求保持现有业绩，维持企业总体的稳定平衡态势，因此更多选用内部招聘，其结果是使企业基因重组，并可能引致进化。在动荡多变的环境中，改变企业基因更有效的途径是外部招聘，从外部获取新的基因，增加组织内部的基因多样性和扩充企业基因库，增加企业进化的可能。

基因重新组合导致变异，而变异存在进化和退化两种可能性。动物界有一套严格的择偶程序去遴选带有优秀基因的异性来保证变异更大可能的朝有利方向发展。同样，对于企业来说，招聘可能是失败的：①没有实现基因的重新组合。②新员工携带基因与企业原有基因雷同，未实现质的改变。③新基因本身不适合企业或者是劣质的，导致企业丧失了原有的优势，走向衰落退化。在此情况下，若能构建一套基于基因选择的企业招聘模型，便可防止上述现象的出现。

**2. 基因型企业招聘模型**

该模型由彼此联系又相互制约的五个阶段构成：基因扫描和诊断阶段、针对性基因分析阶段、建立基因库阶段、基因辨别和筛选阶段、基因确认和融合阶段（见图4-7）。与现存的招聘模型相比较，基因型招聘模型并不只意味着找到一个合适的人选来填充某个工作或职位，并非仅仅招聘一种技能，而是招聘"人"——负载着企业基因的人。这种模型是对新基因的引进、着眼于企业的长期持续进化、强调自然选择（外部环境）对招聘的影响、关注招聘过

---

① ［美］塞斯·戈丁．李茂林等译．公司进化．沈阳：辽宁教育出版社，2003．

程中双向选择与基因的融合问题、突出个体与整体的匹配。

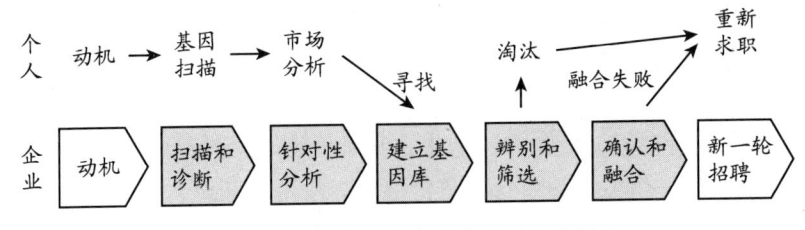

```
个人  动机 → 基因    市场
              扫描    分析   寻找   淘汰    重新
                                        融合失败  求职

企业  动机   扫描和  针对性  建立基  辨别和  确认和  新一轮
            诊断    分析    因库    筛选    融合    招聘
```

图 4-7 基于求偶行为的基因型招聘模型

**3. 基因型招聘模型中企业行为描述**

在基因扫描和诊断阶段，一方面企业对已有基因进行扫描、诊断出急需补充的基因，另一方面对要进入的基因的特性进行限定以使得招聘更具目的性，提高搜寻新基因的效率。该阶段的行为建立在企业战略分析和现况评定的基础上，并结合企业发展前景确定招聘计划。该阶段企业的具体行为有：对所需招聘岗位进行评定和性质描述、确定该岗位所需补充的人数、对待招人员应具有的素质和能力做出预期和描述。

在针对性基因分析阶段，需要对携带企业所需基因的个体的特性、偏好、来源、供给量、市场的需求量等进行分析，确定出吸引此目标个体的最佳信息传送的渠道和方法，为招聘制定具体可实施的方案。由于企业生命体具备自我选择的能力，在选择基因时具有主动性，可通过理性分析来制定最佳的招聘策略。

在建立基因库阶段，企业通过报纸、网络、电视等媒体发布出自己的需求信息，展示自身优势，吸引携带各种基因的人才进入招聘过程中。并且所吸引的携带各种基因的个体总数一般都会超过招聘预期数，为下一阶段筛选做好了准备。

在基因辨别和筛选阶段，从招聘基因库中，首先辨别出哪些应聘者携带明显和企业期待不符的基因，予以去除；继而对具备企业所要求基因特征的人才进行再筛选，寻找企业所需基因携带最多者。此阶段可采取的措施包括：情景模拟、面试询问等。

在基因确认和融合阶段，经过辨别和筛选，企业敲定人选，并与之协商和确认；其后进入试用期，双方所携基因正式在工作关系中进行融合。

**4. 基因型招聘程序中应聘人的行为描述**

在动荡复杂的环境中，作为携带企业基因的最小单位——人，同样也关注自身所携带的企业基因（区别于生理上的基因）。在整个招聘程序中，应聘人一方面对自身的企业基因进行扫描和诊断，另一方面也通过所接受到的招聘信息筛选适合自己的企业。

## 三、动物求偶对企业招聘的启示

**1. 招聘过程的关键因素**

1.1 性选择

雄孔雀的尾巴是其择偶竞争的筹码，同样，对于企业招聘来说，企业形象是公众尤其是应聘人评断企业实力的重要途径。企业彼此之间竞争优秀人才，竭力塑造自己好的企业形象，并按照社会主流对企业健康强壮的标准（在招聘时，尤其按照求职者的标准）来改善形象，这种环境压力致使企业越来越重视自身形象。

性选择的主动权更多掌握在企业手中。性选择是企业按照一种能够影响企业组织未来的方式选择和辞退雇员[1]。企业根据自己的现况和预期来选择基因和扩充基因库，通过对基因的选择构建其伦理价值体系和企业文化。

求职者的性间选择也影响企业招聘行为和企业形象的塑造。求职者一般从以下角度来挑选企业：①存在强大的企业基因库。②拥有强大实力和广阔发展前景。③能够提升和补充自己的企业基因，促进个人发展。

1.2 信息

动物求偶时，选择不同的方式把信息准确有效地传递给异性。对企业而言，也必须选择合适的信息传递渠道和信号模式，以确保信息传递的准确性和有效性。

环境的不同导致动物采取不同的求偶信号。同样，社会总体环境、企业所在行业、企业的规模实力、所聘人员的职位等都会影响到企业所选择的信号和信息发布渠道，如招聘应届毕业生强调培训、发展前途等信号，并通过大学招聘会等途径传送消息。不同类型和层次的招聘信息会选取相应不同的发布媒体，而办公环境、发展潜力、工作氛围等也常常被选做重要的信号。

在信息传递的准确性方面，动物往往遵循固定和刻板的求偶程序以确保信息传送的准确性，而企业的招聘信息发布力求将待聘职位的要求、特点描述清楚，并且在招聘阶段按照固定程序筛选简历、面试。这些程序都清晰地把企业的需求信息传达出去，并且通过一步一步的过程细化，使得求职者能准确理解其要求，避免无效应聘，提高招聘效率。和动物求偶信号避免异种杂交类似，

---

[1] [美] 塞斯·戈丁. 李茂林等译. 公司进化. 沈阳：辽宁教育出版社，2003.

招聘时通过情景模拟等行为把企业文化传递给求职者。

**2. 企业招聘的新策略**

2.1 把握"性选择"的主动权

一般来说,"性"更多地体现在老板身上,他把携带有不适合本企业基因的员工剔除出去,以此来明晰企业基因的评判标准、确立工作规范和价值体系,并且他再通过招聘吸引符合他标准的新企业基因,强化这种对企业的规范和塑型。如此,企业员工按照这种性选择导向来改造自己的企业基因,同时,试图进入该企业的应聘者朝同样方向努力。通过这种性间选择,企业能真正把握自己的未来,一方面它使得好的企业基因得以遗传下去,并控制企业前进的方向;另一方面它把出现的有害的变异清除出去,以防止前进的方向被影响。

但这种企业基因的重合并不意味着公司要去寻找现有成员的"克隆",这会使企业基因多样性的目标无法实现。基因型企业招聘的目的是在企业总体前进方向不变的情况下尽可能丰富企业的价值体系。

2.2 招聘中的企业形象

企业形象是应聘者评估企业能力的直观途径,因此企业有必要在招聘中对企业形象作针对性设计或展示:①招聘人员的着装、谈吐、能力、行为特点等既要符合企业的价值文化体系,又要与具体招聘职位的特点相匹配。②工作场所的位置、布局、层次等要符合企业的实际情况及战略规划。如公司要进一步加快发展和吸引更多优异人才,就有必要改进工作场所的档次。③企业网站中丰富的内容、漂亮的网页成为现代企业展示形象的重要段。④敢于"示弱",招聘中显露企业基因的弱势环节,塑造企业对携带其稀缺基因的人才高度重视的形象。如民营小企业在跳跃式发展阶段面临专业技术人才稀缺的瓶颈,其可大幅提高企业已有专业技术人才的待遇以造成"求才若渴、尊重人才"的企业形象。

2.3 "寄生"

对于中小企业来说,其企业实力不足,企业形象不够鲜明,在人才的竞争过程中处于劣势。并且由于资源的限制,其内部缺少成熟的人力资源部门,对于企业自身基因的扫描和诊断、信息发送和筛选、融合期的培训等可能都力不从心。因此,人才招聘成为其一瓶颈,这也是中小企业死亡率相对较高的重要原因之一。求偶竞争中身小体弱的"卫星蛙"的行为给企业以启示。首先,中小企业可放弃成本高昂的招聘行为,转而寻求在人才济济的大企业身上的"寄生"。它们可以从优秀企业招聘时最后淘汰的人选中去寻找,或者和高校、研究机构、人才富裕的企业建立合作关系,"租用"人才等。其次,选择外包。企业起步阶段人力资源管理方面的投资较小、经验较少，因此外包——请中介代理机构或招聘顾问负责实施提交合适人选和起草候选人名单，是一种合宜的选择。网络的发展使得信息流通变得快捷迅速，通过与网络公司沟通由其为企业贴身做出招聘方案，并通过网络进行信息的发送和回馈确认，这对于中小企业来说是招聘外包的一个很好选择，值得关注。

  从企业仿生学角度出发，有关企业生命体在市场生态中的生存和长远发展的相关研究已有很多，但这些研究主要都集中在企业战略层面。本节则主要是针对企业具体行为层面——招聘，进行了仿生学研究。企业进化的压力来自于环境，外部环境往往决定了企业的存在形式和规模，因而企业应依照进化预期来选择其招聘思路。招聘将不仅仅停留在填补职位空缺这个层次，更应从市场选择和进化的角度出发，未雨绸缪，通过招聘来准备进化所需的企业基因，以应对未来的市场挑战。

# 第五章

# 微观：基因变异与企业重组

以企业个体为对象研究组织生态变迁问题，主要在于分析作为个体的企业组织的进化问题，即企业个体内在的本质变异和外在的形式更迭。现实中，我们已经是能够明显地观察和体会到这些明显的变化，如外部特征方面的组织规模（从私人企业、个体企业、有限责任公司、股份公司至企业集团）、组织结构（从直线制、职能制、事业部制至矩阵制）、组织形态（从实体组织至虚拟组织）上的变化，以及内部特征方面的企业运营模式及经营管理理念变化等。

以下分别从上述两方面进行具体分析，用以解析组织生态变迁在微观层面上的反映及表现。贯穿这一过程的主线依然是技术创新对组织生态变迁的影响。

## 第一节 生物进化与组织进化

### 一、生物进化过程

**1. 拉马克的进化学说**

拉马克（Jean Baptiste de Lemarck）是生物学伟大的奠基人之一，生物学一词就是由他发明的。拉马克是进化论的倡导者和先驱，最先提出生物进化的学说（1809年，早于达尔文诞生），但是他的思想被同时代的人忽视和反对，又被后人长期的误认和否定，直到19世纪末20世纪初，才逐渐得到重新的解读。1982年，迈尔在其巨著《生物学思想发展的历史》一书中，明确指出："现在是为他所恢复名誉的时候了"。

拉马克的进化学说主要体现在他1809年出版的《动物学的哲学》一书中。其主要论点有：①地球有悠久的历史，生物经过漫长的演变才成了今天的样子。②生命物质与非生命物质有本质的区别；生命存在于生物体与环境条件的相互作用之中；低级生物类型可以不断地由非生命物质自然发生出来；植物和动物虽有重大的区别，但都有共同的基本特征；生命即运动，运动表现在各方面，既表现在生物体内液体的流动，也表现在生物体的吸收养料和排出废物；生命是连续的、变化的、发展的。③物种之间是连续的，没有确定的界限，物种只有相对的稳定性；物种在外界条件影响下能发生变异。④生物进化的动力，一是生物天生具有向上发展的"欲求"（需要）；二是环境条件的变化，环境条件的改变能引起生物发生适应环境的变异，环境条件变化的大小，决定着生物发生变异的程度；环境条件的多样性是生物多样性的原因。⑤生物按一定的自然顺序进化，由简单到复杂，由低级到高级；进化是树状的，即不但向上发展，而且向各个方面发展；人类大概由高级猿类发展而来。

拉马克学说的核心是两个法则："用进废退"和"获得性状遗传"。他认为这两者既是变异产生的原因，又是适应形成的过程。生物进化的"原因是环境条件对生物机体的直接影响"。生物在新环境的直接影响下，习性改变，某些"经常使用的器官发达增大，不经常使用的器官逐渐退化"。物种经过这样不断地加强和完善适应性状，便能逐渐变成新物种，而且这些"获得的后天性状可以传给后代"，使生物逐渐演变。适应是生物进化的主要过程。

拉马克是试图解释生物进化现象的第一人，也是第一次从生物与环境的相互关系方面探讨了生物进化的动力，为达尔文进化理论的产生提供了一定的理论基础。但是受当时科学水平的限制，拉马克对生物进化的动力和过程的诠释过于简单化，有一定程度上的猜测，缺少科学的论证。

**2. 达尔文的进化学说**

达尔文（Charles Robert Darwin），是生物进化论的奠基人，其在1859年出版的《物种起源》一书是划时代的巨著，不仅对生物学，也对人类学、心理学、哲学等诸多领域产生了深远的影响。恩格斯将达尔文的进化论列为19世纪自然科学的三大发现之一。

达尔文进化学说的核心是自然选择："过度繁殖、生存斗争、自然选择、适者生存"。其主要观点是，生物都有繁殖过剩的倾向，而生存空间和食物是有限的，所以生物必须"为生存而斗争"。在同一种群中的个体存在着变异，那些具有能适应环境的有利变异的个体将存活下来，并繁殖后代，不具有有利变异的个体就被淘汰。如果自然条件的变化是有方向的，则在历史过程中，经过长期的自然选择，微小的变异就得到积累而成为显著的变异。由此可能导致亚种和新种的形成。生物正是通过遗传、变异和自然选择，从低级到高级，从简单到复杂，种类由少到多地进化着、发展着。

达尔文的进化理论，从生物与环境相互作用的观点出发，认为生物的变异、遗传和自然选择作用能导致生物的适应性改变。达尔文的进化学说有充分的科学事实作根据，经受住了时间的考验，尽管仍然存在着若干弱点，其后也受到很多新的生物进化学说的质疑和修正，但其百余年来在学术界产生的深远影响毋庸置疑。

### 3. 两种学说的比较分析

在生物进化这一命题上，有两个基本问题："变与不变"和"如何变"。拉马克和达尔文在第一个问题上的回答是一致的，都认为生物是可变的，但二者对第二个问题"如何变"存在分歧，对进化机制给出了不同的诠释。

以著名的长颈鹿的长颈来源为例。拉马克学说的解释是：父辈长颈鹿为了吃树高处的叶子，脖子不断伸长（用进废退），并且通过遗传得到加强（获得性状遗传），经过一代又一代，长颈鹿的脖子就越来越长；达尔文学说的解释是：在长颈鹿这个类群中，本来既有长脖子的，也有短脖子的（过度繁殖），在环境发生变化和食物稀少时，长脖子的更容易吃到树高处的叶子，其存活和繁衍的能力比短脖子的强（生存斗争），经过一代又一代的选择，长脖子的长颈鹿越来越多，短脖子的长颈鹿越来越少（自然选择，适者生存），于是长脖子的性状就在长颈鹿这个类群中扩散开来。

从这个例子可以看出，拉马克学说和达尔文学说在进化机制上的主要区别体现在：①拉马克认为环境及其变化在顺序上居先，它们对生物变异起了"诱导"，在生物中产生需求与活动，而后出现适应性变异；达尔文则认为首先是随机的变异，然后才是环境的有次序的活动（自然选择），变异并不是由环境直接或间接引起的。②拉马克认为生物进化的首要原因是生物天生具有向上发展的"欲求"（需要）；达尔文认为生物进化的动力是客观的自然选择。

在自然进化方面,达尔文学说比拉马克学说更加完整和更有说服力,但是在进行社会演化分析时,更多的学者运用了拉马克学说的一些理念。表5-1是对拉马克学说、达尔文学说以及社会演化学说的比较分析。

表5-1 演化机制比较分析

| 项目<br>学说 | 变异 | 选择 | 遗传 |
| --- | --- | --- | --- |
| 拉马克学说 | 定向的主动适应 | "用进废退"具有主动性 | "获得性状遗传"主动的 |
| 达尔文学说 | 不定向的随机的 | "自然选择"客观性 | 被动的 |
| 社会演化学说 | 路径依赖存在随机因素 | 环境和适应性主体相互作用 | 主动的 |

## 二、组织进化过程

组织生态模式假定在一定的种群内,新的组织总是不断地出现,因此,组织的种群总是处于不断的变化之中。一个种群中组织数量的变化过程由三条原则决定,这三条原则分别表现为变异(variation)、选择(selection)和保留(retention)三个阶段,如图5-1所示。

| 变异 | 选择 | 保留 |
| --- | --- | --- |
| 组织种类中出现了大量的变异 | 一些组织找到了合适的经营位置而生存下来 | 少量组织在环境中成长壮大,而成为站稳脚跟的机构 |

图5-1 组织种群生态模式的构成要素

**1. 变异(variation)**

变异是指组织的种群中不断出现新的组织形式的过程。这种新出现的组织形式大多是为了适应外部环境的变化需求而产生的。企业组织的变异通常是由企业家发起、由大公司用风险资本建立起来,或者由寻求提供新服务的政府建立。近年来,伴随着新经济的出现,先后有大批新企业被创建出来,如计算机软件开发企业、向大公司提供咨询及服务的企业、开发电子商务产品和技术的企业等。这些企业对原有组织特质的突破体现在其所产出的产品和服务的内容不同于原有组织，即适应环境的变化，这些企业提供了能够满足新型需求的产品或服务，从而开拓或扩展了产品的种类和服务的范围。另外一种新的组织是：虽然仍生产原有的产品，但所采用的生产技术和管理方法大大改进，从而使组织获得了更强的生存能力。

组织的变异与生物的变种类似，它增大了环境中组织形式的种类和复杂性。

### 2. 选择（selection）

组织同其生存环境相适应是达成生存的前提条件。变异具有不确定性，某些变异可能比另外一些变异更能适应外部环境，因此能够找到自己的领地或缝隙，处于有利的环境地位，并从环境中取得生存所需要的资源。另外一些变异后的组织则可能因为不能满足环境的需要而消亡。如果某一公司的产品没有足够的市场需求，而且该公司可用的资源也不充足，那么它就有可能会被"淘汰"。只有少数变种被环境选中，得以长期生存下来。从单个组织的角度来看，运气、机遇和随机性在其存亡中占有重要地位。新产品、新创意、新组织形式能否在环境中被保留，不仅取决于项目本身，有时更取决于提出的时机和地点。因此，一个组织的成败更多地取决于环境的特征，而非该组织所采用的战略和技能。

与生物选择的被动适应不同，组织选择具有相对较强的主动适应特点。主动适应指组织通过主动学习和创新而在组织变迁中引入某种正反馈机制，带来短期内的激进式组织形态变化。从经济学意义上讲，选择机制在经济组织的演变过程中是基于组织的盈利能力而发生的：能够实现利润者生存下来，亏损者逐渐消失掉。即选择是一个由组织的差异性而导致的过程。

### 3. 保留（retention）

保留指经环境选择后的组织形态留存下来了，并站稳脚跟。保留意味着组织的延续。系统地讲，保留既包括对原有结构及有效机能的遗传，也包括对学习中所获得的成功变异的保持。因此，保留是一种动态的过程。一方面，由于有保留，使组织获得了相对的稳定期，同时使其能够被识别；另一方面，由于学习习性所带来的异质要素的不断补充和丰富，使组织得以实现不断的调适，与环境相适应。二者缺一不可。那些被环境高度重视的、被保留下来的组织形式，即使在组织种群中得到了一定的制度化，具有了相对的稳定性，也绝不表明这些组织将长期永久地存在下去。

环境总是变化的，已经站稳了脚跟的特定的组织，如果不能适应外界的变化，同样有被替代的可能。

# 第二节 组织演进

## 一、组织结构演变

现代企业的发展类似于生物物种的演进。其与生物物种演进的区别主要在于：企业的演进不像生物物种的演进那样缓慢而渐进。企业的发展是一种源于技术演进的跳跃式发展。在两百多年企业发展的历史"长河"中，企业组织形态发生了一系列显著的变化，这些变化的真正动因是技术变化所引发的竞争环境变化的结果。如从最初福特公司所追求的"大而全"到通用汽车公司总裁斯隆所发明的"事业部"制，从杜邦公司的纵向一体化到 GE 式的横向一体化，从宝洁公司的战略业务单元组织到戴尔公司的虚拟整合等。即企业转变组织形态，采用新的运作方式，不仅是企业成功的需要，也是企业生存的前提。从另外一个角度分析，这些变化也可称为企业为适应竞争环境的变化所做的自适应调整。总之，企业确实在环境适应方面与生物物种存在许多的相似之处。

组织结构是企业活动展开的基础，也是企业的基本构成要素。环境变迁、战略演进要求企业组织结构与之适应，因此，企业组织结构的动态演进同企业生态变迁相伴而生，是一种客观存在。另一方面，企业组织结构变迁与企业生态变迁相辅相成，互为影响，企业组织结构的某些演进也会在一定程度上影响企业生态变迁的过程与速度。

### 1. U 型结构（unitary form）

U 型结构是一种直线职能式结构，它是现代企业在成长初期实行垂直一体化（vertical integration）的过程中出现的。大多在企业成长早期，产品生产单一、经营范围较窄时被采用。这一结构的特征是：高度集权，有利于在大规模产、销活动中更集约地利用资源，降低成本。其局限是：企业高层领导的日常负担较重，使其无法有效地担负起企业家式的工作责任，且随着企业成长，内部的协调、评估和政策制定等日趋复杂，高层领导难以兼顾全局。

随着企业的成长，经营规模化、多样化要求日益增多，市场变化也越来越明显，U 型结构的局限日益突出并成为企业继续成长的制约，于是，组织结构出现由 U 型结构向 M 型结构的转变。

## 2. M 型结构（multidivisional form）

M 型结构即事业部制，是为解决企业规模扩大和多样化经营对组织结构的制约而提出的一种组织设计。事业部是一个利润责任中心，各事业部实行分权化管理。事业部不是按职能，而是按产品、地区或顾客等来划分部门，成立专业化的生产经营单位。这一结构的特征是公司高层领导得以集中精力从事重大决策，并且有利于激发各部门领导的积极性，锻炼其全面管理能力。M 型结构的局限是：部门间竞争较多，各部门规模膨胀过大，导致企业中层管理膨胀，管理费用过高。

环境动荡和竞争的加剧，要求企业必须具备更快的反应能力以及在各产品市场上取得更全面的优势。所以，随着企业成长，其基本结构进一步发生变化，此时组织结构是由 M 型转化为 S 形。

## 3. S 形结构（segmented form）

S 形结构是将企业分成若干经营单元（bussiness unit），进而再划分出子单元的高度分权式结构。这一结构是在 20 世纪 80 年代后期西方大企业重组过程中出现的。此结构中的经营单元与纯属执行机构的原事业部不同，它们拥有很大程度的战略决策权，因而更加自主。在这种结构下，企业通过内部分割使各经营（子）单元的实际运作规模变小，从而避免了各（子）单元内部的管理膨胀，使整个企业的管理中层相对缩小。S 形管理是一种全新的基本结构，它与通常的超事业部不完全是一个概念，后者主要是企业为避免管理跨度过大而在原事业部之上增设一级机构，对有关的几个事业部进行统一领导；而 S 形结构则是企业在进一步利用多种产品、技术之间内在关联的基础上尽可能地实现分散经营。IBM、AT&T、NEC 等大企业在进入 20 世纪 90 年代后纷纷实现了由 M 型向 S 形的转化。这种转型主要表现为企业随着经营内容扩充和变化，以及技术进步引起的不同产品关联性的改变，而对原有结构进行分拆和归并，通过重新界定各个经营战略方向，实现资源与能力更有效地集结与运作。

总体而言，"U 型→M 型→S 形"的结构变迁反映了现代企业组织成长的基本路径和方向。在某种意义上，这是一个不断分权的过程，在这一过程中，企业并未分裂变小，反而借此在持续扩张的同时保持甚至提高了灵活性和快速反应能力。当然，由于业务增多以及市场区域扩大，企业更加注重整体协同。这种协同主要体现在两个层面：在战略层面，企业通过强化领导力和统一决策把握战略方向，并且努力在企业中营造共识；在经营层面，注重"组合的分散运作"，即在努力扩大经营自主权的同时，围绕各种产品技术的内在关联性和市场相关性等,将业务力量有机地组合起来。企业组织结构演变见表5-2。

表5-2　　　　　　　　　企业组织机构的演变

| 项目＼组织类型 | U型组织 | M型组织 | S形组织 |
|---|---|---|---|
| 信息机制 | 分散生成、分散收集<br>分层处理、纵向传递 | 分散生成、分散收集<br>分散处理、交叉传递 | 分散收集、分散处理<br>内部共享 |
| 组织设计 | 统一行动<br>按功能设计<br>最大利润目标 | 统一与灵活结合<br>按产品设计<br>效率与效益结合 | 以价值链为中心<br>按项目设计<br>以团队为组织构成单元 |
| 管理手段 | 统一控制<br>统一指挥 | 集中决策<br>分散管理 | 充分分权与授权<br>自我决策<br>自我管理<br>发挥灵活性与创造性 |
| 组织结构特性 | 边界清晰<br>刚性结构 | 边界清晰<br>柔性结构 | 边界模糊多变<br>柔性结构 |

　　随着需求的日益复杂与多变,随着企业的成长与扩张,企业组织结构出现了各种各样的新变种。从事业部到超事业部,再到控股子公司、伙伴公司、跨国公司的分体化趋势日益明显。甚至出现了像耐克公司这类专注于营销、设计、品牌等核心战略资源,而没有一家生产工厂的"专业化"厂商。另一方面,在企业内部出现了工作小组,中小企业通过"分包制"、托管协议等纳入了以大企业为核心的集团,巨型企业之间则建立起不同环节上的合作体——战略联盟,协作的范围在空前扩大。多个维度上不同因素的共同作用的结果,导致了新型组织结构——商业生态系统的出现。建立在日益细密分工基础上的日趋紧密的协作是新型结构的突出特点。知识在整个社会范围内的"普及"是新式结构出现的最深刻的现实背景。

　　因此,从另一个角度,也可将企业组织结构的演进过程界定为从机械型结构向生物型结构的演进。进而,组织的管理由集中控制结构向递阶控制结构和协同控制结构演进。参见图 5-2。

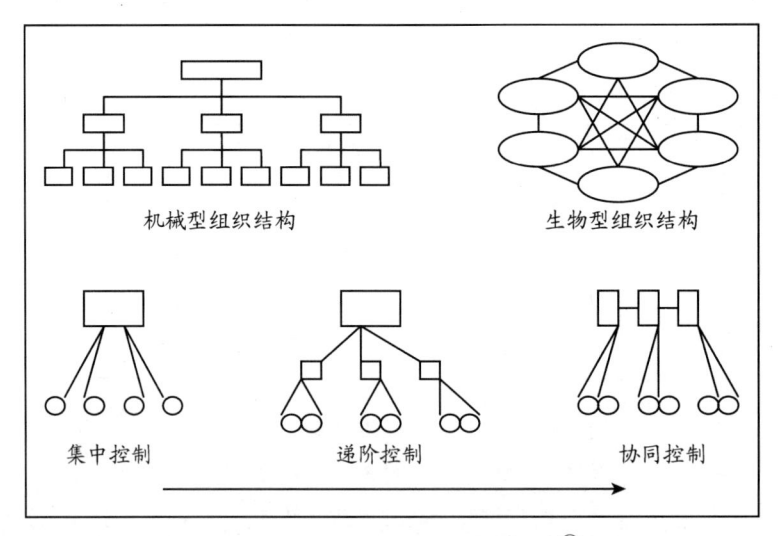

图 5-2 企业组织结构形态的演进①

## 二、组织特征演进

技术变化影响到组织的各个层面,渐变性技术对组织的影响主要体现在改变组织的内部特征如组织过程与管理者角色等方面。

关于技术对组织特征的影响,英国学者琼·伍德沃德(Joan Woodward)曾于 20 世纪 50 年代做过较深入的研究,其研究结论认为:技术对组织特征和管理起着重要的作用,即生产技术与组织管理特征有着系统联系。随着技术复杂程度的提高,管理层级的数目和管理人员占总人数的比例也呈绝对上升趋势。此外,直接人员与间接人员的比率随技术复杂程度的提高而下降等②。伍德沃德的具体研究结论可概括为表 5-3。

表 5-3 伍德沃德的研究结论

| 结构特征 | 单件生产 | 大量生产 | 连续断生产 |
| --- | --- | --- | --- |
| 管理层级的数目 | 3 | 4 | 6 |
| 控制的范围 | 23 | 48 | 15 |

---

① [荷] 约翰·C·奥瑞克等著,高远洋等译. 企业基因重组. 北京:电子工业出版社,2003.9.
② Richard L. Daft. Organzation Theory and Design. St. Paul, MN: West Pub. Co., 1989.

续表

| 结构特征 | 单件生产 | 大量生产 | 连续断生产 |
|---|---|---|---|
| 直接人员/间接人员 | 9∶1 | 4∶1 | 1∶1 |
| 劳动力比率：管理人员/全部人员 | 低 | 中等 | 高 |
| 工人的技能水平高 | 低 | 高 | 高 |
| 程序的规范化程度 | 低 | 高 | 低 |
| 集中化程度 | 低 | 高 | 低 |
| 口头交流的程度 | 高 | 低 | 高 |
| 书面交流的程度 | 低 | 高 | 低 |
| 总体结构 | 有组织的 | 机械的 | 有组织的 |

20世纪60年代，英国伯明翰阿斯顿（Aston）大学的研究小组拓展了伍德沃德的工作，将研究领域从制造业拓展到服务业，其研究结果丰富、补充了伍德沃德的研究，其研究同样反映了技术与管理特征的相关性，但这一研究与伍德沃德的研究的最大不同是：技术仅仅是影响组织特征的一个因素。同时，该研究显示：技术所影响的是与业务流程有关的组织特征。

此后，随着大规模定制的发展，计算机集成制造技术的普及，团队协作、决策制定的分权化及对高度熟练工人的需求不断上升，使企业层级数目不断减少，这些，也导致了组织过程和管理者角色的根本性变化。

从组织过程看，技术变化影响着决策制定、交流、输入与输出转换等过程，从而提高了企业对顾客的响应水平，企业内部的运作速度也明显提高。在这方面沃尔玛的实例是有效的说明。

从管理者所担当的角色看，一方面，过程技术的变化需要更熟练的员工和不同的管理方式，另一方面，随着大规模生产向精益生产方式的转变，命令、控制型的管理逐步为协调、参与式的管理所替代，管理者的主要工作演变为促进和激励，同时，加强与外部的沟通与合作成为管理者的重要工作内容，与此同时，对管理者概念能力（对外界环境变化的洞察与判断能力）的要求日益提高。见表5-4。

表 5-4　　　　　　　　　技术变化与组织特征

| 特征 | | 手工生产 | 大规模生产 | 精益生产 | 大规模定制 |
|---|---|---|---|---|---|
| 组织结构 | 基层单位 | 较少、较小 | 建立在相似活动基础上 | 在已有群体基础上建立团队 | 团队结构 |
| | 决策制定层级数目 | 少 | 集中多 | 分散程度提高中等 | 高度分散少 |
| 组织过程 | 速度顾客响应 | 慢快 | 慢慢 | 慢、中速中速 | 快快 |
| 管理者角色 | | 参与、监督 | 指导 | 促进、参与 | 概念上促进、参与 |

## 三、组织评价标准演进

组织的建立是为实现其目标。评价组织是否实现了目标及实现的程度如何，通常采用标准是组织的有效性。所谓组织的有效性是一个广义的概念，即表明存在一个变化的范围，这个范围代表了目标实现的程度。

因为组织的复杂性和目标的多元性，对组织有效性的全面衡量是比较困难的，但有效性评价确实有积极的作用。

传统上，有效性的衡量集中于组织的不同部分。组织从环境中获取资源，经过投入产出，这些资源被转化为产品或服务回到环境中，如图 5-3 所示。基于这一过程，对组织有效性的评价分别经历了不同的方法。

图 5-3　组织有效性评价方法的演进

**1. 传统评价方法**

1.1　系统资源方法

系统资源法主要是从投入角度对企业进行考察和评价。其重点强调的是组织获取稀缺和宝贵资源的能力。具体的评价指标包括：

① 组织开发环境获取稀缺和宝贵资源的能力；
② 决策人员觉察并准确解释外部环境真实特点的能力；
③ 维持组织内部日常活动；
④ 组织对外部环境变化做出反应的能力。

当其他业绩指标难以取得时，这种方法是有价值的。同时，由于这种方法突出强调了资源对组织的重要性，所以，通过这一方法的引导和示范作用，有效地培养企业家的战略眼光和环境视野。

### 1.2 内部过程方法

这种方法强调：一个有效的组织具有良好的内部环境和企业氛围。部门的活动相互交织以保证较高的生产率。这一方法没有考虑外部环境，有效性的重要因素是组织利用其拥有的资源来反映内部健康和效率。其评价指标包括：

① 良好的企业文化和工作氛围；
② 团队精神、集体、忠诚度和团队工作；
③ 工人与管理者之间的信心，信任和沟通；
④ 信息共享。

这种方法对一个企业而言是非常重要的，因为资源利用的效率和内部功能的协调性是衡量有效性的方法。这种方法的不足在于：对组织内部健康和功能的估计常存在主观性，且企业文化也存在核心刚性问题。

### 1.3 目标方法

目标方法是一种逻辑方法。即用产出、利润、市场占有率、客户满意水平等经营指标作为评价企业有效性的方法。由于产出目标易于衡量，因此，大多以此作为衡量企业有效性的标准方法。这种方法的不足在于其刚性较强，同时，也容易诱导企业为实现财务目标而采取不当手段，进而影响企业长期利益。

综上所述，企业有效性的传统评价方法及其考核重点如图 5-4 所示。

之所以称以上三种方式为传统方法，是因为从其各自的特征不难看出，三种方法围绕企业流程，从投入—生产—产出三环节出发，以企业自身角度进行评价，是一系倾向于企业内部评价的方法。这类方法更适用于相对稳定的外部环境。

当企业外部环境发生变化，企业的影响因素日趋增多时，这类方法的局限性便凸显出来。进入 20 世纪 80 年代之后，国际上出现了一种新的组织有效性的评价方法——利益相关者法。

```
                    ┌─────────────────────────────────┐
        ┌───────┐   │ • 组织开发环境获取稀缺资源的能力   │
        │系统资源法├──┤ • 决策者准确观察并解释外部环境的能力│
        └───────┘   │ • 组织对环境变化作出反应的能力     │
                    └─────────────────────────────────┘

                    ┌─────────────────────────────────┐
        ┌───────┐   │ • 浓厚的企业文化与工作氛围        │
        │内部过程法├──┤ • 工人与管理者之间的信心、信任与沟通│
        └───────┘   │ • 共享相关资料与知识              │
                    └─────────────────────────────────┘

                    ┌─────────────────────────────────┐
        ┌───────┐   │ • 盈利        • 雇员福利          │
        │目标方法├──┤ • 成长        • 产品质量与服务    │
        └───────┘   │ • 市场份额    • 财务状况          │
                    └─────────────────────────────────┘
```

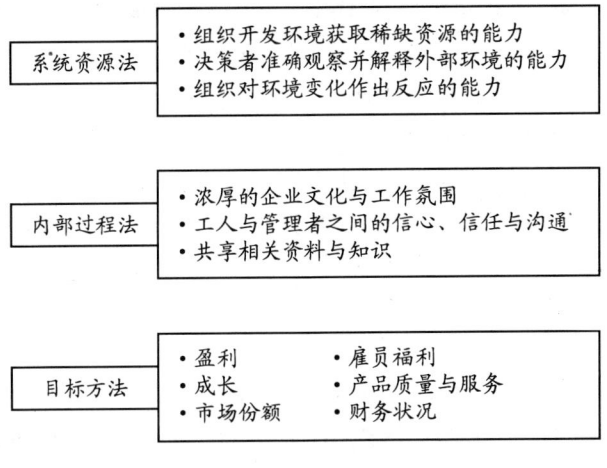

图 5-4 企业有效性传统评价方法

## 2. 企业有效性评价的现代方法——利益相关者法

利益相关者是组织内部或外部对组织高度关注的人的统称。这些人的满意程度是评价组织业绩的指标，如表 5-5 所示。

表 5-5　　　　　　　　利益相关者的有效性标准

| 利益相关者 | 有效性标准 |
| --- | --- |
| 1. 所有者 | 财务收益率 |
| 2. 雇员 | 工人的满足、薪水、监督 |
| 3. 顾客 | 产品或服务的质量 |
| 4. 债权人 | 信用的可靠性 |
| 5. 社区 | 对社区事务的贡献 |
| 6. 供应商 | 满意的交易 |
| 7. 政府 | 法律、规章的遵循 |

相较于传统方法，这一方法的长处在于它采取了有效性的广义观点和将环境因素与组织内部因素同等对待。

企业有效性评价的演变既是企业进化的原因，也是企业进化的结果。一方面，没有外部评价呼声的高涨和利益集团的监督、约束，难有企业提高效率、降低成本，讲求信誉，重视环保和社会责任等一系列行为的转变。另一方面，随着技术创新的发展和外部竞争的加剧，为适应环境，企业由一体化逐步向多元化、模块化、归核化发展，继而，企业对产业链诸环节及外部环境的依赖日益增强，这要求企业在处理与外部要素的关系时，必须进行革命性的反思，即今天的企业"外部因素"与以往的企业"外部因素"已是完全不同的两种概念。今天的"外部因素"与内部因素具有同等重要的地位。

## 第三节　组织变种的内在逻辑

### 一、技术创新与业务归核

1912年，熊彼特首次提出了创新概念，并在1939年提出了创新理论。在理论上，熊彼特将经济活动区分为"经济循环"和"经济发展"，其"经济发展"观点更多地侧重于管理领域，其基本观点是：在经济发展状态下，出现企业家这一特殊角色，他们为获取利润而不断地从事生产方式的变动和革新，也即不断地改变和移动存在的平衡状态，或者说是扰乱均衡。熊彼特强调，企业家的职能就是不断地引进生产因素与生产条件的"新组合"，以实现"创新"，从而推动经济发展[1]。

熊彼特将技术创新作为一个新的独立变量来考察其对经济增长以至社会变迁的影响。熊彼特认为，创新是执行新组合，即在生产过程中将一种从未有过的生产要素和生产条件的新组合引入生产体系，建立一种新的生产函数，包括以下五种情况：①采用一种新产品，即消费者尚不熟悉的产品，或一种产品的一种新特征。②采用一种新的生产方法（工艺创新）。③开辟新的市场（市场创新）。④控制原材料的供应来源。⑤实行新的组织形式（体制和管理的创新）[2]。因此，熊彼特的创新概念的含义相当广泛，既包括与技术相关的创新也包括非技术性的组织创新。

熊彼特以"创新"作为经济发展的内在动力，任何创新必然是对旧的生产结构的破坏，因此它总是一种"产业变异"（industrial mutation）。

在传统经济的框架体系内，企业边界的确定主要依据两个维度：地理边界和能力边界。其中，地理边界决定了企业活动的地理空间，能力边界决定了企业在什么能力范围内开展其业务活动。

---

[1]　熊彼特著. 资本主义、社会主义和民主主义. 北京：商务印书馆，1979.
[2]　熊彼特著. 经济发展理论. 北京：商务印书馆，1987.

从地理边界看，传统的跨国企业通常由一个母公司和一定数量的地区分公司组成，且在总公司与分公司之间进行一定的权力安排与平衡。而在信息经济环境下，地理因素只是被当做在整个企业进行相对优势比较和优势互补安排的基础，这些区域性的实体不再是分权化的"地区分公司"，它们被网络化联结在一起，作为一种"能力要素"在全球范围内发挥各自的比较优势。从能力边界上看，在以往纵向整合的企业模式中，假定企业拥有整个价值链和完全达到经济规模时可以使交易成本最小化。随着交易成本的降低，企业日益认识到，其应该将精力日益集中于最具优势的业务，而把其他业务外包给那些在相应领域做的最好的专业化企业，从而实现更高层次的专业化水平，即所说的企业"业务归核"。

外包制（sub-contracting）。伴随着信息技术进步，知识可编码程度的提高和交易制度的日益标准化和完善，外部交易费用大幅度降低，于是，企业从最初的零部件、生产环节外包逐步推进到业务外包。与此同时，一个新的分工时代也逐渐形成：企业日益专业化于其最具比较优势的战略资源的运用，以期获取分工的最大收益。

内部市场化（internal market）。内部市场化的特征包括以下几点：内部生产单位可以向外部供应商采购；企业内部的多个单位可以生产带有竞争性的同类产品；公司的销售部门可以选择本企业竞争对手生产的产品；研发部门只能在得到生产部门的订单之后才能从事技术开发等。这种模式已经远远超出了内部模拟市场决算的阶段，在内部市场中，每一个单位只有培植起独特的战略资源和竞争力后，才可能生存下去。而它们之所以还成为一个企业，正是由于各单位之间存在着资源依赖。另外，在边际上甚至会出现客户被"内化"进企业的过程。以波音777的开发小组为例，它就是一个包括了供应商、生产、设计、财务、市场人员和重要客户代表在内的"民主"小组。客户介入生产是因为它具有不可替代的市场能力。这一情景与詹姆斯·穆尔所提出的商业生态系统：由客户、供应商、生产厂家、资金渠道、行业协会、标准制定机构和管制机构等各方面组成的一个协作群体极为相似。

## 二、能力要素与基因重组

何为企业基因？荷兰学者约翰·C·奥里科、吉利斯·J·琼格和美国学者罗伯特·E·威伦在其合著的 *Rebuilding the Corporate Genome*：*Unlocking the Real Value of Your Business* 一书中，这样定义企业基因："过去，我们看到的是整个企业或业务单元的健康，而未来我们将越来越多地关注独立的业务构成单元，即企业基因。我们也把企业基因称为业务能力要素，就好比人类基因是按照遗传法则决定人类个体的体貌及性格特征的一片 DNA 一样,每个业务单元要素就是企业价值链中对企业产出有独立贡献的一个组成部分"。①

这几位学者对企业基因的定义有其独特性,不同于组织生态学通常所言的企业基因(组织惯例)概念。而是将企业的基本业务单元称为企业基因,这并不妨碍我们的理解。

新技术的发展与运用、经济全球化、各国对经济干预的减少使企业的组织形态开始向模块化转变,同时,企业的概念及对企业的认识也需要重新定义。具体表现是:传统的综合性企业的有效性开始下降,而围绕独立业务能力要素组织而成的核心化企业的优势开始显现。

这方面的实例已相当普遍,如思科、宝洁公司、宜家、戴尔、耐克、摩托罗拉、爱立信等。以戴尔为例,其竞争优势的取得与其组织形态的适应性调整相关联。在实际运营过程中,它或者购买现有产品,或者从供应商手中购买所有的部件,而自己只是完成最终的装配工序。继而,戴尔公司还开始向其他公司提供有关基于网络的资源整合方面的顾问服务。这种基于核心化、模块化的业务组合方式是戴尔胜出其对手 IBM、惠普等公司的有效方式。再如耐克公司为例,耐克 1972 年开始开发自己的产品,其成功源自于同其供应商所建立起的成功的协作关系,这使耐克公司能够非常高效地将产品投放到市场。耐克公司认识到:其关键的核心能力要素是设计能力和市场营销能力,而非制造能力,因此公司将全部制造业务外包出去。耐克公司正是采取了模块化的组织形式,将制造与市场营销从时间与空间上截然分开。

这种组织形态与传统的组织形态有很大的区别。传统的业务围绕自身的主要产出或最终产品进行定义,多为纵向一体化结构,所有产品的开发、设计、品牌、生产和销售统一由企业自己独立完成。企业的投资回报是通过其业务的最终产出或最终产品得到实现的,即客户为获得最终产品而进行支付,通过销售活动,客户的支付回到企业,企业间接得到其在设计、开发、技术创新、制造、人员培训、设备管理、销售、广告等业务上的价值补偿。同时,企业业务的报价也是对构成业务的所有活动的补偿,即对企业集体劳动的补偿。真正的增值元素被牢牢地捆绑于最终产品之中,难于区分各项活动环节对企业产出的贡献,企业的开发与制造过程被认为是密不可分、互相促进的。

模块式组织形态的特点则恰好与此不同,其是通过将一个能力要素作为独立的个体从企业中分离出来进行有机的整合,独立的能力要素凭借自身的优势

---

① Johan C. Aurik, Gillis J. Jonk, Robert E. Willen. Rebuilding the Corporate Genome: Unlocking the Real Value of Your Business. New Jersey: John Wiley & Sons, Inc., 2003.

逐渐变为业务实体，这样，企业不再只是在单个市场中竞争，而是可以构建起基于能力要素的多个业务，进而在多个市场中实现企业的高速成长。

从组织生态的角度进行考察，企业形式或称企业组织形态的上述变化，可以认为是企业细胞组合的一种变异，或称企业细胞组合排列方式的变化。两种组织形态的区别参见图 5-5。

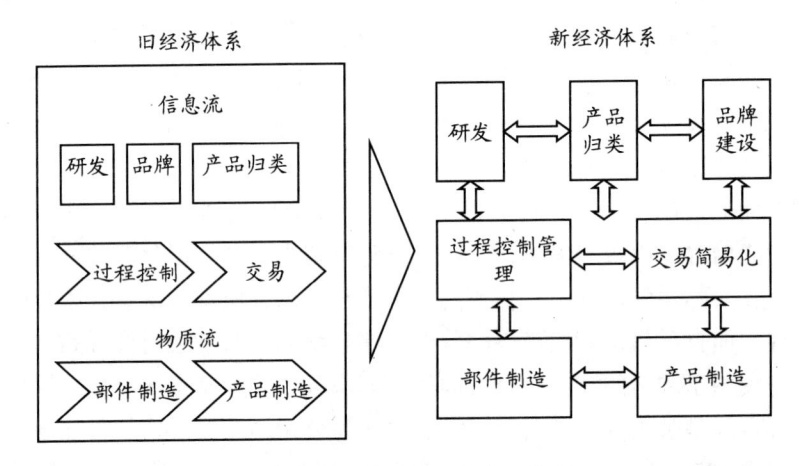

图 5-5 企业组织形态变化图示

## 第四节 技术创新与组织进化

### 一、技术创新与组织进化协同发展

微观层面的组织进化不是一个孤立事件，在诸多作用因素之中，技术创新的作用突出而明显。反过来讲，技术创新同样不能独立存在，它要求有赖以依存的载体——组织。事实上，有关技术与组织互相关联方面的研究由来已久。从亚当·斯密（Adam Smith）对劳动分工与技术的关系的分析、马克思对生产机器发展的分析、巴比奇（Babbage）关于脑力劳动分工的分析，到近年来伍德沃德（Woodward）展示的组织结构与所使用的工作流程技术之间的强关系分析等，都是很显然的例证。历史分析也表明，自工业革命以来的几次发展长波中，现代组织形式一直在随着现代技术的发展而进化。

在技术复合体的互动因子中，经济学、管理学中的不少研究者，乔治西奥（Georghiou）、麦克唐纳（Macdonald）、纳尔逊和温特等都更关注组织（企业）的作用。原因在于：组织既为技术提供空间语境，又为支持它的知识的产生和保存提供基体。持这类观点的学者普遍地将技术视为组织形式的副产品，并将"组织惯例"比做基因。

不仅如此，结合生物演化的相关思想，在对技术创新深入、精细的研究中，技术本身、知识、组织等均不足以成为分析的单元，真正的基本分析单元是技术—活动耦合。在效果上，这是一个"技术"和维持相关技术的使用和发展的人类活动的瞬间变定（immediate set）的动态整体。即技术创新的效果不仅取决于技术本身，也取决于其与相关要素间的协同，还取决于与相关要素协同进化中的动态平衡。这类似于演化博弈中的进化稳定策略（ESS）。

技术创新同组织结构密切相关。技术学习制度复杂性和精致性的不断提高，要求支持它的社会基础结构也相应发展。产品、工艺、竞争与组织的整合程度最终决定着企业技术创新的成功率，即技术进化不是一项孤立的活动，其必须与相关要素协同进化。技术发展的许多例子都非常清楚地显示，技术本身无法以与生物进化同样的方式进化，技术本身是静态的，缺少进化发展所必需的动态活力。只有在人类信息技术活动的大背景下，它才可以生存和维持。在论及技术创新、技术进化时，如果单纯强调技术本身，就像注意了生物的骨骼，却忽略了软组织一样。

技术进步（进化）与生物进化存在显著的区别。一个生物体的遗传密码写在生物体内部，与之相对，人工制品（技术进步）相应物的遗传密码写在人工制品自身之外，而在人工制品的人的集合中，即组织内部。技术是一个复合体，包括许多不同形式的知识、设计技艺和生产方法，所有这些因素都影响到技术的产生、传播、使用和进化。图5-6显示了网络技术对虚拟组织形态形成的影响，同时，也反映了技术在新商业环境下的广泛应用。

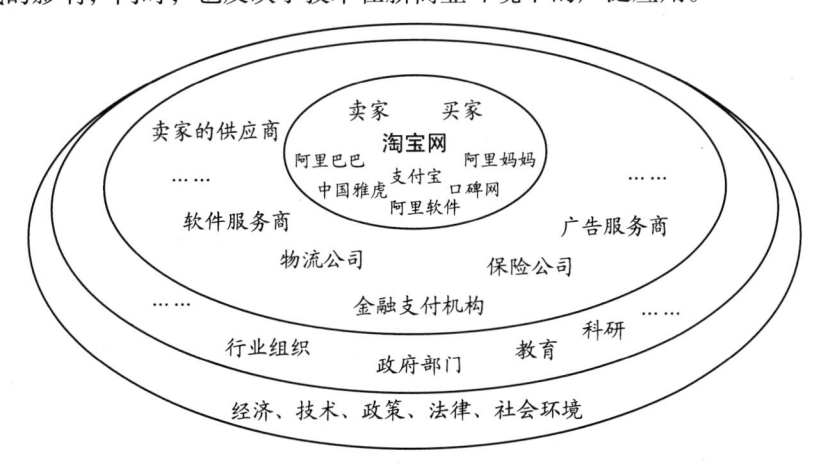

图5-6 网络技术与淘宝网的协同发展

## 二、技术创新与组织机能进化

如前所述，企业的成功不仅来自于新技术、新产品、新工艺、新材料，甚至新价值链的组合，还来自于企业内部的过程、组织和运作管理。技术与组织联系的核心是过程创新，过程创新分为硬件主导型和软件主导型两类，硬件主导型过程创新能够从设备或物理性质上提高技术水平，有时也会代替劳动力；软件主导型过程创新不仅需要企业创造新的技能，还需要改变员工的态度和公司文化。

**1. 技术创新与组织成熟**

技术变化改变着企业的价值链，价值链构造的改变反过来改变着工作的本质、工作的方式、组织的设计和高层管理者制定决策的程序。这部分内容对于企业竞争优势的确立同样重要或者更为重要。

办公自动化与生产效率间存在着明显的联系，但实行自动化本身不会导致当时生产效率的提高，与采用任何新过程一样，只有在组织学会并采纳了适合自身运作需要的系统之后，技术创新才能导致生产效率的提高。美国于20世纪80年代中期在信息技术上的10000亿美元的投入，是在1992年的生产效率中得以体现的，在此之前——20世纪80年代末期，美国的生产效率是停滞不前甚至倒退的。因此，技术创新创造价值是有条件的。企业价值链构造的改变需与组织设计、工作方式、决策程序等相结合。

组织变化的重要性还在于，企业内部组织的变化常常无法立即被竞争者发现，内部组织变化的收益也就无法很快被模仿。因此，企业需要利用变化带来的机会来改进内部的惯例和文化。

据此，组织（企业）的进化可分为两类，一类是以物理变化为主，具体、外显，如组织结构的演进、组织设计的变更以及管理者角色的转换等。另一类是同样随技术变化而产生，但抽象、隐含，以观念形态为主，对技术变化和组织结构特征具有重要的反作用。如，组织构成要素（基因）的变化、要素结构的演变、要素对组织影响权重的演变等等，可统称为组织机能的进化。

成熟组织与新兴组织之间的根本不同不仅在于规模等外部特征，而是两种组织的性质存在一些基本的差别。相对于新兴组织，成熟组织在产品、关系、知识及其他类似的资产方面拥有广泛并协调得当的组合，这使其能够在较大规模的市场上处于相对有利的竞争地位。即成熟组织的资产种类和资产协调机制具有相对优势，而这些优势的来源是长期进化的结果。

首先，成熟的组织在复杂性及差异性方面有独到之处。成熟的企业组织的业务体系往往包含了许多不同的元素，一般情况下，该类组织会通过各个独立的业务单元提供多种产品和服务，从而提高了其生存的适应性。如今天的海尔集团比起20世纪90年代时，已经变为一个更加复杂的实体，这不仅因为它现在出售更多的产品，拥有更多的技术，拥有能够执行更多职能的员工，还因为更多的客户、分包商、附属产品和服务的供应商提供了与海尔系统紧密相连的资源。

差异性以复杂的方式对企业的生存发挥作用。差异性的增长带来企业业务量的增加。随着企业的增长，其顾客、员工、位置和供应商都会增加，而且在某种程度上还各不相同，更多的业务量也使专业化成为可能，这又进一步增加了企业经营活动的差异性。广泛的资产基础会为企业提供生存保障，即企业可以用以应对由于竞争对手的模仿、顾客需求的变化而引起的某一资产价值的损失。此外，广泛的资产基础对于保护企业免受新技术的冲击意义重大。长寿公司并不是每一代新技术或每一个新市场的领导者，因此，广泛的资产基础可以在一定程度上为企业提供超越和追赶的条件。如此，基于广泛基础之上的资产，对于企业的生存是有益的。

**2. 协调机制进化是组织成熟的另一个重要标志**

差异化在带来好处的同时也增加了协调成本。于是有学者指出，对于多样化资产的协调问题，采用多部门的组织结构是一个非常有效的解决办法。这是M型组织取代U型组织的原因。钱德勒曾指出：多部门组织形式的发展是一个关键性的创新。采用这种形式的通用汽车公司，"不仅在美国汽车市场上独占鳌头，还成功地拓展了其海外制造和销售活动，并将一切管理的井井有条，此外，由于管理结构的变革，公司得以大张旗鼓地执行多元化战略，成功地开展了各类引擎以及使用引擎的各种产品的制造和销售"。[1] 但是，钱得勒的研究同时还显示，对于多元化的有效管理，需要付出更大的努力。即美国企业家所采取的"拓展、联合与一体化的战略"，要求在管理的所有层次上进行结构性变革与创新。这说明，由于差异化而产生的问题仅仅靠采用多部门的组织结构等简单的"结构性"措施是无法解决的。如同神经系统将遍布全身的各个专门器官结合起来一样，一家企业协调其多样化资产的能力也深深地根植于其日常工作、流程、规范、价值观和其他类似的组织特性之中，这些特征无时不

---

[1] 理查德·L·达夫特著，王凤彬等译. 组织理论与设计. 北京：清华大学出版社，2003.

在影响着员工、顾客、供应商和其他企业"关系者"的行为。如今，通过战略业务单元从事业务经营的做法已不新鲜，但有效的协调机制的复杂成分与结构却无法被轻易复制和买到。因此，协调机制的差异仍然是企业盈利性和寿命的重要决定因素。即企业进化是结构层与机制层协同进化的结果。

# 第六章

# 老字号企业的组织惯例

中国是一个历史悠久的文明古国,在千百年的经济发展变迁中,孕育了许许多多具有深厚文化底蕴,独树一帜,享誉世界的老字号品牌。"全聚德"的烤鸭,"张一元"的茶,"瑞蚨祥"的绸布,"内联升"的鞋,"大明"的眼镜,"盛锡福"的帽,"邵芝岩"的毛笔,"一得阁"的墨,"红星"的宣纸,"西泠印社"的刻,"张小泉"的剪刀,"王星记"的扇,"同仁堂"的中药,"贵州茅台"的酒……这些贯穿于我们的日常生活,为大家所耳熟能详的老字号,承载了许许多多代人的记忆和情感,见证了中国经济的发展与变迁。

中国老字号企业是中国民族企业的骄傲,是中国传统商业的瑰宝。美国零售业巨头沃尔玛公司创始人山姆·沃尔顿曾经说过,创立沃尔玛的最初灵感正是来自于中国的老字号瑞蚨祥。但是,翻过昨日的篇章——今天,零售业巨头沃尔玛公司的生命力是中国现有老字号企业所难以企及的。

解放初期,中国老字号企业有16000多家;1978年,经国家有关部门认定的中华老字号企业尚有2000多家;1991年,原国内贸易部授牌的中华老字号企业只有1600余家,仅相当于新中国成立初期老字号总数的10%。现存老字号企业中,20%长期亏损,70%勉强维持现状,经营较好的企业不到10%。曾经在北京城传唱的民谣"头项马聚源,脚踩内联升,身穿八大祥,腰缠四大恒",如今只是一段辉煌历史的写照;352岁的"王麻子"剪刀申请破产,"狗不理"包子改嫁天津同仁堂,"王致和"、"六必居"等大量老字号商标在境外被抢注,则成为频见报端的现实……

企业是一种生命体,企业是一种演化体,如同基因是控制生物性状的基本遗传单位,组织惯例也是研究企业发展变迁的基本分析单元。历史的积淀,文化的传承，经济的波动，是否在中国老字号企业的"基因"上留下了烙印？组织惯例在漫长的演化过程中是否传递着中国老字号企业的"遗传信息"，又是否发生过"基因变异"？究竟是哪些因素影响了中国老字号企业的"遗传"和"变异"？

# 第一节 组织惯例

## 一、组织惯例的起源

现有研究成果对组织惯例起源的诠释主要可以分为两类：一类认为惯例是有关组织行为的自动反应，是在潜意识下执行的；另一类则认为惯例是努力的结果，惯例的执行是需要经过思考的。

### 1. 非审慎选择的自动反应

事实上，对惯例的早期研究大多认为惯例是组织的自动反应。

西蒙（Simon）（1955）提出，"任何组织中几乎都有大量的'惯例'；它们并没有明文规定为命令或规章；也不靠法律手段强制推行，只是因为习惯势力或其他原因而被组织遵守"。

马奇和西蒙（March & Simon）（1958）提出，"我们将认为一组活动是惯例化的，如果选择被简化为对定义刺激的固定反应。如果搜寻被排除，但是选择仍然在清楚定义和系统计算惯例之中，我们将仍然说活动是惯例的"。

西蒙（1976）提出，"当一个问题是靠已经承认或批准了的习惯办法去解决，而不是基于备选方案及其优劣的考察去解决时，对那个问题的处理办法就属于组织惯例"。

纳尔逊和温特（Nelson & Winter）（1982）提出，"对于一切规则的和可以预测的企业行为方式，我们一般使用的名词是惯例"。温特（1986）进一步明确，"惯例是表示做事方式的一般术语。它是在日常生活和包括正统经济学和行为经济理论在内的多种技术语言中使用的各种术语的对称。例如，决策规则、技术、技巧、标准操作程序、管理实践、政策、战略、信息系统、信息结构、程序、规则和组织形式。做出参考的程度是相对复杂的行为规则（或者这种规则的理论体现）由相对少数的初始信号或者选择引起的，并且作为相对自动方式的可识别的单位发挥功能。"

阿什福思和弗里德（Ashforth & Fried）（1988）认为，惯例是由企业成员的个人认知结构维持的。模式化行为的出现需要六个条件：事件格局的出现、可分类的刺激线索、行为规则的出现、最低的努力要求、没有非结构化的子惯例、没有干扰和未满足的期望。阿什福思和弗里德的依据是：模式化或者无意识的行为在操作惯例、决策、正式和非正式的相互影响以及以权利为基础的相互影响中是常见的。

盖尔西克和哈克曼（Gersick & Hackman）（1990）提出了习惯惯例（Habitual Routines）的定义，即在既定的刺激情境中，当一个团队重复地显示相似的行为规则，并没有从替代行为方式中进行明确的选择时，一种习惯惯例就存在。

以上这些对惯例概念的阐释，大多认为组织惯例是行为的一种相对无意识的复制，这种复制的行为是在组织演变的过程中或者是由某个特定的人建立起来的。我们认为，将组织惯例诠释为组织"非审慎选择的自动反应"，其中最大的缺陷就是忽略了惯例参与者与执行者的主观能动性，而将其视为在特定情境下相对无意识地进行自动反应的执行体。

**2. 惯例是努力的结果**

也许因为研究视角和研究方法的不同，最早对惯例是"组织行为的自动反应"的观点提出异议的是社会学家。经济学家和管理学家一般都深受西蒙决策理论的影响，往往从规则进行分析，因而容易发现行为的重复；而社会学家常常采用人种描述的分析，因而容易发现行为的差异。

吉登斯（Giddens）（1984）认为，"时空中接触的惯例特征的规定，体现了社会制度化的特征。惯例在传统和习惯基础上形成。如果认为这些现象是不需要解释，即无意识执行的简单的重复行为规则，就大错特错。事实上，大多数社会活动的惯例化特征是人们在每天的行为中连续构建的结果"。吉登斯虽没有给出组织惯例的确切定义，但是明确指出，惯例既不是无意识的，也不是自动的。

彭特兰和鲁特（Pentland & Rueter）（1994）认为，惯例包含了"努力完成任务"而不是"不经过思考"。

莱达（Leidner）（1993）对快餐服务的研究和万托拉（Ventola）（1987）对集邮行为的研究，都表明了惯例的多样性以及参与者为获得成功所需要做的努力。

以上对惯例概念的阐释认为，惯例不是无需思考或者是自动的，惯例应该被视为是努力的结果。我们认为，组织惯例是复杂的相互影响的产物，在不同的情境下会以不同的方式展开。而组织惯例的执行者是具有主观意识的人，即使在相似的情境下，也会因为执行者的不同而有所差异。

综上所述，组织惯例的形成是一个累积的演变的过程，不可否认，在其形成过程中，会出现一定的程式，但是累积不是重复，组织惯例是组织随着情境的不断变化，在组织内个体或团体有意识的行为下不断演变发展形成的。

## 二、组织惯例的特征

### 1. 默会性和实践性

作者在对组织惯例内涵的阐释中，指出组织惯例具有"记忆属性"和"能力属性"，而组织惯例的"记忆属性"表明了惯例具有很强的知识特性，而"默会性"和"实践性"正是组织惯例知识特性的具体体现。

安德森（Anderson）曾经明确提出陈述性知识和程序性知识两个概念。陈述性知识，可以理解为"Know-that"，是指知道是什么，可以用清晰的语言表达出来，具有描述性特征；而程序性知识，可以理解为"Know-how"，是指知道怎么做，却很难被解释和转移，通常是行为主体"干中学"和经验积累的结果，具有默会性和实践性的特征。

组织惯例本身既包括陈述性知识，也包括程序性知识，一切说得清楚和说不清楚的知识都沉积于组织成员的个体记忆和组织场域的组织记忆中。所以组织惯例的知识特性除了表现为"默会性和实践性"，也应该表现为具有一定的可抽象性特征。但是，作者认为，即使是陈述性知识，在组织惯例的表现上仍然凸显默会性和实践性的特征，主要基于以下几点考虑：

① 组织惯例作为组织记忆，对惯例的记忆要求远高于记忆的形式，而实践是惯例记忆的主要方式，所以即使是陈述性知识，也没有解释和说明的必要。

② 组织惯例的执行者是具有主观意识的人，惯例的执行受到行为主体能力的影响和制约。即使组织惯例本身可以抽象和明示，也会因为执行者接受和解释信息的能力不同，呈现出不同的实践结果。

③ 组织惯例受到组织情境的约束，在不同的情境下会以不同的方式展开。这就意味着即使是一般性的可以明示的规则，应用到具体的情境中也会出现缺失或变形。

所以，组织惯例的默会性和实践性特征具有普遍性和显著性。这一特征也表明，惯例不经常使用会产生组织记忆的消退，生物学家拉马克的"用进废退"理论则正好可以诠释这一特性。

### 2. 学习性和累积性

惯例的实践性特征表明，惯例不是一种静态的知识集合，而是在实践中不断学习和积累的动态过程。

首先，组织惯例的行为主体是具有反思学习能力的能动性的人，行为人实践活动本身具有"干中学"的特征，而作为组织惯例重要组成部分的默会性知识，通常是行为主体"干中学"和经验积累的结果。所以，组织惯例的行为主体具有在实践中不断学习的特征。

其次，组织惯例行为主体学习的结果往往是知识的积累或创造，这种知识的积累沉积于组织成员的个体记忆和组织场域的组织记忆中。所以，组织惯例呈现出显著的累积性特征。

组织惯例的学习性和累积性特征有利于减少不确定性，维护组织的稳定，降低组织的运营成本，提高组织的运行效率。但是，累积性特征也限制了组织发展的可能性，甚至会成为组织发展的阻碍因素，组织惯例的路径依赖性就集中体现了这一点。

### 3. 路径依赖性

"路径依赖性"的概念最早由大卫（David）（1985）提出，他认为，路径依赖性是指"很久以前的事件，包括偶然而不是系统因素主导的事件，会对事件结果产生重要的影响"。路径依赖意味着"初始条件和历史是重要的"。

组织惯例是建立在过去基础上的动态发展的过程，其在实践过程中所体现出的累积性特征，使惯例的演化发展具有很强的路径依赖性。惯例源于行为主体在特定组织情境中的实践行为在动态发展过程中的累积，组织情境的初始条件和实践行为的历史过程，都可能影响惯例演化发展的路径。

西蒙等行为理论专家认为通过提高期望水平，最终能转到最好的方案，也就是历史是正效率的；但是，纳尔逊、温特、大卫等学者也提出，路径依赖也可能导致非最优化行为的持续，历史可能是非效率的。路径依赖本身也具有锁定效应（Lock-in）的特征。

### 4. 情境性和嵌入性

惯例存在于组织及其结构之内，具有明显的情境依赖性，而情境依赖源于惯例与情境的互补。组织惯例是复杂的相互影响的产物，在不同的情境下会以不同的方式展开，情境关系导致惯例在执行能力，复制能力，搜寻能力等方面的差异。

嵌入性意味着组织惯例在其动态发展过程中，受到各种情境因素的影响，而这些影响又由于组织惯例在实践过程中的累积性特征逐渐沉积于组织惯例之中，并在一定的情境下会表现为组织惯例的外在特性。

不同层次，不同方面的情境因素对组织惯例都具有嵌入性的特征，如国家特质性，地域特征，行业特征，企业家个人风格等因素。其中，国家特质性在组织惯例中永久存在。

组织惯例的情境性和嵌入性特征使组织惯例在一定程度上具有难于模仿性，可以视为组织获得竞争优势的一个必要条件。

**5. 稳定性和变革性**

传统的惯例研究大都认为惯例是稳定不变的，这些理论一般都集中于强调组织惯例的"认知"作用。组织惯例作为组织记忆的核心，可以有效提高组织效率，减少不确定性，维护组织稳定。

同时，越来越多的学者也不断提出惯例本身具有变革性特征。西尔特和马奇（Cyert & March）（1963）将其称为"适应"；纳尔逊和温特（1982）将其称为"突变"；鲍姆和辛格（Baum & Singh）（1994）将其称为"演变"；彭特兰和鲁特（Pentland & Rueter）（1994）提出即惯例是组织柔性的源泉；费尔德曼（Feldman）（2000）提出惯例是战略变革的源泉。

理论学界对惯例稳定性和变革性的特征研究，体现了学者对组织惯例内涵诠释的深入。从"适应"、"突变"到"演变"、"组织柔性的源泉"，体现了组织惯例演化的外生观到内生观的发展；从强调惯例的稳定性到肯定其变革性体现了对组织惯例"认知"作用和"治理"作用的全面认识。

我们认为，对于惯例的稳定性特征和变革性特征，可以从演化的角度来分析，在组织惯例不断发展演化的动态过程中，惯例具有相对的稳定性，体现为现行惯例的保持和复制，同时其变革性也一直存在，为惯例的创新提供了可能，这种创新可能是突变的，也可能是渐变的，既源于惯例内部的动力机制，也受到外部环境的影响。组织惯例的稳定性特征与变革性特征体现了组织惯例的主要作用。

## 三、组织惯例的作用

组织惯例的作用也一直是各界学者对组织惯例研究的重点之一，现有的研究成果对组织惯例作用的划分也多有不同，我们将组织惯例的作用主要分为以下两个维度：

**1. "认知"作用**

纳尔逊和温特（1982）指出，惯例包含了组织基础知识，构成了组织记忆。组织活动的惯例化可以视为一个组织操作知识的"轨迹"。一切可以说明的和说不出来的知识都存在于组织成员的记忆里,每个组织成员必须知道他的工作,同时任何人都不需要知道别人的工作,也不需要任何人都能够清楚说明整个组织采用的程序,或将它概念化。事实上,整个组织惯例成功完成所蕴含的信息存储量,可能使个人的记忆能力相形见绌,但是,惯例化使得组织的记忆和组织完成的事情完全不受人类记忆的局限性限制。

马奇和西蒙(1958)指出,认知资源是有限的,惯例可以有效地利用组织成员有限的信息处理和决策能力。

霍奇森(Hodgson)(1988),诺斯(North)(1990)和鲍莫尔(Baumol)(2002)都验证了惯例在减少不确定性中的作用。

综上所述,组织惯例的"认知"作用,主要表明了惯例作为组织记忆,可以有效提高组织效率,减少不确定性,维护组织稳定。

**2. "治理"作用**

斯特恩(Stene)(1940)认为当组织中基本的、重复的功能成为组织惯例一部分的程度越高,惯例的协调作用就越直接。

兰洛伊斯和罗伯逊(Langlois & Robertson)(1995)指出,惯例作为一种协调手段,要比契约更加有效,甚至可以代替契约并随着组织关系的成熟稳定使契约变得越来越不重要。

纳尔逊和温特(1982)指出,惯例作为"休战"协定,可以解决组织内部的冲突。

多西和马尔伯巴(Dosi & Malberba)(1996)提出,"惯例作为激励规制和控制的机制的研究才刚刚开始"。

综上所述,组织惯例的"治理"作用,主要表现在惯例的协调、控制,解决冲突以及确定激励与约束的方式等,相对于惯例的"认知"作用,更倾向于呈现出惯例的能力属性。

## 四、组织惯例的演化

与对组织惯例起源的两种诠释相对应,对组织惯例的演化也存在两种观点:组织惯例演化的外生观与组织惯例演化的内生观。

**1. 组织惯例演化的外生观**

组织惯例演化的外生观强调组织惯例的稳定性,虽然并不否认组织惯例会发生变化,但是认为组织惯例发生变化的主要原因是外部环境发生变化,当外力达到均衡时,组织惯例又会趋于稳定。在组织惯例演化的外生观研究中,形成的比较系统的演化模型是纳尔逊和温特（1982）在《经济变迁的演化理论》中提出的。

纳尔逊和温特将企业组织惯例分为三类：第一种是对企业的短期行为起支配和制约作用的惯例，指导企业的经常性决策，可以称为"经营惯例"；第二种惯例决定企业资本量从一个时期到下一个时期的增加或减少，决定企业的投资行为，可以称为"决策惯例"；第三种惯例是企业的内部机制，会随着时间的流逝惯例性地修改原有的惯例，也就是修改惯例的惯例，可以称为"创新惯例"。

这三类惯例之间的相互关系构成了组织惯例的演化机制，当企业外部环境发生变化时，企业会根据第二类惯例（"决策惯例"）作出决策，最终影响第一类惯例（"经营惯例"），而第三类惯例（"创新惯例"）则会影响第二类惯例（"决策惯例"）。企业第二类惯例作出不同的决策，组织惯例将会遵循不同的演化路径：自我复制路径和搜寻路径，具体如图6-1和图6-2所示。

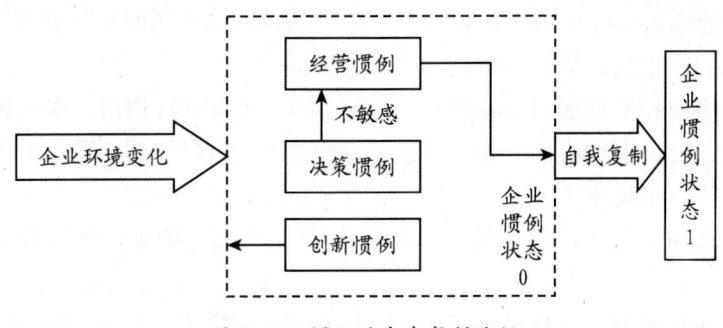

图6-1 惯例的自我复制路径

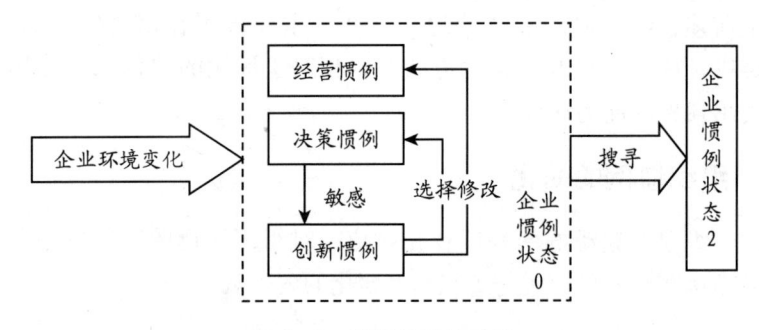

图6-2 惯例的搜寻路径

纳尔逊和温特将组织惯例隐喻为生物进化论中的"基因"，而"基因"作为遗传物质，必须保持相当的稳定性，这在一定程度上暗示了他们对组织惯例是相对固定的认知。纳尔逊和温特将组织惯例发生的变化隐喻为"基因突变"

（mutation），而基因突变的主要原因则是来源于外部环境的冲击。

我们认为，组织惯例演化的外生观对于解释组织惯例的稳定性和组织在面对外部冲击时发生的变化有较好的解释力，但是难以解释组织惯例的持续变化，忽视了组织惯例演化的内在机制。事实上，组织惯例演化的外生观与前文论述的组织惯例起源中"组织惯例是企业行为的自动反应"的观点是一脉相承的，而认为"组织惯例是努力的结果"的学者，也提出了相应的组织惯例演化的内生观点。

**2. 组织惯例演化的内生观**

惯例变化的内生观来源于吉登斯（1984）的社会学理论，他认为惯例作为重复的、可识别的行为模式，不能被简单理解为本质是静态的，影响惯例变化的重要动力不是新技术的引入等外生变化，而是其内部要素运动的结果，应当充分考虑惯例执行者的能动作用。

彭特兰和鲁特（1994）指出，惯例同时具有稳定性和变异性。他们以语法与造句来类比惯例，认为惯例有其规则和可选择的备选方案，但是其规则对组织成员的行动起引导作用，而不是决定作用，组织成员在选择备选方案时，会依据行动的执行而发生相应的变更，就如同依照语法造句，会出现多种变化。

这个观点指出了组织的规则、计划等是行为模式的来源，但不能完全决定组织行为。惯例的变化来源于实际执行过程中组织成员的理解和行为组合的不同，是内生完成的。

费尔德曼和彭特兰（2003）提出了惯例的述行观点。他们认为惯例包括表述部分和执行部分，表述部分是惯例抽象化、一般化的概念；执行部分是指在特定时间和地点的真实惯例行为。表述部分可以作为一种行为准则而存在，而执行部分则由每一个参与者根据其角色和对惯例的理解，随着情境的变化而调整。所以，惯例既有客观性又有主观性，惯例的演化是表述部分与执行部分相互递归的结果。

这种观点同样认为，组织惯例的变化本质上是内生的，是惯例两个方面持续运动的结果，最重要的是，弗尔德曼和彭特兰明确提出，惯例可以成为组织柔性和变化的来源。

佐罗（Zollo）和温特（Winter）（2002）将惯例活动区分为两类：第一类是传统意义上的运作惯例；第二类是寻求对现有的运作惯例进行改变以提高未来的收益，即组织的动态能力。他们认为，动态能力来源于稳定的集体学习行为，通过集体学习组织可以系统产生和更改运作惯例以获得竞争优势，所以动态能力成为组织惯例演化的重要机制，而系统性的组织学习可以被视为"第二级"的动态能力，其相互关系如图6-3所示。

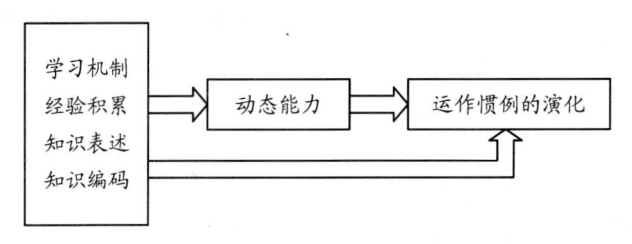

图6-3　组织学习，动态能力和运作惯例的演化（佐罗和温特，2002）

佐罗和温特认为，组织学习既可以直接改变运作惯例，也可以间接通过动态能力对运作惯例产生作用。

综上所述，组织惯例演化的内生观能够解释惯例的持续变化问题，更准确地反映了组织惯例演化的内在机理，更有利于对组织惯例内涵的阐释。

## 第二节　老字号企业组织惯例的特征

2007年10月11日，我国科学家成功绘制完成第一个完整中国人基因组图谱"炎黄一号"。中华民族有着悠久的历史文化传统，在长期进化发展中形成了独特的生活方式习惯，对环境适应和疾病发生方面也有着不同于其他种群之处，对于中国人基因的研究和保护，有着重要的战备价值。

在演化经济学范畴内，组织惯例在一定意义上可以隐喻为"基因"，而组织惯例本身具有明显的"嵌入性"，企业惯例中永久存在国家、民族、地区的特质性。所以，企业的组织惯例可以被视为国家、民族和区域管理体系中的"基因宝库"，对中国企业组织惯例的研究对解释企业实践行为，分析企业发展趋势等都具有重要的现实意义。中国老字号企业因为悠久的历史积淀，特有的文化底蕴以及累积的品牌声誉等特点，组织惯例的"嵌入性"特点更加明显，因此，对老字号企业组织惯例的研究具有非常重要的典型意义。

### 一、老字号企业

2004年12月11日，中国零售业全面开放，老字号企业作为民族企业的一支重要力量，也受到巨大的威胁和挑战。2005年，中华老字号工作委员会成立。2006年4月10日，商务部发布了《商务部关于实施"振兴老字号工程"的通知》，认为振兴老字号，促进老字号企业的发展具有较强的紧迫性和必要性，力争用三年时间，认定1000家具有自主知识产权的"中华老字号"。2006

年11月7日，商务部正式公布第一批430家"中华老字号"名单。

商务部2006年发布的《"中华老字号"认定规范（试行）》对中华老字号的定义为：历史悠久，拥有世代传承的产品、技艺或服务，具有鲜明的中华民族传统文化背景和深厚的文化底蕴，取得社会广泛认同，形成良好信誉的品牌。中华老字号的认定范围为中华人民共和国境内的有关单位（企业或组织）。具体的认定条件包括：

① 拥有商标所有权或使用权。
② 品牌创立于1956年（含）以前。
③ 传承独特的产品、技艺或服务。
④ 有传承中华民族优秀传统的企业文化。
⑤ 具有中华民族特色和鲜明的地域文化特征，具有历史价值和文化价值。
⑥ 具有良好信誉，得到广泛的社会认同和赞誉。
⑦ 国内资本及港澳台地区资本相对控股，经营状况良好，且具有较强的可持续发展能力。

综上所述，概括中国老字号企业的定义，应该考虑以下几个要素：

① 历史积淀："中华老字号"定义的第一要点就是字号的年龄要符合一定的时间长度，这也意味着拥有商标所有权或使用权的老字号企业本身蕴含了丰富的历史积淀。

② 品牌声誉：在所属行业范围内，老字号企业在企业规模，市场占有率，利润等指标上不一定独占鳌头，但一定拥有较高的品牌知名度和美誉度，在行业范围内具有较高的影响力，能够得到广泛的社会认同。

③ 文化特征：老字号在中国悠久的历史发展变迁中世代传承，老字号企业是中国民族企业的骄傲和瑰宝，具有鲜明的传统文化背景和深厚的文化底蕴。文化在老字号企业的生存和发展过程中具有举足轻重的意义。

④ 民族特征：中国老字号企业绝大多数都是国内资本全资控股，这不仅仅是因为国境限制，更重要的是中国老字号企业本身所具有的浓郁的民族情结，这也是老字号企业惯例国家，民族，地域等特征嵌入性的表现。

值得一提的是，商务部对"中华老字号"的定义中提到"拥有世代传承的产品、技艺或服务"，我们认为，这一点反映了老字号的历史渊源，也是老字号在经济发展变迁中常青的一个重要原因，但是，随着技术进步和社会发展，老字号企业所拥有的产品，技艺或服务都不会一成不变代代相传，有可能有一天传统的产品，技艺或服务会发生根本性的变化，老字号企业传承的应该是组织记忆的核心——组织惯例。

因此，我们对中国老字号企业的定义为：指中华人民共和国境内的，国内资本或港澳台地区资本绝对控股的企业，企业拥有的老字号历史悠久，具有鲜明的中华民族传统文化背景和深厚的文化底蕴，形成良好的品牌声誉，得到广泛的社会认同。企业在法律上拥有老字号商标的所有权或使用权。

## 二、首批中华老字号样本统计分析

商务部 2006 年在全国范围内实施的"振兴老字号工程"，为老字号企业的研究提供了极好的契机，在概念界定，实证数据和资料收集等方面都奠定了很好的研究基础。我们尝试选取商务部 2006 年 11 月 7 日公布的 430 家"中华老字号"作为样本进行了统计分析。

### 1. 老字号的年龄构成

老字号，"老"在历史悠久，长者数百年，短者近百年。商务部调查的 1600 余家老字号企业平均有近 140 年的历史，其中，字号年龄不足 100 年的占 57.3%；100~200 年的占 28%；200~500 年的占 12.7%；500 年以上的占 2%。

本文对首批 430 家中华老字号的年龄构成的统计结果如图 6-4 所示。

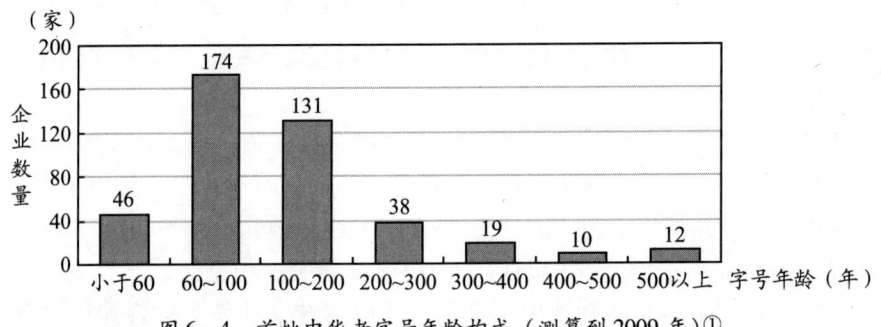

图 6-4　首批中华老字号年龄构成（测算到 2009 年）①

首批 430 家中华老字号的平均年龄近 150 岁，其中，字号年龄不足 100 年的占 51.1%；100~200 年的占 30.5%；200~500 年的占 15.6%；500 年以上的占 2.8%，与商务部对 1600 余家老字号的年龄统计结果基本吻合，一方面反映了中国老字号企业所拥有的悠久的历史积淀，另一方面也反映了字号年龄越"老"，企业数量越少，许多历史悠久的老字号，已经因为各种各样的原因，消失在经济发展变迁的过程中了。现有的老字号企业大多数相对"年轻"。

---

① 字号年龄区间"小于60"（1949 年后建立）和"60~100"主要是针对新中国成立前后的老字号进行区分。

## 2. 老字号的地域分布

中国的老字号大多诞生于明清交通发达、文人荟萃、商贾云集之地，脱胎于近现代工商、手工业者，所以现存的老字号也多集中于历史文化古都或商业、文化名城。商务部对1600余家老字号的统计资料显示，老字号企业现多分布在各省、自治区、直辖市历史上商业繁荣的地带和区域，而且大多集中在像北京、上海、天津、杭州、南京、西安、福州、郑州、广州、成都、重庆等历史文化名城。在1600余家老字号中，上海占了最多，273家；其次是北京，174家，而根据北京市商务局的统计，北京有300多家，天津有95家，仅北京、天津、上海三个直辖市就占到全国老字号数量的33%。

首批430家中华老字号，覆盖了全国27个省、自治区、直辖市，其地域分布同样显示出了明显的集中趋势，具体的统计数据如表6-1和图6-5所示。

表6-1　　　　　　　　　　首批中华老字号地域分布

| 省份（区、市） | 数量（家） | 百分比（%） | 省份（区、市） | 数量（家） | 百分比（%） |
| --- | --- | --- | --- | --- | --- |
| 北京 | 67 | 15.58 | 安徽 | 8 | 1.86 |
| 上海 | 51 | 11.86 | 河北 | 8 | 1.86 |
| 浙江 | 38 | 8.84 | 黑龙江 | 8 | 1.86 |
| 山东 | 36 | 8.37 | 陕西 | 8 | 1.86 |
| 江苏 | 35 | 8.14 | 湖北 | 7 | 1.63 |
| 天津 | 30 | 6.98 | 吉林 | 7 | 1.63 |
| 四川 | 27 | 6.28 | 甘肃 | 5 | 1.16 |
| 广东 | 22 | 5.12 | 河南 | 4 | 0.93 |
| 湖南 | 12 | 2.79 | 广西 | 2 | 0.47 |
| 云南 | 11 | 2.56 | 江西 | 2 | 0.47 |
| 福建 | 10 | 2.33 | 宁夏 | 2 | 0.47 |
| 山西 | 10 | 2.33 | 贵州 | 1 | 0.23 |
| 辽宁 | 9 | 2.09 | 内蒙古 | 1 | 0.23 |
| 重庆 | 9 | 2.09 | 合计 | 430 | 100% |

在首批中华老字号中，老字号数量排名前6位的省市分别是：北京、上

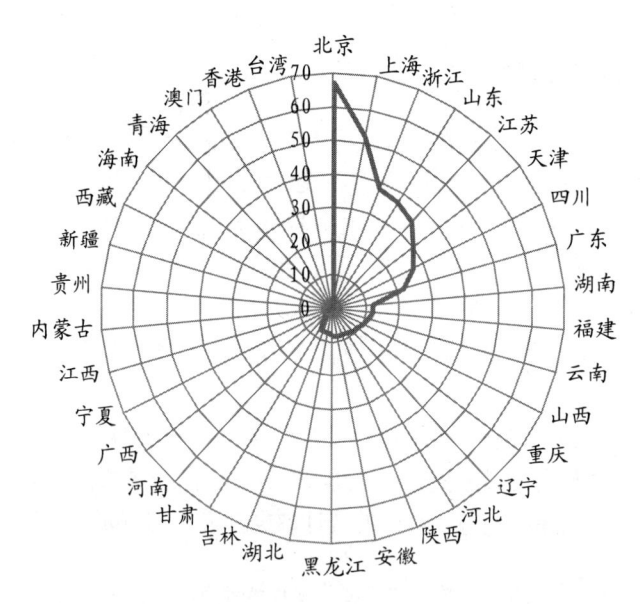

图6-5 首批中华老字号企业地域分布雷达图

海、浙江、山东、江苏、天津，占总量的60%，与商务部对1600家老字号城市分布的统计结果基本吻合，反映了老字号作为城市商业文明的产物，地域特征非常明显。

### 3. 老字号的行业分布

中国传统的工商业生产经营活动在很长的历史时期内，都是主要围绕着老百姓日常生活展开的，所以现存的老字号企业也基本集中在传统手工业、纺织业、医药业、服务业等行业。商务部统计的1600余家老字号分布的行业包括了餐饮、医药、食品（烟、酒、菜、茶、肉等）加工、百货、工艺美术、文物古玩、照相、理发、纺织等20多个细分行业，其中食品加工和餐饮业占了64%，中医药业占了10.8%，日用百货加工和零售业占5.6%，服装鞋帽加工或零售业占4.6%，居民服务业占3.9%，钟表眼镜加工或零售业占3.1%，文化用品加工或零售业占2.7%，其他占5.2%。

商务部公布的首批中华老字号名单中，只有餐饮住宿、食品加工、医药、商业、服务业和其他6个行业分类，本文对老字号行业分布的初始统计结果见表6-2和图6-6。

表6-2　　　　　　　　首批中华老字号行业分布

| 行业 | 数量（家） | 百分比（%） |
| --- | --- | --- |
| 餐饮住宿 | 104 | 24.19 |
| 服务业 | 15 | 3.49 |
| 商业 | 49 | 11.40 |
| 食品加工 | 164 | 38.14 |
| 医药 | 44 | 10.23 |
| 其他 | 54 | 12.56 |

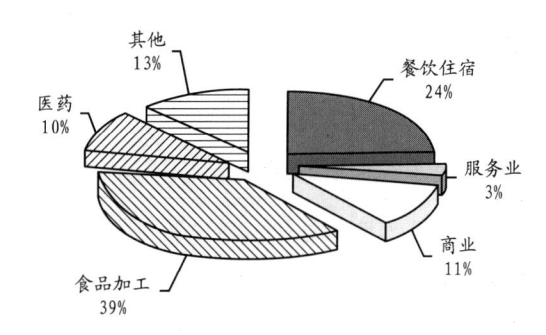

图6-6　首批中华老字号行业分布

由于上述6个行业分类还没有细化，所以老字号企业行业分布的主要特征在上面的图表中显现的不是很明显，上图6个行业分类中，其他类主要是指制造业，本文在初始统计的基础上又分别对服务业、商业、制造业进行细分，详细情况如表6-3～表6-4所示。

表6-3　　　　　　　服务业老字号细分　　　　　　　单位：家

| 服务业老字号企业分布 | |
| --- | --- |
| 理发 | 3 |
| 照相 | 5 |
| 眼镜 | 7 |

表6-4　　　　　　　　　　　商业老字号细分　　　　　　　　　单位：家

| 商业老字号企业分布 | |
| --- | --- |
| 百货 | 15 |
| 茶叶 | 11 |
| 鞋帽 | 6 |
| 文化用品 | 6 |
| 纺织品 | 4 |
| 金银饰品 | 3 |
| 糖业烟酒 | 3 |
| 医药 | 1 |

表6-5　　　　　　　　　　　制造业老字号细分　　　　　　　　单位：家

| 制造业老字号企业分布 | |
| --- | --- |
| 文教体育用品制造业 | 12 |
| 服装鞋帽制造业 | 10 |
| 工艺美术品制造业 | 10 |
| 纺织业 | 6 |
| 日用化学品制造业 | 4 |
| 钟表制造业 | 2 |
| 自行车制造业 | 2 |
| 基础化学原料制造业 | 2 |
| 眼镜制造业 | 1 |
| 木制品制造业 | 1 |
| 轮胎制造业 | 1 |
| 玻璃纤维及制品制造业 | 1 |

首批中华老字号行业分布的统计结果显示,食品加工和餐饮住宿分别占到 38.14% 和 24.19%,仅这两个行业就占到总量的 62%,体现了老字号企业的行业分布与百姓日常生活紧密相关。中医药业占到了 10.23%,体现了中国传统医学延续两千多年仍具有的顽强生命力。样本数据的初步统计结果与商务部对 1600 家老字号行业分布的统计结果基本吻合。

对服务业,商业,制造业进行细分后的统计结果,则进一步印证了现存老字号企业基本集中于传统工商业的行业特点。15 家服务业老字号,均属于居民服务业;49 家商业老字号,86% 属于日用百货零售;52 家制造业老字号,92% 属于日用产品的加工与制造,而进行生产资料生产的企业只有 4 家。

### 4. 老字号企业与老字号品牌

在样本研究的过程中,发现了一个较为特殊的现象,即老字号企业与老字号品牌相分离,一个老字号企业可能拥有多个老字号品牌。统计数据如表 6-6 所示。

表 6-6　　　　老字号企业旗下老字号品牌数量　　　　单位:家

| 企业名称 | 旗下老字号数量 |
| --- | --- |
| 北京大明眼镜股份有限公司 | 2 |
| 北京六必居食品有限公司 | 3 |
| 北京王致和食品集团有限公司 | 3 |
| 聚德华天控股有限公司 | 7 |
| 长沙饮食集团 | 4 |
| 天津中新药业集团股份有限公司 | 2 |
| 上海三联(集团)有限公司 | 2 |
| 上海杏花楼(集团)有限公司 | 5 |
| 南京金都饮食服务有限公司 | 2 |
| 重庆市商务集团饮食服务有限公司 | 2 |
| 四川省成都市饮食公司 | 9 |
| 西安饮食服务(集团)股份有限公司 | 3 |

与宝洁等大企业实施的多品牌战略不同，一个老字号企业拥有多个老字号品牌的现象，通常并不是企业自身市场行为的结果，而是企业处于公有制情况下政府行政指导的结果。例如，北京大明眼镜股份有限公司所拥有的多个老字号品牌，源于北京原有的四个老字号企业（大明，精益，晨光，明明）的合并；北京聚德华天控股有限公司旗下的 7 个老字号品牌，是政府指导下对同行业规模较小，发展较为困难的老字号企业进行行业内调整的结果。

老字号企业与老字号品牌的分离，一方面可能使消费者对老字号的品牌认知产生偏差，不利于老字号品牌的长期发展；另一方面却为目前很多处于生存和发展困境的老字号企业提供了重组和再生的契机。

### 5. 老字号企业的产品状况

首先，老字号企业所处行业大多存在生态位高度重叠的现象，以北京首批老字号企业为例，有 18 家集中分布在食品加工、茶叶、糖酒业、调味品四个领域，如图 6-7 所示。

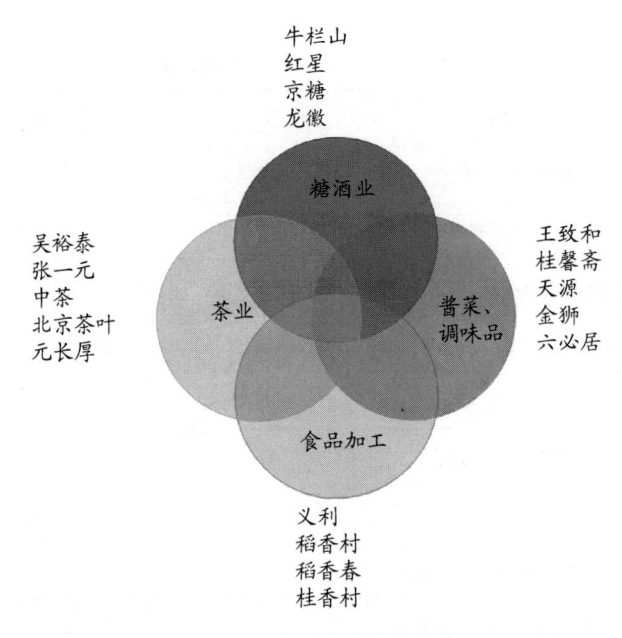

图 6-7　产品生态位的重叠

其次，许多家老字号企业生产的产品在性能、规格和款式上趋同，产品同质化现象较严重。表 6-7 显示了牛栏山和红星酒厂现在的产品系列。

表6-7　　　　　　　　　　红星与牛栏山的产品系列

| 红星 | 产品 | 价位 | 牛栏山 | 产品 | 价位 |
|---|---|---|---|---|---|
| 普通 | 52°普通二锅头（绿瓶） | 8元 | 普通 | 56°普通二锅头（绿瓶） | 7元 |
| | 56°100ml二锅头（绿扁瓶） | 3元 | | 46°100ml二锅头（绿扁瓶） | 3.5元 |
| | 52°2L二锅头（桶装酒） | 24元 | | 42°2.1L二锅头（桶装酒） | 16元 |
| 珍品 | 红星珍品（青花瓷） | 269元 | 珍品 | 珍品三十年 | 238元 |
| | 红星典藏 | 218元 | | 珍品二十五年 | 188元 |
| | 红星金樽 | 78元 | | 珍品二十年 | 85元 |
| | 百年红星 | 65元 | | 珍品十八年 | 70元 |
| 精品 | 精品百年红星（红花瓷） | 360元 | 精品 | 经典牛栏山 | 358元 |
| | | | | 牛栏山精品二锅头 | 180元 |
| | 红星精品 | 80元 | | 牛栏山精品陈酿 | 35元 |
| | 红星精品十年陈酿 | 45元 | | | |
| | 红星红盒 | 24元 | | | |
| 古钟系列 | 古钟珍品 | 46元 | 百年牛栏山系列 | 36°百年牛栏山 | 125元 |
| | 古钟窖藏 | 56元 | | 52°百年牛栏山 | 218元 |
| | 古钟特酿 | 28元 | | 43°百年牛栏山嘉酿 | 130元 |
| | | | | 38°百年牛栏山特酿 | 46元 |
| 其他 | 红星黑瓷 | 109元 | 其他 | 金福酒 | 22元 |
| | 红星特制二锅头 | 60元 | | 新北京醇 | 几元到几十元 |
| | 红星贵宾 | 62元 | | 红粮大曲 | |
| | 金牌红星 | 128元 | | 白干 | |

资料来源：北京部分商场超市。

最后，老字号企业在产业延伸方面体现了较强的核心刚性，本文统计了北京首批中华老字号企业产品经营范围的变化情况，见表6-8。

表6-8　　　　　　　北京首批中华老字号企业延伸情况

| 企业名称 | 品牌 | 原产业 | 现产业 |
|---|---|---|---|
| 北京王府井百货（集团）股份有限公司东安市场 | 东安市场 | 百货 | 百货、房地产 |
| 牛栏山酒厂 | 牛栏山 | 酿酒 | 酿酒 |
| 北京红星股份有限公司 | 红星 | 酿酒 | 酿酒 |
| 北京王致和食品集团有限公司 | 王致和 | 腐乳、米醋、酱油 | 食品加工、酿造 |
| 北京义利面包食品有限公司 | 义利 | 面包 | 面包、糕点、巧克力、糖果等 |
| 北京月盛斋清真食品有限公司 | 月盛斋 | 酱肉 | 增加了炸牛肉、牛肉松、五香酱鸡等 |
| 北京稻香村食品有限责任公司 | 稻香村 | 苏式糕点 | 糕点、糖果炒货、蜜饯、饼干、罐头食品、乳品、饮料等 |
| 北京稻香春食品有限责任公司 | 稻香春 | 南方口味糕点 | 元宵、汤圆、粽子、年糕、中秋月饼等 |
| 北京桂香村食品有限公司 | 桂香村 | 南味食品 | 糕点、南糖、小食品、速冻食品、熟食、禽蛋、素什锦、干制肉品 |
| 北京二商希杰食品有限责任公司 | 白玉 | 豆制品加工 | 豆制品加工 |
| 北京天福号食品有限公司 | 天福号 | 酱肘子 | 酱制品、卤制品、油炸货、西式肉类制品 |
| 北京吴裕泰茶业股份有限公司 | 吴裕泰 | 茶庄 | 茶叶、茶制品、茶衍生品 |
| 中国茶叶股份有限公司 | 中茶 | 茶叶 | 茶叶、咖啡、可可等 |
| 聚德华天控股有限公司北京柳泉居饭庄 | 柳泉居 | 黄酒馆，鲁菜饭庄 | 食品加工 |

第六章 老字号企业的组织惯例

续表

| 企业名称 | 品牌 | 原产业 | 现产业 |
|---|---|---|---|
| 北京市糖业烟酒公司 | 京糖 | 酒类、食糖、食品饮料 | 糖烟酒等商品批发及零售 |
| 北京张一元茶叶有限责任公司 | 张一元 | 茶庄 | 茶叶生产、茶叶深加工、茶饮料 |
| 北京百花蜂产品科技发展有限公司 | 百花 | 蜂产品 | 蜂产品及相关产品的开发、生产加工 |
| 北京市龙门醋厂 | 龙门 | 醋坊 | 米醋、熏醋、香醋、花色醋 |
| 北京龙徽酿酒有限公司 | 龙徽 | 酿酒 | 葡萄酒系列 |
| 中盐北京市盐业公司 | 北京盐业 | 食盐、工业盐、畜牧业用盐 | 食盐、工业盐、畜牧业用盐 |
| 北京王致和食品集团有限公司金狮酿造厂 | 金狮 | 酱油 | 调味品、原辅料、食品、饮料 |
| 北京益华食品厂 | 通三益 | 秋梨膏、干果食品 | 食品加工 |
| 北京元长厚茶叶有限公司 | 元长厚 | 茶庄 | 茶叶加工、批发零售 |
| 北京茶叶总公司 | 北京茶叶 | 茶叶生产 | 茶叶及相关产品生产加工、批发零售 |
| 北京六必居食品有限公司 | 六必居 | 酱腌菜 | 酱腌菜、调味品 |
| 北京市成文厚账簿卡片公司 | 成文厚 | 笔砚、课本、农村读物等商品 | 会计账簿、凭证单据、办公文化用品 |
| 北京一得阁墨业有限责任公司 | 一得阁 | 墨汁 | 墨汁、墨锭、印泥、印台、中国字画、古玩、文房四宝、工艺品及字画装裱等 |
| 北京荣宝斋集团 | 荣宝斋 | 南纸、木板水印 | 书画收藏、拍卖、博物馆 |
| 北京市珐琅厂有限责任公司 | 京珐 | 景泰蓝 | 景泰蓝研发制作、商贸、旅游 |

续表

| 企业名称 | 品牌 | 原产业 | 现产业 |
|---|---|---|---|
| 北京戴月轩湖笔徽墨有限责任公司 | 戴月轩 | 毛笔 | 湖笔徽墨、书画古玩、茶屋及卡片商店 |
| 北京精益眼镜公司 | 精益 | 眼镜 | 传统眼镜、隐形眼镜、眼镜维修 |
| 北京大明眼镜股份有限公司 | 大明 | 眼镜 | 传统眼镜、隐形眼镜、眼镜维修 |
| 北京内联升鞋业有限公司 | 内联升 | 鞋店 | 布鞋、皮鞋、运动鞋、休闲鞋、拖鞋、童鞋等 |
| 北京步瀛斋鞋帽有限责任公司 | 步瀛斋 | 鞋店 | 布鞋、皮鞋、运动鞋、休闲鞋、拖鞋、童鞋等 |
| 北京瑞蚨祥绸布店有限公司 | 瑞蚨祥 | 绫罗绸缎、皮货 | 绸缎、呢绒、棉布、皮货、化纤、民族服装服饰等 |
| 北京同升和鞋店 | 同升和 | 鞋、帽子 | 增加了定做业务 |
| 北京盛锡福帽业有限责任公司 | 盛锡福 | 帽店 | 生产、加工、定做各式帽子 |
| 北京工美集团有限责任公司 | 工美 | 工艺美术用品 | 商业经营、进出口贸易、科研开发、教育出版 |
| 北京西单商场股份有限公司 | 西单商场 | 百货 | 百货零售批发、品牌代理、物流配送、计算机开发应用等 |
| 北京菜市口百货股份有限公司 | 菜百 | 百货 | 百货（主营金银珠宝） |
| 北京大北照相有限责任公司 | 大北 | 照相 | 照相、广告摄影 |
| 北京中国照相馆有限责任公司 | 中国照相馆 | 照相 | 照相 |

续表

| 企业名称 | 品牌 | 原产业 | 现产业 |
|---|---|---|---|
| 四联美发美容有限责任公司 | 四联 | 美容美发 | 美容美发、假发制作、护发护肤品销售、美容美发培训 |
| 北京金象复星医药股份有限公司 | 白塔寺药店 | 药店 | 中西药、医疗器械、营养滋补品、生物制品等 |
| 中国北京同仁堂（集团）有限责任公司 | 同仁堂 | 药店 | 现代制药工业、零售医药商业、医疗服务 |

资料来源：各老字号企业网站。

## 三、老字号企业的组织惯例及其特征

**1. 老字号企业组织惯例的历史积淀深厚**

组织惯例本身就具有累积性的特征，而老字号企业因为其漫长的发展过程，其累积性特征尤为明显，表现出组织惯例的历史积淀深厚。

① 老字号企业组织惯例深厚的历史积淀体现在知识和经验的积累。老字号企业大多拥有世代传承的产品、技艺或服务。五粮液拥有 600 多年历史的地穴式曲酒发酵窖池；贵州茅台拥有的世界蒸馏酒中绝无仅有的特殊酿造工艺；六必居拥有的独具特色的口味和制作工艺；四联美发的手艺也许与时俱进，但是"一个男宾用八条毛巾"的服务一脉相承。

对首批中华老字号申报材料的不完全统计显示，现存的绝大多数老字号企业仍然保留着历代传承的产品，技艺或服务，如图 6-8 所示。

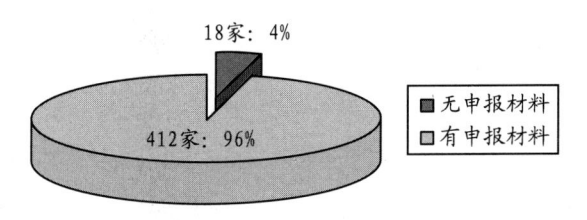

图 6-8 历代传承的产品、技艺（服务）的证实材料

② 老字号企业组织惯例深厚的历史积淀体现在其传承的特色文化。老字号企业的文化具有深邃、独特、生命力顽强的特点，其源于中国传统文化的底

蕴，历经时代的变迁，深入于组织一体化。张一元"茶品如人品"的核心理念，瑞蚨祥"至诚至上，货真价实，言不二价，童叟无欺"的十六字祖训，同仁堂"修合无人见，存心有天知"的医德信条等，时至今日仍然鲜活于老字号企业的文化中。

对首批中华老字号申报材料的不完全统计显示，老字号企业历史传承的特色文化延续至今，如图6-9所示。

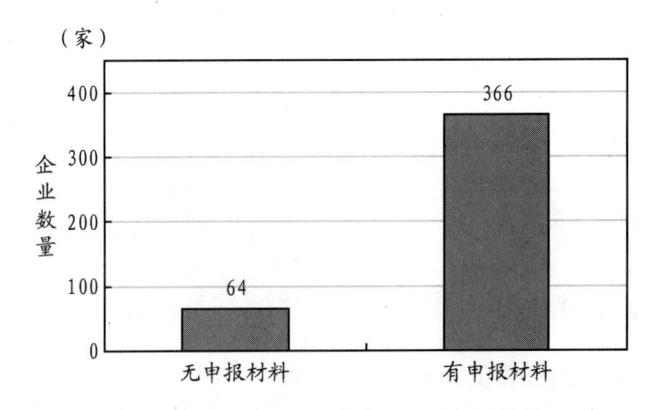

图6-9 历代传承的特色文化的证明材料

③ 老字号企业组织惯例深厚的历史积淀体现在其组织成员的记忆和情感中。老字号企业在漫长的发展过程中，成就了许多英雄般的人物，也留传了很多脍炙人口的品牌故事。

同仁堂曾经收到一封山西太原顾客来信，说在同仁堂抓中药缺了龟板这味药，并附当地医药部门的一封证明。同仁堂毫不怠慢，立即派两个人带上龟板赶赴山西，一查验，并不缺龟板，只因当地中药的龟板呈块状，而同仁堂为确保药效，把龟板研成粉末状放入了。顾客由此领略了同仁堂的技艺和严谨。

一位外地顾客在步瀛斋为老母亲买了一双"放足鞋"，老太太拿了鞋却数叨："好不容易碰上双我能穿的鞋还不多买几双？"于是，这位顾客二次进京直奔步瀛斋，一下买了八双"放足鞋"，临走还撂下话儿："下次买鞋还来这儿。"步瀛斋的盛名可见一斑。

内联升的创始人赵廷把清政府大小官员凡是在他店做过或是买过朝靴的人的姓名、年龄、住址、靴子尺寸、特殊爱好记入专门的账中，叫做"履中备载"，留住了老主顾，也吸引了新主顾。如此的营销创新时至今日仍然具有启发意义。

1915年的万国博览会，中国首次派团亮相国际舞台，外商对中国的葡萄酒闻所未闻。张裕公司的创始人张弼士主动出击，倒了一杯张裕可雅白兰地，向一位名叫莫纳的法国商人走去。莫纳先生漫不经心地摇晃着酒杯，不料那琥珀色液体弥漫出的酒香扑鼻而来,令他十分惊讶;抿上一口,醇厚的味道使他更觉陶醉。回味再三后,莫纳询问道:"此酒产自哪里?"张弼士悠然一笑,吐出四个字:"中国烟台。"这一年的万国博览会,张裕公司一举荣获4枚金质奖章。张弼士在庆祝宴上即席发表演说:"在这盛大的酒宴中,一眼望去,锦绣华堂,全是令人自豪的东西。一件就是早就世界驰名的中国大菜;一件是享誉全球的中国瓷器,摆满整个大厅;还有一件是这新近获得国际金牌的中国名酒,都是举世无双的东西。唐人是了不起的,只要发奋图强,后来居上,祖国的产品都要成为世界名牌!"

几乎每一家中国老字号企业都有类似的历史故事,这些故事已经成为老字号品牌的一部分。老字号企业在进行品牌营销的时候特别注重情感营销,引起消费者的情感共鸣。老字号企业深厚的历史积淀,不仅能够得到消费者的认同,也极大地增强了组织成员的向心力。组织惯例的历史积淀沉积于组织成员的记忆,聚合了组织成员的情感投入,促进了老字号企业组织一体化的实现。

**2. 老字号企业组织惯例的嵌入性特征显著**

组织惯例本身具有明显的"嵌入性",而中国老字号企业因为悠久的历史积淀,特有的文化底蕴以及累积的品牌声誉等特点,其"嵌入性"特点更加明显。组织惯例的嵌入性意味着组织惯例在其动态发展过程中,受到各种情境因素的影响,而这些影响逐渐沉积于组织惯例之中。国家特质性、地域特征、行业特征,企业家个人风格等情境因素都对组织惯例具有嵌入性的影响。

① 老字号企业悠久的发展历史,传承的民族文化,使得国家特质性在老字号企业组织惯例的嵌入性特征更加明显。事实上,我们可以从现存的老字号企业的发展运营中去挖掘和描绘中国经济发展变迁的轨迹。中国老字号企业都经历了多种所有制的变迁,呈现出家族所有制——国有企业——股份制(有限公司)的一般规律,这种发展轨迹正是我国经济体制发展变迁的折射。历史轨迹对老字号企业的嵌入性使得现存的老字号企业既具有家族企业、私营企业的特点,也具有国有企业的遗留特征,某些企业还具有当代股份制企业的行为特征。

② 中国的老字号大多诞生于明清交通发达、文人荟萃、商贾云集之地,脱胎于近现代工商、手工业者,所以现存的老字号也多集中于历史文化古都或商业、文化名城。对样本数据地域分布的统计结果,反映了老字号企业组织惯例的地域特征非常明显。地域特征对老字号企业的嵌入性还表现为很多老字号企业的企业文化具有"地域烙印"。

③ 中国传统的工商业生产经营活动在很长的历史时期内,都是主要围绕着老百姓日常生活展开的,所以现存的老字号企业也基本集中在传统手工业、

纺织业、医药业、服务业等行业，对样本数据行业分布的统计结果，有力的印证了行业特征在老字号企业组织惯例中具有显著的嵌入性。

④ 综观老字号企业的发展历史，大部分企业在其发展的每一个关键时期，都会出现一些个性鲜明的企业家和领导者，他们对老字号企业的生存和发展产生了重要的影响。企业家的个人风格会直接或者间接地对企业的运营规则，投资决策，创新决策以及企业文化产生深远影响，而这些影响会逐渐累积于组织惯例，表现为企业家个人风格对组织惯例具有明显的嵌入性。

以非常具有代表性的两家老字号企业张一元和吴裕泰为例，这两家老字号企业的年龄相近，所属行业相同，所属地域相同，都是北京知名的经营茶叶的零售企业，但是两家企业的经营理念和企业文化却有明显差异，其主要原因就可以追溯到两家企业现任领导者的个人风格不同。张一元的王秀兰总经理本人极其尊崇"茶道即人道"的经营理念，由于有国家特级品茶师的背景，她本人亲自在产品质量和价格上把关，每年的茶叶拼配均出自其手。所以，精湛的专业技能成就了王秀兰在张一元的核心领导地位的同时，张一元的经营理念和企业文化更加侧重于对质量和工艺的追求。吴裕泰总经理孙丹威，对市场的敏锐度很高，在经营理念上重视品牌营销，十分重视对吴裕泰的形象宣传。她很早就聘请专业咨询公司对吴裕泰的 CI 系统作了系统策划和实施；并且积极在各种场合宣传吴裕泰的企业文化和运营理念。两位女性领导人特色鲜明、风格各异，对其各自经营的老字号企业的发展具有深远的影响。

**3. 老字号企业组织惯例的核心刚性**

组织惯例是组织能力的载体，老字号企业因为其组织惯例所具有的累积性特征和嵌入性特征极为显著，易于形成独特的，难于模仿的核心竞争力，但是同时，由于组织惯例路径依赖性的特征，老字号企业的组织惯例也会呈现出比较明显的核心刚性。

从理论上分析，老字号企业在其漫长的发展历程中，很大可能性会经历相应产品的完整生命周期，意味着企业拥有很多机会进行变革性的创新，也拥有很多契机脱离原行业。但是，大多数老字号企业仍然在其最初的经营领域内发展，首批中华老字号企业都没有完全脱离原行业进行发展，而其中也只有极少数企业在不同的行业进行了延伸。老字号企业在原有经营领域内获取了核心竞争力，使其组织惯例逐渐呈现出明显的核心刚性，一方面可以维持企业的竞争优势，另一方面却抑制了组织的变革，使老字号企业逐渐锁定于原有的经营领域。

大部分老字号企业在历史发展的过程中都是以高质量的产品和服务获

取竞争优势，也因此很多老字号企业将质量置于对老字号品牌关注的核心，这种对某一优势要素的集中关注也是组织惯例核心刚性的体现，容易造成企业对其他要素的忽视和重视不够。北京老字号企业"便宜坊"，始创于明朝永乐十四年，至今已有近600年的历史，堪称是京城老字号的鼻祖。便宜坊所经营的"焖炉烤鸭"和全聚德所经营的"挂炉烤鸭"是北京烤鸭两大流派的代表，但是便宜坊今天的发展却落后于全聚德，其中一个主要原因就是便宜坊在很长的一段时间里深信"酒香不怕巷子深"，重视产品和服务的质量，却忽视在激烈市场竞争中品牌营销的重要作用，而这正是组织惯例核心刚性的体现。

### 4. 老字号企业组织惯例演化的特征

在组织惯例不断发展演化的动态过程中，惯例具有相对的稳定性，体现为现行惯例的保持和复制，同时其变革性也一直存在，为惯例的创新提供了可能，这种创新可能是突变的，也可能是渐变的，既源于惯例内部的动力机制，也受到外部环境的影响。老字号企业组织惯例更多的呈现出稳定性的特征，其变革性通常是在外部环境的冲击下才得以显现。老字号企业组织惯例的演化大多表现为适应性的变革，创造性的变革相对较少，呈现出创新不足的特征。

老字号企业拥有长寿的企业年龄，一个重要的原因就是其组织惯例具有较好的适应性。组织管理对环境的适应性变革使老字号企业在经济发展变迁的过程中得以生存，但是其内生的动态能力则发展不足，一旦外部环境出现较为复杂和剧烈的波动，超出企业的适应范围，企业就会陷入生存和发展的困境。大部分老字号企业的消亡都与时代的动荡和变迁紧密相关。

事实上，中国老字号企业在很长的一段历史时间内被全盘纳入计划经济体制下发展，不需要发展自身应对外部竞争的能力；而老字号企业大多又集中于传统产业，以满足人民生活基本需要为主要目标，老字号企业组织惯例的创新激励明显不足。但是，随着近些年市场经济的蓬勃发展，竞争强度的不断加大，新兴产业的迅速发展，老字号企业面临了前所未有的外部冲击，现有老字号企业90%面临生存和发展困境，更加说明了老字号企业内生动态能力的不足。

同时，我们也可以看到，在现有的中国老字号企业中，仍有少数发展较好的老字号企业在竞争中显现出持续的竞争优势和强大的生命力，而其不断发展的源泉正是组织惯例的不断创新。

## 第三节　老字号企业组织惯例及其演化

### 一、组织惯例演化的主要影响因素分析

**1. 组织的外部环境**

组织外部环境对组织现有惯例的冲击，是组织惯例演化的一个重要动因，这也是惯例演化的外生观点。外部环境的冲击包括宏观经济的波动，行业结构的调整，技术的进步，市场需求的变化，竞争的加剧等各个层次，各个方面的因素。当外部环境的变化对组织生存和发展产生了冲击，就会成为组织惯例演化的激发因素，而激发因素的来源会影响组织惯例演化的领域，激发因素的强度则会影响组织惯例演化的水平和程度。

**2. 组织内部的学习机制**

在组织惯例的分类阐释中，作者提出，创新惯例在组织演化过程中发挥重要的作用。而组织内部对创新惯例的影响应该是结构性的，是各种因素交互作用形成的复杂结果。如果对各种交互作用的影响因素进行提炼，作者认为应该重点分析组织内部的学习机制。组织内部的学习机制主要包括三个方面：1) 知识和经验的积累，反映了组织过去的情境因素，影响着组织成员对现有惯例的认知和执行，也影响着组织成员对新惯例所采取的策略；2) 对外部知识的潜在吸收能力，影响组织对外部知识的吸收效果，也会影响组织成员对外部环境激发因素的接受和解析，引发组织成员心智模式和对现有惯例采取策略的变化；3) 促进内外部知识共享整合以及开发利用的机制因素，是现有惯例的一种表现形式，有可能成为新惯例产生的内生激发因素，对组织惯例的演化具有重要作用。

综上所述，组织内部的学习机制既可以成为组织惯例演化的内生动力，也影响着组织成员对新惯例所采取的策略。

**3. 组织的决策者**

组织的决策者在组织惯例的演化过程中发挥着重要的作用，表现为企业家和领导者对组织惯例演化的敏感度和接受度。库克（Cook）（1975）的研究表明，管理者的理念与行为比组织结构的影响力更为重要。组织的决策者对新惯

例所采取的策略,既可以直接影响组织惯例的演化,也可以通过影响组织内部学习机制施以间接作用。

## 二、组织惯例演化的一般路径分析

在对组织惯例演化的主要影响因素分析的基础上,我们绘制了组织惯例的演化路径图,如图 6-10 所示。

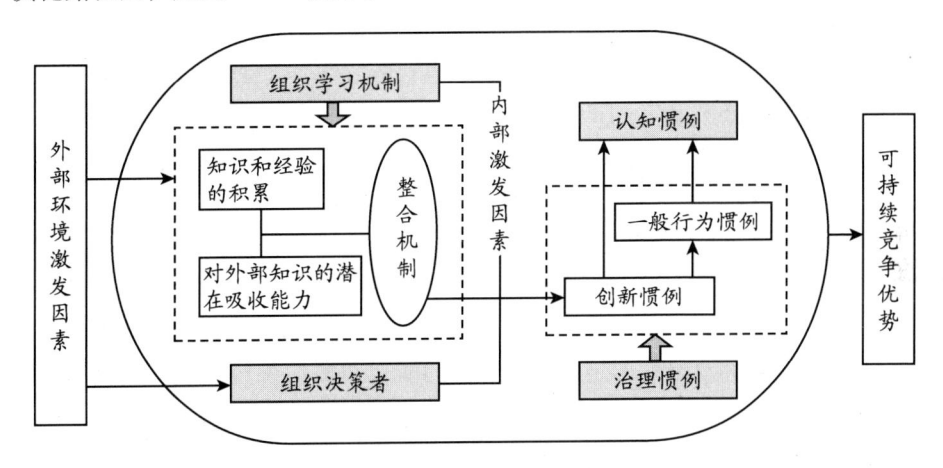

图 6-10 组织惯例演化路径

首先,如图 6-10 所示,组织惯例演化的动因既有来自于外部环境的激发因素,也有组织内部的内生激发因素,包括组织决策者高瞻远瞩的战略制定,组织成员知识和经验积累的质变,组织成员对外部知识的消化吸收,整合机制对内外部知识的整合以及开发利用等。

其次,对组织内部学习机制框架的分析,组织学习机制的执行主体是组织的全体成员,组织成员以知识和经验的积累为基础,以潜在吸收能力对外部环境激发因素进行解析,并通过整合机制将外部知识与组织内部知识和经验相融合,其最终作用将会影响组织惯例的创新演化。组织学习机制是组织内生动态能力的重要来源。

再次,组织的决策者对组织惯例演化具有直接和间接的影响,一方面,组织的决策者会根据个人知识和经验的积累,通过对外部知识的消化吸收,对外部环境变化的判断等做出决策,直接影响组织管理的演化;另一方面,组织决策者和组织成员之间相互影响,组织的决策者与组织内部的学习机制会发生交互作用,间接影响组织惯例的演化。组织决策者对组织惯例演化的直接影响和间接影响的比例与组织决策者的领导风格(独裁,民主)以及组织权力结构(集权,分权)又具有紧密联系。

最后，组织决策者对惯例演化的策略行为，组织学习机制对惯例演化的策略行为以及二者的相互作用都会对创新惯例产生影响，创新惯例的变化又会影响一般行为惯例和认知惯例，最终实现组织惯例的演化。

组织惯例的演化，促进了组织动态能力的不断发展，使组织获取可持续性的竞争优势。

### 三、老字号企业组织惯例的演化路径

通过对组织惯例演化路径的分析，可以发现组织惯例演化的关键是组织的决策者和组织学习机制之间的相互作用。对于老字号企业组织惯例的演化分析，可以从老字号企业组织惯例的特征出发，分析这两个关键要素的特性，从而探寻老字号企业组织惯例演化的路径。

首先，老字号企业组织惯例具有较明显的核心刚性，所以其内部学习机制对外部知识的潜在吸收能力受到限制，更加专注于对现有内部知识和经验的积累与复制，老字号企业组织成员对惯例的创新演化一般持保守策略。在这种情况下，组织内部激发因素不足，组织惯例的演化大多是在外部激发因素的情况下发生，对创新惯例的影响也多表现为渐进的、适应性的。

其次，老字号企业领导者的个人风格对组织惯例的嵌入性显著，组织决策者在组织惯例演化的过程中发挥了尤为重要的作用，而老字号企业的领导者的个人能力和领导风格，既会通过对组织学习机制施加作用从而间接影响创新惯例，也会对创新惯例产生直接影响。

老字号企业在其发展过程中，在外部环境复杂多变，内部机制存在弊端的现实状况下，对组织惯例的演化方向和路径很难一次就做出最优决策，通常是在不断的学习和调整中，最终选择最适合企业发展的策略。老字号企业组织惯例的演化过程是一个动态的博弈过程，可以用演化博弈的方法进行科学分析。

**1. 模型假定**

演化博弈分析的核心不是博弈方的最优策略选择问题，而是有限理性博弈方组成的群体成员的策略调整过程、趋势和稳定性。本文的演化博弈模型以组织成员个体作为博弈双方，进行如下假定：

① 两两对称博弈。组织决策者在进行决策时面对的是组织内其他所有成员，但是可以假设博弈是在个体之间两两进行，博弈支付双方是对称的，即两个博弈主体获得的不同收益仅仅是因为采取了不同的行动策略，而与博弈者的自身属性无关。

② 相对稳定的群体结构。企业组织成员可能会因为员工的招聘和辞退出

现变动,但是因为新进入者和消失者的数量相对整个群体而言较小,短期内不会影响群体的格局,所以模型假定群体结构相对稳定。

③策略假定。模型假定两种策略 A 和 B,分别表示采用新惯例和采用旧惯例。组织成员采取 A 策略或 B 策略不是事先确定的,而是随着参与者的学习过程和策略调整而改变的。

④初始假定。在初始状态下,组织内采取 A 策略的个体比例为 $x$,则采取 B 策略的个体比例为 $1-x$。

**2. 收益矩阵**

根据模型假定,组织决策者和组织学习个体的对称博弈模型的收益矩阵如图 6-11 所示:

|  | 企业员工甲 A | 企业员工甲 B |
|---|---|---|
| 企业员工乙 A | a, a | b, c |
| 企业员工乙 B | c, b | d, d |

图 6-11 组织惯例演化博弈模型

图 6-11 中,a 是组织成员群体中博弈双方均采用新惯例时双方所获得的支付;b 是采用新惯例的博弈个体与采用策略旧惯例的博弈个体相遇时所获得的支付;c 是采用旧惯例的博弈个体与采用新惯例的博弈个体相遇时所获得的支付;d 是组织成员群体中的博弈双方均采用旧惯例时博弈双方所获得的支付。

根据模型的初始假定,组织内采取 A 策略的个体比例为 $x$,采取 B 策略的个体比例为 $1-x$。则组织个体采用 A 策略和 B 策略的期望收益分别为:

$$U_A = xa + (1-x)b$$
$$U_B = xc + (1-x)d$$

组织内所有成员的平均期望收益为:

$$\overline{U} = xU_A + (1-x)U_B$$

**3. 演化稳定均衡**

根据复制动态方程,可以得到组织惯例演化的复制动态方程:

$$\frac{dx}{dt} = x(U_A - \bar{U}) = x[U_A - xU_A - (1-x)U_B]$$
$$= x(1-x)[x(a-c) + (1-x)(b-d)]$$

令 $\frac{dx}{dt} = 0$，则求解该复制动态方程，得到三个解分别为：

$$x_1 = 0\ ;\ x_2 = 1\ ;\ x_3 = (d-b)/(a-b-c+d)$$

随着支付矩阵的不同取值，采用 A 策略的个体比例 $x$ 随时间变动的复制动态微分方程的相位图如图 6-12 所示。

$0 < (d\text{-}b)/(a\text{-}b\text{-}c\text{+}d) < 1$
(a)

$(d\text{-}b)/(a\text{-}b\text{-}c\text{+}d) > 1$
(b)

$(d\text{-}b)/(a\text{-}b\text{-}c\text{+}d) < 0$
(c)

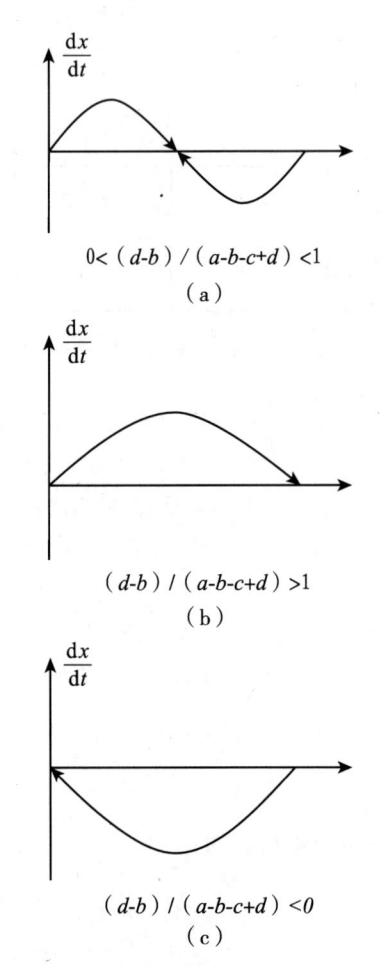

图 6-12 组织惯例演化的复制动态相位图

当 $0 < (d-b)/(a-b-c+d) < 1$ 时，根据模型的假定和对现实情况的分

析,组织内的个体成员具有有限理性,也具有事后对不同策略收益的判断能力,组织内一旦有成员搜寻新惯例,获得的收益高于复制旧惯例,就有越来越多的成员开始学习,调整自己的策略选择,直到搜寻新惯例的个体比例超过 $(d-b)/(a-b-c+d)$,"搭便车"的现象就开始出现,有些成员又回到复制惯例的策略选择上,$x=(d-b)/(a-b-c+d)$ 成为均衡比例。

当 $(d-b)/(a-b-c+d)>1$ 时,初始条件下没有采取 A 策略的个体,会逐渐发现搜寻新惯例的收益大于复制旧惯例的收益,通过学习,模仿,原有采用 B 策略的个体会调整自己的策略选择。采用 A 策略的个体比例 $x$ 逐渐增多,直到所有个体均采用了 A 策略,$x=1$ 是组织惯例演化的一个演化稳定均衡。根据微分方程的"稳定性原理",$x=0$ 不是演化稳定均衡,因为即使组织内部只有一个个体采用新惯例,其他成员都会通过学习,模仿,最终选择采用新惯例,收敛到 $x=1$。

当 $(d-b)/(a-b-c+d)<0$ 时,搜寻新惯例的收益小于复制旧惯例的收益,原有采用 A 策略的个体逐渐调整自己的策略选择,直到所有个体都采用 B 策略。$x=0$ 是组织惯例演化的一个演化稳定均衡。

# 第七章

# 中观：种群生灭与产业兴衰

## 第一节 种群生态

### 一、生境选择及其模型

**1. 生境选择**

生境选择是指动物对生活地点类型的选择或偏爱。在自然生态中，生境选择并不能直接决定一个物种的生境分布，种内及种间竞争、捕食、寄生等因素常常会改变生物的分布状况，使其实际分布不能与所偏爱的生境完全吻合。一种生物选择什么样的生境以及对这种生境的偏爱程度，很可能是这种生物与其他生物进行竞争的结果（部分原因）。现实中，如果一个具有竞争优势的新物种（A）进入了另一个物种（B）的生境，那么，A 物种就会迫使 B 物种在生境选择上尽量避免同 A 物种发生重叠，自然选择也将会有利于 B 物种中那些在生境界选择上与 A 物种有所不同的个体。

**2. 生境选择模型**

生物学家弗雷特韦尔（Fretwell）（1972）[①] 提出了生境选择模型。该

---

[①] 尚玉昌著，行为生态学．北京：北京大学出版社，2001.3.

模型假定动物个体总是选择当时的最优生境,随着最优生境被逐渐填满,其质量会随之下降,直到下降到与次优生境质量相等为止。随着居住密度的进一步增加,新来个体就会继续在这两个生境内定居,但总能大体上保证这两个生境在质量上相等。动物在这两个生境的这种定居过程叫理想自由分布,即动物可以自由地选择它们所喜欢的居住地。但,这种理想自由分布实际上是一种生境选择的博弈过程,因为,一个个体对生境的最优选择总是依赖于其他个体如何选择,因此,生境选择可以被看做是 n 个个体的博弈过程。在一个生境内定居的个体数与每个个体适合度之间的关系可用图 7-1 来表示。

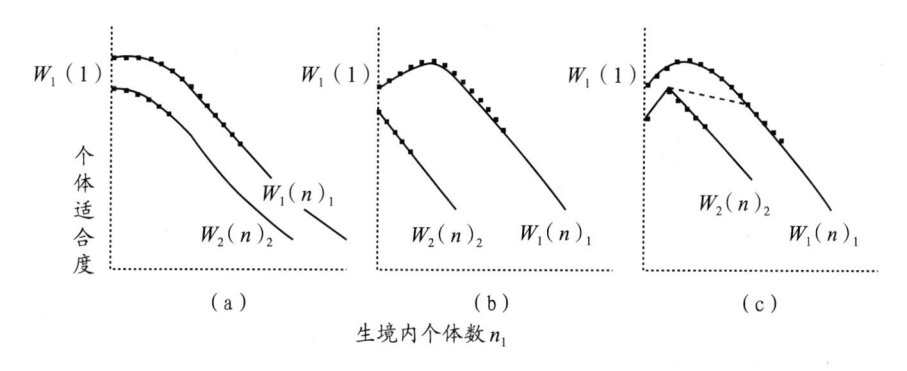

图 7-1 生境内个体数与个体适合度的关系

$W_i(n_i)$ 表示在生境 $i$($i=1$,2)内 n 个社群成员的适合度,每图都显示了个体陆续进入两个生境的先后顺序,每一个个体都按数字顺序选择能使自己适合度达到较高值的那一生境,每图都有 20 个个体陆续形成两个社群,(c)图中的虚线表示在一定条件下,一个个体可从生境 1 移入生境 2。

## 二、生境选择的灵活性

由于种群密度及种间竞争的作用,动物对生境的选择具有一定的灵活性。如迁移鸟类在冬季和夏季的分布区内常常选择不同的生境,有些个体在不同年份所选择的生境也不相同。一个好的生境常常比较拥挤,因此,新来个体如能选择一个虽然适宜性较差但不很拥挤的生境也同样能生活得很好,见图 7-2。

(a) 高适生境;(b) 中适生境;(c) 低适生境。水平线代表种群总体大小,$x<y<z$,同一水平线上的各交叉点适宜性相等,低适生境的适宜性靠种群密度较低而得到补偿。动物在三个生境中的密度表示在图下部的生境分布轴

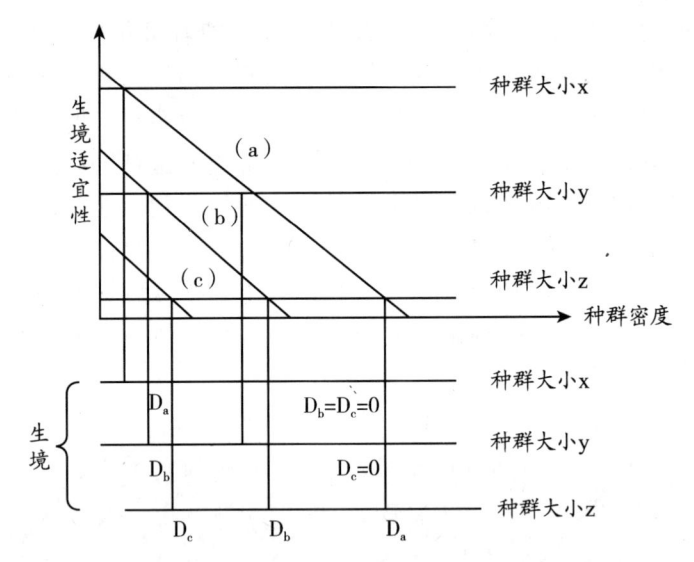

图 7-2 种群密度对生境适宜性及生境分布的影响

上，$D_a$——生境（a）中的密度，$D_b$——生境（b）中的密度，$D_c$——生境（c）中的密度［弗雷特韦尔和卢卡斯（Lucas），1970］。

## 三、领域行为

由于领域与资源的密度相关，因此，占据适宜的领域是动物生存的客观基础，领域行为即指动物为占据一定的领域而选择、采取的一系列活动的总称。动物会从领域行为中获取一定的好处，同时也会付出相应的代价。一般而言，动物占有一个领域的好处最初是随着领域大小的增加而增加的，但最终会达到一个渐近值，为保卫领域所付出的代价也将随领域大小的增加而增加，因为领域越大，侵犯领域的个体也越多，领域占据者就不得不在更大的范围内巡视自己的领域。见图 7-3。图中 B 代表动物从领域中所获得的利益，C 代表动物为保护领域所支付的成本。

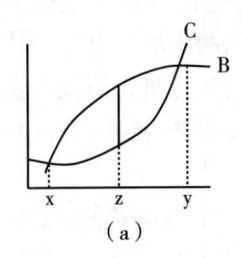

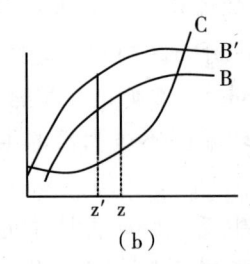

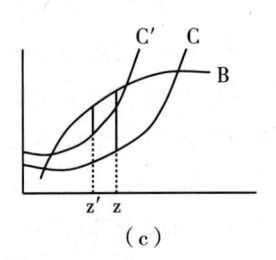

图 7-3 领域行为的经济性分析

从图 7-3 中可以看出，只有在 x 和 y 之间的范围内（B>C）动物保护领域在经济上才是合算的。资源质量与分布的变化将会使收益曲线 B 发生移动（见图 b），而竞争者数量的变化将会使代价曲线 C 发生移动（见图 7-3(c)），这些变化都将影响保护领域的经济阈值。实际情况是，收益曲线与代价曲线都不会单独发生变化，而是同时发生移动。

## 第二节 种群密度与组织增长模型

在中观层面，产业结构可解释为某一产业内部企业间的关系。

中观层面的产业生态变迁即社会上存在的某一种群组织（进行类似活动的一系列组织，它们以相似的方式利用资源，而且取得相似的结果）的数量及其形态的变异。其主要表现在以下方面：产业密度的变化、产业内优势企业排序的调整及变化、企业间相互关系的调整及变化、因技术变化而导致的关系者的变化、产业链变化等，以下分别加以论述。

### 一、最优社群与稳定社群

生物学家西布利（Sibly）（1983）[①] 提出了最优社群和稳定社群的概念。其在《最优社群是不稳定的》一文中指出：在自然界很难找到最优大小的社群，因为如果存在这样一个社群的话，那么其周围的任何一个独居个体都会拼命挤入以便谋求好处，这样就会使该社群的规模超过了最优社群。如图 7-4 所示，该图的曲线表明，个体适合度是随社群规模的变化而变化的，当社群是由 9 个个体所组成时，其中每个个体的适合度最大，此为最优社群。最优社群必然会吸引其他个体进入直至这一社群的个体数增至 16 个为止，加入社群所得到的好处与个体单独觅食的好处相等。因此，在自然界中是很难找到最优社群的，通常找到的可能是稳定社群，稳定社群通常大于最优社群。每个体都会加入到一个能使它的适合度达到最大的社群中去，因此，由 9 个个体组成的社群是最优的，但不是最稳定的。

此概念的启示意义在于：若产业密度在某一时期内稀释明显，甚至背离最优社群方向，则其吸引力不足，尽管空间充裕，也少有企业有意进入。产业的最佳规模不足，必然造成产业内企业难于达到最大适宜度，不利于企业的发展。如此循环，产业将逐步萎缩，直至消亡。

---

① 尚玉昌. 行为生态学. 北京：北京大学出版社，2001.3.

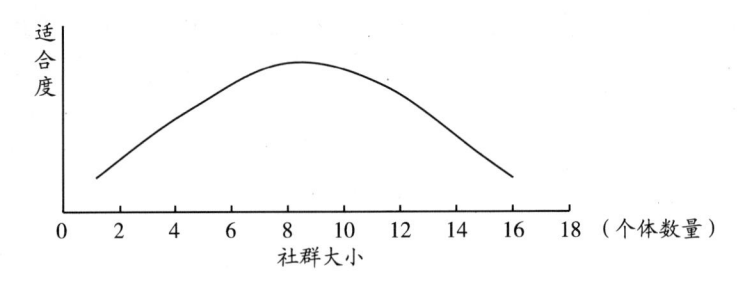

图 7-4 最优社群和稳定社群

## 二、种群密度及其调节

生态学中的种群密度（density）指单位面积（或体积）空间中的生物个体数量。它是一个随环境条件变化而变化的变量，反映了生物与环境的相互关系[①]。

种群的大小由种群出生率、死亡率、迁入率和迁出率四个基本参数决定。

种群变化 = 出生率 - 死亡率 + 迁入率 - 迁出率

由于资源依赖关系的存在，在种群边界清晰的前提下，种群内所能够容纳的生物数量及规模是有限量。当种群内的生物数量或规模超出种群的容纳能力时，会有相应的调节出现。在自然生态学中，种群调节的路径有气候调节、生物调节和食物调节等。其基本主张是：气候调节学派认为种群参数受天气条件的强烈影响；生物调节学派认为捕食、寄生、竞争等生物过程对种群调节起决定作用；食物调节学派认为食物短缺是种群最重要的限制因子。

## 三、组织密度与"环境非优定律"

组织密度（organizational density）指在一定时间和空间范围内组织的数量，是反映组织生态系统中组织生存和发展的重要指标，是衡量组织生存和发展水平的重要变量，不同的组织生态系统其密度是不相同的。密度大表示该生态系统中组织稠密、集中，环境承载能力有限，组织的成长空间趋小；密度小表示系统中组织数量相对稀疏，组织的发展空间潜力较大。组织密度具有动态性的特征，随时间的变化而变化。

组织密度指标的存在说明了组织生态系统与其所处的环境之间有紧密的联系，即环境对组织生态系统的发展具有重要的制约作用。环境越适

---

① 戈峰. 现代生态学. 北京：科学出版社，2002.10.

宜，越有利于组织的成长与发展，但在现实情况下，由于影响因素复杂多变，组织很难找到最适宜的生存环境，事实上，组织的存在与发展总是在与环境的不断调适中实现的。这种无适度环境的现象，在组织生态理论中称为"环境非优定律"。

"环境非优定律"的存在表明了环境对组织的承载容量限制，于是，存活率（vital rates）指标从创建和解散的状况方面反映了组织的环境适应性。同时，存活率指标还可进一步用于考察具体组织形式的变迁或新旧组织形式的更替。

存活率指标的具体分解是"诞生率"和"死亡率"。

① 诞生率（founding rate）。诞生是指一定区域、一定时间内新增的组织数量。这一概念与种群生态学中的实际出生率①概念相对应。

$$R_f(t) = B(t)/N(t)$$

式中，$B(t)$ 表示组织在一定时期（通常为一年）内新增的绝对数量。

在一种组织形式出现的早期，由于组织的绝对数量较小，社会认知度相对较低，因此生成数也较少。随着组织社会认知度的提高，组织数量会逐渐增加，随着数量的增加，$N(t)$ 越来越接近环境的承载容量，则生成率会下降。即组织生成率与组织密度有关，且随时间动态变化。

② 死亡率（death rate）。组织死亡是指一定区域、一定时间内消失的组织数量。

由于组织死亡的复杂性，组织死亡率的计算有两种情况：组织总体死亡率的计算和组织年龄组别死亡率的计算。所谓组织总体死亡率是指：在不考虑年龄组别死亡率情况下的组织的总体死亡统计，通常也称粗死亡率。

其公式为：

$$R_m(t) = D(t)/N(t)$$

式中，$D(t)$ 表示在一定时间（通常为一年）内组织死亡的绝对数量。

组织年龄组别死亡率是指：将一年中组织死亡的数量按其存活的年龄区间区分开来，然后再计算该年龄区间内组织死亡的数量与该年龄区间内总组织数的比值，其计算公式如下：$R_m(t_1 \sim t_2) = D(t:t_1 \sim t_2)/N(t:t_1 \sim t_2)$

式中，$D(t:t_1 \sim t_2)$ 是第 $t$ 年寿命在 $t_1$ 和 $t_2$ 之间死亡的组织数量，$N(t:t_1 \sim t_2)$ 是第 $t$ 年年龄在 $t_1$ 到 $t_2$ 之间总的组织数量。

年龄组别死亡率反映了不同年龄段的组织死亡情况，事实上，组织的死亡

---

① 注：种群生态学中的出生率概念有两个：生理出生率，指种群在理想的条件下（即无任何生态因子限制，只受生理状况影响）的种群的最高出生率，这是一个理论常数；生态出生率又称实际出生率，是指在特定的生态条件下种群的实际出生率。

率确实在不同年龄段中存在着很大的差异。因此，年龄组别死亡率的管理学意义在于：加强对高比例死亡年龄区间组织的管理，对研究分析组织的寿命周期有一定意义。一般认为，组织在初生的 1~5 年内存在较高的死亡率。

组织死亡率（失败率）除在年龄组别方面存在很大的差异性外，还与环境（区域）有很大的关联性，如在市场经济发达程度不同的地区，组织死亡率（失败率）的比率有较大差别。参见表 7-1。

表 7-1　　　　　　不同地区和国家合资企业的失败率统计①

| 样本企业数（家） | 国家发展水平 | 失败率（%） |
| --- | --- | --- |
| 37 | 发达国家（凯林） | 30 |
| 1100 | 发达国家（布朗克） | 30 |
| 60 | 混合型（斯图克） | 42 |
| 66 | 发展中国家（比米士） | 45 |
| 52 | 发展中国家（雷诺德） | 50 |
| 6000 | 中外合资经营（美国咨询公司） | 15 |
| 16 | 中德合资企业（上海交大课题组） | 12.5 |

## 四、与密度有关的组织增长模型

特定环境下组织的生存和死亡，除取决于组织自身的生存能力外，主要取决于环境的承载能力，即特定"生境"所能够支持的个体存活的最大数量。这意味着特定的资源环境中允许生存的个体组织在数量上存在一个极限，也即组织规模要小于环境承载容量。同时，环境承载容量往往又是由资源中紧缺的必需资源数量所决定的。因此，当环境中同时存在多个组织种群的情况时，它们只能是竞争性地利用着同样的资源。

因此，对组织增长的描述选择种群生态学中与密度有关的组织增长模型是适用的。因为与密度有关的连续增长模型比无密度效应的种群连续增长模型增加了两点假设：

（1）有一个环境容纳量（carrying capacity）（通常以 $K$ 表示），当 $N_t = K$

---

① 韩福荣，徐艳梅. 合营企业稳定性与寿命周期. 北京：中国发展出版社，1997.8.

时，种群为零增长，即 d$N$/d$t$ = 0

$$\frac{dN}{dt} = rN\left(1 - \frac{N}{K}\right)$$

（2）增长率随密度上升而降低的变化是成比例的。每增加一个个体，就产生 1/$K$ 的抑制影响。例如 $K$ = 100，每增加一个个体，产生 0.01 影响，或者说，每一个个体利用了 1/$K$ 的"空间"，$N$ 个个体利用了 $N/K$ 的"空间"，而可供种群继续增长的"剩余空间"只有 (1 − $N/K$)。即物种受到来自环境的阻力，使其不能按自身应有的增长率而增长，内部及外部的限制因子只允许群体发展到其环境所能容纳的最大限度。

## 第三节 技术创新与产业兴衰

相同企业的集合构成了产业，因此，生物种群（相同物种的集合体）的概念可用于比拟产业。生物种群在自然生态体系中依循环境而生存、繁衍、退化或死亡，企业种群（产业）在经济系统中，同样存在生命周期，有其生、死、存、亡的规律。其中，技术创新对产业兴衰的影响尤为重要，即，产业构成了技术的主要竞争领域。因为，技术变化可能孕育着新的产业，也可能导致某些产业的消亡。而且，技术变化通常导致产业集中，使一些彼此毫无关联的产业在技术变化的影响下融合成一个新的产业。

依据组织生态学的观点，组织种群是一个整体系统，变化着的环境决定了该种群中特定组织的存亡和成败。其假设是，组织由于结构的惰性，很难适应环境的变化，在环境发生迅速变化的情况下，旧的组织就会衰亡，从而产生出能更好地适应环境的新组织。组织生态学理论的创始人迈克尔·汉南（Michael Hannan）和约翰·弗里曼（John Freeman）认为，许多因素构成了对组织变化能力的限制，这些限制来自于对厂房、设备的巨额投资，人员的专业化，有限的信息，决策者的有限理性，组织自身成功的历史对现行程序的固化，以及改变公司文化的困难等。在所有这些阻力面前，组织要实现真正的转型就成为罕见的、近乎不可能的事情[1]。

于是，以下问题便成为组织生态学研究的核心问题之一：社会上存在的某一种群组织的数量及其形态的变异。现实中，技术创新和环境变迁使新形态的组织不断产生，而之所以会有新组织形态的不断产生，则源于新的组织

---

[1] 杨杜. 企业成长论. 北京：中国人民大学出版社，1996.6.

能更好地满足社会需求。亚马逊书店即是这类新的组织,它在环境中找到了适宜生存的新的经营领域,并逐渐夺走了原有公司的业务。再如近来发生的另一个新变化:摩托罗拉、联邦快递等大公司均在企业内建立了大学,且数量由几年前的200余所发展到了1000所以上。之所以有如此快的发展速度,主要在于企业无法从已有的大学里得到其所希望的服务,因为它们认为这些大学固守着传统的思维方式和教学方法,所培养的学生不能满足公司的要求。

那么,技术进步或技术创新对产业兴衰影响的作用机理是怎样的?

实质上,技术变化的主要目标是为企业创造价值。价值创造影响了企业在市场上所创造的竞争优势,或称是在企业的竞争领域创造的竞争优势。技术能够创造或摧毁竞争优势,因为顾客对企业产品的判断是建立在与其竞争对手的产品相比较的基础上的,企业的竞争优势能否最终建立起来,在具体形式上由顾客的选择结果加以表现。因此,具体而言,产品市场是有形的竞争领域。在产品市场上,企业努力使其产品设计成为市场标准,努力克服转换成本并赢得顾客,获得市场份额及品牌忠诚度。其次,企业获取技术与组织能力是更深层次的竞争领域,也可称为无形的竞争领域。技术与组织能力是技术在产品中成功应用的先决条件。

## 一、技术创新影响产业兴衰

### 1. 改变企业间的竞争力量

技术变化对企业间竞争力的调节主要通过以下方式实现。首先,从进入壁垒方面,技术发展产生的专利和研发活动(R&D)的规模经济可能构成某一行业重要的进入壁垒。在许多竞争领域,企业的竞争在于研究和开发所产生的技术诀窍,新进入者必须也投入大量的研发资金,这对企业的进入构成重要的壁垒。其次,从产品和过程替代方面,产生产品替代和产品差异化的重要原因之一是技术创新。一方面,技术创新可能使产品原材料的来源更加广泛、质量、性能更加优越、价格更加低廉,企业因新材料的采用可获得比较优势,从而改变企业的竞争力;另一方面,技术创新可以改进产品的工艺制造过程,使生产环节更高效、经济,提高企业的竞争优势。最后,新产品在功能、质量、使用价值方面对原有产品的替代,也可以提高企业的竞争优势。由于技术创新,替代企业能够限制被替代企业的潜在收益,并有可能最终改变产业的演进路径,例如,使被替代企业的生命周期缩短或使该企业越过生命周期的特定阶段直接进入衰退期。企业之间的替代程度随技术进步而越来越加强,即企业间替代程度的加强是技术创新及其产业化的结果。企业间替代程度的加强除缩短企业生命周期外还将产生两个显著的影响：一是企业间竞争加剧。在传统工业经济时代，企业之间的竞争一般都在同一产业内竞争，很少涉及产业间的竞争。而随着企业替代程度的增强，企业间的竞争不但在同一产业内，而且还将跨越产业界限在有替代性的产业间进行。二是产业利润率下降。工业经济时代，因产业间的替代程度较弱，尤其是许多自然垄断性产业（如电信、邮政、电力等）没有替代产业，企业获取垄断利润，产业利润率较高。而竞争性产业内的企业常常通过提高产业集中率的办法来获取超额利润，现实中表现为许多产业内的寡头垄断企业通过共谋或串谋来获取超额利润。但是，随着产业间替代程度的加强，产业垄断将越来越困难，甚至不可能，产业间利润率差异将缩小，利润率将趋于平均化。

**2. 价值链重塑**

技术变化使企业能够重塑价值链上的具体环节，从而影响业务的成本和速度。首先，技术可能改变企业主要价值链的实现方式。如电子信息系统在金融领域的采用，不仅使交易速度更快、更准确，还打破了交易的空间局限，使交易范围扩大到全球。再以自动化为例，近年来，随着信息技术的发展，办公自动化水平显著提高，从而生产效率也明显提高。诸多企业专家认为，美国在1992年后出现的生产率的持续提高，与其在20世纪80年代中期在信息技术上花费超过10000亿美元的投入相关。

**3. 价值分配重新组合**

通常情况下，在一个相对稳定的组织生态系统中，产业链诸环节协同作业，各环节所获得的价值利益维持一种基本均衡，若该均衡结构受到扰动而产生改变，即价值分配不能在各环节保持力量平衡，则组织生态系统将产生相应变化，并寻求在新条件下的再度平衡。技术发展通过改变企业与供应商、分销商之间的力量平衡而对组织生态系统产生影响。首先，从技术发展与生产企业间关系的角度来讲，信息技术的广泛采用使企业更好地计划与管理其与供应商和分销商的关系，使决策进一步建立在理性分析的基础之上。其次，从技术发展与协作企业间关系的角度讲，由于市场和产品的标准化，外购和委托加工的机会与优势日趋明显，价值分配在制造企业与协作企业间重新整合。

**4. 导致产业内企业地位重新排序**

随着技术的变化，最初在领域内占领导地位的企业可能被排挤出局，而后来者却可能占据领域的主导地位，从而改写竞争规则。通常情况下，由新企业推出的根本性创新，往往来自于已有产业之外。最初，新技术难免稳定性低、粗糙而且昂贵，但会有一个不断发展并逐步被市场认可的过程。当受到威胁的企业对现实有所认识时，老技术会在其原有基础上有一定的发展。当威胁被确认之后，传统企业的选择只有两条：退出竞争或参与竞争。传统企业参与新技术的竞争要面临三种决定：第一，进入的时间；第二，参与的程度；第三，组织分离的程度。三种决定均存在风险。对第一点而言，企业较早进入，通常会低估解决技术障碍所需的资源和技能；对于第二点，企业早期投入有限，其后再追加投入时，新的竞争对手可能已建立起领先优势；第三点，企业中的新老业务通常存在密切的联系，当企业为新领域的竞争制定战略时，组织惯性会起作用，即对新产品使用传统战略。因此，已有企业对产业内技术威胁的响应存在很多问题。这即是产业演进过程中常常出现的"后来者居上"的原因。

中国彩电工业发展过程中的一个重要特点是：产业的后进入者竞争优势明显地超过行业的先行进入者。例如，曾经在中国彩电行业具有举足轻重地位的几大生产企业，都不是该行业的最先进入者。在长虹进入彩电行业时，行业内已有几十个生产厂家，康佳也是彩电工业的后进入者，而 TCL 和创维更是 1990 年才进入该行业。

## 二、技术创新、自组织调节与产业变迁

技术创新导致新旧产业的替代，并可能造成部分产业的整体消亡。此外，技术创新还使产业内企业关系发生变化，改变企业间的力量对比和竞争位次。在这些变化发生的过程中，产业、企业的自组织机制会发生作用，以适应技术创新的结果。产业内企业间关系变化的过程，即是环境承载容量在产业演进中发挥作用的结果。在产业密度所能够承载的范围内，产业内部现有企业依据发展能量占据特定的资源条件，相互联系、相互作用，形成一定的稳态。当其中一部分企业占据资源的能力获得提高时，必然以另一些企业获取资源能力的相对弱化为代价而重新达成平衡，当这一现象在某些特定企业中不断被强化时，即一些企业获取资源的能力快速增长并由此形成企业的绝对竞争优势时，将会迫使另外一些企业从这一产业内退出，或以捕食的方式结束这一状态，达成另一种平衡。

另一种情况是，产业外企业因趋利作用或其他因素进入该产业内，分争产业固有资源，造成资源稀释。如果新进入者获取资源的能力强于业内现有企业，经过一段时间，产业内企业的排序将重新组合，并重复上述退出或捕食循环。

总之，产业存在一个最佳密度，这一最佳密度是相对于该产业内的企业生存条件而言的适宜企业生存与竞争的密度。产业密度低或高均不利于产业的发展。当产业密度与企业最适发展环境不匹配时，便会产生调节问题，比照自然生物种群的调节路径，产业密度的调节方式有：政府调节、市场调节和资源调节。种群调节与产业调节的比较见表7-2。

表7-2　　　　　　　　　　种群调节与产业调节

| 种群调节 | 产业调节 |
| --- | --- |
| 气候学派：<br>天气条件调节种群内的生物数量变化 | 政府调节：<br>行政手段对产业调节起重要作用 |
| 生物学派：<br>捕食、寄生、竞争对种群起调节作用 | 市场调节：<br>市场行为自动调节产业密度 |
| 食物学派：<br>食物短缺是最重要的限制因子 | 资源调节：<br>资源限制是产业调节的主要诱因 |

企业在某一产业内的出入以及在不同产业间的转移即是上述调节发挥作用的结果，是一种客观存在。也正是由于调节功能的发挥及由此而造成的"转移"的时时发生，构成了产业与企业的发展活力。

企业的出生、死亡，企业在不同产业间的迁入、迁出等，是自组织调节的表现形式，对其进行相关的分析，有助于深入理解企业生态环境。如通过对某一产业内企业出生、死亡、迁入、迁出数据的统计分析，可以判别产业吸引力的大小；判别行业演变的趋势——朝阳行业或夕阳行业；可以协助了解产业密度即产业竞争强度等。从而为企业战略决策提供依据与信息，为企业进行多元化经营和产业转移提供参考。

## 第四节 产业变迁的形式与意义

### 一、极限形式——企业死亡

**1. 企业死亡**

关于企业死亡，从定义的角度存在多种概念，具体判断起来也存在一定困难。有这样一个故事：一把祖传的斧子，经历几代人使用，期间，斧头、手柄先后被换为新的，家族的人还在继续使用，他们还认为这是一把祖传的斧子，但是，这把斧子已与祖上留下的那把完全不同了（见图7-5）。如何理解？

死亡　　　　死亡

图7-5　一个斧子的故事 [埃金（Akin），2000]

同理，一个企业，如果更改了名称，变动了地址，改变了主营业务，或者与其他企业合并，那么，这个企业是否仍然存在？或者已经消亡？

为了统一起见，我们以法人实体是否存在为依据，作为企业死亡与否的判定标准。通常情况下，下列几种方式被认为是企业死亡的标志：破产、兼并、解散、退出等。从非正常死亡角度分析，死亡是组织失败的最终表现形式。

关于企业死亡问题，据美国《财富》杂志报道，美国大约62%的企业寿命不超过5年，只有2%的企业存活达到50年，中小企业平均寿命不到7年，大企业平均寿命不足40年；一般的跨国公司平均寿命为10~12年；世界500强企业平均寿命为40~42年，1000强企业平均寿命为30年。日本《日经实业》的调查显示，日本企业平均寿命为30年。《日本百强企业》一书记录了日本百年间的企业变迁史，在百年中，始终列入百强的企业只有一家。在中国，有关企业存继周期尚无如此明确的统计，但1993年、1995年、1997年、

2000年、2002年进行的5次全国私营企业大规模抽样调查表明,1993年以前私营企业平均存继周期只有4年,2000年提高到7.02年。此外,有数据表明,中国集团公司的平均寿命约为7~8年,与2000年统计的私营企业平均寿命相仿①。

一家名为邓恩和布拉德斯特里特（Dun &Bradstreet）的财务报告服务机构被认为是最详细和最权威地记录了商业和工业企业失败的统计数据,这些统计数据为研究企业死亡提供了重要的资料。表7-3和图7-6是有关美国在1920~1982年间的失败企业数据的统计。另外,据这家公司的记录,美国1991年失败企业有87266家（见表7-3中所示部分）。

表7-3　　　　　1920~1982年美国失败企业统计②　　　　单位：家，美元

| 年份 | 死亡数 | 死亡率 | 平均负债 | 年份 | 死亡数 | 死亡率 | 平均负债 |
| --- | --- | --- | --- | --- | --- | --- | --- |
| 1920 | 8881 | 0.48 | 33230 | 1933 | 19859 | 1 | 23038 |
| 1921 | 19652 | 1.02 | 31926 | 1934 | 12091 | 0.61 | 27621 |
| 1922 | 23676 | 1.2 | 26351 | 1935 | 12244 | 0.62 | 25366 |
| 1923 | 18718 | 0.93 | 28817 | 1936 | 9607 | 0.48 | 21148 |
| 1924 | 20615 | 1 | 26351 | 1937 | 9490 | 0.46 | 19310 |
| 1925 | 21214 | 1 | 20918 | 1938 | 12836 | 0.61 | 19204 |
| 1926 | 21773 | 1.01 | 18795 | 1939 | 14768 | 0.7 | 12359 |
| 1927 | 23146 | 1.06 | 22471 | 1940 | 13619 | 0.63 | 12239 |
| 1928 | 23842 | 1.09 | 20534 | 1941 | 11848 | 0.55 | 11488 |
| 1929 | 22909 | 1.04 | 21094 | 1942 | 9405 | 0.45 | 10713 |
| 1930 | 26335 | 1.22 | 25357 | 1943 | 3221 | 0.16 | 14076 |
| 1931 | 28285 | 1.33 | 26032 | 1944 | 1222 | 0.07 | 25908 |
| 1932 | 31822 | 1.54 | 29172 | 1945 | 809 | 0.04 | 37361 |

---

① 王尚. 中国民企平均寿命七年多. http://www.gdgsb.com, 2004.7.16.
② 林瑞基. 企业组织发育与死亡的影响因素. 经济理论与经济管理, 2001.8.

续表

| 年份 | 死亡数 | 死亡率 | 平均负债 | 年份 | 死亡数 | 死亡率 | 平均负债 |
|---|---|---|---|---|---|---|---|
| 1946 | 1129 | 0.05 | 59654 | 1965 | 13514 | 0.53 | 97800 |
| 1947 | 3474 | 0.14 | 58898 | 1966 | 13061 | 0.52 | 106901 |
| 1948 | 5250 | 0.2 | 44690 | 1967 | 12364 | 0.49 | 102332 |
| 1949 | 9246 | 0.34 | 33323 | 1968 | 9636 | 0.39 | 97654 |
| 1950 | 9162 | 0.34 | 27099 | 1969 | 9154 | 0.37 | 124767 |
| 1951 | 8058 | 0.31 | 32210 | 1970 | 10748 | 0.44 | 175638 |
| 1952 | 7611 | 0.29 | 37224 | 1971 | 10326 | 0.42 | 185641 |
| 1953 | 8862 | 0.33 | 44477 | 1972 | 9556 | 0.38 | 209099 |
| 1954 | 11086 | 0.42 | 41731 | 1973 | 9345 | 0.36 | 245972 |
| 1955 | 10969 | 0.42 | 40968 | 1974 | 9915 | 0.38 | 307931 |
| 1956 | 12686 | 0.48 | 44356 | 1975 | 11432 | 0.43 | 383150 |
| 1957 | 13739 | 0.52 | 44784 | 1976 | 9628 | 0.35 | 312762 |
| 1958 | 14964 | 0.56 | 48667 | 1977 | 7919 | 0.28 | 390872 |
| 1959 | 14053 | 0.52 | 49300 | 1978 | 6619 | 0.24 | 401270 |
| 1960 | 15445 | 0.57 | 60772 | 1979 | 7564 | 0.28 | 352639 |
| 1961 | 17075 | 0.64 | 63843 | 1980 | 11742 | 0.42 | 394744 |
| 1962 | 15782 | 0.61 | 76898 | 1981 | 16794 | 0.61 | 414147 |
| 1963 | 14374 | 0.56 | 94100 | 1982 | 25346 | 0.89 | NA |
| 1964 | 13501 | 0.53 | 98454 | | | | |

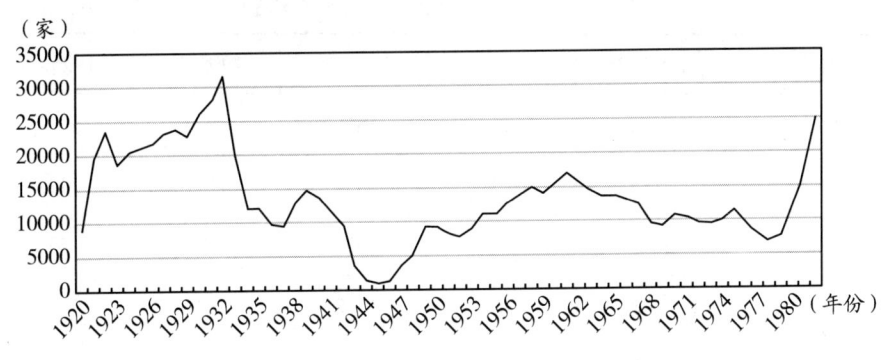

图 7-6　1920~1982 年美国失败企业统计

不仅如此，世界上许多国家和地区也均有对企业失败和死亡的研究，表 7-4 显示了 1955~1975 年 20 年间日本企业的失败情况，表 7-5 则是希腊在 1973 年至 1996 年间的失败企业统计，表 7-6 是部分欧洲国家企业的失败统计。注重对中小企业失败的研究是英国的一个特色，表 7-7 是有关英国小企业失败原因及分布规律的统计。

表 7-4　　　　　　　　1955~1975 年日本失败企业统计[①]　　　　　　单位：家

| 年份 | 1955 | 1956 | 1957 | 1958 | 1959 | 1960 | 1961 | 1962 | 1963 | 1964 | 1965 |
|---|---|---|---|---|---|---|---|---|---|---|---|
| 数量 | 605 | 1123 | 1736 | 1480 | 1166 | 1172 | 1102 | 1179 | 1136 | 4212 | 61414 |
| 年份 | 1966 | 1967 | 1968 | 1969 | 1970 | 1971 | 1972 | 1973 | 1974 | 1975 | |
| 数量 | 6187 | 8192 | 10776 | 9852 | 8253 | 9765 | 9206 | 7139 | 8202 | 11681 | |

表 7-5　　　　　　　　1973~1996 年希腊失败企业统计　　　　　　单位：家

| 年份 | 1973 | 1974 | 1975 | 1976 | 1977 | 1978 | 1979 | 1980 | 1981 | 1982 | 1983 | 1984 |
|---|---|---|---|---|---|---|---|---|---|---|---|---|
| 数量 | 729 | 423 | 429 | 413 | 489 | 600 | 667 | 741 | 770 | 749 | 896 | 973 |
| 年份 | 1985 | 1986 | 1987 | 1988 | 1989 | 1990 | 1991 | 1992 | 1993 | 1994 | 1995 | 1996 |
| 数量 | 693 | 763 | 1065 | 1091 | 963 | 636 | 880 | 820 | 874 | 885 | 1395 | 1500 |

---

① 林瑞基．企业组织发育与死亡的影响因素．经济理论与经济管理，2001.8.

表7-6　　　　　1992~1996年欧洲部分国家失败企业数量①　　　单位:家

| 国家 | 1992年 | 1993年 | 1994年 | 1995年 | 1996年 |
| --- | --- | --- | --- | --- | --- |
| 奥地利 | 3658 | 5081 | 4850 | 4994 | 5500 |
| 比利时 | 3115 | 6154 | 6354 | 7157 | 7400 |
| 丹麦 | 2895 | 3509 | 3687 | 2621 | 1900 |
| 芬兰 | 7348 | 6769 | 5502 | 5234 | 4900 |
| 法国 | 57795 | 60481 | 59503 | 59503 | 59900 |
| 德国 | 15302 | 20298 | 24928 | 28758 | 31000 |
| 英国 | 61219 | 58982 | 49969 | 43484 | 42900 |
| 爱尔兰 | 787 | 814 | 124 | 693 | 670 |
| 意大利 | 11703 | 14094 | 16506 | 16016 | 15600 |
| 荷兰 | 5045 | 6428 | 6644 | 5847 | 5600 |
| 挪威 | 5749 | 5218 | 4686 | 3699 | 3800 |
| 瑞典 | 22449 | 18731 | 15666 | 12585 | 12200 |
| 瑞士 | 9578 | 10513 | 10350 | 9761 | 10200 |
| 西班牙 | 1642 | 2064 | 1666 | 1345 | 1100 |
| 卢森堡 | 185 | 257 | 302 | 320 | 390 |

表7-7　　　　　　　　英国小企业失败率②　　　　　　　　单位:%

| 项目 | 建筑业与制造业 | 批发 | 汽车 | 零售 |
| --- | --- | --- | --- | --- |
| 清算 | 8 | 19 | 8 | 15 |
| 停业 | 2 | 6 | 5 | 9 |
| 被接管 | 13 | 8 | 5 | 4 |
| 总死亡率 | 23 | 33 | 18 | 28 |

①② 林瑞基. 企业组织发育与死亡的影响因素. 经济理论与经济管理, 2001.8.

依据前述"年龄组别死亡率"的概念，组织的死亡率与组织年龄有较大相关性。根据邓恩和布拉德斯特里特的统计，1980年超过了一半（53.6%）的失败企业年龄不超过5岁，运作10年的企业的死亡率为13.8%，在很长时间里失败的企业中新组织的比例一直高达50%~60%，一般认为组织生成的前5年是最困难的时期。参见图7-7。

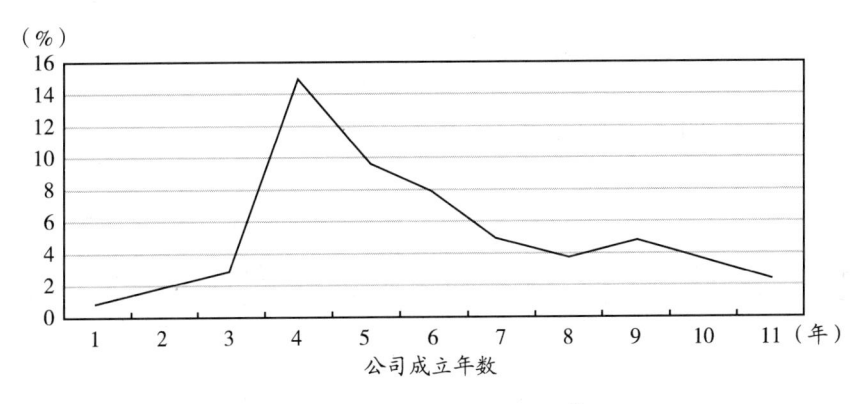

图7-7 公司失败率分布①

由"种群变化＝出生率－死亡率＋迁入率－迁出率"可认定，（假设其他条件不变）企业死亡必然带来产业生态环境的重大变化。

**2. 企业死亡对产业生态环境变化的影响**

企业死亡对产业生态环境变化的影响存在以下几种情况：其一，如前所述，自然调节（气候、资源条件、物种关系）是生物死亡的主要原因。企业死亡则是市场调节和资源调节的结果，一部分企业的死亡为另一部分企业的资源利用状况创造了条件，有利于生态系统的吐故纳新，此为良性循环过程。其二，存活下来的企业也许并不因已死亡企业的退出而获取大于资源充裕所带来的利益，相反，由于部分企业的死亡，使与之有业务关系的企业的存活受到影响，即改变了企业的生态环境，影响存活企业的生态链关系，迫使企业重构价值链和业务链并为此增加成本。特别是，如果死亡的企业是另一些企业的重要关系者（供应商、客户或配套商），则对尚存企业的影响更为明显。其三，当产业内企业死亡速度高于新生企业诞生速度，或者迁出企业比例较高，这是产业衰退的重要征兆。此时，产业密度下降明显、产业内企业竞争乏力、整个产业缺乏生机，即使环境承载容量充裕，也少有外界企业有意迁入。其结果有可

---

① 林瑞基. 企业组织发育与死亡的影响因素. 经济理论与经济管理，2001.8.

能导致产业的消失。此情况可依据自然生态学中最优社群与稳定社群概念加以分析。因为在自然生态中，动物的生境选择与社群大小有很大关联。从领域行为的角度看，生境质量会随着定居者数量的增加而下降；但从社会性生活的角度看，生境质量又会在一定限度内随着社会其他成员的存在而提高。因此，动物总是根据能使其适合度达到最大的原则来选择生境与社群大小，而非密度越小越佳。

## 二、普遍形式——企业"位移"

### 1. 企业的"进、出"

产业变迁是以企业在产业间的转移为基础的，朝阳产业的行业吸引力与夕阳产业的资源衰退形成强烈反差，从而影响着企业在行业间的转移。企业在各产业间的"进、出"，既是利益机制驱动的结果，也是市场机制的自组织过程，这与生态系统的调节机制具有相似之处。

1.1 产业间企业的迁移

产业是企业外部环境的重要部分，按照迈克尔·波特的观点，企业成长、企业战略选择、企业竞争力大小等均与产业环境密切相关。具体而言，企业竞争力的强弱，不仅取决于企业在本行业内部的竞争力排名，还取决于企业所跻身行业的竞争力。波特的这一理论很好地解释了众多企业为追求长远发展而展开不断的行业转移的行为，即企业通过各种途径和方式进行产业转移。

吉列公司是全球公认的最具竞争力和活力的公司。强大的产业创新能力是该公司的致胜法宝。从它的核心业务剃须刀片和化妆用品起步，目前独占全世界男用剃须刀架和刀片60%的市场份额。1955年跨入了文具业，1967年闯进小家电业，1984年进入医疗保健业，1996年经营电池业。公司的持续创新能力使其成为了许多衰退产业中的璀璨明星。

另一个产业创新的典型代表是迪士尼。迪士尼公司是全球娱乐业和媒体产业的第一巨头。观察迪士尼的增长过程，会看到一幅由一处阶梯孕育出另一处阶梯的清晰无误的产业创新全景，见图7-8。

多年以来，迪士尼公司从动画片起家，发展成为电影制片厂，电视节目以及广播电台。动画片是该公司产业开拓的基石，通过动画片进入了音乐和书籍出版业、商业零售业，以及旅游、休闲、度假旅游业等。1998年它又进入游览航班业以及网上娱乐业和文化产业等。迪士尼公司的基本产品是"笑和舒适"，它是"感情商业"的开创者。它在感情商业中成功地繁衍出了一个国际性的市场潜力无穷的现代新兴产业群。

显然，企业在不同行业间的转移是构成组织生态变迁的又一表现。

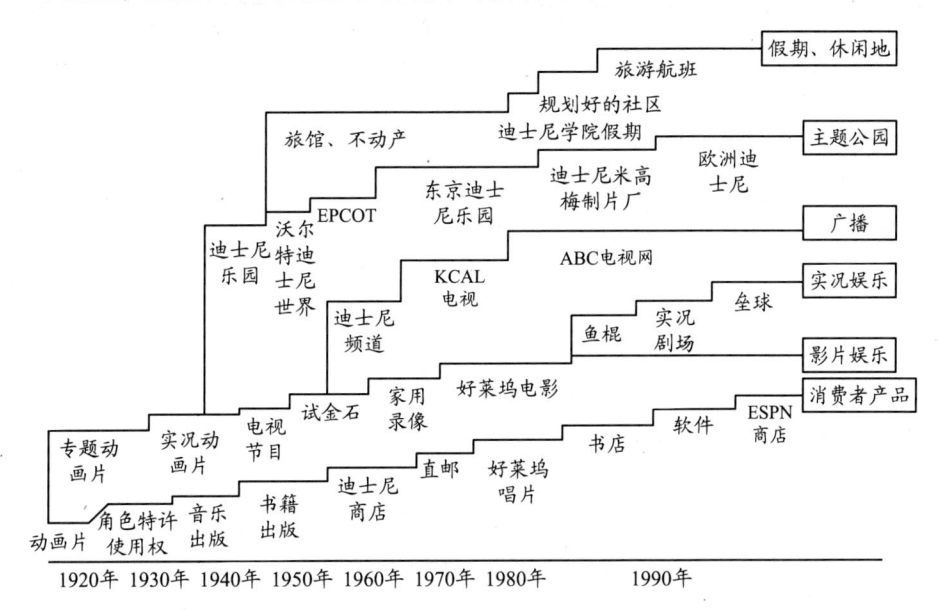

图 7-8 迪士尼公司产业创新全景图[①]

那么，企业产业转移的动力机制何在？企业产业转移的规律如何？企业通常采用何种方式，在何种条件下进行产业转移更能取得预期的收益？对上述问题的思考除去在产业理论、企业发展理论等理论中寻找思路外，自然生态学中的相关理论（如前述"最优社群"、"生境选择"、"领域行为"等）均提供了有力的支撑，以下是对企业在不同产业间的转移所做的进一步分析。

以1998年1月至1999年8月间国内34家商贸百货类上市公司的产业转移为例，见表7-8。

---

① ［美］梅尔达德·巴格海著，奚博铨等译．增长炼金术：企业启动和持续增长之秘诀．北京：经济科学出版社，1999.9．

表7-8　　　34家商贸百货类上市公司"产业"转移一览表

(1998年1月~1999年8月)

| 股票代码 | 股票名称 | 产业转移概况 | 产业转移方式 | 每股收益（元） | | |
|---|---|---|---|---|---|---|
| | | | | 1999年中期 | 1998年 | 1997年 |
| 0578 | 青百A | 金融 控股青海证券有限责任公司 | 股权投资 | 0.03 | 0.18 | 0.18 |
| 0765 | 六渡桥 | 计算机信息技术基础设施 利用配股资金，收购武汉伦新华新电脑公司控制权，收购武汉华中信息技术股份有限公司的控制权；投资宜昌云集隧道和房地产开发 | 购并、项目投资 | 0.150 | 0.400 | 0.300 |
| 0785 | 武汉中商 | 计算机软件 利用配股资金，投资3250万元，控股武汉华软软件股份有限公司 | 购并 | 0.200 | 0.370 | 0.734 |
| 0787 | 五一文 | 计算机软件 投资1530万元，台资成立湖南创智软件园开发有限公司，占51%股权 | 股权投资 | 0.075 | 0.340 | 0.298 |
| 0889 | 华联商城 | 信息网络 投资1.06亿元，收购安徽新长江网络经济发展有限公司 | 购并 | 0.021 | 0.086 | 0.233 |
| 600058 | 五矿发展 | 冶金、金融 投资1.43亿元参股厦门钨业股份有限公司；出资9800万元和法国安盛保险集团公司出资组建金盛人寿保险公司，占49% | 项目投资股权投资 | 0.252 | 0.3908 | 0.5197 |
| 600153 | 厦门建发 | 制药业、通讯系统 出资4200万元投资厦门建发制药有限公司，占70%股权；出资2337万元，收购购厦门建发通讯系统有限公司75%股权、厦门建发电子公司90%股权和厦门建益达有限公司80%股权 | 股权投资购并 | 0.212 | 0.502 | 0.433 |

续表

| 股票代码 | 股票名称 | 产业转移概况 | 产业转移方式 | 每股收益（元） | | |
|---|---|---|---|---|---|---|
| | | | | 1999年中期 | 1998年 | 1997年 |
| 600647 | ST粤海发 | 制造业、电子 投资5000万元，收购江都粤海造船有限公司45%股权；股权置换海峰电子95%股权 | 购并 | 0.010 | 0.4614 | -0.6062 |
| 600657 | 青鸟天桥 | 计算机软件 出资1265万元，收购北京北大青鸟商用信息系统有限公司98%的股权；出资5323万元，收购北京北大青鸟软件系统公司两项技术 | 购并 | 0.301 | 0.400 | 0.280 |
| 600670 | ST高斯达 | 生物医药 用股权出售所得资金，收购长春高斯达生化药业集团的无形资产"苷必妥""金葡液"相关技术和资产；出资3747万元收购吉林华孚制药股份有限公司61.58%股权 | 购并 | 0.030 | 0.011 | -0.989 |
| 600700 | 百隆集团 | 地理信息 收购西安煤航现代测绘工程公司、西安煤航地图制印公司和陕西煤航票证印刷厂 | 购并 | 0.350 | 0.260 | 0.160 |
| 600755 | 厦门国贸 | 仓储、电子基础设施 投资2375万元合资成立厦门顺达国际仓储有限公司；收购夏华电子35.042%股权；投资市政工程建设 | 项目投资 | 0.262 | 0.056 | 0.604 |
| 600766 | 烟台华联 | 印刷 兼并烟台印刷厂，合资组建烟台华联印刷有限责任公司 | 购并 | 0.042 | 0.220 | 0.430 |

续表

| 股票代码 | 股票名称 | 产业转移概况 | 产业转移方式 | 每股收益（元） | | |
|---|---|---|---|---|---|---|
| | | | | 1999年中期 | 1998年 | 1997年 |
| 600773 | 西藏金珠 | 冶金、化工 组建西藏金珠有色金属有限公司、西安近代化工有限责任公司 | 股权投资 | 0.049 | 0.260 | 0.220 |
| 600822 | 物贸中心 | 教育、房地产 投资2205万元于上海民办锦绣园中学；投资2200万元于两项房地产开发项目 | 项目投资 | 0.005 | 0.012 | 0.020 |
| 600824 | 益民百货 | 酒店餐饮 用配股资金8100万元收购富丽华大酒店 | 购并 | 0.090 | 0.215 | 0.280 |
| 600873 | 西藏明珠 | 实业投资、电力生产 在广西北海、四川进行实业投资；投资700万元于四川大邑鲁家湾电站 | 项目投资 | -0.014 | 0.0109 | 0.0093 |
| 600891 | 秋林集团 | 高科技电子产品 出资1963.9万股，收购黑龙江北方华旭金卡电子股份有限公司95%股权 | 购并 | 0.011 | 0.250 | 0.440 |
| 0593 | 成都华联 | 制酒业 四川郎酒集团收购公司1599万股国有股，占17.34%，成为第一大股东 | 购并 | 0.116 | 0.340 | 0.250 |
| 0739 | 青鸟东方 | 网络通讯 拟以配股资金与青岛有线电视台组建有线电视网络公司 | 股权投资 | 0.055 | 0.340 | 0.3651 |
| 600655 | 豫园商城 | 生命科学 拟出资1650万元，组建"医学生命科学研究中心"，占55%股权 | 股权投资 | 0.136 | 0.331 | 0.433 |
| 600693 | 东百集团 | 综合 房地产、汽车、旅游 | 项目投资 | 0.090 | 0.320 | 0.280 |

续表

| 股票代码 | 股票名称 | 产业转移概况 | 产业转移方式 | 每股收益（元） | | |
|---|---|---|---|---|---|---|
| | | | | 1999年中期 | 1998年 | 1997年 |
| 600739 | 辽宁成大 | 金融 出资2.78亿元，收购广发证券公司24.66%股权 | 股权投资 | 0.020 | 0.502 | 0.910 |
| 600778 | 友好集团 | 生物技术、网络通讯 投资5100万元，组建"上海申友生物技术有限责任公司"，占51%股权；投资2000万元，组建"乌鲁木齐有线广播电视有限责任公司" | 股权投资 | 0.050 | 0.260 | 0.280 |
| 600840 | 浙江创业 | 网络通讯 以自有资金1329万元，收购浙江高新信息技术有限公司88%股权，投资开发付费电视点播系统VOD和NVOD（机顶盒） | 购并 | 0.020 | -0.201 | 0.297 |
| 600857 | 宁波中百 | 高科技 北京经济发展投资公司向公司注入高科技优质资产 | 资产重组 | 0.260 | 0.120 | 0.150 |
| 600861 | 北京城乡 | 计算机软件 投资1050万元，组建大用软件有限责任公司，占35%股权，居控股地位 | 股权投资 | 0.290 | 0.492 | 0.450 |
| 600682 | 南京新百 | 网络通讯 和南京高科、南京有线广播电视台共同投资6亿元，组建南京广播电视信息网络产业有限公司 | 股权投资 | 0.202 | 0.340 | 0.330 |
| 600826 | 兰生股份 | 高科技 和上海科学院携手组建上海兰生、上科高科技发展有限公司，首期注册资本2000万元，以后将扩大到1亿元，其中兰生股份占70% | 股权投资 | 0.252 | 0.300 | 0.366 |

续表

| 股票代码 | 股票名称 | 产业转移概况 | 产业转移方式 | 每股收益（元） | | |
|---|---|---|---|---|---|---|
| | | | | 1999年中期 | 1998年 | 1997年 |
| 0419 | 通程控股 | 环保、金融 拟投资1.5亿元投资扩建全自动纸制快餐盒生产线；出资4000万元受让长沙通程实业集团有限公司所持长沙证券公司76.92%的股权 | 项目投资资产重组 | 0.170 | 0.292 | 0.274 |
| 0511 | 银基发展 | 综合类 基础设施、旅游宾馆和房地产 | 资产重组 | 0.102 | 0.082 | -1.160 |
| 0537 | 南开戈德 | 高科技 开发自动售货机 | 大股东易主 | 0.242 | 0.250 | 0.220 |
| 0759 | 武汉中百 | 信息系统 控股阑波高科技信息公司，与华中理工大学共同组建"华工阑波图文信息系统研究所" | 股权投资 | 0.093 | 0.270 | 0.410 |
| 600830 | 甬城隍庙 | 生物医药 浙江烟草公司入主，拟向生物医药高科技转型 | 大股东易主 | 0.200 | 0.296 | 0.284 |

表7-8集中反映了大型商业企业的产业转移状况。进一步分析表明，34家公司选择向高科技产业领域转移的特征非常明显。参见图7-9。

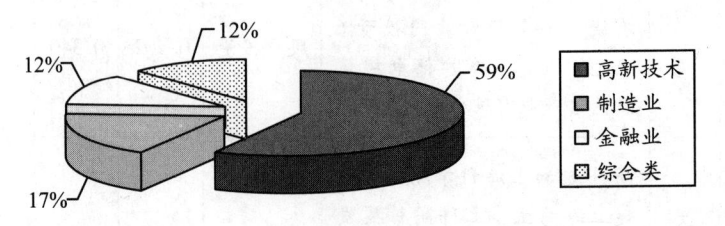

图7-9 34家上市公司目标行业分布状况

34家公司的产业转移行为表明了这些企业在新一轮竞争中的战略选择，

客观上讲是一种顺势而为之举。因为，众所周知，百货商店时代正在全世界范围内走向衰退。在美国与日本，大型百货业已呈现出明显的夕阳产业的特征。毋庸讳言，我国商业企业曾连续几年全行业亏损，1999年大型商场销售总额增幅同比回落2.5个百分点，利润同比下降15.4%[①]。同时，倒闭风潮叠起。1997年，上海一百西安分店、广州仟村相继停业；北京卡玛商业大厦、亚视商城、万惠双安也开始闭门谢客；1996~1999年，北京万平方米以上的大商场关闭了11家，1999年年底，位于西安繁华地段的西安解放百货大楼对外宣布倒闭。34家上市公司选择进入高技术产业领域，其最终目的在于进入高利润产业。即在商业成本高涨的时期，单纯依靠商业已难以维系公司的生存与发展，商业企业引进高科技大股东，寻找高科技当靠山，可以使商业企业的资金优势与高科技企业的技术资源优势相结合，为商业企业进入高利润行业创造了条件。

### 1.2 美国汽车产业"企业进、出"实证分析

在初创期，美国汽车产业中涌入了大量企业，因此很难跟踪这些企业的进入与退出情况。但在1895~1910年间，每年美国有200多家企业进入汽车产业。美国汽车产业资源几乎集中在数百家企业。美国汽车产业在1910年以后进入起飞阶段，许多年产量都以10%以上的增长率增长，进入企业的数量与前15年相比较呈直线下降趋势。到20世纪20年代，进入的企业数已经可以忽略不计，而每年却有许多企业退出汽车产业。因此，美国汽车产业形成了由通用、福特和克莱斯勒三家著名企业主导的垄断市场结构，并高度依赖底特律和密歇根两大地区，区域集中十分明显。

进入美国汽车产业的企业在不同时期的特征和空间选择可分别参见表7-9和表7-10。如表7-9所示，三个不同产业演进时期的企业进入数都在200家左右，但其增加的速度明显下降。在四类企业占当期企业总数的比重中，派生企业呈快速增长趋势，无经验企业在经历了快速增长以后有较大幅度的减少，经验企业和经验企业家型企业的总数呈下降趋势。在产业内进入企业的数量构成中，派生企业和无经验企业的数目总体上呈增长趋势，经验企业和经验企业家型企业的数目一直呈下降态势。

---

① 中国国家统计局编．中国商业统计年鉴（1995~2001）．

表7-9　　美国汽车产业演进过程中不同背景企业的进入数目比较① 单位：家

| 时期 | 进入企业总数 | 经验企业 | 经验企业家型企业 | 派生企业 | 无经验企业 |
|---|---|---|---|---|---|
| 1895~1904年 | 220 | 49 | 41 | 14 | 116 |
| 1905~1909年 | 269 | 43 | 33 | 39 | 154 |
| 1910~1966年 | 236 | 29 | 29 | 74 | 104 |

注：经验企业是指在进入前有在汽车产业或相关产业经营经历的企业，大多是通过相关产业多元化进入汽车产业的企业；经验企业家型企业是指那些由具有汽车产业经营管理背景的企业管理者新建的企业；派生企业是指那些由本产业主要企业筹资新建的企业；无经验企业是指那些先前没有任何汽车产业经营经历的企业。

表7-10　　汽车产业演进过程中进入企业的地区选择② 单位：家

| 时期 | 全部企业 | | 经验企业与经验企业家型企业 | | 派生企业 | | 无经验企业 | |
|---|---|---|---|---|---|---|---|---|
| | 底特律 | 非底特律 | 底特律 | 非底特律 | 底特律 | 非底特律 | 底特律 | 非底特律 |
| 1895~1904年 | 22 | 198 | 8 | 82 | 5 | 9 | 9 | 107 |
| 1905~1909年 | 37 | 232 | 4 | 72 | 17 | 22 | 16 | 138 |
| 1910~1966年 | 53 | 183 | 9 | 49 | 28 | 46 | 16 | 88 |
| 1910~1916年 | 42 | 104 | 7 | 52 | 20 | 23 | 15 | 56 |
| 1917~1966年 | 11 | 79 | 2 | 24 | 8 | 23 | 1 | 32 |
| 1895~1966年 | 112 | 613 | 21 | 203 | 50 | 77 | 41 | 333 |

美国汽车产业的企业在其进入空间布局上有较明显的集中倾向（如表6-10所示）。1895~1904年、1905~1909年和1910~1966年间，位于底特律地区的汽车产业企业占整个汽车产业企业总数的比重分别为10%、14%和22%；同期，底特律地区汽车产业经验企业和经验企业家型企业占美国汽车产业这两类企业的比重分别为9%、5%和16%；派生企业在底特律地区的比重

①② Steven Klepper. Firm Capabilities and industry Evolution: The Case of the U. S. Automobile Industry. The NW Meeting of DRUID, Aalborg, 2001.

分别为 36%、44% 和 38%；无经验企业在底特律地区的比重分别为 8%、10% 和 15%。但是，在汽车产业形成的前 6 年中，产业内共有 69 家企业，但没有一家企业位于底特律地区。第一家进入底特律地区的企业是 1901 年的 Old Motor Works，随后该地区的汽车产业企业数逐步增加，最多是 1914 年的 41 家。1913 年是美国汽车产业企业总数达到最高峰后的第四年。此后，底特律地区的汽车产业数随着该产业企业数的减少而减少。从 20 世纪 10 年代中期起，底特律地区开始主导全美汽车产业。此后，虽然产业内企业数目减少，但底特律仍维持着这种主导能力。在企业空间集聚过程中，较早进入底特律和密歇根地区的通用（1908）、福特（1903）和克莱斯勒（1924）三家企业起到了十分关键的作用。1911 年，福特和通用是美国汽车产业的龙头老大，占 38% 的汽车产业市场份额，到了 20 世纪 20 年代福特和通用占据的市场份额已经超过了 60%；1930 年，通用、福特和克莱斯勒三家企业的产量占产业总产量的 80% 以上。

美国汽车产业演进的实践说明：产业演进总体上是市场结构和空间结构同时演变的过程，每个阶段都存在不同程度的企业进入、成长、续存与退出，也可能会出现产业地域集中现象。即产业特征、发展阶段、空间布局和组织关系等是企业成长模式选择的重要权变因素。因此，企业在其成长过程中，必须及时调整成长模式以适应环境的变化；同时，企业在产业演进的过程中，也并非是完全被动的，某些企业的成功成长会影响产业组织形态和空间布局，进而影响其他企业对成长模式的选择。

1.3 高新技术企业"进、出"的新特点

在目前的经济环境下，随着市场经济的发展，国内企业尤其是高新技术企业的进入、退出呈现出部分新的规律和特征。

以中关村为例，作为中国市场经济的一个缩影，近 20 年来中关村产业生态的变迁过程可以部分地反映我国高新技术企业"进、出"的规律和特点。

由北京大学网络研究中心完成的一份调查显示，1995～2000 年，每年有 500 多家企业进入中关村科技园区，与此同时，每年也有近 500 家企业退出；2000 年后，进入和退出的企业数量均大幅攀升，表明竞争日趋激烈。该报告通过对同一年份、不同年龄段和不同年份、同一年龄段的企业死亡率的研究，得出了影响企业退出的 10 个结论。

① 随着时间的推移，国有企业的身份对企业退出的保护越来越小，而劳动生产率对企业退出的影响越来越大，即政府的力量在缩小，市场的力量在增加，但是，政府因素仍然在起作用，预算软约束机制对国有和非国有企业的生存影响区别很大。

② 国内企业的死亡率随着年龄的增加而增加，企业的年龄越老，退出的可能性越大。国外恰恰相反，企业年龄越大越不易退出。报告认为这是技术年龄的学习效应和体制上的年龄效应影响不同所致：新企业的学习、适应和创新能力高于老企业；同时，新企业没有体制包袱，而老企业却常有产权不明等体制包袱。

③ 企业规模越大，退出的可能性越低。企业越大，规模效应越大，抗风险能力越高。

④ 企业净资产负债率越高，退出的风险越高。企业负债率越高，银行越惜贷；企业现金流越小，技改就越难以完成，项目难以实施，导致恶性循环。

⑤ 企业效益越好越不易退出。劳动生产率、资产利润率和销售利润率越高，企业越具竞争力。

⑥ 企业 IT 成本投入越高，越不易退出。IT 投入越大，效率越高，信息反应更快。

⑦ 出口企业比非出口企业更不易退出。面临国际竞争的出口企业比只面临国内竞争的企业效率更高。

⑧ 非国有企业比国有企业退出风险更高。国有企业在政府预算软约束机制的保护下，具有各种资源配置优势，即使资产负债率远高于非国有企业也不易退出，有时甚至负债越高越不易死亡。

⑨ 行政隶属关系高的企业比非行政关系和行政隶属关系低的企业更不易退出。行政隶属关系越高，可以动用的保护资源就越多。

⑩ 由外籍人士出任法人代表的外资及港、澳、台资企业，相对于民营企业来说更不易退出。

企业的产业"进"、"出"对组织生态变迁的影响主要是：一方面，企业有意识地对某一产业的"进"、"出"是企业生境选择的自然行为，有利于调节产业平衡和构建良性竞争环境，促进资源的合理配置。同时，企业在不同产业间"进"、"出"情况，也在一定程度上反映了产业变化和产业结构演进的趋势。再者，源于技术创新结果而出现的企业对全新产业的开发，及其所引发的其他企业的跟进，则为产业生态注入了新的因子，构成产业生态变迁的突变点。另一方面，由于资源约束，部分企业的有意识的"进"、"出"，改变了企业在某一产业中的适合度，造成了另一部分企业的被迫"进"、"出"，这一过程是对产业生态系统的扰动，扰动的结果趋向于产业集中度提高，新一轮产业平衡状态将再度形成。

## 2. 产业内领先企业排序更迭

生物进化论的观点认为，适应过程是在长期中逐渐发生的。这一过程即变异、选择和保留的过程。变异在物种的代际之间自然发生，那些最适宜环境的物种会在长期进化过程中存活下来，并繁衍下去。反之，那些不适宜环境的物种将逐渐减少并最终消失。这一情况是对渐变过程的解释，如果环境变化的特点是突变而非渐变，将会如何？在这种情况下，生存下来或被选择的，将是那些必须利用新环境的物种。

生物学家史蒂芬·杰伊·古尔德（Stephen Jay Gould）经研究发现，如果环境变化过于剧烈，自然生态系统就会崩溃，当新的生态系统形成后，在原生态系统中居于中心地位的生物将有可能失去原有的地位，而原来居于边缘地位的生物将占据生态系统的中心位置。

产业生态演变的过程在某种情况下与此存在明显的相似之处。当一场革命性的技术产生时，其对产业生态的扰动是剧烈的，它会迅速打破原有的产业格局，使产业内的各企业间的关系发生明显调整，动摇原有产业领先者的地位，给部分二线、三线企业提供发展机会等。

在技术变化周期日益缩短且技术创新力度日益加大的今天，使企业管理者了解并认知这一观点将非常富有启发性。

技术创新挑战带来的严酷现实如表7-11所示。这是40多年的时间里领先半导体公司的统计，20世纪50年代中期，真空管的市场规模为大约7亿美元，当时其领先者是RCA，Sylvania，Raytheon和西屋等技术公司。然而，1955~1995年，产业领先地位几乎完全变更。至1965年时，摩托罗拉和得州仪器这样的新公司变成了重要角色，而RCA和Sylvania开始走向衰落。在接下来的20年中，继续有其他如英特尔、东芝和日立等新兴公司成为新的领先者。

表7-11　　　　　　　　1955~1995年的半导体产业①

| 1955年<br>真空管 | 1955年<br>晶体管 | 1965年<br>半导体 | 1975年<br>集成电路 | 1982年<br>VLSI | 1995年<br>亚微米 |
|---|---|---|---|---|---|
| RCA | 休斯 | TI | TI | 摩托罗拉 | 英特尔 |
| Sylvania | Transitron | 仙童 | 仙童 | TI | NEC |

① R. Foster. Innovation: The Attacker's Advantage. New York: Summit Books, 1986.

续表

| 1955年<br>真空管 | 1955年<br>晶体管 | 1965年<br>半导体 | 1975年<br>集成电路 | 1982年<br>VLSI | 1995年<br>亚微米 |
|---|---|---|---|---|---|
| 通用电气 | Philco | 摩托罗拉 | National | NEC | 东芝 |
| Raytheon | Sylvania | GI | 英特尔 | 日立 | 日立 |
| 西屋 | TI | GE | 摩托罗拉 | National | 摩托罗拉 |
| Amperex | GE | RCA | Rockwell | 东芝 | 三星 |
| National Video | RCA | Sprague | GI | 英特尔 | TI |
| Rawland | 西屋 | Philco | RCA | 飞利浦 | 富士通 |
| Eimac | 摩托罗拉 | Transitron | 飞利浦 | 富士通 | 三菱 |
| Lansdale | Clevite | Raytheon | AMD | 仙童 | 飞利浦 |

再从国际上不同国家最大企业的更迭变化来看：如，美国在1909～1919年和1919～1929年的各10年间，分别有40家和31家大企业从最大百家企业中退出过。见表7-12。

表7-12　　　　　美国最大百家企业的更迭情况①　　　　　单位：家

| 年份 | 1909～1919 | 1919～1929 | 1929～1935 | 1935～1948 | 1948～1958 |
|---|---|---|---|---|---|
| 退出 | 40 | 31 | 16 | 20 | 16 |

日本最大百家企业的更迭情况如表7-13所示。

表7-13　　　　　日本最大百家企业的更迭情况②　　　　　单位：家

| 年份 | 1912～<br>1919 | 1919～<br>1929 | 1929～<br>1936 | 1936～<br>1940 | 1940～<br>1955 | 1955～<br>1966 | 1966～<br>1972 | 1972～<br>1982 |
|---|---|---|---|---|---|---|---|---|
| 退出 | 46 | 32 | 27 | 33 | 43 | 25 | 18 | 18 |

① ［日］井口富夫．战后日本生产集中度的变化．六甲台论集，1975．
② 日经Business编．会社的寿命——盛者必衰的规律．日本经济新闻社，1989．

曾有观点认为，由于中国大企业的经营活动基本处于政府控制之下，因此，为维持各产业、各企业间的计划性平衡，大企业的位置变动应该相对较小，或称相对稳定。但实证研究表明，不仅进入最大百家企业的排序有很大的变动，而且进入和退出百家大企业群的"企业替换率"也是较高的。如1980~1985年，有28家从最大百家企业中退出；1985~1989年有24家退出。1980~1989年的10年间，共有52家退出了这一群体①。参见表7-14。

表7-14　　　　　　　中国大企业的位移情况②　　　　　　　单位：家

| 年　份 | 1980~1985 | 1985~1989 | 1980~1989 |
|---|---|---|---|
| 退　出 | 28 | 24 | 52 |

以上是对企业位移情况的总体分析，再以各产业的企业进入和退出情况为例加以分析，就我国的情况而言，在所分析的10年中（1980~1990年），只有进入没有退出的产业只有汽车产业；只退出无进入的产业是有色金属、一般机械和精密机械三个产业；最多的为既有进入也有出的产业，共有8个。详细情况参见表7-15。

表7-15　　　　1980~1990年中日最大百家企业产业退出与进入状况③

| 产　业 | 1980~1985年 | | | | 1985~1990年 | | | | 1980~1990年 | | | |
|---|---|---|---|---|---|---|---|---|---|---|---|---|
| | 中国 | | 日本 | | 中国 | | 日本 | | 中国 | | 日本 | |
| | 出 | 进 | 出 | 进 | 出 | 进 | 出 | 进 | 出 | 进 | 出 | 进 |
| 矿业 | 2 | 2 | 0 | 0 | 1 | 5 | 1 | 0 | 3 | 7 | 1 | 0 |
| 钢铁 | 1 | 5 | 1 | 0 | 4 | 2 | 0 | 1 | 4 | 6 | 0 | 0 |
| 有色金属 | 2 | 1 | 2 | 0 | 3 | 1 | 0 | 0 | 4 | 0 | 1 | 0 |
| 金属制品 | 0 | 0 | 0 | 1 | 0 | 0 | 0 | 0 | 0 | 0 | 0 | 0 |
| 石油加工 | 1 | 3 | 1 | 3 | 4 | 4 | 4 | 1 | 4 | 4 | 3 | 2 |
| 化学制品 | 4 | 1 | 2 | 2 | 0 | 0 | 0 | 1 | 4 | 2 | 2 | 3 |

---

①③ 杨杜．企业成长论．北京：中国人民大学出版社，1996.6．
② 中国国家统计局编．中国经济年鉴（1980~1991）；中国国家统计局编．工业普查资料（1980~1991）．

续表

| 产　业 | 1980~1985年 | | | | 1985~1990年 | | | | 1980~1990年 | | | |
|---|---|---|---|---|---|---|---|---|---|---|---|---|
| | 中国 | | 日本 | | 中国 | | 日本 | | 中国 | | 日本 | |
| | 出 | 进 | 出 | 进 | 出 | 进 | 出 | 进 | 出 | 进 | 出 | 进 |
| 纤维 | 9 | 1 | 0 | 0 | 1 | 2 | 1 | 0 | 9 | 1 | 1 | 0 |
| 建筑材料 | 0 | 0 | 1 | 0 | 0 | 0 | 0 | 0 | 0 | 0 | 0 | 0 |
| 橡胶制品 | 4 | 0 | 1 | 0 | 0 | 1 | 0 | 1 | 4 | 1 | 1 | 1 |
| 造纸印刷 | 0 | 0 | 0 | 0 | 0 | 0 | 1 | 0 | 0 | 0 | 1 | 0 |
| 食品 | 0 | 1 | 3 | 1 | 0 | 0 | 2 | 3 | 0 | 0 | 5 | 4 |
| 卷烟 | 0 | 7 | 0 | 0 | 4 | 2 | 0 | 0 | 2 | 6 | 0 | 0 |
| 一般机械 | 2 | 3 | 1 | 1 | 5 | 0 | 1 | 2 | 3 | 0 | 0 | 1 |
| 运输机械 | 0 | 2 | 2 | 2 | 1 | 2 | 1 | 2 | 0 | 4 | 2 | 2 |
| 电子机械 | 2 | 2 | 1 | 3 | 0 | 5 | 3 | 3 | 1 | 5 | 1 | 3 |
| 精密机械 | 1 | 0 | 0 | 2 | 0 | 0 | 0 | 0 | 1 | 0 | 0 | 2 |
| 其他 | 0 | 0 | 0 | 0 | 0 | 0 | 0 | 0 | 0 | 0 | 0 | 0 |
| 合计 | 28 | 8 | 5 | 5 | 3 | 4 | 4 | 4 | 9 | 9 | 8 | 8 |

# 第八章

# 数码成像带来的创新性毁灭

当一项新科技问世，并威胁到整个产业的竞争基点时，就是公司的灵活度面临最大考验的时刻。在各主要的产业中，这种扰乱既有生态的新科技屡见不鲜。

全球资讯网是一项巨大的扰乱产业生态的科技。它的诞生并不是因为产业内企业的奔走疾呼。在全球资讯网出现之前，一般的消费者及企业根本难以预料到它的发展。当时，他们不知道自己会需要它。现在，他们却能利用网路发布资讯、服务顾客及销售产品，简直一天也少不了它。对整个媒体及电脑业界而言，全球资讯网的降临更是一种天摇地动的震撼。

数码技术同样是一种扰动既有生态的新技术。本章拟就数码技术创新对成像产业生态变迁的影响做具体分析。

数码技术自诞生以来，发展迅速，令生产者及消费者应接不暇。其作用的直接结果表现为产业内部竞争加剧，生产厂家投入巨大，获利存在不确定性的同时也有可能非常高。厂家对其爱恨交织，欲罢不能，其中除存在企业经济学、市场经济学原理外，更涉及企业生态学的有关原理。

产业内企业间的相互作用（竞争作用或协同作用）及产业间的相互影响（新物种的进入）造成了产业生态的变化。产业生态变化，包括产业内企业个体关系及组成因素的变化，也包括因产业外部因素的介入或快速成长而引起的产业格局的变化。探索这些变化，可以了解产业的形成、成长和繁衍，了解其中哪些因素是决定因素，哪些因素是可控因素以及可控的程度、范围与成本多大，从而更好地把握产业的发展规律。

那么，究竟是哪些原因导致了产业内企业间的相互作用及产业间的相互影响？如果存在一系列影响因素，其中的主要因素是什么？

从20世纪90年代中期开始，数码成像技术作为一门新兴产业技术，使影像方式发生了一场革命性的巨变，这一巨变改变了全球化学成像行业的产业格局，并进而改变了成像产业的生态环境，引发了成像产业链的重构。

## 第一节 生态学原理与成像产业生态

### 一、数量特征与成像产业生态

成像产业的形成有其历史条件和生长的生境因子（技术、资金、人才）及人为因子等，其形成基础可解释为：成像产品所具有的使用价值大，技术含量高、利润空间广泛等。

生态物种的特征可分为数量特征、空间特征、遗传特征三个方面。数码技术对成像产业生态变迁的影响可从"数量特征"加以分析。生态学中生物的数量特征主要是指在一定生境空间中的物种密度。影响物种密度的四个参数分别是出生率、死亡率、迁入率和迁出率。

比较出生率与死亡率可揭示产业未来的变化趋势。在研究产业变迁时，通过连续多年的观察和记录，特别是详细记录产业内企业的出生率和死亡率，并通过分析和研究，可综合找出企业的主要生态因子，避免单纯从竞争或其他单一因素考虑。

迁入（immigation）是指其他居群内的个体通过扩散进入到该居群的过程。在成像产业内部，这种迁入常常伴随企业多元化经营而发生，迁入企业的战略决策和进入时机选择的恰当与否，不仅影响该企业自身的成长与发展，而且，因这种迁入能打破企业与企业之间的隔离，导致产业间企业的流动，改变企业的遗传组成，从而给产业内的相关企业带来影响。

如柯达在数码竞争中的稍显不适，缘于其企业内部的管理人员及技术人员多以光学和化学知识为背景，即企业内部缺少数字人才优势。为此，柯达不得不通过从现有IT行业企业的高级管理层中挖墙脚来实现人员的"数字化"过渡，前惠普主管安东尼奥·佩雷斯上任柯达首席运营官，前利盟的伯纳德·马森掌管柯达的数字显示集团，惠普商业打印机部门前副总裁詹姆斯·兰利经营打印机业务……为迎战数码较量，柯达目前仍在逐步加大其内部人员结构调整。从生态学的视角加以考察，这种调整预示着未来柯达遗传组合的变化。其结果可能有两种：基因重组，优势互补，形成"品种"进化；原有"品种"退化。

迁出（emigration）是指居群内个体移出的过程，这一过程有主动和被动两种情形。影响因素是多方面的，一般而言，在研究迁入和迁出时的困难是居群边界的不易确定。由于数码竞争的威胁，成像产业内迁出的典型案例为世界第三大胶片生产企业爱克发被迫于2001年宣布全身退出胶片生产。

## 二、成像产业生态及其因子

生态因子（ecological factors）是环境中对生物生长、发育、生殖、行为和分布有直接或间接影响的环境要素，是生态系统的基本单元，所有生态因子构成生物的生态环境（ecological environment）。

数码技术是改变成像产业的生态环境变迁的诱因，或称主导因子。但数码产业生态的形成与稳定，是诸多生态因子综合作用的结果，它们之间具有不可替代性。如个人电脑普及率的提高、影像处理软件的开发、CPU运算能力的增大等构成了产业生态环境中的一只重要力量；其次，网络化快速发展，Internet商机广泛，频宽扩大，电子邮件风行等成为数码产业生态的另一只重要推动力；再次，产业发展的关键性技术被逐步攻克，且成本下降空间潜力不低；最后，周边产品发展迅速，如彩色打印机的性价比越来越接近理想水平，移动媒体设备品种繁多且形成高密度化等。见图8-1。

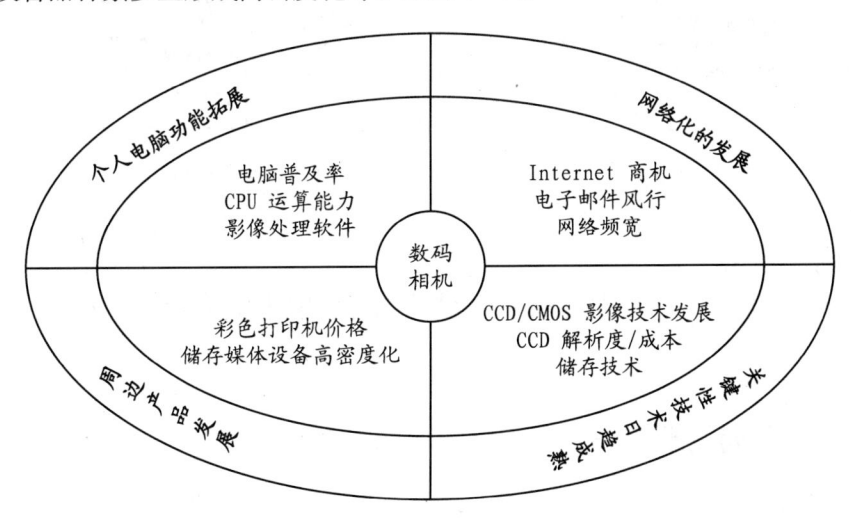

图8-1 数码成像产业生态因子

所有这些因素综合作用的结果，构成了数码成像产业生态发展的全景图，形成了一种集成效应。在这种集成效应下，生态内的各物种间是竞争关系，同时也是共生关系，不可失缺，不可替代，且在竞争中达成协同进化。

### 三、成像产业生态格局

数码技术的出现及不断完善，一方面使整个成像产业的生态环境迅速变化，并使产业内的竞争格局迅速变化，继而引发产业内各企业纷纷改变竞争策略或组织架构。另一方面，也使传统成像产业的界限被迅速打破，许多新企业进入这一此前有着较高门槛值的领域。于是，原有该产业内的企业发现，它们不得不开始与一些素不往来的对手进行竞争。如几年前，柯达的主要竞争对手是富士。在不断增长的市场中，它们两家总共占有90%以上的份额。然而，当消费者开始转向数码照相和数码录像时，柯达就得重新界定竞争对手了。现在，柯达面临的最有力的挑战者不是其他胶片公司，而是像惠普和索尼这样的IT和电子厂商。数码成像产业的竞争格局如图8-2所示。

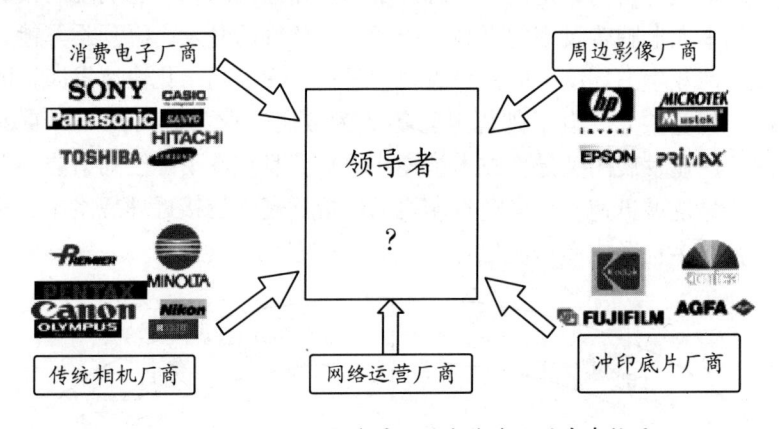

图8-2 数码技术背景下的成像产业的竞争格局

## 第二节 数码技术对成像产业生态的影响

### 一、数码技术彻底变革了成像产业的基本原理

传统的影像方式，采用光学相机、感光胶片以及化学冲洗。其科学依据是光学与化学。虽然从20世纪80年代以来，相机、胶片的制造工艺、冲洗设备等大量导入微电子成果，但是，成像的基本原理没有改变。但是，自1980年柯达公司发明世界上第一块电子感光材料（CCD）开始，新的成像方式便建立

在了微电子与数码基础上,至此,影像不再是化学过程,而是基于数码技术的微电子过程。因此,从化学成像到数码成像,不是技术革新,而应理解为技术革命。见图 8-3。

| 成像方式 | 载体 | 原理 |
|---|---|---|
| 传统成像 | 光学相机、感光胶片、化学冲洗 | 光学、化学 |
| 数码成像 | 电子芯片、软件 | 光学、微电子、数码技术 |

技术革命:微电子过程取代化学过程

图 8-3 传统成像与数码成像的比较

## 二、数码成像的优势明显

数码相机以电子感光材料(CCD)代替感光胶卷,并将影像信息以数字方式存储,可直接将数据传输给电脑,使用电脑图像软件对影像任意处理,由此产生创新服务"数码影像创作"。融合先进数码科技与传统银盐感光技术的数码影像输出系统则进一步弥补了数码相机无法冲出照片保存的遗憾,此外,还可以冲印传统相机拍出的照片、红眼、背景太暗等常见的毛病都可以方便的在冲印输出前改善;负片直接输出,兼容多种输入、输出方式;快速出片,立等可取;还能借助网络技术提供远距离服务。从成本下降空间而言,数码成像较之化学成像也有绝对的优势。不仅购买成本直线下降,使用成本也远低于化学成像。再从数码成像自身的技术进化而言,600 万像素的数码相机技术已不是问题,打印的 DPI 已足够高,清晰度等同或已超出传统照片。因此,数码技术彻底改变了传统感光行业,从化学成像到数码成像,不是技术革新,而是技术革命。

## 三、数码技术使化学成像迅速边缘化

2000 年 11 月 14 日,柯达公司总裁兼首席执行官丹尼尔·卡普在一次讲演中谈到数码影像地现状和未来:"十年前,市场上还找不到数码相机,而目前 75% 的相片实现了数码化,并且储存到网络上。与此同时,'数码影像'也已经发展成具有 2250 亿美元规模的市场"。另据日本照相机工业协会 2000 年的数据,传统相机与数码相机正处于此消彼长的战略相持阶段,预示着一个旧产业正在萎缩,一个新产业正在高速成长。2000 年 1~10 月,日本的数码相机出厂量与上年同期限相比增加了 90.8%,达到 208 万台;出厂额增长 88.3%,

达到960亿日元，而与此同时，胶卷式照相机的生产则减少了14.7%，为292万台；出厂额减少了502亿日元，降幅17.1%。2001年1~9月间，光学相机与数码相机的销量比较就已明显地分出了高下。见表8-1和图8-4。①

表8-1　　　　　　2001年1~9月光学相机与数码相机销量比较

| 2001年1~9月 | | 世界（万台） | 日本（万台） | 世界（亿日元） | 日本（亿日元） |
|---|---|---|---|---|---|
| 光学相机 | 单镜头反光式 | 273.5 | 42.1 | 574.79 | 143.74 |
| | 可交换头式 | — | — | 690.73 | 183.17 |
| | 微型机 | 1799.5 | 186.8 | 1245.71 | 207.97 |
| | 合计 | 2073.1 | 228.9 | 2511.23 | 534.88 |
| 数码相机 | | 1854 | 328.1 | 3796.07 | 1235.81 |

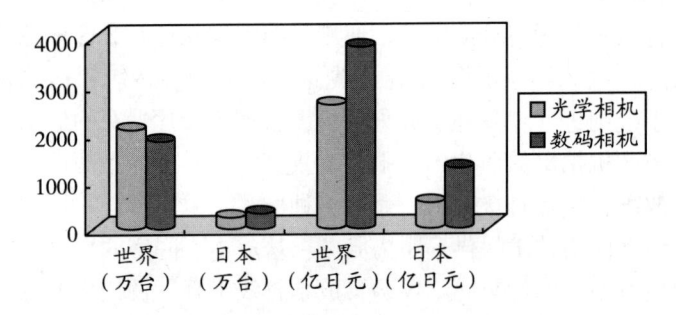

图8-4　2001年1~9月全球及日本的相机出产量

从全球范围来看，2001年北美市场的总销量为713万台，日本市场为530万台，欧洲市场为430万台，亚洲市场为200万台。其中，较具潜力的市场分别是日本、欧洲及亚洲市场，这些区域2001年一季的增长率均超过七成以上。以数码相机发展最具潜力的我国来看，自1996年以来，中国大陆数码相机的销售量及增长比例令人瞩目，增长速度极快。参见表8-2。

---

①　2004年中国电子信息产品市场论坛报告．信息产业部经济体制改革与经济运行司、中国电子商会联合主办，2004.1.

表8-2　　　　　　中国大陆数码相机历年销售量及增长比率①

| 年份<br>项目 | 1996 | 1997 | 1998 | 1999 | 2000 | 2001 | 2002 | 2003 |
|---|---|---|---|---|---|---|---|---|
| 销售量（万台） | 1 | 1.5 | 3.75 | 6.5 | 9.8 | 21.9 | 39.6 | 80.1 |
| 增长比率（%） | — | 50 | 150 | 73 | 51 | 124 | 81 | 102 |

注：2001年低端数码相机销售量为5万台。

|  | 1996年 | 1997年 | 1998年 | 1999年 | 2000年 | 2001年 |
|---|---|---|---|---|---|---|
| 销售量（万台） | 1 | 1.5 | 3.75 | 6.5 | 9.8 | 19.5 |
| 增长率（%） |  | 50 | 150 | 73 | 51 | 99 |

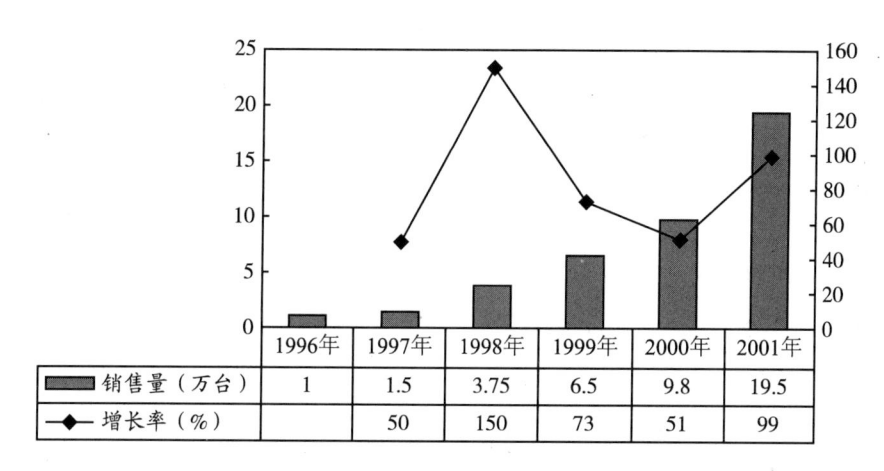

图8-5　中国内地数码相机销售情况

中国电子商会消费电子产品调查办公室《2010~2011年中国城市数码相机消费需求与市场竞争力报告》数据显示，2010年中国消费市场数码相机需求量增速明显，全年数码相机需求总量超过1200万台，较2009年增长21%。

## 四、数码技术改变了成像产业的生态环境

化学成像产业有一百多岁的高龄，是一个经过充分竞争，非常成熟的产业。由产业特性所决定，该产业存在着较高的进入及退出壁垒，因此，长期以来，尽管产业内也存在激烈的竞争，但仍有其相对稳定的产业生态环境，如相机制造方面，形成了尼康、美能达、奥林帕斯、佳能、理光等为主角的日本品牌群；感光胶片方面，形成了以柯达、富士、爱克发为主角的品牌群；冲印机械与冲印化学品，则基本上是由胶片制造商本身或它们的关联企业控制。化学

① 赵龙. 2001年度中国大陆数码相机市场研究报告. 慧聪研究，CCW Research，2003.7.

成像产业的生态环境如图 8-6 所示。

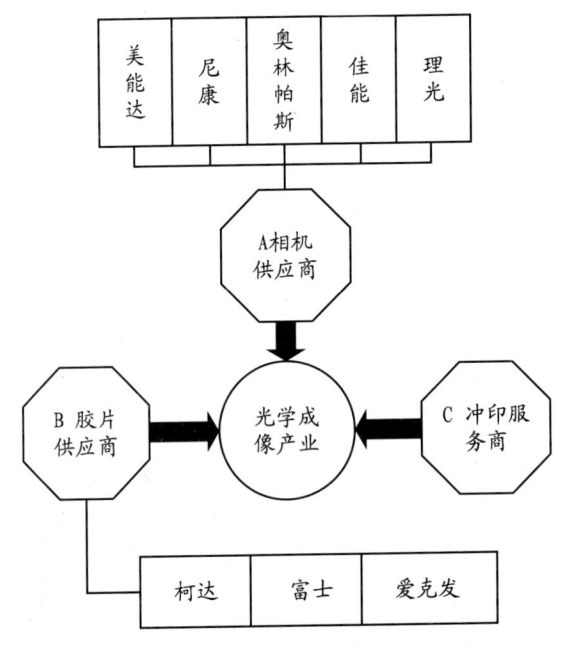

图 8-6　传统成像产业生态环境

数码技术的出现，使成像原理、成像方式等均发生了根本性的改变，同时，与传统成像相比，数码成像更多地体现出 IT 特征：功能强大、成本下降空间广阔、技术进步速率快等。众多 IT 企业依据技术优势，快速并自然地跻身于这一此前有着较高门槛值的产业圈中，这一方面对原有的相对稳定的产业生态带来了巨大的扰动，另一方面，这技术革命也迅速地催生了新的产业生态，在新产业生态中，光学器材企业、IT 企业、化学感光材料企业等正在重新布局、排序。见图 8-7。

以下通过对上图的剖析具体地分析技术进步对产业生态变化的深刻影响：

**1. 技术进步引发企业生态环境的变化及物种的生、灭**

由相机供应商（A）、胶片供应商（B）和冲印服务商（C）三大生态因子（物种）构成的光学成像产业生态，有近百年相对稳定的产业格局（见图 8-6）。数码技术对成像领域的介入，使拥有数码技术的众多 IT 厂商成为市场黑马，传统市场格局不复存在，在新的整合中，如图 8-7 所示，存储芯片供应商（B1）和打印机、显示器供应商（C1）成为新生态环境中的生

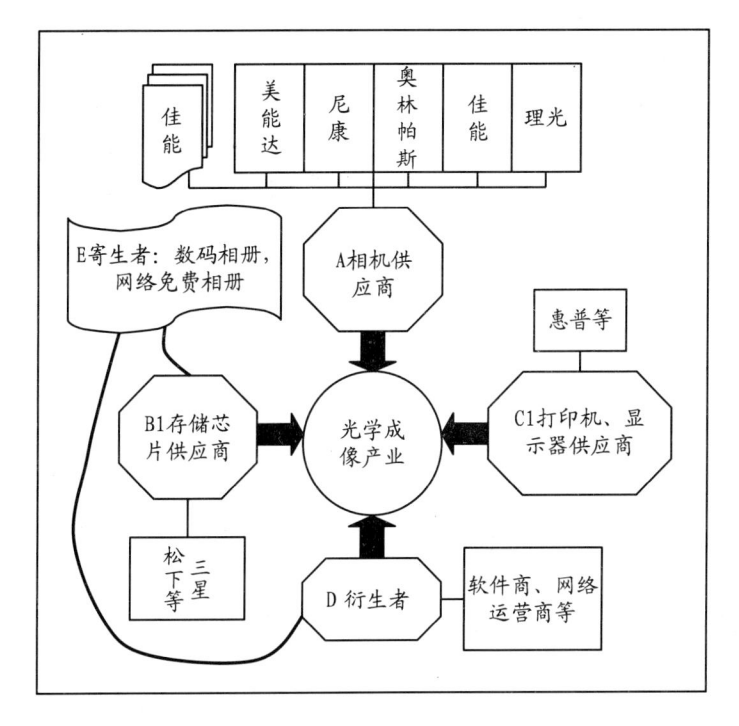

图 8-7 数码成像产业生态环境

态因子，由于其与新环境间存在着独特的相互适应性，因此，其功能的发挥得天独厚。相比之下，原有生态因子 B、C 功能的发挥则受到了巨大的限制，因此，其生存空间也日益受到新物种的侵蚀，存在的意义也日显衰减。从进化的角度讲，B、C 正面临被替代的危险。同时，产业生态环境的变化，也使另外一部分此前不存在的物种，如图中的 D，得以滋生、繁衍，并在这一新的产业生态环境找寻到生存空间且快速成长。传统成像领域对软件商、网络运营商而言，进入的机会与可能性几乎不存在，即传统成像产业生态没有适于 D 生存的空间。因此说：数码技术在促成成像产业生态物种进化的同时，也携入了新物种，并催生了部分寄生物种——数码相册、网络免费相册（E）等。

**2. 新技术使产业内的种群关系重新排列**

首先，新技术使成像产业内的物种数量产生了巨大的变化。一方面，由于数码相机本身是半导体技术和光学技术的结晶，不仅传统的光学厂家佳能、旭光学（潘太克）、科尼卡、尼康、美能达、柯达等会当仁不让，松下、东芝、三洋、微软、惠普，甚至紫光、方正等厂商也不会轻易放弃，且对诸如 IBM、微软、惠普、索尼、松下、菲力普，甚至中国的联想、紫光等企业来讲，进入数码相机行业，是其对原有产品线的延伸，并无太大的技术壁垒。因此，成像技术的变革，使相机供应商的数量大增，就此产业密度急剧加大，竞争更加激烈。另一方面，由于数码影像输出技术有很高的资金、技术壁垒，涉及技术相当广泛，计算机、电子、光学、化学、材料科学、机电、精密机械等，因此，又需要各企业间的分工、协作，以共同构筑数码成像产业链系统。在竞争及合作中，最常见的模式是光学厂商与 CCD 厂商联手，或者自行开发高像素 CCD，而半导体厂商则与光学厂商联手并进弥补自己在镜头和光学机械方面的不足。如松下和德国光学首屈一指的莱卡联手进军数码相机；佳能则和柯达达成了统一战线；惠普和柯达是两家分别具有 60 多年和 100 多年历史的老牌企业，如今，柯达作为传统影像厂商的代表，惠普作为数码影像厂商的代表聚积在"新"市场中，其中，惠普的优势在前者——数码，而柯达的长项在后者——影像，两者具有不同侧面的优势，而目标却是一个。

其次，新技术的采用还使产业内各企业间的相互关系发生了巨大的变化。如胶卷制造领域，受胶卷式相机销量锐减的影响，传统的胶卷生产企业纷纷缩减或放弃胶卷生产业务，转而进入数码相机及输出服务领域，从而使原有的种群关系产生剧烈的变动。如柯达选择了战略转型，即重点发展芯片、软件和打印设备"新三件"，逐步取代胶卷、相纸和冲晒套药"老三件"。柯达在将来的发展中，将面临着从产品供应商向服务供应商的角色转变。再如，全球第三大胶卷厂商——爱克发公司宣布，全身退出传统胶卷业务，集中精力全面进军数码相机领域。由此，相当一部分原有的胶卷供应商与相机供应商之间的关系，由在传统成像领域中的互补关系转而为在数码成像领域中的竞争关系。

## 五、新技术促使产业内的生态物种协同进化

新技术革命对产业生态的影响，除表现为对生态物种变迁的影响外，更主要地表现为对产业内生态物种协同进化的影响。

企业生态环境只是一个相对的概念，它是随着厂商的技术开发水平和对消费者心理的把握而变化的。作为光学技术＋CCD 技术＋计算机图像处理技术的应用的数码相机领域，由于 CCD 技术和计算机处理技术的不断进步，新商品的生命周期缩短到了仅仅三个月的水平，目前的数码相机市场实际上是一种新商品开发能力的大比拼。把顾客期望变成商品的能力是决定一个企业在竞争中胜败的关键因素。因此，预计今后一个时期各企业在技术和商品的开发以及

知识产权的保护等方面将会大大地充实。这一过程，实质上即表现为物种为适应生态环境变化而选择进化的过程。

新技术对产业生态系统内部物种的影响，首先表现为对丧失了技术优势的那部分物种的影响——形成冲击，甚至取代。现实中，数码成像取代传统成像，核心是微电子技术对化学技术的替代，表现在具体产品上，即为存储芯片对胶卷的替代、打印输出及显示输出对冲印的替代等。因此，在这场数码技术革命中，受冲击最大的为感光材料生产企业。全球感光行业老大柯达在这次新技术革命中确属受创最重。当然，与此同时，这种冲击也在相应的程度上构成了促使企业不断进化的动力来源。

2000年，全球数码成像市场翻了两倍，但柯达的数码业务收入基本与1999年度持平，只占营业额的21%。2000年一年中，柯达多次调低盈利预期，股票市值从1999年的最高点67美元，一路下滑到40多美元。其后，柯达又进一步把2001财政年度的每股盈利从5.07美元，下调至4.65美元到4.75美元之间。随后，柯达宣布了裁员3000人的计划[①]。

为打翻身仗，柯达被迫做出战略决策，将研发经费的70%以上用于数码技术，并提出"70万元创业版"计划。富士也不甘落后，以所谓激光数码影像输出系统为武器反击柯达，提出"100万创业计划"，向市场推出市场价格149万元的"魔术手"激光数码输出系统，三年斥资5000万元，建1000家富士数码冲印连锁店，仅2001年用于数码影像业务及整体品牌的宣传费即达1亿元人民币，图谋进军高端数码影像服务市场。

再以各厂商在经营策略方面的进化来看，首先，传统IT厂商纷纷推出自己的新技术，试图在电子技术上保持自己对传统相机厂商、家电厂商的优势。科技程度高的厂商更是注重占据先机，以纷繁迭出的技术新概念重新诠释和定义数码相机。其次，传统影像产品厂商则充分利用自身上百年传统相机成像质量和技术经验方面的优势，方便地将对于镜头多年的研发成果引入数码相机，让自己的产品具有领先一步的优势。以佳能为例，在充分发挥自己多年IT研发、生产的优势的同时更提出了"做数码更要做相机"的口号——因为除了在IT领域的经营之外，佳能还拥有近70年的传统相机的研制生产经验，属于传统相机的巨头，同时，在镜头、快门等方面也占尽优势。

总之，作为新的产业生态，尽管内部竞争仍然激烈，动荡不定，但产业内部各企业的优化、成长是客观存在。即各企业间正逐步达成协同进化，正如柯

---

① 慧聪研究，CCW Research，2003.7.

达公司在启动数码连锁服务时所打出的旗号：为消费者提供更高质量、高效率、大众化价格的数码服务。

## 第三节 组织生态观视角下的成像产业生态分析

### 一、数码技术与潜在生态位开发

从组织生态的角度分析，由数码技术而引发的成像产业内部异常激烈的竞争状况，实质上是一种具体的表象。因为，众多厂商的参入与进一步的专业化分工，使整个成像产业的性质发生了根本性的变化，数码成像已完全不同于传统的化学成像。在一系列的变化之中，一个显著的表现是：数码产品市场成长的超规模性。有关数据证明，数码相机 2003 年的全球出货量达 4300 万台，较 2002 年增长 63% 以上，同时也凌驾普通相机全盛时期的 3667 万台（1997 年）[①]。而众所周知，传统相机是用了近百年的时间实现这一数字的。如图 8-8 和图 8-9 所示。

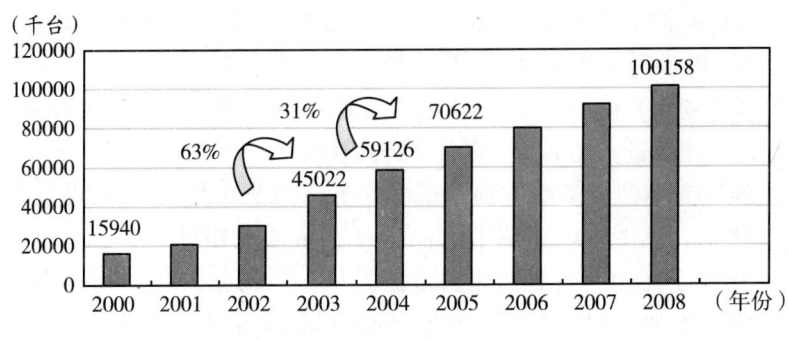

图 8-8 数码相机全球出货情况[①]

另据日经 Market Access 引述日本相机映像机器工业会（CIPA）的调查数据，2002 年日本厂商数码相机全球出货量达 2455 万台，比 2001 年大幅增长 66.4%；而传统相机出货量则相对低迷，仅为 2366 万台，年度缩减率为 14.3%。2003 年数码相机与传统相机的出货量差距进一步扩大，2003 年日本

---

① 2004 年中国电子信息产品市场论坛报告．信息产业部经济体制改革与经济运行司、中国电子商会联合主办，2004.1.

② 2004 年中国电子信息产品市场论坛报告．信息产业部经济体制改革与经济运行司、中国电子商会联合主办，2004.1.

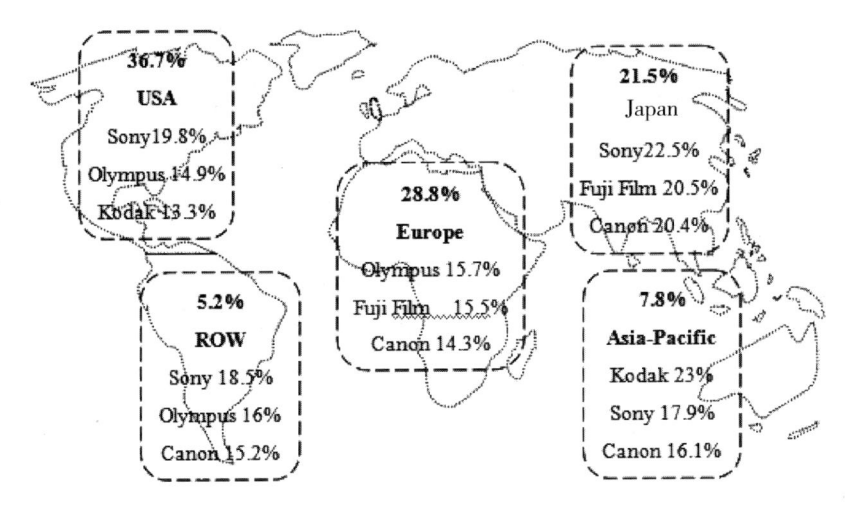

```
                                    36.7%                          21.5%
                                    USA                            Japan
                                    Sony 19.8%                     Sony 22.5%
                                    Olympus 14.9%                  Fuji Film 20.5%
                                    Kodak 13.3%                    Canon 20.4%
                                              28.8%
                                              Europe
                                              Olympus 15.7%
                                    5.2%      Fuji Film 15.5%      7.8%
                                    ROW       Canon 14.3%          Asia-Pacific
                                    Sony 18.5%                     Kodak 23%
                                    Olympus 16%                    Sony 17.9%
                                    Canon 15.2%                    Canon 16.1%
```

图 8-9　2002 年全球数码相机市场分布

厂商数码相机全球出货量达 3145 万台，年增长率为 27.8%；而传统相机出货量则持续下滑，减为 2017 万台，年度缩减率为 15%。这说明：数码产品消费者队伍的扩展速度是传统相机所无法比拟的（其中还不包括数码技术在其他消费品领域的应用，如摄像手机）。

由数码技术创新而导致的成像市场容量的快速、大规模扩大，从生态学的视角分析，可认为是产业生态位的开发——数码成像产业生态位。这一点对于认识和理解成像产业的竞争格局，进而对于理解目前许多产业领域的竞争实况非常重要。如果不考虑市场容量的上述变化，而单纯看数码成像产业的竞争格局演变，自然会得出结论：数码成像产业的竞争日趋激烈。然而，如果将市场容量的变化（生态位的扩充）作为另一个参数指标加以综合考虑，结论会比较趋于理性。即由于产业生态位的扩展，企业的生态位得以扩大，因此，在数码成像产业生态内部，竞争的加剧是与企业生态位的扩展相伴而生的。如此说来，企业的绝对市场份额也许不会减小，但这需要一个重要前提条件，即在位企业相对于新进入企业具有核心竞争优势。

一方面，技术创新开创了新的生态位空间；另一方面，为新进入者提供了机会与条件。在这个过程中，所谓竞争加剧，本质上讲，是竞争的层次发生了根本性的变化，竞争由低层次的价格竞争、手段竞争等演变为深层次的战略竞争、核心能力竞争。在这一过程中，企业若不能快速实现适应能力的根本性转变，自然会疲于应对，顾此失彼，无所适从。因此，技术创新如同强心针，使所有企业进入兴奋状态，在扩展了的生态位的强烈诱惑下，众多企业纷纷介入，希望可以在新的"战场"上一较高下。至此，我们便可以理解诸多经营厂商在数码成像市场上的实际行为表现——纷纷砸钱，苦苦等待。

## 二、"正反馈循环"与逆向价值链模式

数码产业生态形成根本上源于数码技术。数码相机的出现不仅扩展了原有传统相机生产厂商的生态位，为其多元化经营提供了新的延伸方向，同时也使一部分潜在生态位得以开发，如数码打印、电子相册、图片传输、快递业务等，这些新增业务开拓了经营者的经营领域和获利机会。此外，数码相机使用普及率的提高还带动了市场对相关产品需求的增长，如家庭电脑、家用打印机、打印像纸、移动存储器等。这一循环过程是一种正向价值链模式：前终端市场发展催生中间业务和终端业务。

网络经济区别于传统经济的一个最大特点是：许多传统理论在新经济条件下发生了根本性的变化。如传统思维信奉边际收益率递减和负反馈效应，第二块巧克力总是不如第一块好吃，在一块耕地上施以两倍的化肥不一定能使产量提高两倍等。然而，新的理念信奉边际收益率递增，在一个计算机系统上运行的软件越多，这一系统就越有价值。同时，"正反馈循环"指一个成功推动另一个成功。当数码产业生态的动态平衡达至某一时点时，由于成像输出费用的降低和输出习惯的培育，数码冲印业务日渐普及，这一结果，反过来使数码相机市场备受激励，于是，一个逆向价值链模式开始显现：输出业务终端发力进而培育前终端市场。见图8-10。

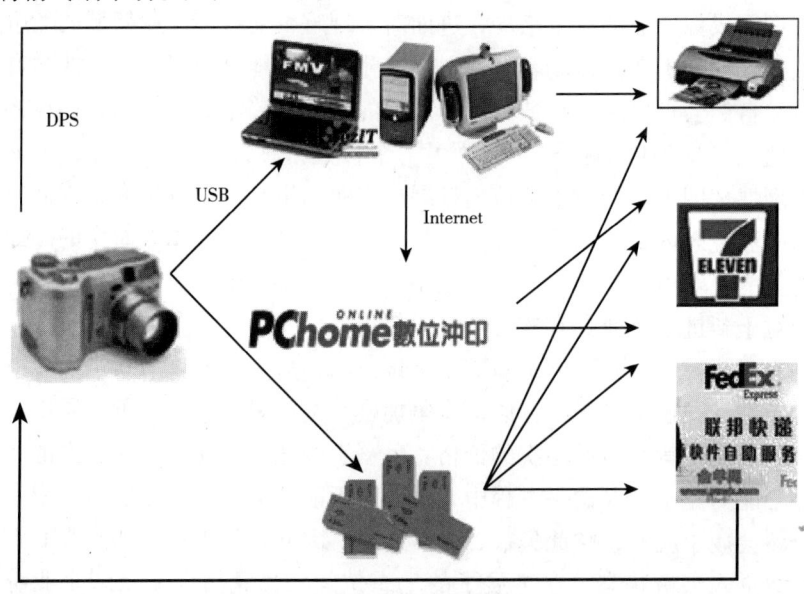

图8-10 数码成像产业价值链循环

技术创新，产品升级换代，企业兴衰成败，产业新旧更替，是必然规律。电灯的普及，使煤油灯退出；打火机的普及，使火柴退出；数码相机一旦成为主流，光学相机以及与之共生共存的化学成像系列产品就要衰落。因此，技术进步、企业成败、产业变迁，三者之间是互为作用的。对企业而言，产业生命周期的缩短意味着技术创新的压力加大，技术创新将成为企业可持续发展的关键。否则，企业必将因为产业的衰退而失去生存空间。因此，不想成为"被替代"企业，就必须着手进行"产业储备"，寻求产业转型。

总之，面对技术革命的冲击与挑战，企业进行的所有重要决策都要涉及技术问题。在这些决策中，重要的是要能够用分析的和战略的方法进行技术规划。如果在这方面忽视，其后果将是灾难性的。因此，企业应逐步培养这种能力，即根据经营环境尤其是技术环境制定经营战略的能力。

# 第九章

# 宏观：群落演替与产业变迁

## 第一节　群落演替

### 一、基本概念：演替、顶级与退化

**1. 演替**

生物群落（biotic community or boicoenosis）是指在特定时间聚集在一定地域或生境中所有生物种群的集合[①]。演替（succession）是生物群落的基本特征之一，指在一定区域内，群落随时间而变化，由一种类型转变为另一种类型。根据 Odum 的定义，生态系统利用其可获得的能量得以发展结构和功能的自组织过程称为演替[②]。

"生态演替"因其含义复杂而成为生态学争论的焦点[③]。植物生态学中的演替（succession）是"一个植物群落为另一个植物群落所取代的过程"，是植物群落动态的一个最重要特征[④]。任何群落的演替过程，都是从个体替代开始，随着个体替代量的增加，群落的主体性质发生变化，产生新的群落形态。从微观

---

[①] 戈峰. 现代生态学. 北京：科学出版社，2002. 10.
[②] [美] H. T. Odum 著，蒋有绪，徐德应译. 系统生态学. 北京：科学出版社，1993.
[③] 马世骏. 现代生态学透视. 北京：科学出版社，1989.
[④] 王伯荪编. 植物群落学. 北京：高等教育出版社，1989.

(个体)角度看,这种过程是连续的,不间断的(大灾变除外),是一个随时间而演化的生态过程。从宏观(整体)看,这种演替都是有明显阶段性的,即群落性质从量变到质变的飞跃过程,从一定态到另一定态的演化过程。

演替不等同于演化及进化。所谓演化是就过程而言,指群落随时间变化的生态过程,而演化的结果导致演替,导致质变和非平衡相变;这种相变有正向的,也有逆向的(进展演替与逆行演替)。所谓进化是就群落整体而言,结构趋向复杂、物种密集、生态位盈满。因此,广义的进化指的是事物的演化与发展[1],而不是狭义的生物进化——生物种群多样性和适应性的变化,或一个群体在长期内遗传组成上的变化。

组织生态演替的定义不尽明确和统一。目前散见于国内外刊物中的一些文章,也往往将其理解为进化(evolution)、演化(transform)。本研究认为,组织生态演替是指组织生态从一种定态到另一种定态的演化结果。从系统论观点看,组织生态演替是从一种有序态演化到另一种新的有序态的现象,或从无序经过振荡过渡为有序的现象。

**2. 顶级**

生态系统的顶级是它演替所能达到的顶峰状态,是生物量达到极大值,生物间的种间关系最复杂,能量和物质得到最充分的利用,并保持动态平衡的系统[2]。生物学家 F. E. 克莱门茨(F. E. Clements)(1916)指出:演替就是在地表上同一地段顺序出现各种不同生物群落的时间过程。任何一类演替都经过迁移、定居、群聚、竞争、反应、稳定 6 个阶段。到达稳定阶段的群落,就是和当地气候条件保持协调和平衡的群落,这是演替的终点,这个终点就称为演替顶级(climax)。演替顶级是生态系统对它所依存的环境要素实现了最大限度的利用。

**3. 退化**

生态系统的退化则表示系统向顶级的相反方向发展,当环境发生改变时,为了适应新的环境,系统开始演化,这一过程如果与原来顶级的特征相反,即为退化,直至退化到一个低层次的平衡状态,然后开始新的演替。

## 二、群落演替的权变因素

生物群落的演替是群落内部关系(包括种内和种间关系)与外界环境中

---

[1] 李难. 进化论教程. 北京:高等教育出版社,1990.
[2] 戈峰. 现代生态学. 北京:科学出版社,2002.10.

各种生态因子综合作用的结果。影响群落演替的因素涉及如下几个方面。

**1. 植物繁殖体的迁移、散布和动物的活动性**

植物繁殖体的迁移和散布普遍而经常地发生着。因此，任何一块地段，都有可能接受这些扩散来的繁殖体。当植物繁殖体到达一个新环境时，植物的定居过程就开始了。植物的定居包括植物的发芽、生长和繁殖三个方面。我们经常可以观察到这样的情况：植物繁殖体虽到达了新的地点，但不能发芽；或是发芽了，但不能生长；或是生长到成熟，但不能繁殖后代。只有当一个种的个体在新的地点上能繁殖时，定居才算成功。任何一块裸地上生物群落的形成和发展，或是任何一个旧的群落为新的群落所取代，都必然包含有植物的定居过程。因此，植物繁殖体的迁移和散布是群落演替的先决条件。

对于动物来说，植物群落成为它们取食、营巢、繁殖的场所。当然，不同的动物对这种场所的需求是不同的。当植物群落环境变得不适宜它们生存的时候，它们便迁移出去另找新的合适生境；与此同时，又会有一些动物从别的群落迁来找新栖居地。因此，每当植物群落的性质发生变化的时候，居住在其中的动物实际上也在作适当的调整，使得整个生物群落内部的动物和植物又以新的联系方式统一起来。

**2. 群落内部环境的变化**

群落内部环境的变化是由群落本身的生命活动造成的，与外界环境条件的改变没有直接的关系。在有些情况下，群落内物种的生命活动，为自己创造了不良的居住环境，使原来的群落解体，为其他植物的生存提供了有利条件，从而引起演替。如在美国俄克拉荷马（Oklahoma）州的草原弃耕地恢复的第一阶段中，向日葵的分泌物对自身的幼苗具有很强的抑制作用，但对第二阶段的优势种禾本科三芒草属植物（Aristida oligantha）的幼苗却不产生任何抑制作用。于是向日葵占优势的先锋群落很快为 Aristida oligantha 群落所取代。

由于群落中植物种群特别是优势种的发育而导致群落内光照、温度、水分状况的改变，也可为演替创造条件。例如，在云杉林采伐后的林间空旷地段，首先出现的是喜光草本植物。但当喜光的阔叶树种定居下来并在草本层以上形成郁闭树冠时，喜光草本便被耐阴草本所取代。以后当云杉伸于群落上层并郁闭时，原来发育很好的喜光阔叶树种便不能更新。这样，随着群落内光照由强到弱及温度变化由不稳定到较稳定，依次发生了喜光草本植物阶段、阔叶树种阶段和云杉阶段的更替过程，也就是演替的过程。

### 3. 种内和种间关系的改变

组成一个群落的物种在其内部以及物种之间都存在特定的相互关系。这种关系随着外部环境条件和群落内环境的改变而不断地进行调整。当密度增加时，不但种群内部的关系紧张化了，而且竞争能力强的种群得以充分发展，而竞争能力弱的种群则逐步缩小自己的地盘，甚至被排挤到群落之外。这种情形常见于尚未发育成熟的群落。

处于成熟、稳定状态的群落在接受外界条件刺激的情况下也可能发生种间数量关系重新调整的现象，进而使群落特性或多或少地改变。

### 4. 外界环境条件的变化

虽然决定群落演替的根本原因存在于群落内部，但群落之外的环境条件诸如气候、地貌、土壤和火等常可成为引起演替的重要条件。气候决定着群落的外貌和群落的分布，也影响到群落的结构和生产力。气候的变化，无论是长期的还是短暂的，都会成为演替的诱发因素。地表形态（地貌）的改变会使水分、热量等生态因子重新分配，转过来又影响到群落本身。大规模的地壳运动（冰川、地震、火山活动等）可使地球表面的生物部分或完全毁灭，从而使演替从头开始。小范围的地表形态变化（如滑坡、洪水冲刷）也可以改造一个生物群落。土壤的理化特性对于置身于其中的植物、土壤动物和微生物的生活有密切的关系；土壤性质的改变势必导致群落内部物种关系的重新调整。火也是一个重要的诱发演替的因子，火烧可以造成大面积的次生裸地，演替可以从裸地上重新开始；火也是群落发育的一种刺激因素，它可使耐火的种类更旺盛地发育，而使不耐火的种类受到抑制。当然，影响演替的外部环境条件并不限于上述几种，凡是与群落发育有关的直接或间接的生态因子都可成为演替的外部因素。

### 5. 人类的活动

人对生物群落演替的影响远远超过其他所有的自然因子，因为人类社会活动通常是有意识、有目的地进行的，可以对自然环境中的生态关系起着促进、抑制、改造和建设的作用。放火烧山、砍伐森林、开垦土地等，都可使生物群落改变面貌。人还可以经营、修整森林，管理草原，治理沙漠，使群落演替按照不同于自然发展的道路进行。人甚至还可以建立人工群落，将演替的方向和速度置于人为控制之下。

## 三、群落演替模型及演替中的物种分类

**1. 促进模型**

物种替代是由于先来物种改变了环境条件，使它不利于自身生存，而促进了后来的其他物种的繁荣，因此物种替代是有方向性、顺序性和可预测性的（见图9-1）。

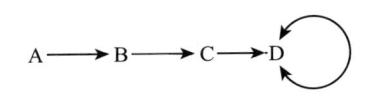

$$A \longrightarrow B \longrightarrow C \longrightarrow D \circlearrowright$$

图9-1　促进模型

**2. 抑制模型**

先来物种抑制后来物种，使后来者难以入侵和繁荣，因而物种替代没有固定的顺序，各种可能都有，其结果在很大程度上取决于哪一物种先到（机会种）；演替在更大程度上决定于个体生活史和物种对策，结局也难以预测。在此模型中，没有一个物种可以被看成是竞争的优胜者，演替不是有规律的物种替代，而是决定于物种的先来后到顺序（见图9-2）。

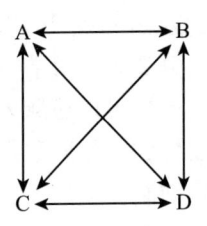

图9-2　抑制模型

**3. 耐受模型**

介于上述两个模型之间，物种替代决定于物种的竞争能力。先来种并不一定重要，任何种都有可能开始演替，但有些竞争能力强的种最后能在顶级群落中成为优势种。后期演替阶段的物种只是能够忍耐初期不利环境的幸存者（见图9-3）。

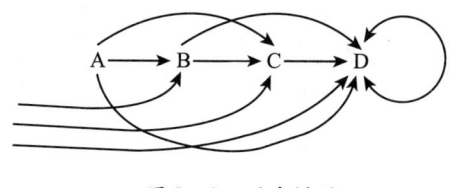

图 9-3　耐受模型

## 第二节　组织生态变迁

在宏观层面上，组织生态变迁是一幅波澜壮阔的画面。人类产业形态自远古时代至今已经历了若干次重大的变革——从早期的采集、农耕、畜牧、狩猎到今天的金融、信息、服务业。

产业形态的变迁与自然生态群落的演替规律有许多相似之处。自然生态群落的演替有内因性演替和外因性演替之分，产业形态的变迁过程表现为产业外诱因和产业内诱因双重作用。

### 一、产业进化

人类的社会生产和产业发展过程经历了一个从无到有、从小到大、从简单到复杂、从低级到高级的发展变化过程。具体而言，人类的社会生产从远古至今大体经历了四次形态结构的演进和跃变过程，即远古、古代、近代和现代。远古时期到古代社会是产业的初步形成时期，近代则展开了一场以机器工业生产为主要特征的革命运动，当代在全球范围内掀起的新技术革命浪潮将产业发展水平推向了另一个全新的时代（见图 9-4）。

在远古时代，原则上说还谈不上有社会生产基本组织结构的形成，但当时却已经从经常性的采集和狩猎活动中萌发出农耕或畜牧生产的内容，已经广泛地表现出了分工与协作的生产形态，原始水平生产的社会联系也逐步走向成熟。在远古时代的末期，畜牧业与农业均相继表现出相对独立的结构形态，生产的社会联系也在这种独立分化的进程中表现出来。但这还不能认为是产业组织结构的形成，生产的社会联系还只是体现在个别方面。其后，随着生产力水平的提高，手工业和商业相继表现出相对独立的结构形态，农业、手工业、商业和畜牧业之间的联系均上升至一般社会联系的水平。这时，人类社会生产的基本组织结构——产业便显示了它的原始结构形态。在古代，人类社会已形成了以农业生产为主体的产业结构形态。至近代，这种结构从欧洲开始发生了翻天

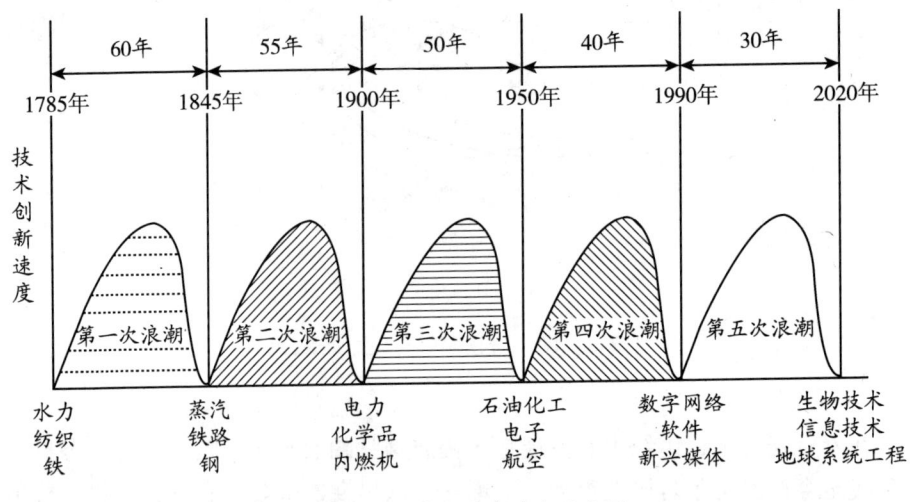

图 9-4 产业革命浪潮示意图

覆地的变化，以商品贸易、市场开拓为先导，工业为主体的社会组织体系，逐步在全球范围内改变了人们的生产方式、生活方式和思维方式（见图 9-5）。

### 1. 工业化与产业组织形态演进

生态系统的演替是一种客观存在，生态系统通常都经过四个独特的阶段进行循环：创新、成长、改进和释放，随之而来的是下一轮创新，循环往复（见表 9-1）。

表 9-1　　　　　　　　　　演替的四个阶段

| 项目＼阶段 | 第一阶段 | 第二阶段 | 第三阶段 | 第四阶段 |
| --- | --- | --- | --- | --- |
| 各阶段的作用 | 创新 | 成长 | 改进 | 释放 |
| 各阶段的驱动力量 | 整合 | 复制 | 变异 | 分解 |

以下，对工业化的演替过程进行分析。

① 创新。工业化创新始于第一次科技革命，以哥白尼、伽利略、笛卡尔、牛顿、亚当·斯密、达尔文等一批著名思想家的理论为先导，工业经济的新观念开始广泛的传播。在技术方面，机械的发明与创造成为创新推动的价值源泉。

② 成长。汽船、机车、蒸汽动力车的发明使工业经济的基础得以巩固。土地、劳动力和资本成为这一时期的三大生产要素。福特汽车公司创建的流水

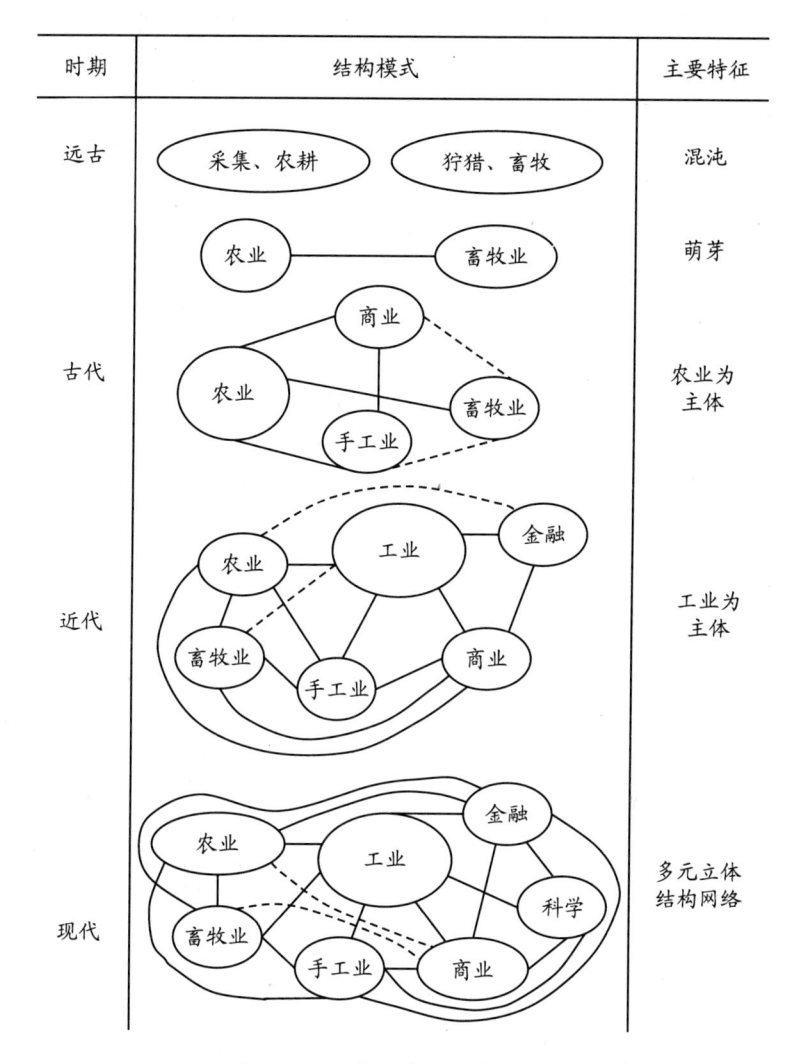

| 时期 | 结构模式 | 主要特征 |
|---|---|---|
| 远古 | 采集、农耕　狩猎、畜牧 | 混沌 |
| | 农业——畜牧业 | 萌芽 |
| 古代 | 农业、商业、畜牧业、手工业 | 农业为主体 |
| 近代 | 农业、工业、金融、畜牧业、手工业、商业 | 工业为主体 |
| 现代 | 农业、工业、金融、科学、畜牧业、手工业、商业 | 多元立体结构网络 |

图 9-5 社会生产结构模式的演变

生产方式使生产效率成倍增长、工业产品迅速复制、财富急剧增加。以流水线为代表的机械生产方式的广泛传播,使其不仅仅成为一种商业模型,更成为当时组织生态下的一种经济模型和文化模型。

③ 改进。以石油短缺为代表的能源危机使工业经济体系受到了严重的打击,演替阶段开始由成长转为改进。发展的重心也从规模、数量向质量、效率和种类过渡。越来越多的公司意识到了机械模式的局限性,在寻求变革的过程中,适应型生态系统的弹性优势逐步显现,并越来越被人们所接受。与此同时,机械型工业结构开始向学习型结构过渡,质量、效率、多样性、敏捷性、

适应性等成为企业在组织、人员乃至机器等方面所需具备的特质。

④ 释放。工业经济开始衰退而信息经济蓬勃发展。与农业经济促成了工业经济的产生类似，工业经济又促成了信息经济的产生。由于信息经济对效率和效能的显著提高，使其成为替代工业经济的无可取代的选择。

社会进化的总趋势是：工业机器改造了农业，提高了农业的生产能力；计算机改造了工业，进而改变了以工业改造农业的方式。新技术更新了旧技术，随着时间的推移，先进的技术越往前发展，落后的技术就愈加衰退①（见表9-2）。

表9-2　　　　　　　　　生产模式的历史比较

| 项目 | 农业经济 | 工业经济 | 知识经济 |
| --- | --- | --- | --- |
| 一般特点 | 粮食生产超过食物采集 | 工业生产超过粮食生产 | 知识生产超过工业生产 |
| 核心生产要素 | 土地、人口 | 资本、有形资产、劳动 | 知识、无形资产、知识劳动者 |
| 生产方式 | 手工生产，一家一户式小生产，地主庄园式的生产，以植物为燃料，以人力、畜力和自然力为动力 | 机械化、电气化、自动化、标准化大生产，以化石能源为主要能源，以机械力和电力为主要动力 | 网络化、智能化、特色化、分散化、及时性、大规模和小批量结合 |
| 生产技术 | 自然耕作、种植技术、养殖技术、犁、灌溉技术、手工艺术等 | 专业化、自动化、标准化、大规模生产技术等，节时节能，污染环境 | 知识密集、数字化、智能化、可视化、敏捷制造、电脑辅助设计制造、网络制造、微加工、纳米技术 |
| 生产组织 | 家庭为基本单元，一村一户，奴隶制、封建制、土地租赁 | 企业是基本单元，资本家和工人是雇佣关系，资本所有者与管理者是分离的 | 企业是基本单元，合作网络、伙伴关系、并行结构，灵活性，灵活的工作方式 |
| 生产管理 | 自然管理，土地所有者即管理者，生产者自我管理 | 科学管理、效率管理、成本管理、质量管理、机械式的管理 | 全面质量管理、柔性管理、知识管理、创新管理、文化管理、战略管理、人性化、资讯化 |

---

① Tachi Kiuchi, Bill Shireman. What we Learned in the Rainforest: business lessons from nature. San Francisco: Berrett-Koehler Publishers., Inc., 2002.

续表

| 项目 | 农业经济 | 工业经济 | 知识经济 |
|---|---|---|---|
| 产品 | 自然农产品，手工艺品 | 标准化、系列化、大众化、批量化等，耐用性，产品生命周期长 | 知识含量高，灵巧化、智能化、个性化、艺术化、多样化、文化品位，开发时间短，生命周期短 |
| 市场 | 地方性市场，周期性市场，商业中介不发达 | 全国性市场、全球性市场，市场变化不快，商业中介发达 | 全球性市场、无国界，电子商务，市场变化快 |
| 分配 | 按土地所有权分配，地主决定地租，佃农获得农业报酬 | 按资本所有权分配，市场决定租金、利息和工资，工人获得劳动报酬 | 按贡献分配，知识、劳动、资本等生产要素都参与分配 |
| 基本观念 | 自给自足，小农经济，安居乐业，福孙满堂 | 追求利润最大化，高效率，低成本，高竞争 | 追求价值实现，创新，合作，学习，文化导向 |

与工业化的演替阶段相适应，工业组织形态亦经历了种种变迁。从粗线条看，至少经历了传统手工作坊、大规模生产、多单位公司、专业化分工、制造外包和知识性外包等几个阶段。

传统手工作坊时期的特点是单独作业，基本上不能形成批量生产。工业革命则带来了生产能力的大幅提升，实现了大规模生产。这一大规模生产阶段的产品相对简单，原材料经过很短的加工过程就能形成产品。这两个阶段的特点是生产由市场力量——"看不见的手"协调。

在公司化阶段，产品已经复杂到需要经过多个加工过程和大量的零部件。此时，由市场无形的手协调的成本相当大，许多企业开始向纵向一体化方向发展——"将以前几个经营单位进行的活动及其相互交易内部化"，也就是从最基本的原材料开始，经过多个部门的生产，大规模生产最终产品。零部件生产由在一个工厂里进行，逐渐转变为建立专门的工厂生产相应的零部件，从而形成所谓多单位公司。

在信息产业的大型机时代，各种计算机的生产过程各自采用不同的零部件，很难兼容。随着标准化产品零部件设计方法的采用，专业化分工进入了一种全新的境界，信息产业几十年的辉煌也由此展开。

在制造专业化和零部件标准化达到极致之后，"外包"或"代工"（outsourcing）开始盛行，从最初的零部件到整个产品的制造，甚至产品设计都由外包商完成。于是，制造第一次与产品的品牌、营销分离开。由此，下游制造商的地位和影响力逐步显现并扩大，为提高制造效率、降低成本，下游制造厂商倾向于将所有的零部件制造成标准的、可互换的，甚至为多家公司制造的产品完全一致。在制造外包的初期阶段，外包的主要驱动力是较低的制造成本，演变的结果，外包甚至引起了制造策略的变革（见图9-6）。

最新的趋势是知识性外包，比如，美国公司正在将诸如呼叫中心业务外包给设在印度的公司，由他们在印度接听和处理来自客户的电话；一些软件公司、咨询公司在中国、印度等国设立软件开发和研发中心。

传统手工作坊 → 大规模生产 → 多单位公司 → 专业化分工 → 制造外包 → 知识性外包

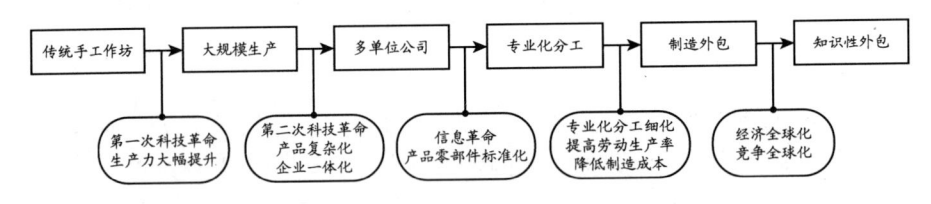

- 第一次科技革命 生产力大幅提升
- 第二次科技革命 产品复杂化 企业一体化
- 信息革命 产品零部件标准化
- 专业化分工细化 提高劳动生产率 降低制造成本
- 经济全球化 竞争全球化

图9-6　工业组织形态的变迁

## 2. 产业结构变迁

在宏观层面，产业结构可以解释为各个产业之间的相互关系。在不同时期，因技术状况及生产力发展水平不同，产业结构即各产业之间的关系不尽相同，在一些时期成为主导产业的产业在另一些时期却不再拥具有这种地位，反之，有些曾经鲜为人知、无足轻重的产业也可能在适当的环境中成为产业生态中的"优势种"或"关键种"。在一个相对长的时间里，这种产业结构的变化过程无疑就是产业生态变迁的过程（见表9-3）。

表9-3　　　　　　　　近代主导产业及产业群的演进

| 次序\项目 | 主导产业 | 产业群 |
|---|---|---|
| 第一个 | 棉纺工业 | 纺织工业、冶铁工业、采煤业、交通运输业 |
| 第二个 | 钢铁工业、铁路修建业 | 钢铁工业、采煤工业、造船工业、纺织工业、机器制造业、铁路运输业、轮船运输业 |
| 第三个 | 电力、汽车、化工、钢铁 | 电力工业、电器工业、机器制造业、铁路运输业、轮船运输业 |
| 第四个 | 汽车、石油、钢铁、耐用、消费品工业 | 耐用消费品工业、宇航工业、计算机工业、原子能工业、合成材料工业 |
| 第五个 | 知识产业 | 新材料工业、能源工业、生物工程、宇航工业等计算机工业、信息工业、R&D产业、咨询业 |

## 第九章 宏观：群落演替与产业变迁

如果将 1840~2000 年的美国产业组织作为一个大的系统考察，则三个产业（农业、制造业和服务业）的演变过程，在 1840 年之后的每一个时点上均反映出"生态变迁"的特点，其中，尤以 1930 年前后反差强烈。

图 9-7 显示了 1840~2000 年间美国不同产业的劳动力就业情况，该图同时反映了在此期间美国农业、制造业和服务业的总体演进过程[①]。

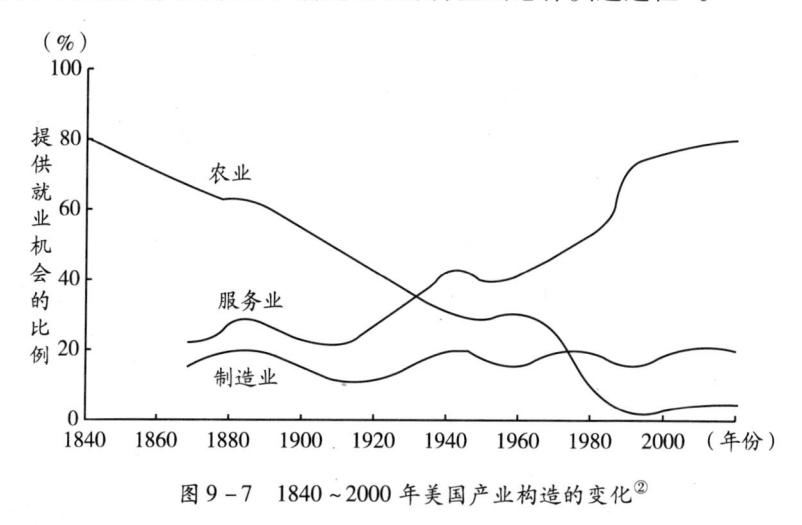

图 9-7　1840~2000 年美国产业构造的变化[②]

同样的情况在其他国家和地区也存在，如中国内地、中国台湾、韩国，日本等。表 9-4 和图 9-8 反映了日本的产业结构变迁过程。

表 9-4　　　　日本最大百家企业的产业构成变迁情况[③]　　　　单位：个

| 年代 | 1950 | 1960 | 1970 | 1980 | 1985 | 1990 |
|---|---|---|---|---|---|---|
| 矿业 | 15 | 8 | 0 | 1 | 1 | 0 |
| 钢铁 | 10 | 13 | 9 | 7 | 6 | 7 |
| 有色金属 | 4 | 3 | 5 | 4 | 3 | 3 |
| 金属制品 | 1 | 1 | 0 | 3 | 3 | 3 |

---

① T. E. Grsedel，B. R. Allenby 著，施涵译．产业生态学．北京：清华大学出版社，2004.3.
② 1840~2000 年美国不同产业的劳动力就业情况，值得注意的是，主要劳动力的迁移不是从制造业向服务业的转移，长期以来，随着农业机械化水平的提高，农业劳动力被解放到服务业中，而制造业提供就业机会的比例却一直比较稳定。类似情况也同样发生在其他发达国家。
③ 杨杜．企业成长论．北京：中国人民大学出版社，1996.6.

续表

| 年代 | 1950 | 1960 | 1970 | 1980 | 1985 | 1990 |
|---|---|---|---|---|---|---|
| 石油加工 | 5 | 7 | 6 | 8 | 10 | 7 |
| 化学制品 | 17 | 8 | 12 | 17 | 17 | 18 |
| 纤维 | 23 | 17 | 10 | 3 | 3 | 2 |
| 建筑材料 | 4 | 4 | 2 | 2 | 1 | 1 |
| 橡胶制品 | 2 | 2 | 1 | 2 | 1 | 2 |
| 造纸印刷 | 8 | 4 | 7 | 7 | 7 | 6 |
| 食品 | 11 | 11 | 9 | 11 | 9 | 10 |
| 卷烟 | - | - | - | 1 | 1 | 1 |
| 一般机械 | 1 | 3 | 5 | 5 | 5 | 6 |
| 运输机械 | 11 | 17 | 18 | 15 | 15 | 15 |
| 电子机械 | 3 | 8 | 14 | 14 | 16 | 16 |
| 精密机械 | 0 | 1 | 1 | 0 | 2 | 2 |
| 其他 | 0 | 1 | 1 | 1 | 1 | 1 |
| 合计 | 115 | 108 | 100 | 101 | 101 | 100 |

一般而言，对研究与发展相对敏感的行业发展迅速。许多行业在 21 世纪初还根本不存在，如电子、空间技术、医药、科学仪器、合成材料等，目前已普遍存在并广泛运用于现实科技生活。技术进步与技术创新不仅加速了产业生起的步伐，也同样加速了产业退出的步伐。产业交替速度与技术创新速度的正相关关系日益明显。

图 9-9 反映的是战后日本主要工业品的生产及对外贸易周期变化情况[②]。

---

① T. Kumagai. On the Trading Life Cycle of the Principal Export Commodities in Japan. Proceeding of the International Conference on Industrial Systems Engineering and Management in Developing Countries, Asian Institute of Technology.

② T. Kumagai. On the Trading Life Cycle of the Principal Export Commodities in Japan. Proceeding of the International Conference on Industrial Systems Engineering and Management in Developing Countries, Asian Institute of Technology.

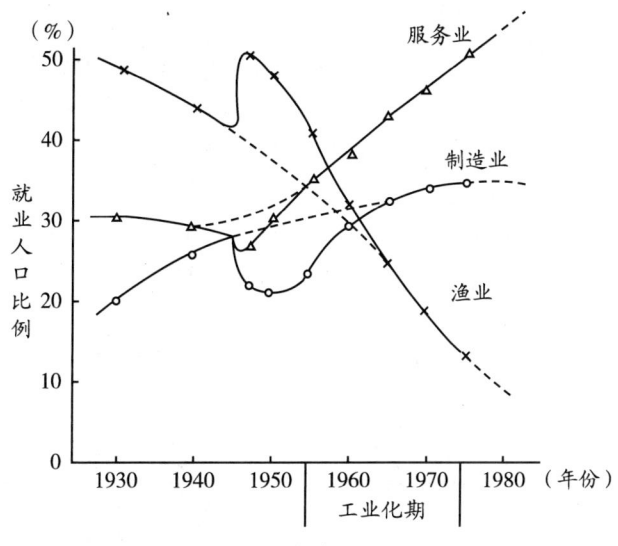

图 9-8 日本产业构造的变化

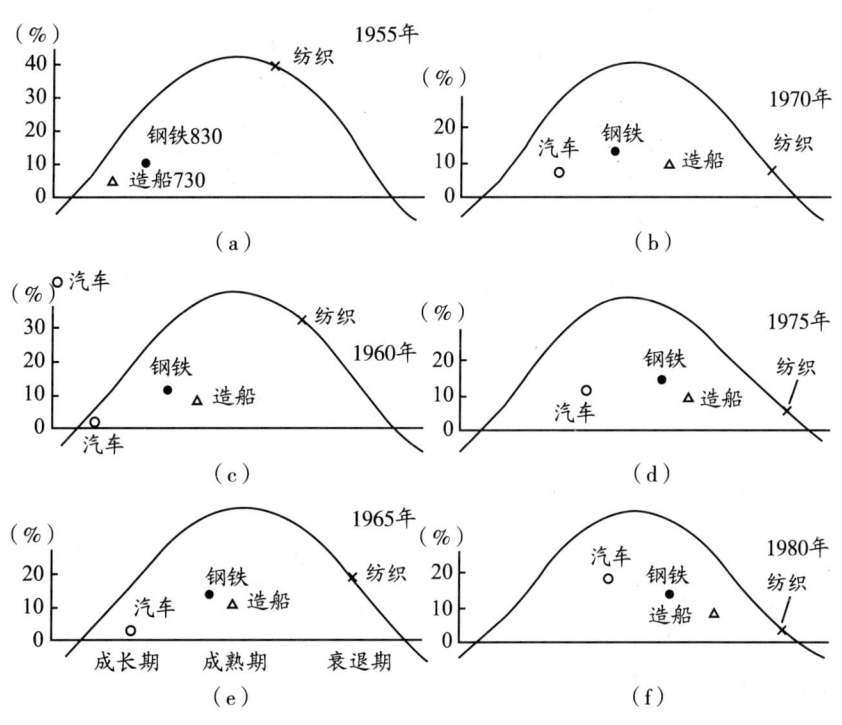

图 9-9 1955～1980 年日本有代表性出口产品的变迁与盛衰

在上图中,纵坐标代表某产品占日本全部出口额的比例,横坐标代表该产业在生命周期阶段所处的位置。图中对 1955～1980 年间的情况分别做了标注。

可以看到，纺织、钢铁、造船、汽车、电视等五个行业在不同年份中的演变情况及基本过程。为进一步对上述演变情况进行比较和分析，在下面的一张图中，做了非常有意思的处理：将每一种产业1955~1980年间的演变情况（纵坐标上的数值）进行单独统计，横坐标用一天的时间来代替（从上午6点至下午18点），由此分别描述各产业的位置变动过程，形成五张行业情况单独统计图。于是，我们就看到了这样的情况：纺织行业1955~1980的景气情况及变化趋势如同从下午2点至晚上6点，是名副其实的夕阳产业（见图9-10）。

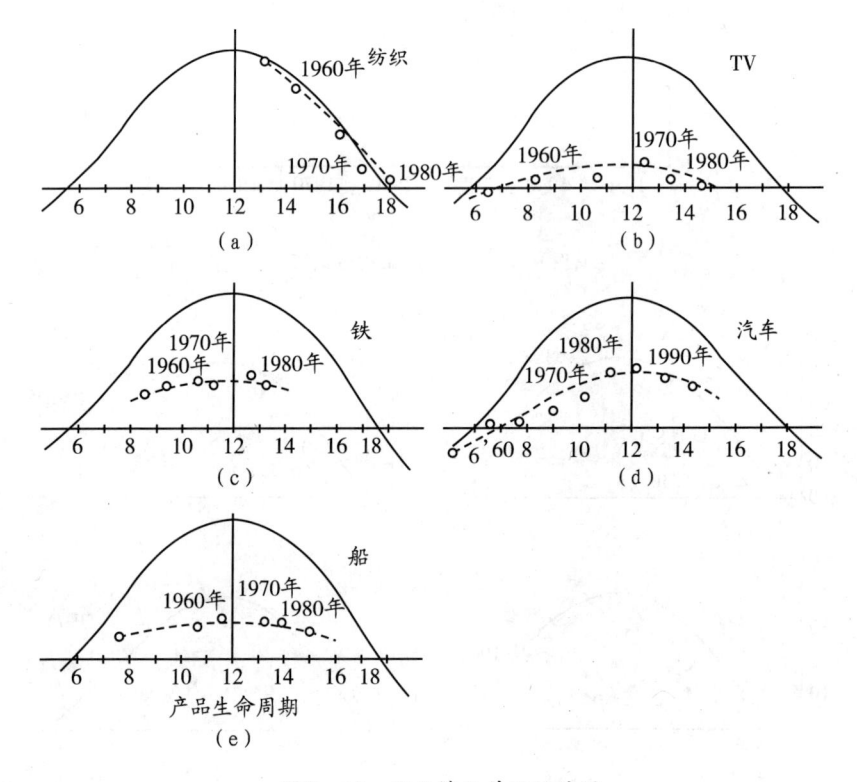

图9-10 行业情况单独统计图

从五个行业的比较来看，相对于其他几个行业，纺织行业在这25年间的变化幅度最大，从1955年占全部商品出口额的近40%下降至1980年3%左右。其他几个行业，如钢铁、汽车、造船、电视等，也均有相应程度变化，但不及纺织业变化明显。

## 二、产业生态演变的启示

**1. 技术进步是产业生态变迁的主要影响因素**

技术创新对于产业生态变迁的影响是复杂的、多方面的。从宏观角度讲,产业结构的升级与技术创新密切相关,每一次人类科学技术发展史上的重要转折,都会促使新产业、新产品不断涌现,也造成许多旧产业灭亡,并导致管理形态的变迁(见图9–11)。

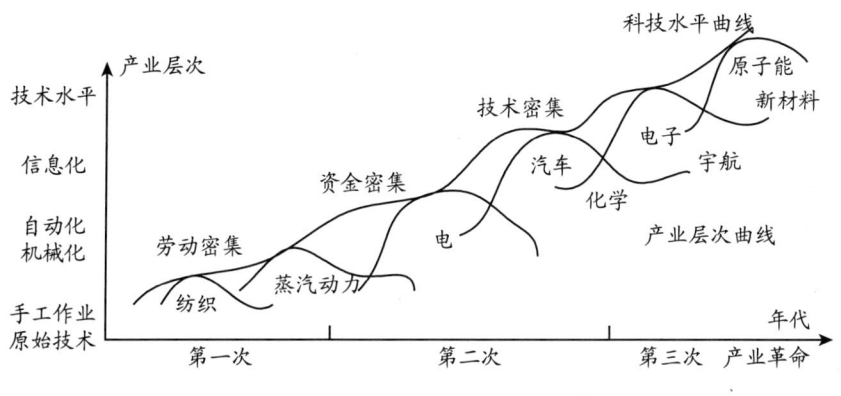

图9–11 人类产业变迁过程[①]

**2. 产业演替是一个扬弃的过程**

任何经济与技术,无论何等先进,都不能完全取代前者,每一个都受到前者的支持。在一个健康的系统中,每一个组成部分都寻找前者的健康和活力,每一次技术超越都产生对前者的改变。

**3. 环境适应性的日益上位**

随着全球环境的改变,成功的物种未必是最强有力的和最具消耗性的,而是那些对反馈最具反映能力的和最适应环境的。对个体企业而言,必须保持与环境发展的同步,并随时准备变通。

---

[①] 韩福荣,徐艳梅. 企业仿生学. 北京:企业管理出版社,2001.1.

# 第十章

# 业竞天择——中关村产业生态变迁

## 第一节 中关村产业生态圈

### 一、中关村空间及地理概念

地理上的中关村位于北京市区西北角的海淀区,"中关村"作为地名在历史上的称谓先后有"中宫"、"中关"、"中湾"、"中官"、"钟关儿"等,新中国成立前是个自然村落,新中国成立后,"中关村"的称呼首次出现,其位置约在蓝旗营附近到北大中关园东部。

自20世纪80年代初期以来,随着该地区经济的迅猛发展及其在空间上的扩散,中关村地区所指的范围也在不断变更。目前,狭义的中关村地标指北京大学、清华大学和中国科学院所在地及其中关村西区,用地10平方公里,包括现在的白颐路和中关村路以及成府路等组成的F型区域。即中关村科技园发展规划中的"核心区",而广义的中关村则主要是指现在的"中关村科技园区"所辖范围。参见图10-1和图10-2。

中关村真正出名,是从电子一条街开始的。历史起自20个世纪80年代。事实上,中关村之所以能够在20世纪80年代脱颖而出,并最终发展成为今天的格局,从路径信赖的角度分析,有其渊源。

1951年,新中国成立不久,国务院文教委员会考虑在北京修建近代物理所和地球物理所。竺可桢等专家认为:科学院的研究基地应靠近清华和燕京大学,这样

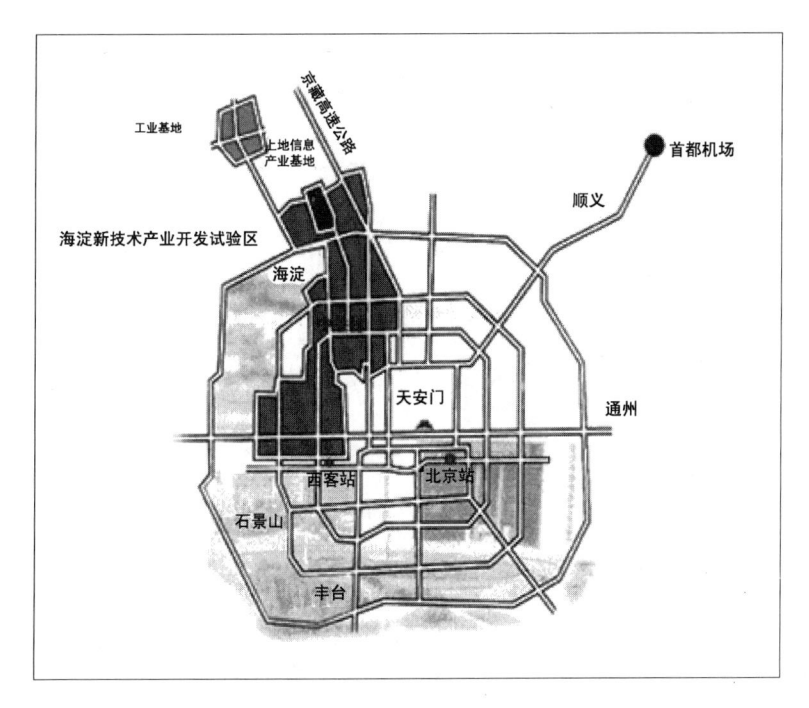

图 10-1　北京城区图

可以充分利用已有交通条件和电力设备。科学家的首倡是缜密的，是在精心设计中关村。人们得到一个共识：科学院的发展必须借助大学的高级科研人才，地理上的接近便于学术上的合作交流。1952 年 2 月，科学院成立建筑委员会，中关村科学城大规模建设全面展开。优先工程是近代物理、地球物理和应用物理的大楼。其中近代物理研究所大楼，俗称"原子能楼"，是中关村科学城中第一楼。1953 年年底，近代物理研究所大楼竣工，次年 1 月迁入新址。"原子能所"成为科学城振翅冲霄的起飞点。近代物理所第一任所长吴有训，第二任所长钱三强，副所长彭桓武和王淦昌，其麾下聚集着一大批科学精英。可以自豪地说，原子能楼是中国"两弹一星功勋奖章"获得者的摇篮，是当今中关村科技园区的发祥地。

科学院原有的研究所包括：近代史所、经济所、语言所和考古所，为使这几个所距离人民大学近一些，计划把它们从城里迁过来。于是就在近代物理所西南角上修建了四排两层小楼，被称为"四所"。1953 年 10 月，中华地理志编辑部进驻"四所"最南面的一座。

中国科学院经过几年建设，把中关村变为科学城，与清华大学、北京大学形成"金三角"。"一院两校"（中国科学院、北京大学、清华大学）是"金三角"的支撑点。这里有一批科学家、发明家、学者、教授，跟踪世界科技，教书育人。科技连手，比翼双飞。中关村就在这"金三角"中，"中关村"这三个

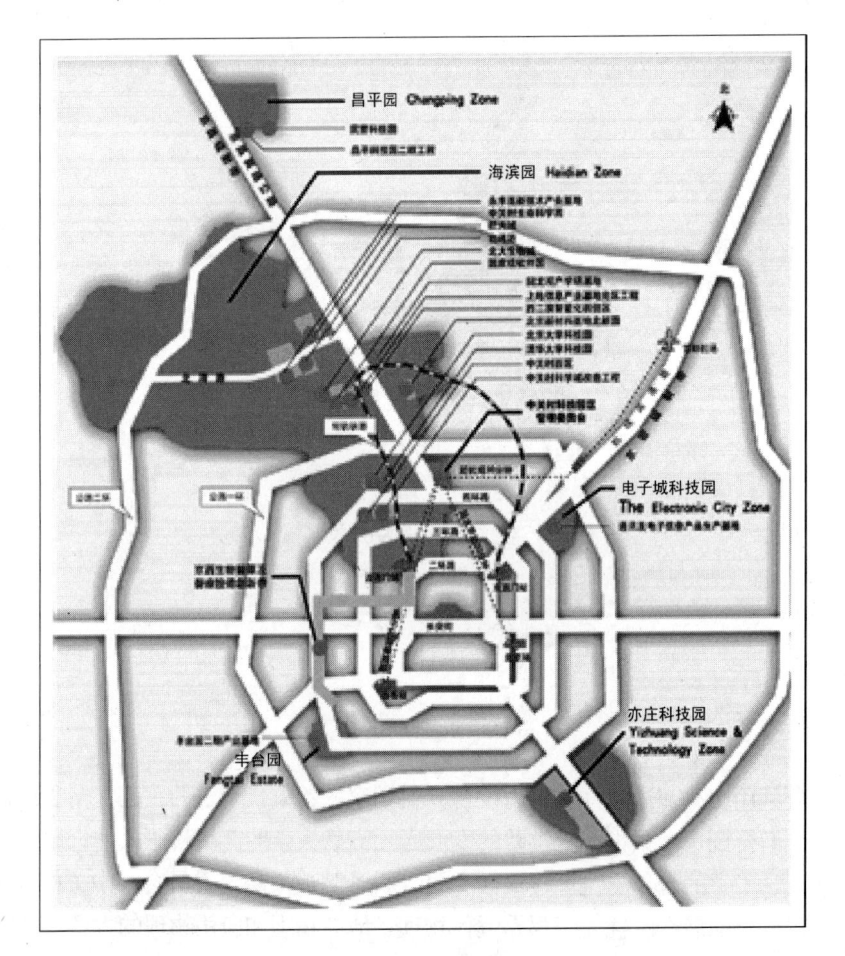

图 10-2　中关村示意

字就成为科研和教学的象征。而在科技和教育体制尚未开放的情况下，仍有许多问题：一是人才板结，形成一层压一层，待遇低下。二是任务不饱满，能充分发挥作用的人员，仅占所里三分之一左右。三是内耗多，是非多，效率低。

1978 年十一届三中全会以后，改革开放的大潮直接激发了中关村这一以中科院、北大、清华为代表的中国最大的高智力知识密集地区。1980 年 10 月 23 日，中国科学院物理所陈春先等七名科技人员首次提出成立"先进技术发展服务部"的设想，由此掀开了中关村史无前例的新篇章。

## 二、中关村产业生态及生态因子

中关村在成为一个独特的、专有概念的同时，也形成了一种独特的现象、文化和氛围，形成了中关村的商业生态。

## 第十章 业竞天择——中关村产业生态变迁

从生态系统构成要素及生态因子概念的角度分析，中关村生态的形成既有"种子"（少数关键个体）的作用，也有"土壤"（资源禀赋）的作用，还包括温度、肥料、阳光、水等一系列要素。

① 土壤。从资源禀赋的角度看，中关村主要是由北京大学、清华大学和中科院组成的"金三角"所构成，"一院两校"（中国科学院、北京大学、清华大学）是"金三角"的支撑点。因此，中关村具有发展高科技产业的得天独厚的条件。首都政治、经济、文化中心的地理优势，丰富的知识资源、人力资源、雄厚的科研基础和广大的市场构成了中关村发展的肥沃土壤。

② 种子。在中关村的发展过程中，陈春先、柳传志、倪光南、王选等一批精英人物的作用非同小可。他们在中关村发展的萌芽期跨越了生产要素不完善、市场不确定和资金匮乏的樊篱，成为几颗具有顽强生命力的"种子"，拱僵土而出、乏营养而长，开创了中关村发展的先河，促进了中关村产业的演变。如果没有这几颗具有顽强生命力的种子，就不会有"两通"、"两海"、联想和方正，"中关村电子一条街"的格局也不会产生。

③ 温度。在中关村三十余年的发展过程中，离不开市场需求和经济周期等大环境的影响。在萌芽期，中关村凭借其得天独厚的科技资源优势，紧紧抓住计划经济向市场经济转变的历史性机遇，创造了令人瞩目的成绩。电子一条街的崛起得益于20世纪80年代国内对电子产品的巨大需求。此外，中关村地区拥有中央各部委对高新技术产业需求的特殊市场优势，给毗邻国家机关的中关村带来了得天独厚的发展机遇。北京申奥成功、中国加入WTO，为中关村的发展带来了新的历史机遇。但是，中关村的发展同样会受世界经济环境的影响，比如，在2001年，受世界经济环境不景气的影响，中关村的发展速度也会相应下降。

④ 肥料。在中关村发展的萌芽期，企业的创业资金大都由地方政府、街道居委会、大学和科研院所联合或单独向新技术企业输入。随着中关村的发展，在90年代末期，出现了发展势头迅猛的资本市场。目前活跃在中关村的百余家创业投资机构管理着超过几百亿美元的资本，这些资本的运转是中关村成长所必需的肥料。企业通过呼吸作用与这些外部资本进行交换，并从中吸取成长所需的养分。

⑤ 阳光。在中关村发展的过程之中，政府就像植物生长所必需的阳光一样，在产业引导、服务企业发展、创造安稳的经济发展环境等诸多方面发挥着至关重要的作用。在中关村发展的萌芽期，政府对"种子"人物采取包容的态度，为其提供宽松的发展环境并给予必要的支持和帮助。在发展期，政府的作用逐渐加大，不仅成立了专门的部门机构，对中关村的发展制定策略，而且有计划地对中关村发展做出规划，并与企业之间形成稳固的关系。在起飞期，政府的作用进一步加强，积极为园区内企业的发展创造良好的环境和氛围，促进科技园区内企业之间的交流。

⑥水。中关村地处以北京大学、清华大学和中科院组成的"金三角"之中，其周边的高等院校68所，以中科院为代表的各类科研机构213家，每年走出校园的高校毕业生和科研人才不计其数。不仅如此，中关村活跃着大批从全国各地涌来的技术力量以及大学毕业后留守中关村的人才。因此，中关村具有良好的人才环境，不仅表现在人才密集度方面，而且在人才的流动性和配套环境等方面对人才的保留和维持也非常有利。中关村的人才环境，为其发展提供了源源不断的水源，成为其发展的不竭动力。

正如土壤、种子、温度、肥料、阳光和水等生态因子是任何生物生长所不可或缺的因素一样，中关村的资源禀赋、先行的企业家、经济周期、资金、政府和人才是中关村发展演进必不可少的条件，他们共同构成了中关村的商业生态环境。随着中关村发展阶段的不同，起主导作用的因子也随之变化。这些因子相互作用，相互影响，共同促成了中关村当今的发展现况（见图10-3和图10-4）。

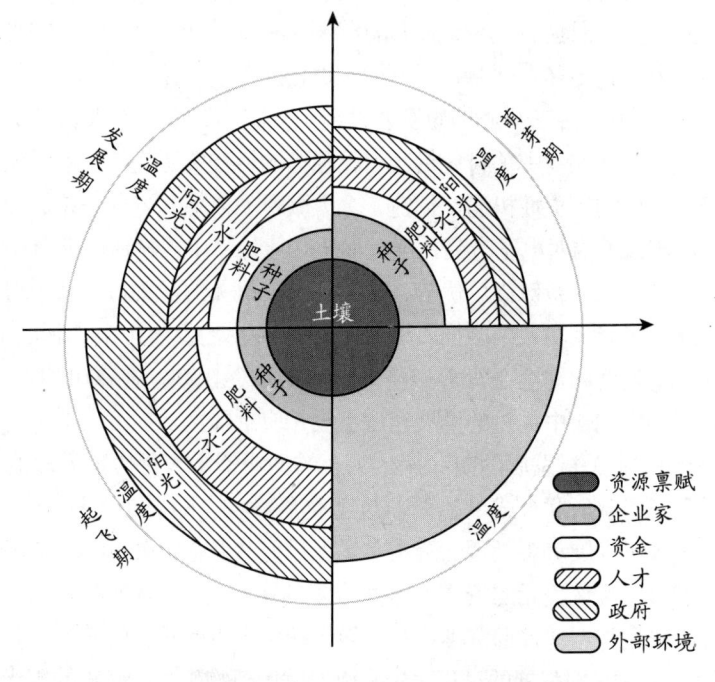

图10-3 中关村演化的生态因子

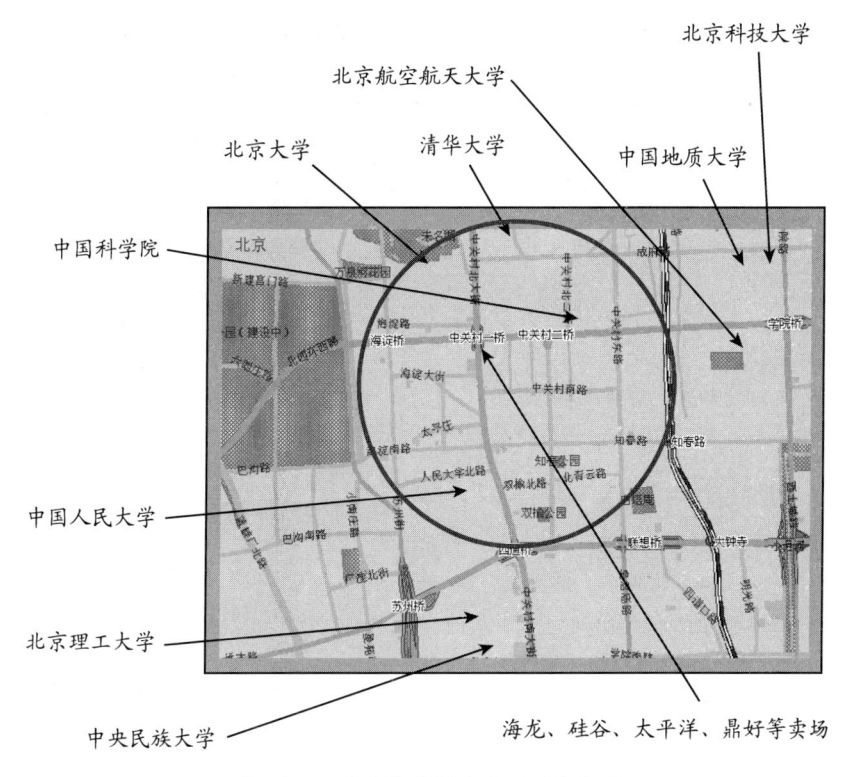

图 10-4 中关村科技生态因子分布图

# 第二节 中关村产业生态演进过程

## 一、产业生态演进过程

**1. 萌发阶段——物种诞生**

这一阶段是指电子一条街（1980~1987年）时期。1980年陈春先等七名物理研究所的科技人员成立了北京等离子体学会先进技术发展服务部（简称"服务部"），之后，科海、京海、四通、信通、海华、华海、联想相继成立，中关村电子一条街的骨干企业基本形成。

可从中关村最早成立的几家企业的情况来探讨中关村早期的生态格局。从表10-1可以看出，中关村早期的企业一般都是以大学和科研院所为依托，由中科院等的科研人员组织创建的，科研人员急于把积累多年的研究成果商业化，从科研院所分离出来创办企业，产学研结合紧密但模式单一，主要以衍生企业的方式进行。产学研合作多为科技人员的自发行为，他们直接将科研成果带到衍生的企业中进行产品开发。

表10-1　　　　　　　　　中关村早期企业建立情况

| 企业 | 年份 | 创建人员 | 初期资金来源 | 政府作用 |
|---|---|---|---|---|
| 服务部 | 1980 | 陈春先等中科院物理所、力学所、电工所、电子所和清华大学的研究人员 | 海淀区工业总公司借款 | 北京市科协的支持 |
| 京海 | 1982 | 中科院计算所研究员 | 向计算所知青服务社借款 | 海淀区区委的支持 |
| 科海 | 1983 | 陈庆振等中科院物理所、化学所、力学所、电工所、自动化所、计算所科研人员 | 政府支持 | 海淀区政府、科学院筹备 |
| 四通 | 1984 | 印甫盛和中科院计算所/计划局以及气象局等科研人员 | 向个人借款 | 海淀区区委的支持 |
| 信通 | 1984 | 以中科院微机协作组为基础，协作组人员组织创建 | 海淀区新型产业联合公司、中科院科仪厂、计算所各出资100万元 | 海淀区科委的支持 |
| 联想 | 1984 | 背靠计算所，最初由中科院计算所的柳传志和王树和创建 | 计算所出资 | 未直接参与 |
| 方正 | 1985 | 张玉峰等北大物理系教师 | 北京大学出资 | 未直接参与 |

企业的启动资金没有固定渠道，以向个人、公司或者机关单位借款为主。企业当时解决资金短缺的渠道主要有以下几个[①]：一是靠科技人员向亲友借款。二是靠维修服务收预付款或靠做点小买卖，慢慢积累资金。三是靠原单位在计划外资金中拨付有限的资金支持企业。四是靠地方政府协助解决。地方政府帮助企业和各银行支行沟通来获得贷款支持。据有关部门数据显示，1983～

---

① 张福森. 中关村改革风云纪事. 北京：科学出版社，2008：146-147.

1987年，有26家科技企业从农业银行海淀支行贷款近3亿元，从工商银行海淀分理处贷款5.3亿元。政府大多以提供有限的支持工作为主，多采取"一事一议"和开"碰头会"的方式，利用已有的政策"余度"帮助企业解决困难，政府和企业之间未建立稳固持久的关系。

这段时期，企业的技术和资金实力都还相当薄弱，而由于体制的束缚，中关村的创新力度和活力都十分有限，虽然创新主体和创新资源开始萌发，但创新的长效机制和创新环境并未形成，其创新大多属于科研成果多年累积后的井喷现象，中关村的繁荣仍是以电脑及其配套设备的贸易为支撑。即中关村产业生态的萌芽是从产业下游发展起来的。其基本模式为：在中关村成立起来的公司多以代理国外产品为主，进行辅助开发及销售。80%的企业主打销售与代理，如联想代理AST，方正代理Digital，达因集团代理Compaq等，处于产业价值链的底部。而IBM、HP等PC领导厂商则领导整合了产业链中的全部。在这种生态格局下，国内厂商依靠技术的积累储备和对本土市场的了解，逐步建立局部的竞争优势，共同推进产业的进化。此时的中关村是中国IT业者的创业乐园。

这一生态阶段的主要特征为：缺乏经营管理人才，资金形成不易，工业技术落后，自主产业价值链尚未形成。上游被国外厂家所占，如INTEL在芯片元器件的环节，Microsoft在电脑软件业的高端，IBM、HP、COMPAQ在整机市场的高端，等等。这些国际巨头不但垄断了上游价值链，更是渗透并左右了产业价值链的中下游。联想、方正等处于技术与资金的积累阶段，其主打业务只是代理国外品牌。而其他众多电脑外设经销商则尚忙于解决生存问题。具体情况见图10-5。

"联想"集团的前身"计算所公司"的第一桶金，是进行电脑的验收服务赚到的。"两通两海"作为电子一条街的领军企业，这一阶段的创新能力也比较有限，并未对其他小企业产生带动、辐射的作用，系统内尚无足以通过网络辐射小企业的核心企业。由于这一时期的业务特征以及园区内大都是一些低水平竞争的中小企业，各企业之间相对独立，合作较少，企业价值网络的联结模式是属于水平一体化。

从中关村的创始阶段来看，中关村类似硅谷，是一种以市场为导向的自发聚集与创新，不同于日本筑波的政府规划式的科学城。

**2. 发展阶段——种群形成**

这一阶段是指中关村高新技术产业开发试验区（1988~1999年）时期。

在这一时期，政府在中关村发展过程中扮演了越来越重要的角色。海淀区

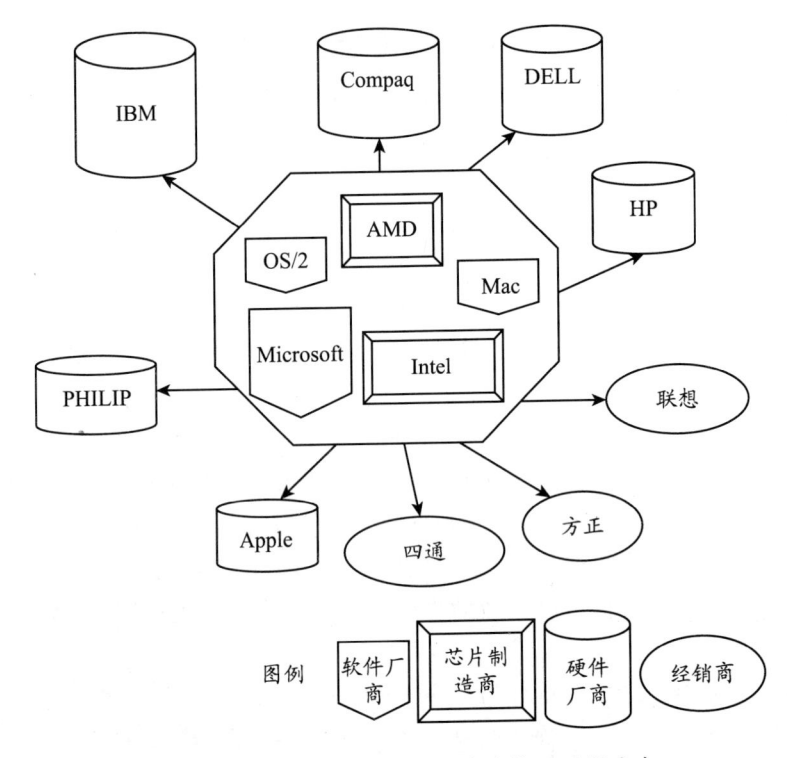

图 10-5　20 世纪 80 年代中期中关村 IT 市场生态

政府成立了北京市新技术产业开发试验区办公室、试验区协调委员会和试验区管理委员会，主要负责对新技术企业进行行业管理、园区总体发展战略、政策、条例的规划和制定。政府开始有计划地对中关村的未来发展做出规划，园区内企业和中关村园区的稳定关系形成。

同时，产学研网络也获得了进一步的发展和巩固，除衍生企业外，产学研的模式开始多样化，出现了技术许可、产研合作共同研发以及产研合作成立新公司等形式（见表 10-2）。但产、学、研的合作程度总体来说仍然不高，其表现为在中关村区内高校和科研院所的科研经费来自企业的资金比重很小，在全国排名第 14 位[①]，远远低于浙江、上海。

---

① 中国科技发展战略研究小组. 中国区域创新能力报告（2001）. 北京：中共中央党校出版社，2002（1）：54.

表 10-2　　　　　　　产学研合作模式（1988~1999 年）

| 年份 | 事件 | 模式 |
| --- | --- | --- |
| 1988 | 中科院自动化所成立中自四方自动化技术有限公司转移研究成果 | 衍生企业 |
| 1988 | 清华大学与中关村先锋公司合作成立华业公司 | 产研合作组建公司 |
| 1988 | 清华大学与华能集团合资创办了华电公司 | 产研合作组建公司 |
| 1988 | 清华大学投资组建清华大学科技开发总公司，进行技术转移 | 衍生企业 |
| 1988 | 北京大学计算机所将汉字激光照排系统技术专利让与方正开发 | 技术许可 |
| 1994 | 清华大学与北京玻璃仪器厂组建清华阳光公司 | 产研合作组建公司 |
| 1998 | 北京邮电大学与通信网国家重点实验室、信息产业部网络管理重点实验室合作成立北京天元网络公司 | 衍生企业 |
| 1998 | 海鑫科金信息技术有限公司出资委托清华大学自动化系进行研发 | 委托研发① |
| 1999 | 北京交通大学与中国铁路工程总公司组建隧道及地下工程试验研究中心 | 联合研发② |

总体来说，在这一阶段，政府的规划和协调作用大大加强，产学研网络得到了进一步的发展和巩固。中关村出现了真正意义上的高新科技企业，它们充分利用中关村已有的各种生态要素，以市场为导向，进行各种要素的整合，形成了具有高附加值特征的高新技术产业。其发展模式由上一阶段科技人员的自发行为为主转向政府政策推动和企业市场竞争力驱动并举。"此阶段中关村受到社会关注的主要活动顺序为：加工—贸易—技术，其增殖手段是'产业链'。"③ 园区内企业之间的网络性初现端倪，例如，联想开始委托华星、华明、珠峰、雅德等厂家合作加工，这些厂家承接了联想境外销量的 3/4 的生产任务。

世纪之交中关村高科技产业已经发展到门类齐全，各个行业领域均已形成较为完整的产业链条，产业链上游环节相互配套，其中一些重点领域、关键环节具备明显竞争优势，有能力带动整个产业群体进一步发展。北京在集成电路、电子元器

---

① 产学研合作中最常见的一种模式。企业根据自身产品创新、服务创新和技术创新的特定需求，向受托方支付研发资金，将部分或全部研发工作委托给具有实力的高等院校、科研院所承担。
② 联合研发是指企业和高等院校、科研院所围绕某一个统一的创新目标，将各自的优势资源整合起来，分工协作，共同开展研发。
③ 韩孝成. 中关村科技园区发展机制研究. 北京：中共中央党校，2002.

件和计算机生产、软件、通信及网络各环节均有力量分布,其中在计算机、软件、通信、网络和电子元器件等环节上是具有领先优势。北京的软件业在全国处于龙头地位。计算机方面,2000 年北京台式 PC 机产量占全国总量一半以上,服务器市场占有率达国产服务器 1/2 强,笔记本电脑和扫描仪的市场占有率也有 1/3 强。通信方面,北京移动通信类产品在全国占有很重要的地位,尤其是移动通信设备产量居全国第一。在网络服务方面,很多网站总部都设在北京,各项指标均占到全国一半以上。电子元器件中的电容器、扬声器、电子调谐器、偏转线圈和彩色显像管等产量排在全国前两位。这一时间的产业生态见图 10-6。

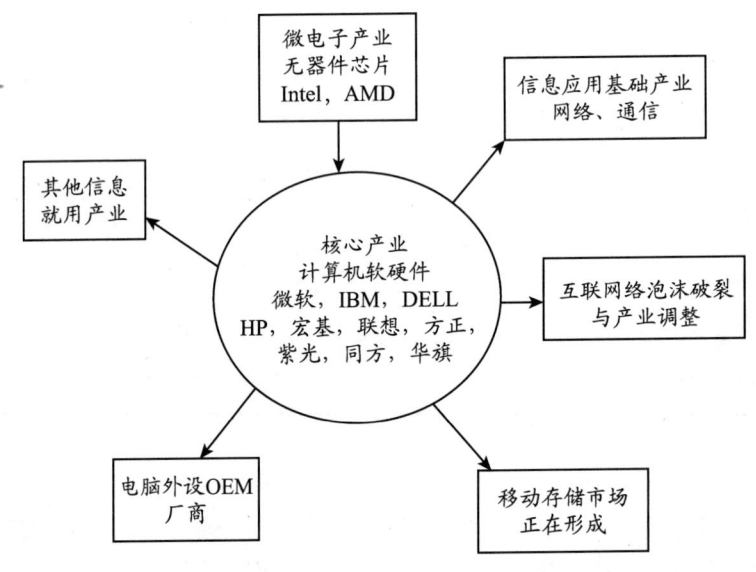

图 10-6 中关村 IT 产业生态

### 3. 繁荣阶段——生态形成

这一阶段是指从 1998 年至今的中关村科技园区与中关村国家自主创新示范区时期。1999 年 5 月 26 日,"中关村地区"改称为"中关村科技园区"。

此时,中关村 IT 产业生态的另一个特有现象开始显现——"空心化"。联想、方正、紫光等企业先后把其产品生产加工环节放在东南沿海一带,中关村已不是一般传统工业认为的制造中心。

不能成为制造中心,中关村剩下的路只有两条:成为高新技术的研发中心或商业、服务、贸易中心。即沿着"微笑理论"的两端发展,参见图 10-7。中关村在这两条路上走得如何?一份全国人大代表的提案深刻地指出了这一问题。这份题为《中关村必须保持核心竞争力》的案例所做的调查显示：中关村的产值主要来自科技贸易，而科技成果转化为生产力的比例不足3%，下游的贸易没有对上游的研发产生强劲的拉动力量，贸易是产业的龙头，研发是陪衬和招牌。

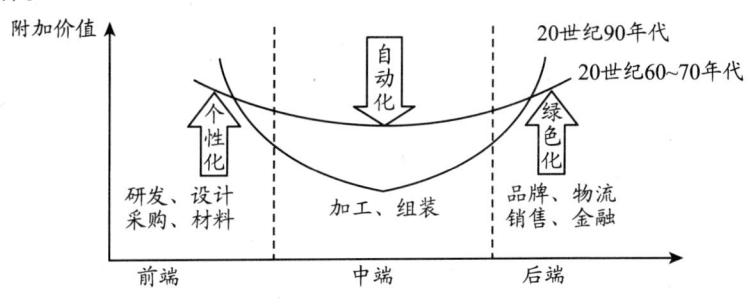

图 10-7　"微笑曲线"

1999年6月5日，国务院对北京市政府和科学技术部《关于加快建设中关村科技园区的请示》做出批复。要求用十年左右的时间，把中关村科技园区建设成为世界一流的科技园区。这个批复标志着中关村的高科技产业生态开始进入一个新的局面。

2009年3月20日，国务院正式宣布中关村科技园区为国家自主创新示范区。这是中国首个国家自主创新示范区，中关村力争成为具有全球影响力的科技创新中心。

这一时期，政府作用进一步加强和完善，积极为园区发展创造良好的环境和氛围，促进科技园区内各行为主体之间的交流。如通过"绿色通道"为留学人员创业提供小额担保贷款，通过"瞪羚计划"帮助中小企业解决"融资难"问题，实施"中关村高新技术企业集合信托计划"开拓企业多种负债融资渠道，改善中小企业的融资环境。另外，这一时期，园区内企业科研经费中政府的支持规模整体上呈上升趋势。

这一时期产业生态发展的突出表现是产学研网络的进一步密集化和多样化，政府支持产业技术联盟和开放实验室的发展，深化产学研合作，提升企业的自主创新能力，具体见表10-3。据2005年的一项过对科技园区792家企业的抽样调查显示，"这些企业与高等院校、科研院所'经常合作'的有206家，占26%；'偶尔合作'的有270家，占34.1%；'很少合作'和'没有合作'的企业则分别为142家和174家，其比重为17.9%和22%。"[①] 中关村从2006年开始启动了开放实验室建设，到2010年2月，中关村已经有开放实验室83家，大学院

---

① 北京市地方志编纂委员会. 北京志·中关村科技园区志. 北京：北京出版社. 2008. 1.

所实验室开始主动面向企业服务，成为产学研新的"黏合剂"。

表10-3　　　　　中关村产学研合作模式创新（1999年至今）

| 模式 | 实例 |
| --- | --- |
| 共建研究中心模式① | 搜狐公司与清华大学信息技术学院联合成立清华大学—搜狐搜索技术联合实验室 |
| 企业加中心（实验室）模式② | 北京博奥生物芯片有限责任公司确立了公司加中心（实验室）模式。公司即清华大学企业集团，而中心即清华大学生物芯片研究与开发中心 |
| 开放实验室模式③ | 北京大学微处理器及系统研究开放实验室和清华大学分析中心等59家开放实验室 |
| 产业技术联盟模式 | 数字电视产业技术联盟④、下一代互联网联盟⑤等30家产业技术联盟 |

中介服务机构作为产业生态内产学研结合的纽带和桥梁在这一时期数量也有了明显的增长。孵化器在1999年以后开始出现，例如生命园、留创园、北京中关村软件园孵化服务有限公司、清华创业园、中科院留创园等。另外，园区内也出现了一些企业家俱乐部，例如北京高新技术企业高层技术经理人俱乐部（CTO）、中关村高科技企业家俱乐部（ZHTC）、软件园孵化器创业企业家俱乐部、创业企业家俱乐部和同心创业企业家俱乐部等。

另外，整个生态系统中的企业在这一时期也变化显著。企业数量明显增多，尤其是2001年之后企业数量增速明显加快（见图10-8和图10-9）。

---

① 共建研究中心是产学研各方以各自拥有的资源为基础，寻求合作伙伴，以在法律规范下的协议或合同为依据，实现资源的紧密结合，优势互补，风险共担和利益一体化。
② 企业加中心（实验室）模式是以大学为依托，先成立一家企业，再由企业投资设立研发机构。
③ 开放式实验室的工作主要包括：为中关村园区企业提供实验设备租用、测试、技术集成等服务；通过合作研发、委托研发等方式，与企业联合承担国家及北京市重大项目；促进相关高等院校和企业开展产业链合作和形成产业联盟；与园区企业合作，建设重点产业领域的公共技术平台；建立以企业为主体的国家重点实验室、国家工程中心、国家工程研究中心；促进开放式实验室与园区专业孵化器开展合作；与企业联合进行人才培养，促进科技交流等。
④ 由清华大学、上海交通大学、联想集团等百余家大学和企业组成。
⑤ 长城企业战略研究所、北京天地互连、清华比威、中国网通集团研究院、中科院计算研究所等11家单位共同发起。

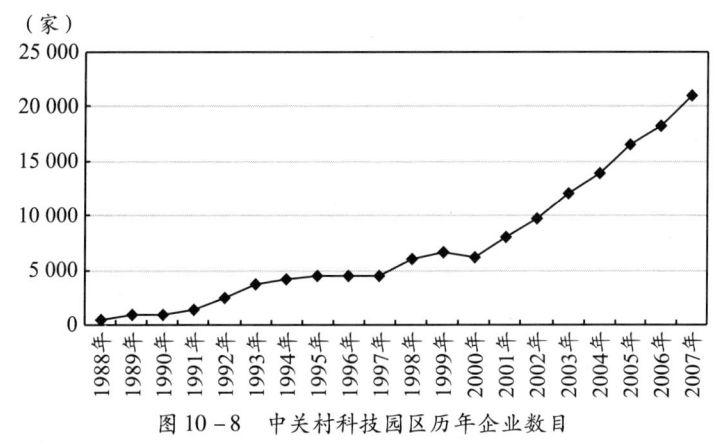

图 10-8　中关村科技园区历年企业数目

资料来源：中关村科技园区统计报表。

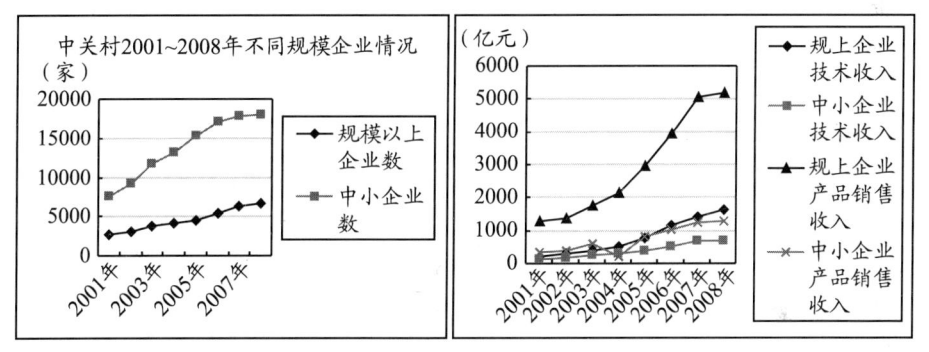

图 10-9　中关村 2001～2008 年不同规模企业数目以及其收入状况

资料来源：中关村科技园区统计报表

规模以上企业与中小企业的数目都增长明显，总体来说中小企业的增长速度要快于规模以上企业的增长速度，但是规模以上企业的技术收入和销售收入的增长速度都快于中小企业。规模以上企业的发展一定程度上会对中小企业的发展产生挤出效应，但总体而言，我国真正的国际性大企业严重缺乏，如 Inter，Microsoft 等对地区产生带动作用的大企业甚少。

这一时期系统内企业之间的联结明显增多，突出表现为各种行业联盟的建立。目前为止，中关村先后成立了中关村数字电视产业联盟、软件出口产业联盟、下一代互联网产业联盟、TD-SCDMA 产业联盟以及云计算技术与产业联盟等 20 多家产业联盟。竞争性企业之间通过产业联盟的合作平台，共同提高行业整体竞争力，提升国际话语权。相关企业之间也展开了广泛的合作，例如中芯国际携手华虹打造高端芯片、支付宝携手用友提供财务管理一站式服务、中星微电子和联芯科技进行战略合作，等等。

总之，中关村产业生态的发展，经历了一个由点到面，由有限的链条到无限的网络联结的发展过程（见图 10-10）。

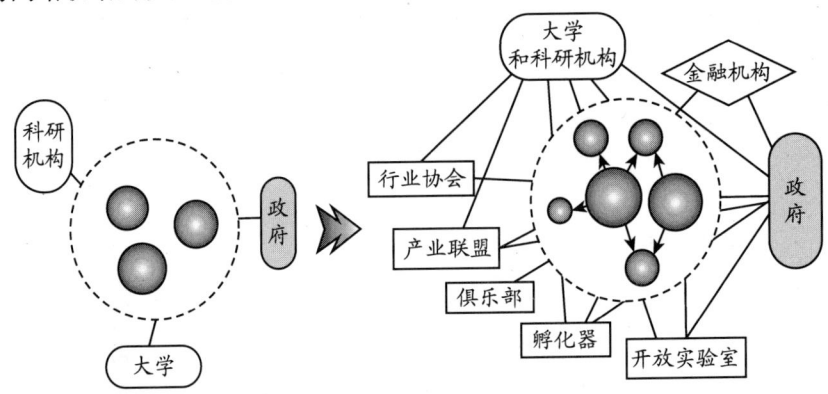

图 10-10　中关村产业生态系统结构图

## 二、中关村科技园区生命周期分析

在中关村区域发展的萌芽期，企业创新的原始力量多来自于科研院所多年科研成果的累积。一部分科学家们急于将多年束之高阁的研究成果推向市场使其商业化，产学研结合的模式为这一时期的主导模式，政府的作用并不明显，区域内企业之间并未形成有效联系。在发展期，政府的作用开始加强，为中关村的发展提供制度和政策上的支持，产学研的合作模式多样化，企业之间也初步形成具有上中下游特征的合作共生关系。在起飞期，中关村区域内各企业之间的关系明显加强，政府在进一步完善各种制度和政策的同时，积极创建各种平台促进科技园区内各行为主体之间的交流，企业之间的交流明显增加，突出表现为各种行业联盟的建立。具体如图 10-11 所示。

## 三、中关村市场生态演进过程

贸易是中关村产业生态的重要内容。中关村起步于贸易，中间，也曾一度收敛于贸易，著名的"贸—工—技"模式始终没有能够顺利地实现并完成。今天，中关村还在为实现自主创新而不懈努力。

在这个过程中，中关村电子市场的发轫及演变过程对于分析和了解中关村产业生态有重要的作用。可以说，中关村产业生态的变迁与中关村电子市场的兴衰息息相关。

20 世纪 80 年代的中关村产业生态，可以称为 IT 市场生态阶段。这一阶段是中关村机制创新的黄金时期。20 世纪 80 年代初，中国改革开放，新的社会观念来势迅猛，在这种氛围下，一批不甘心局限于传统计划经济体制的人，率

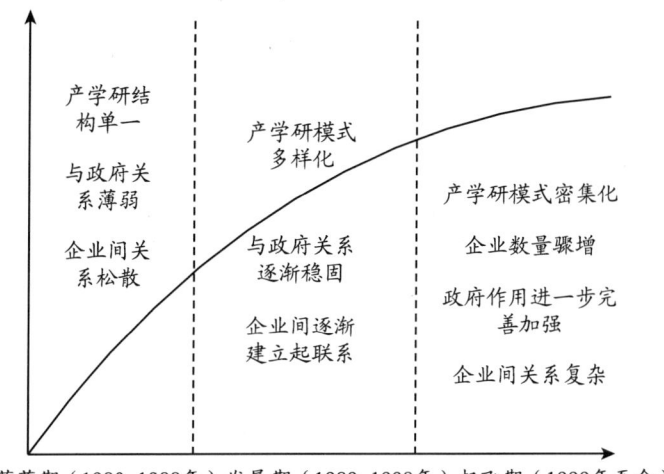

图 10-11　中关村科技园区生命周期

萌芽期（1980~1988年）　发展期（1989~1998年）　起飞期（1999年至今）

图中文字：
- 产学研结构单一
- 与政府关系薄弱
- 企业间关系松散
- 产学研模式多样化
- 与政府关系逐渐稳固
- 企业间逐渐建立起联系
- 产学研模式密集化
- 企业数量骤增
- 政府作用进一步完善加强
- 企业间关系复杂

先进入中关村。科海公司、京海公司、四通公司、信通公司、中自公司等是当时有一定规模的公司。在这一空白阶段，高科技民营企业纷纷涌现，以贸易经营为主，代理、销售国外产品，兼做部分服务工作，中关村的机制框架和产业生态雏形依此确立。

1988年，经国务院批准，在北京市海淀区的100平方公里设立了"北京市新技术产业开发试验区"，这是中国第一个高科技产业开发园区，国务院参照经济特区的政策，给予试验区许多优惠政策。这些优惠政策促进了高新技术产业的迅猛发展。也使企业的发展方向和核心业务发生了根本性的变化。在80年代后期，一大批企业从初期的贸易型向制造型转移。

中关村企业在向产业链上端发展的同时，将产业末端的零售渠道悄悄地让给了一种新的业态——电子市场。而且，贸易型企业在向制造业发展的同时，贸易环节也向上端发展，从最初的做零售发展成做渠道，或者说做分销。如神州数码公司。

在科技型企业转型（由贸易型向制造型）的同时，电子市场本身也在不断向更高形式发展。如四海公司的成立便是一个标志性的案例。四海公司原本是四季青公社建立的一个蔬菜自选市场，因经营不景气，后转营日用百货，仍入不敷出。顺应中关村电子产品一条街的经营特色，后改为招租中关村上的大小公司入住，则一举成功。经营面积一扩现扩，由最初的300平方米逐步扩大到3000多平方米。市场最旺时，租户约100家。著名的"两通"、"两海"都曾是这里的租户。

1987年下半年，在中关村一条街上，今天海龙市场的对面，又建起一座3800平方米的建筑，最初的动意仍然是五金、机电、化工、水暖等生产资料的经销场所，后来这里被四通、联想两家中关村的最著名公司租用，是一个标志性的里程。

1991年12月，中关村电子配套市场建成，面积2000平方米，呈柜台式经营格局，专营电子产品。自此，中关村的电子市场进入快速发展期，随后，一大批电子市场如后春笋般发展起来，它们散落在从黄庄路口到北京大学南墙以外2公里的范围内，数量至少有15家，合计总面积约4万平方米（见图10-12）。

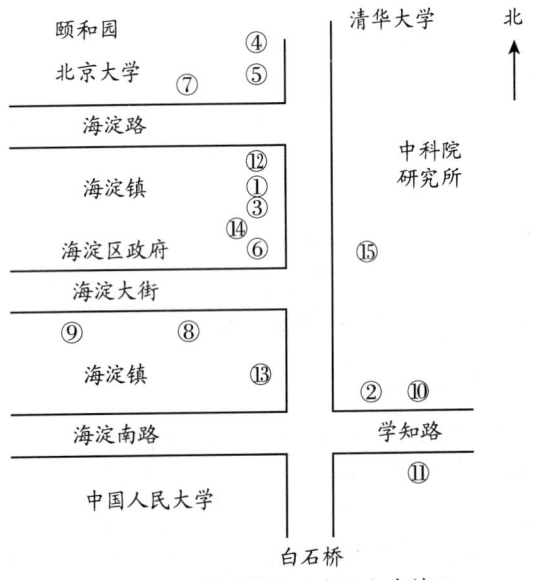

图10-12 中关村电子市场分布情况

注：①四海电子市场；②中关村电子配套市场；③中自电子市场；④科苑电子市场；⑤中关村电子世界；⑥科技园电子市场；⑦安迈琪特电子市场；⑧现代电子市场；⑨中关村电子世界惠华市场；⑩中发电子市场；⑪新中发电子市场；⑫中海电子市场；⑬商悦电子市场；⑭国安电子市场；⑮齐久电子市场

1999年，中关村电子市场出现了历史性转折，电子市场进一步升级，电子城、IT卖场等新形业态纷纷涌现。IT卖场相继建立并投入使用，使1999年成为中关村标志性的一年。

2000~2004年是中关村IT卖场的和平竞争阶段。硅谷、太平洋、海龙三足鼎立，以海龙为首。在此期间，中关村甚至北京市建立了一批新的电子城，包括理想电子城、天利合笔记本电子城、中关村电脑总汇、明光电子城、金五星电子城、阿波罗电脑城、多脑河电子城等，但经营时间都不长。2003年7月鼎好电子城加盟中关村IT卖场行业圈，2004年2月中关村科贸电子城开业，2005年10月E中心电子城开业，2006年7月E世界数码广场开业，期间，还有一些小的IT卖场开业。经过激烈的竞争，新的三足鼎立格局形成，海龙、鼎好和科贸成为新三强。

中关村IT卖场圈成为北京市IT卖场的核心商圈，聚集电子卖场11家，其对于IT产品销售终端别具意义。从2005年开始，各种销售模式开始在中关村登陆，从国美、大中等家电连锁到京东或新蛋等B2C销售网站，再到宏图三胞，中关村已经成为IT产品销售终端业态共生系统的一个缩影。从2005年家电连锁进入中关村开始，IT产品销售终端之间的共生关系不断加强，从广泛竞争逐步向竞争合作过渡。

① 2004年10月，家电连锁巨头国美电器将第18家连锁门店设在位于海龙、鼎好近在咫尺的中芯大厦，经营面积4000平方米。国美中关村店普通家电所占比例仅为40%左右，其余60%产品则全都是数码、通信和3C融合家电产品，包括电脑整机和软硬件、打印机、扫描仪、手机、数码相机、MP3等。

② 2004年，大中电器完成三座连锁卖场"包围中关村"的布局。其中大中中关村店位于海龙电子城的侧面。大中开业数年的黄庄店距离中关村也仅数百米之遥。在2004年年底，大中电器中关村店彻底停售家电，全部改为销售IT、通信产品卖场。并宣称与包括IBM、HP、联想、长城等在内的数十家笔记本和台式电脑厂商签订了直供协议，拉开与中关村卖场贴身肉搏的架势。

③ 2005年3月，苏宁"卧底"店开进中关村，主销IT数码产品。家电连锁企业在中关村地区的分店几乎都是60%的商品是数码、通信和3C融合家电产品，包括电脑整机和软硬件、打印机、扫描仪、手机、数码摄照、MP3、光碟。苏宁电器华北区市场策划部经理徐正飞透露，"苏宁学院路店就是卧底店，是苏宁打响IT数码战役的前哨部队"，其目的是摸清中关村电脑城的价格竞争手段和产品差异。其对IT卖场的调查范围几乎涵盖全部IT数码产品。针对不同商户、不同产品制定攻占方略。

④ 2005年7月，大中、国美中关村店降价挑战IT卖场。大中电器投入3亿元资金用于数码产品的促销。大中电器经贸总部副总监、IT事业本部部长李宇松声称要以"平均价格低30%的优势"一举颠覆中关村的IT卖场模式。但在家电卖场的强攻下，以海龙、鼎好为代表的中关村IT卖场人气依旧旺盛。鼎好周末日客流量达到了5.5万人，最高峰时达到8.5万人。在节假日销售数码相机、摄像机的最高日记录是5000台，销售金额超过千万元；笔记本单天销售数量达到500台以上，交易金额超过500万元。

⑤ 2005年，进入暑假促销阶段，中关村各大卖场努力改善环境，海龙于6月底完成了改造升级；鼎好大力举办一系列促销活动，从地下一、二层到楼上四层的IT产品以及五层的配套餐厅都为暑假促销做好准备；而科贸电子城则从6月份就开始了一元拍卖活动。

⑥ 2007年7月,由于经营不善,大中电器退出中关村。

⑦ 2007年9月底,宏图三胞中关村店正式开业,位于海淀区邮政大楼东侧的二、三层,恰恰是三年前大中电器进军中关村挑战IT卖场的起点。宏图三胞高级副总裁花贵对宏图三胞进入中关村的意义表述如下:中关村竞争比较激烈,能够锻炼一个企业,也能够使人员的资质发展得更快。连锁企业有个问题就是效率与电脑城比要差一些,希望通过中关村卖场,能够在整个流程过程中完善自己的主体,使企业更健康地发展。

⑧ 2007年12月,鼎好电子城二期工程开业。在总结一期经验的基础上,针对广大厂商、经销商的实际需求,顺应消费市场的趋势而建设的。鼎好二期地下停车场B4~B3连通鼎好一期,有近千个停车位;B2为手机、游戏、时尚店面,同时为地铁4号线进入中关村西区的必经之路;B1~2F为旗舰展厅、笔记本、数码专卖、复式的IT品牌旗舰广场,全亚洲最大的三星旗舰店也坐落其中;2F~3F为精品销售区,主要经营台式机、笔记本、数码产品;4F~5F为DIY特色商铺、配件、外设产品专区;5层是时尚餐饮业,同时6层还开辟了户外的活动场所;6层针对专业人士和爱好者们开辟了摄影器材城和投影城;7F~10F开辟了新一代IT展厅,为消费者和商家提供了更多的展示空间;11F~18F为中关村人士提供优良的写字楼。同时,二期B4~B2以及2F~5F和一期相连,滚梯设计为双上双下,并直达10层展示厅,为消费者购物提供了极大的方便。

⑨ 2008年1月,国美3C店进入中关村,店址位于中关村科贸大厦五、六层,科贸店总面积超过10000平方米,其3C商品展示区域占卖场面积的70%。开业一周周末两天的销售中,手机、数码、电脑等3C商品占整体销售份额的60%,销售总额达3000多万元。其手机打出8.5的折扣,人气较旺,但数码、笔记本等销售区人气相对一般。

中关村地区竞争不断上演的同时,该地区电子产品销售总额每年都以超过10%的速率递增。从中关村IT产品销售终端之间的竞争过程可以看出:IT卖场积极致力于自身能力的改造升级,促进了IT卖场整体水平的提升。而其他业态的竞争目的也从最初的消除竞争者独占市场,转为向竞争者学习经验,并在竞争的压力下促进自身的提升。在这个意义上,中关村成为各IT产品销售终端必争之地,具有了促进业态竞合的意义,而且,随着各IT产品销售终端进入中关村,进一步提升了中关村的影响力和经营辐射范围,扩大了中关村在北京及周边地区IT产品销售的份额,为中关村的IT产品销售终端带来了更大的人流和更大的市场,增加了中关村地区的整体市场资源(见图10-13)。

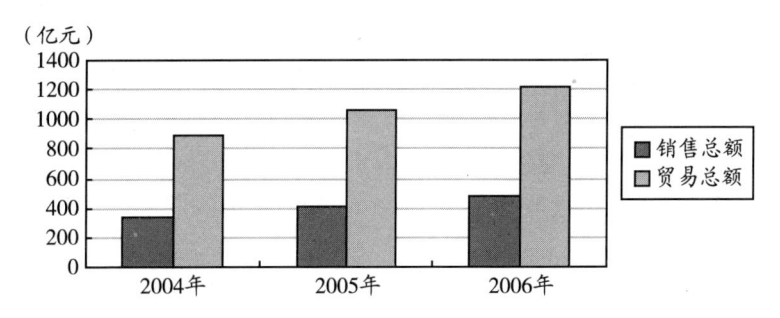

图 10-13 中关村电子产品销售额、贸易额变化（2004~2006年）

## 第三节 中关村产业生态演进路径

### 一、"贸—工—贸"演进路径

仅从电子一条街今天的状况看，其经营性质与30年前并无本质差异，即经营依然是以贸易模式为核心。不同的只是经营规模、经营业态、经营方式和工具、手段的相应变更。那么，如何看待这一进化的结果？几经变迁，中关村还是锁定在了贸易模式上，这一结局是自然进化的结果？还是动态博弈的结果？是政策导向的结果？还是其他什么？这个结果是成功的象征？还是无奈的选择？它的外部性如何？启示作用如何？可供修正的机会还有多少？将中关村打造成为自主创新核心区的可行性有多大？

许多人对中关村的期望及当年发展的设想是，中关村走一条"贸—工—技"的发展道路。即中关村的理想之路是：从IT市场生态过渡到IT产业生态，然后，再发展到IT技术创新生态。可惜，在20世纪90年代，中关村在IT市场生态向IT产业生态过渡的过程没有能够非常顺利地完成，直接导致了技术创新生态形成的停滞现象。单就电子一条街而言，这个事实更加明显。因为，今天还坐落在中关村的相关企业，没有能够如人所愿地在"贸"之后发展出成规模的"工"和"技"。

中关村企业差不多地都锁定在了贸易模式上，这其中的原因何在？又如何认识和评价这种状态？

生态系统的演化过程是一个自然博弈过程，在生态层级，遵循物竞天择的规律，在族系层级，遵循变异、选择、保留的规律（见图10-14）。

那么，作为社会生态系统，中关村的演化过程遵循了什么样的发展规律，

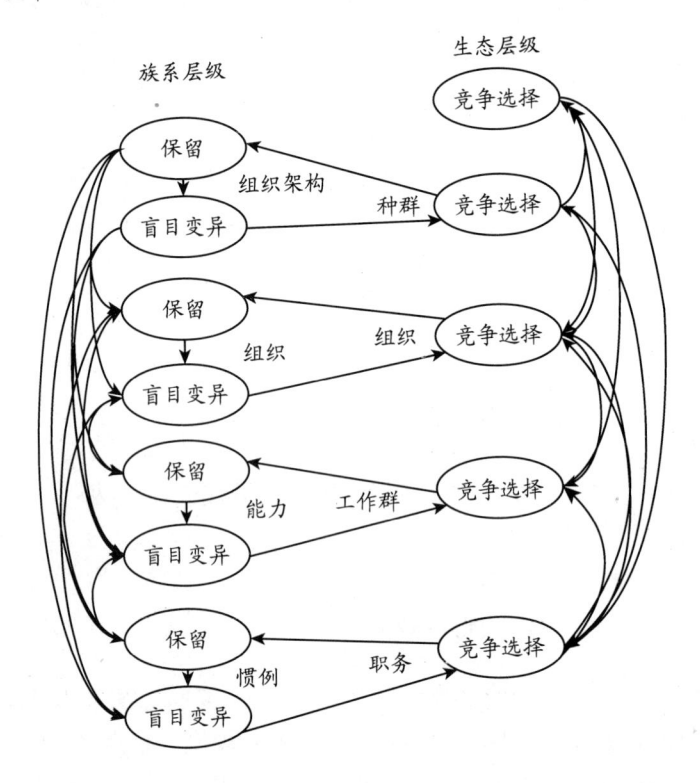

图 10-14　生态系统演化过程

资料来源：Baum, J. A. C. & Rao. H., 2004。

其中，自然的伟力和人类的作用是怎样组合及搭配的？

## 二、演进路径成因分析

### 1. 路径依赖

与硅谷那些以技术创新和制造业为特征的新兴公司不同，20世纪80年代初，中关村的新兴公司从一开始就选择了以贸易为主的成长道路。其当时的时代背景是：中国实施改革开放政策，紧闭了几十年的国门一经打开，外部世界的精彩呈现在眼前，差距之大令人叹为观止。因为，在封闭环境下发展起来的中国电子和计算机工业与国外的技术水平完全不在一个水平上，不仅技术落后，而且规模化、商品化程度低，国内产品和技术不要说同国外的新技术、新产品相抗衡，即使是学习和效仿也还存在相当的差距。因此，国人首次深刻地体会和意识到了追赶的艰辛和困难，在这种背景下，作为理性人趋利特性的唯一选择，自然是走引进之路——通过贸易形式完成与先进技术的对接。但是，由于传统体制、思想意识、市场嗅觉以及专业人才和经验等多方面的束缚，老牌的电子企业以及传统的贸易公司难以在引进国外技术和产品方面有所作为，这为汇集了大量具有灵敏市场意识的专业、高智商"下海"人员及其组成的中关村新兴公司提供了机会，因为中关村既有大量的计算机专业人才，同时中科院也在探索自己的改革模式，其结果是，中关村大量的新兴公司进入贸易和代理服务领域，并依靠其经营的灵活性而很快繁荣起来。

此外，在当时的背景下，中关村新兴公司选择以贸易模式发展还有两个重要的原因，其一，以科技人员下海组成的新兴公司，普遍面临一个共同的问题——资金规模小，缺乏大规模融资的外部环境，且存在着巨大的自负盈亏的生存压力，在这种情况下，新兴公司无力承担与大规模资本投入有关的研究开发和制造业活动的风险，只能进入资本规模要求较小的领域，主要是产品贸易、分销代理以及相关的服务行业。其二，从市场方面来讲，20世纪80年代以前，与电子和计算机相关的研究开发和生产活动主要隶属于国防科工委系统，主要用户也是国防和与国防有关的产业，但是，伴随改革开放，电子技术的迅速发展及应用的快速普及，中国巨大的市场需求在短时间内被激发出来，迅速由此前的专业应用向民用领域扩展，但是由于这一行业严格按中央计划经济的模式运行，即使这一行业的研究院所和企业聚集了中国最优秀的计算机科学家和工程师，拥有中国自主开发的技术、生产设备和产品，但受体制的制约而无法转向正在迅速崛起的民用市场。于是，出现了供给与需求的巨大反差，也为从国外引进相关技术与产品提供了广阔的市场空间，中关村的贸易模式和贸易规模受到了市场的有效激励。

**2. 资源禀赋**

中关村新兴公司的创业者大多数是中科院和大学的科技人员，具有较好的专业基础和技术背景，尽管20世纪80年代初中国的计算机技术在整体上落后于国外，但是，在个别领域，中国人建立了自己的技术优势和技术储备，只是由于体制的原因，这些技术还停留于实验室而无法商业化。所以，当外部环境允许时，这些基础便构成技术创新的最主要动力之一。曾经为中关村新兴公司带来很高声望的技术创新，大都产生于80年代，例如四通开发了著名的MS-2024打字机汉字处理软件，希望公司开发了UCDOS系统，晓军电脑公司改进了CCDOS系统，联想的汉卡以及北大方正的华光激光照排系统等。北大的王选教授自20世纪70年代就开始研究激光照排技术，这为后期北大方正的崛起提供了技术储备，而中科院计算所多年的研究积累，特别是倪光南的工作对联想以后的崛起也是非常重要的。

此外，还有一种重要的市场机会：20世纪80年代，计算机技术和产品是完全基于英文环境的，这种英文界面对于中国的使用者十分不便，严重影响计算机的普及和应用。因此，对中关村新兴公司来说，迅速地提供适合于中国用户的中文界面就变得十分迫切。这促进了中文字库、汉字输入技术、中文应用平台，以及各种中文应用软件的开发。中文技术的开发是中关村新兴公司最重要的一项研发活动，这些活动从根本上改变了中国计算机的应用状况，并一度使中国在中文处理技术上处于国际领先地位。

非常可惜的是，这种创新和创业的热情并没有能够持续地进行下去，到了90年代，中关村新兴公司对于技术创新的热情很快就衰退下去了。有些人认为之所以这样的原因在于中关村创业者的"蜕变"，即在经历了20世纪80年代市场的历练后，中关村的创业者已经完成了由科技人员向"商人"的"蜕变"。他们中的大多数人并不是"书呆子"，他们在经商方面的学习能力是超乎常人的。一旦成功地转变成商人，对技术创新的热情就不会像创业前以及创业初期那样强烈和执著，商人的精明和理智使他们优先考虑成本和收益，对失败和风险的恐惧完全压倒了技术创新的冲动……

如果顺着"商人"的思路往下走，技术创新和开发的成本高，风险大、收益小，那么，什么与之相反，恰好成本低、风险小而又收益高？即，这些"商人"的逐利点发生了什么变化？

事实上，"商人"的"蜕变"只是一种表象，深层次的原因是：中关村的技术储备总量有限，不足于长期支撑创业企业的需要。创业初起时，整体水平不高，市场空间大，中关村已有的技术储备在短期内发挥了突破性的功绩，效果突出，让非常多的人有眼前一亮的强烈感觉。但深入下去，当有限的技术储备被发掘殆尽时，问题就暴露出来了。随着企业规模的扩大、市场竞争的加剧，技术创新的强度、新度和难度日益明显，于是，技术创新的风险和成本激增。另外，一个重要的现实是：在信息技术领域，所有重大的技术创新和新产品几乎无一例外地来自于发达国家，特别是美国，中关村的研究机构尽管数量庞大，却拿不出几项在国际上具有先进性和竞争力的新技术和新产品。在此背景下，中关村新兴公司很自然地将重点转向了对国外技术的引进、消化和吸收，而不是自主创新。

这一过程反映的正是经济人的理性行为，是明显的进化过程中的自然选择过程。因此，"商人"的"蜕变"是结果，而非原因。

综上所述，中关村的技术资源禀赋既是其开启创新、创业之门的诱因，也是其发展中锁定于贸易模式之途的诱因。中关村的资源禀赋具有明显的两面性。

**3. 区位特征**

第二个导致中关村贸易模式锁定的双刃剑是另一项资源禀赋——中关村的区位特征。

中关村新兴公司以贸易和服务起步，迅速地发展壮大之后，并没有转向制造业和技术创新，而是被锁定在贸易和服务导向这一发展模式上。之所以被锁定，主要原因是中关村所特有的区位优势和劣势共同作用的结果。

中关村的区位优势很大程度上与北京作为首都这一国际大都市相联系，对高技术产业的贸易和服务而言，北京的优势也是中国其他城市所不具备的，因为北京作为首都，是中央政府各机构的所在地，而中央政府对计算机设备、软件和系统集成服务的采购一直是计算机产业需求的一个重要部分，同时，北京也是中国许多银行以及大型集团公司总部的所在地，这些公司构成了计算机商用市场的主体。用户在北京地区如此高度密集，成为中关村公司贸易和计算机服务业得以繁荣的一个重要条件。当然，北京的商业区位优势不仅仅体现在北京本地庞大的市场需求上，而且也来自于北京对全国市场的辐射力，作为交通运输、邮电通信、信息交流和金融服务的中心，中关村的公司在面向全国市场进行竞争时也具有其他地方公司所不具备的优势。

与中关村的区位优势十分明显一样，中关村的区位劣势也十分明显，这主要同中关村发展空间过于狭小有关。20世纪90年代以前，中关村新兴公司受资金能力的限制，以及受高额贸易利润的吸引，还无暇发展与高技术有关的制造业。但是，随着市场竞争的加剧，经营成本的飙升，与贸易和服务相关的超额利润逐渐消失，迫使越来越多的公司，特别是一些大型公司进入制造业，特别是与微机相关的制造业。虽然微机的核心部件主要依赖于进口，但是与组装、辅助部件、外部设备有关的产品主要是劳动密集型的，适合于本地化生产，因此，对于这些公司而言，建立自己的微机组装和生产基地变得有利可图了。随着公司规模的扩张和公司数量的高速增长，中关村的地价和房租呈现出飞涨的势头，从而使公司的经营费用直线上升，空间的拥挤也导致交通的拥挤，信息通信设施的滞后，工作和生活居住环境难以改善。即以制造业为导向的公司在中关村难以生存。

制造业外迁的结果是中关村开始出现"空心化"倾向，那么，留下来的应该是"微笑曲线"的两端了——研发与销售，但结果是，只有销售不见研发，中关村的贸易格式日益凸显。为什么会出现如此局面？

这就涉及更大范围的资源禀赋与区位竞争优势问题。从历史上来看，北京制造业的发展本身不具更大的竞争优势，作为全国政治、文化、教育和商业服务业中心以及具有许多历史遗迹的古城，制造业的发展一直受到严格控制，这成为近代工业化以来，历届中央政府的一项既定方针。新中国成立后，尽管在北京周边分别建立了以燕山石化和首钢为主的两大制造业基地，但这只是两个特例。从 20 世纪 80 年代开始，北京的产业发展定位更加集中于商业服务业，并越来越多地限制制造业的发展，这导致北京的制造业江河日下。

计算机产业是一个由研发、试制、制造、生产、组装、分销、软件、系统集成、售后服务等多个环节构成的复杂的产业链，正是由于这一复杂的产业链的存在，产生了经济学家所说的产业的"外部性"，而处于计算机产业链不同环节的各类公司在地理位置上的相互毗邻则产生了区域性的"外部性"。上述两种"外部性"是高技术产业集聚和发展的必不可少的前提条件。其中，知识在不同厂商之间的扩散，厂商之间的相互学习以及由此产生的技术"外部性"，即"技术外溢"是"外部性"的一种重要形式。技术的"外部性"在像计算机产业这样的高技术产业中尤其明显，例如计算机硬件和软件之间存在着非常密切的依存关系，强大的硬件功能必须借助于同样强大的软件才能得以充分发挥，同样，软件技术的改进也必须有硬件技术的迅速跟进，这种依存关系使得两者之间的相互学习以及知识与信息的交流变得十分重要，"外部性"将使两者的竞争优势都得到加强。事实上，计算机产业的各个环节之间都存在着上述的依存关系，处于产业链不同环节的公司之间的相互学习和建立共同的知识基础都将产生巨大的技术性"外部经济"，从而使该产业链的所有公司受益，并提升该产业的整体竞争力。但是，外部经济常常是自我强化的，随着时间的推移，它既可能强化一个产业固有的优势，同样也可能使一个产业趋于衰弱。中关村在制造业方面的空白，严重削弱了中关村在计算机产业体系方面所能产生的区域性"外部经济"效果，因为没有制造业就难以积累与制造活动有关的专业化知识，更谈不上训练有素的专业化劳动力和工程师队伍的形成，同时也不可能出现研发与制造、软件及服务之间的知识扩散、合作学习等"外部经济"效果，而这反过来又使中关村与制造有关的研发能力和研发队伍处于不断的衰弱中。

在考虑生产基地的选点时，中关村公司将目光投向了珠江三角洲地区，特别是深圳和深圳周边地区。事实上，珠三角地区不仅是中关村公司建立其生产组装基地的首选地区，同样也是跨国公司在中国进行本地化生产的首选地区。在中关村致力于发展其高新技术贸易和服务的优势时，珠三角地区却在逐步地积累其在高技术制造业方面的优势，这一优势来自于两个方面：一是珠三角地区得天独厚的地理位置使其成为中国高技术产品贸易的主要口岸，由于中国的高技术制造业，特别是计算机关键零部件严重地依赖于进口，因此，珠三角在发展高技术制造业方面就拥有了明显的区位优势；二是珠三角地区作为中国对外开放的窗口，从20世纪80年代初就致力于发展出口加工型产业，并逐步形成了一个较为完整和发达的电子零部件制造产业。因此，当中关村的公司开始进入微机制造业以及跨国公司致力于本土化生产时，珠三角在高技术制造业方面的区位优势明显地超过了中国的其他地区。随着更多的计算机公司将其制造基地设在珠三角地区，正反馈效应开始发挥作用，一方面，整机厂家的进入带动了零部件等配套产业的迅速跟进和繁荣；另一方面，零部件配套产业的繁荣和高效率也大大降低了整机的制造成本，从而吸引了更多的整机厂家的进入。

珠三角地区在高技术制造业方面所形成的区位优势，以及这一优势随着正反馈效应的不断强化，使得北京发展高技术制造业的机会变得越来越渺茫了。20世纪90年代初，在北京周边地区，一些新的高技术产业园区在北京市政府和各区政府的推动下纷纷建立，这些园区相对于中关村园区有着更大的地理扩张空间，其目的，一方面是缓解中关村的过分拥挤，另一方面是利用其扩展空间发展高技术制造业。但是，这些园区并不成功，因为这些园区对中关村的那些大公司没有吸引力。对大公司而言，这些园区的商业区位优势不及中关村，而制造业的区位优势则不及深圳。最近几年，北京市开始对中关村试验区和其他的几个园区进行整合，以实现各个园区的优势互补，但是，这种一园多区的整合战略能否在制造业方面为中关村的公司提供支持，还需进一步观察。

### 4. 体制因素

中关村的区位特征和优劣势，决定了制造业在中关村难以生存，中关村更适合的是以技术开发为导向的公司和以商业贸易为导向的公司。然而，在实际发展过程中，中关村只留下了以商业贸易为导向的公司。

尽管中关村有大量的以技术开发为主的公司，但真正发展壮大的公司无一例外是以贸易和系统集成服务为主的，如四通、联想，以及北大方正，后者在其激光照排系统市场趋于饱和后，来自贸易和服务的收入也已经占到了营业收入的大部分。这就是说，中关村在进化的过程中，客观环境原因促使其抛开了制造业，外部性的缺失又进一步导致其抛开了技术开发，而唯独留下了贸易和商业。形成这一结果，除了环境方面的原因，是否还存在其他方面的原因？

科技和人才优势为中关村在研发和技术创新方面创造了先天的条件，地理区位使中关村在商业和服务方面独具特色。然而，这两种优势在中关村被利用和挖掘的程度却大相径庭。商业区位的优势依赖于地理位置、用户的规模和密集程度、交通的便捷，以及市场信息的及时和完善，这些因素的结合极大地降低了商业交易的成本，其结果，中关村的商业区位优势得以充分地发挥，并导致贸易服务型公司迅速扩张。相反，科技和人才优势的发挥，需要一系列其他条件的配合，例如鼓励创新的研发体制，大规模资金的支持，知识产权的保护等，这些条件在中关村还存在巨大的提升空间。

中关村从一开始就陷入了错综复杂的行政网络中。在这片区域内，管理多层次，多元化，"庙小神灵多"，协调难度非常大。两种体制并行带来了一系列无法解决的问题：一是科技与产业的脱节问题。科研机构的科研经费和日常支出主要来自于政府部门的合同和财政预算，这决定了研究的性质是政府导向而非市场导向，一方面研究开发效率低下，另一方面研究成果难以产业化。因此，尽管有巨大的人力资源优势和科技潜能，但这些优势和潜能却难以有效发挥。二是部分公司复杂的隶属关系严重抑制了产权制度的改革。除了完全私营的公司以外，中关村的许多公司，特别是20世纪80年代由中科院和大学创办的公司均面临着产权界定不清的问题。创业者和员工的激励无从保障，创新热情和创新效果受到诸多影响。与此同时，境外机构在中关村广揽人才，花巨资建基地，建实验室，建公司，对人才就地培养、就地雇用，就地消化，高薪聘用，也是造成民营企业研发力量薄弱的重要原因。此外，以税收为目的，以著名的大企业为中关村品牌镀金，面向500强招商引资等战略也完全背离了高科技园区的初衷。凡此种种，极大地提高了区域内企业的生存压力和竞争能力，以研发为主的企业在园区内难有生存空间。

## 第四节 外资对中关村产业生态形成的影响

以上，我们从中关村产业生态自身演进的角度分析了作为中观系统的区域生态变迁问题。政策、体制，资源基础等因素决定了中关村"贸—工—贸"发展路径的形成，除此之外，还有哪些因素是强化和固化这一态势的重要组成部分？调研中我们发现，鉴于中关村独特的地位、区位，在国家改革开放中扮演的特殊角色，以及其形成、发展过程中所处的特殊历史阶段，外资对中关村产业生态形成及发展的影响是一个重要的、不可忽略的变量。

北京是最早吸引外商投资的城市之一，中关村海淀园凭借完备的基础设施，强大的科研实力，丰富的人力资源等累积优势，成为外商投资的首选地之一，大批跨国公司区域总部及研发中心在此设立。目前，世界500强企业在海淀园区设立分支机构和研发中心的有40余家，使海淀园成为跨国公司入驻最密集的区域。

外商投资企业在海淀园的发展过程中一直发挥了重要作用，在园区各项经济指标中也一直占有重要地位。截至2009年，海淀园区内外商投资企业数量达到 1345 家,就业人员 163248 名,注册资本 583.28 亿元,总收入 1665.20 亿元,税收总额 91.26 亿元,具体统计数据如表 10-4 所示。

表 10-4　　　　　　　海淀园外商投资企业基本数据

| 年度<br>指标 | 2009 | | | 2008 | | | 2007 | | |
| --- | --- | --- | --- | --- | --- | --- | --- | --- | --- |
| | 全部 | 外资 | 占比 | 全部 | 外资 | 占比 | 全部 | 外资 | 占比 |
| 企业数量(家) | 11457 | 1345 | 11.74% | 13509 | 1552 | 11.49% | 13651 | 1586 | 11.62% |
| 就业人员(人) | 579147 | 163248 | 28.19% | 555598 | 151817 | 27.32% | 511284 | 134606 | 26.33% |
| 其中:科技人员(人) | \ | \ | \ | 228773 | 63993 | 27.97% | 242669 | 61430 | 25.31% |
| 注册资本(亿元) | 4781.49 | 583.28 | 12.20% | 2317.77 | 436.63 | 18.84% | 2595.83 | 459.70 | 17.71% |
| 税收(亿元) | 283.77 | 91.26 | 32.16% | 233.09 | 70.23 | 30.13% | 193.57 | 61.70 | 31.88% |
| 资产总额(亿元) | \ | \ | \ | 7985.78 | 1463.46 | 18.33% | 7521.14 | 1185.61 | 15.76% |
| 科技经费(亿元) | \ | \ | \ | 400.18 | 147.57 | 36.88% | 372.56 | 119.58 | 32.10% |

## 一、外资进入对区域生态要素的影响

为了解外资在中关村区域发展及产业生态形成过程中的具体作用,笔者于 2011 年 3~7 月间对中关村高新技术核心区进行了实地调研,通过多层次访谈、问卷调研等形式,对区内的 45 家企业进行了分析、研究。以下,结合生态环境、生态因子等思想,运用管理学"利益相关者"理论进行具体分析。

利益相关者理论是 20 世纪 60 年代发展起来的,该理论认为企业发展的依赖于与利益相关者关系的和谐程度,是利益相关者及企业自身相互作用的结果。利益相关者影响着企业的生存及发展,同时,企业的发展也会对利益相关者造成一定的影响,产生一定的作用。

具体而言,企业的利益相关者包括:股东、雇员(管理人员及普通员工)、供应商、竞争者、合作者(企业、科研机构,高校)、代理商、消费者、媒体、政府等管理部门、社区及公众等。

图 10-15 中圆圈表示利益相关者与企业的距离,圆圈越小,表示利益相关者与企业的距离越短,也就是说,小圆圈内的利益相关者与企业的联系比大圆圈内的利益相关者与企业的联系更为紧密。由图可以看出,对企业关注度较高且企业对其产生的作用较大的利益相关者为右上角方框中所包含的对象,主

要有：雇员、供应商、竞争者、代理商、合作者①；对企业关注度低但企业对其影响可能较大的主要是政府和合作者；对企业关注度高但企业对其影响较小的主要包含消费者及媒体；对企业关注度低且企业对其影响较小的主要有债权人、社区、公众等。

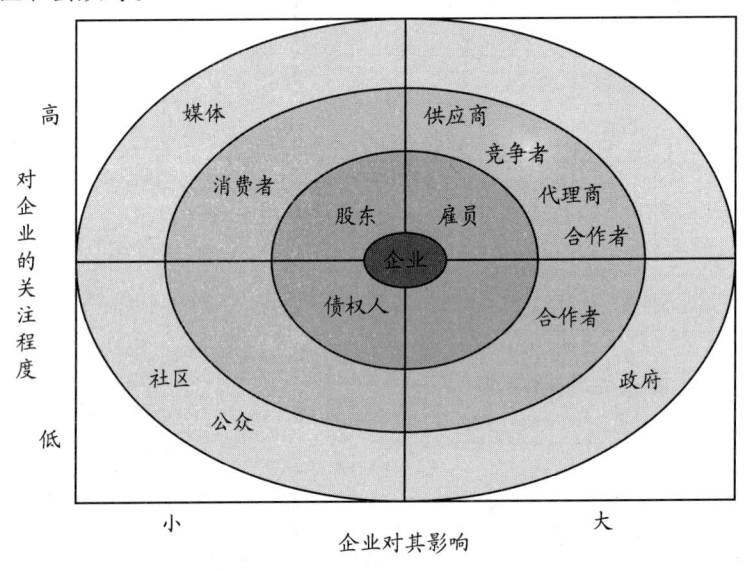

图 10-15 企业利益相关者模型

## 1. 雇员

园区内的外资企业每年都会有专门的职工培训经费，针对不同类型的员工，提供不同类型的培训，以提高员工的工作能力，培训内容涉及面广，员工可以根据自身的需要参加培训（见图10-16）。

从调查情况看，大部分外资企业认为其吸引人才的主要因素是先进的技术、先进的管理方式以及健全的职业培训，其中约68%的外资企业认为先进的技术是最重要的因素（见图10-17）。

外资企业采用的主要培训方式包括在职培训和脱产培训两种方式，其中，93%的企业采用在职培训，7%的企业同时采用在职培训和脱产培训（见图10-18）。在抽样样本中，仅采用脱产培训方式的企业数为零。

培训内容涉及面较广，主要包括：多项任务、企业文化、团队工作、质量控制、即时生产等。其中约58%的外资企业的培训内容涉及多项任务，45%

---

① 不同类型的合作者对企业的关注程度不相同，同时存在对企业关注度较高及较低的合作者。

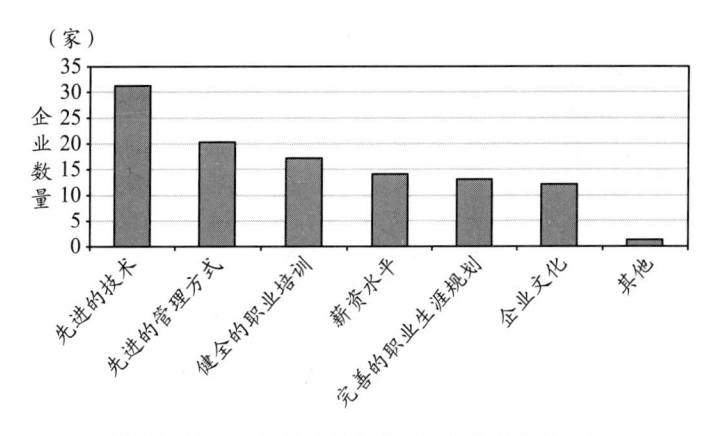

第十章 业竞天择——中关村产业生态变迁

图 10-16 中关村外资企业吸引人才的主要手段

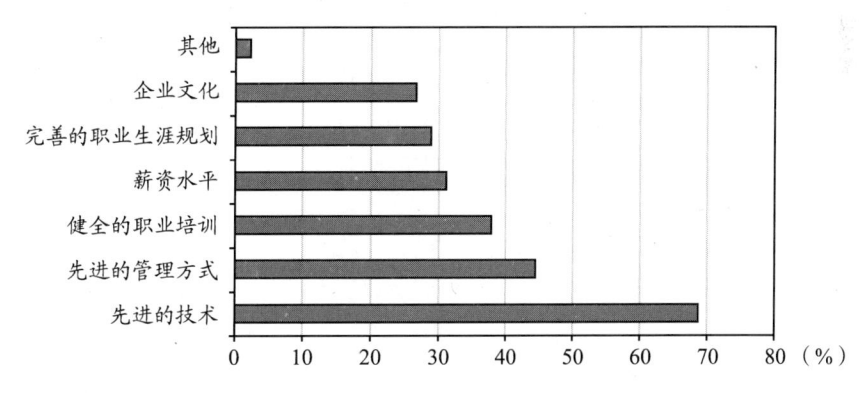

图 10-17 外资企业吸引人才各要素所占比例

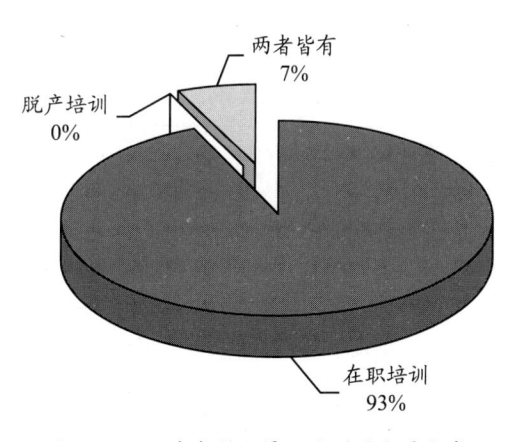

图 10-18 外资企业员工培训的主要方式

的外资企业培训内容涉及企业文化，32%的外资企业培训内容涉及团队工作和质量控制等（见图 10-19）。

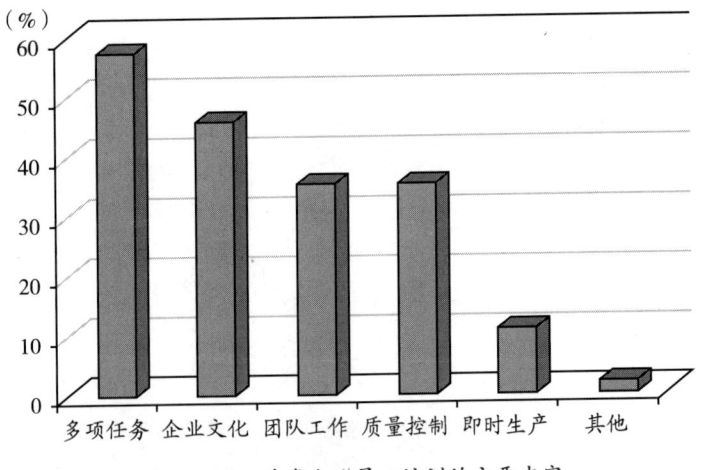

图10-19 外资企业员工培训的主要内容

在员工培训内容上,企业有一定侧重。从样本来看,大多数外资企业更注重员工技术实操和管理能力的培训(见图10-20)。

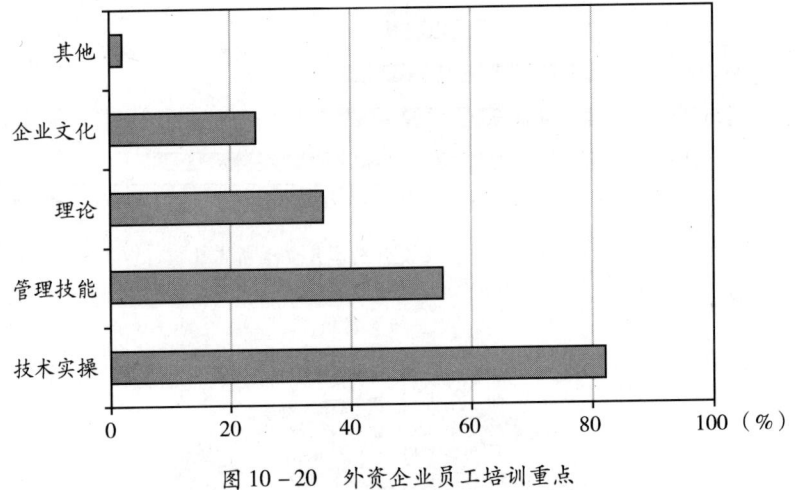

图10-20 外资企业员工培训重点

总体而之,外资企业进入园区,凭借其先进的技术、先进的管理方式、健全的职业培训等优势,吸引了国内大量劳动者为其工作。而外资企业为企业生存发展的需要,会开展一系列的员工培训活动,以提高雇员的工作能力。其多种多样的培训方式、丰富多彩的培训内容,对提高雇员的管理能力、研发能力、生产能力等具有非常明显的作用,同时,外资企业具有的良好的企业文化,对雇员提高其自身的素质也具有极大的帮助。

## 2. 供应商

中关村国家自主创新示范区核心区内的外资企业的供应商的情况如图 10-21 所示。

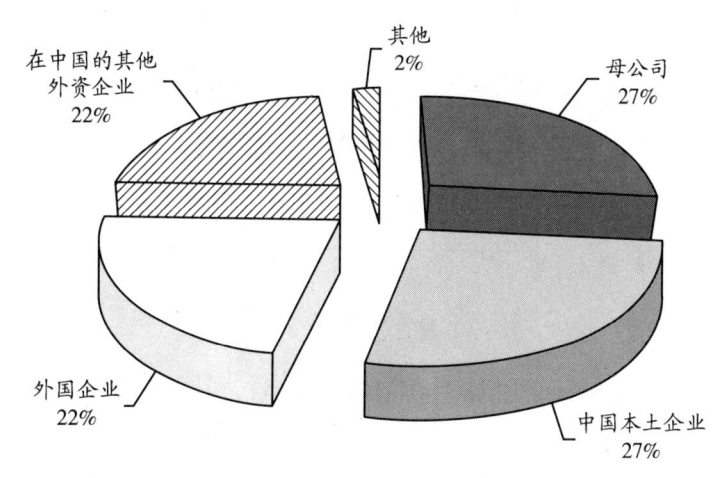

图 10-21 外资企业的供应商组成

约 27% 的外资企业的供应商为中国本土企业和母公司，22% 的外资企业的供应商为在中国的其他外资企业和外国企业。从外资企业供应商的组成结构来看，园区内约三分之一的外资企业选择了本土供应商。其中，约 69% 的企业选择本土供应商的原因是成本优势，约 57% 的企业因质量保证选择本土供应商，约 53% 的企业因技术匹配等原因选择本土供应商（见图 10-22）。

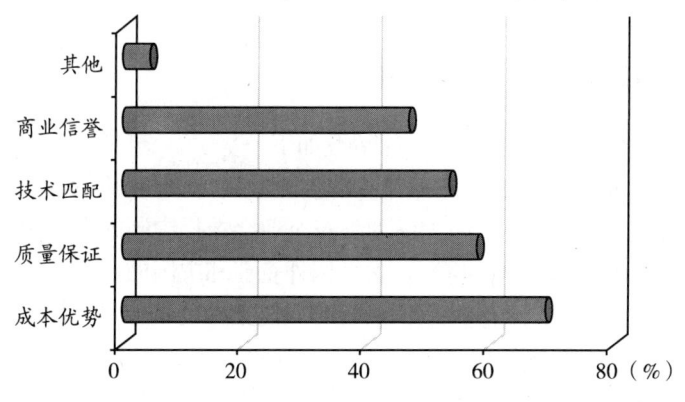

图 10-22 外资企业选择本土供应商的原因

可以看出，仅 14% 的外资企业看中了本土供应商的技术能力和产品质量，这一方面是增大了本土供应商的生存压力，另一方面也促使了本土供应商不断提高自己的技术水平和产品质量,以争取更大的市场、更好的合作对象。

同时,外资企业会对本土供应商提供一定的帮助,具体情况如图 10-23 所示。

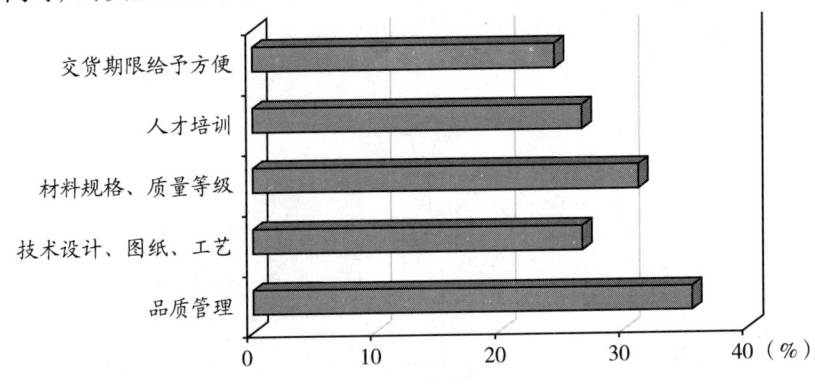

图 10-23　外资企业对本土供应商提供的帮助

如图 10-23 所示,为加强供应商的可合作性,外资企业会对其进行适当的帮助,内容涉及品质管理、技术设计、图纸、工艺,材料规格、质量控制,人才培训等方面。其中对品质管理、材料规格、质量控制等方面的帮助最多,其次是技术设计、图纸、工艺和人才培训等方面。

综上,外资企业进入园区,对本土供应商的综合发展具有良好的促进作用。首先是竞争,外资的进入增大了本土供应商的生存压力,迫使本土供应商不断提高实力以便与非本土供应商竞争;其次是外资企业对供应商技术和产品质量的高要求,促进了本土供应商不断提高自身的技术水平和产品质量,以保证和外资企业的正常交易;再次是外资企业对本土供应商会提供直接的或间接的帮助,推进本土供应商企业质量的整体提升。

### 3. 企业合作者,高校及研究机构

园区内外资企业的合作者的具体情况如下。

如图 10-24 所示,约 44% 的外资企业会选择中国的研究机构(大学、科研院所等)作为其技术合作对象,约 24% 的外资企业会选择中国的本土企业作为技术合作对象,约 28% 和 14% 的外资企业选择国外企业和中国的其他外资企业作为技术合作对象,13% 左右的外资企业独立研发,不进行合作。在与中国本土企业的合作中,在研发环节进行合作约占 39%,在生产环节进行合作的约占 33%,28% 的合作方式为技术转让(见图 10-25)。外资企业在与企业或科研机构合作的过程中,会产生溢出效应,包括技术的溢出、管理方式的溢出和企业文化的溢出。也就是说,通过不断的与外资企业合作,本土企业及科研机构不论是在技术研发上,还是企业、机构的科研或日常管理上,都能受益良多(见图 10-26)。

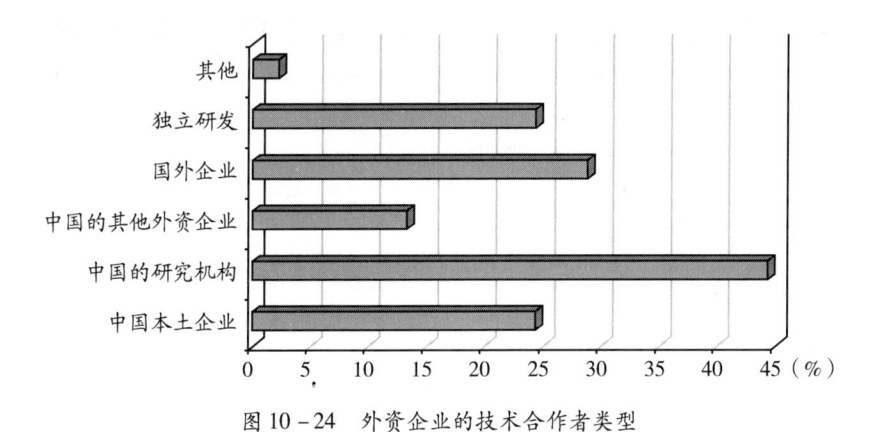

图 10-24 外资企业的技术合作者类型

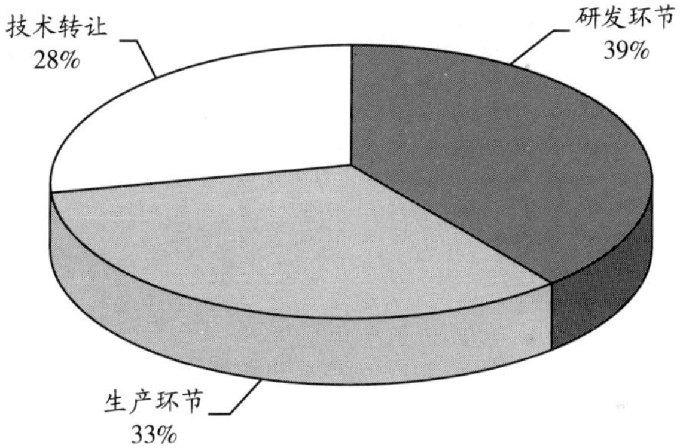

图 10-25 外资企业与本土企业的合作方式

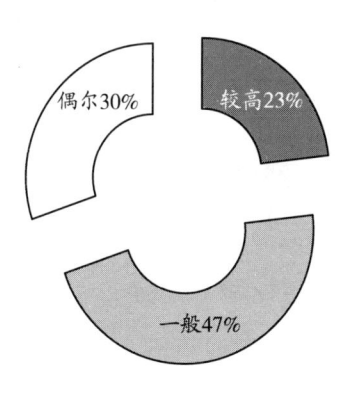

图 10-26 外资企业与本土企业、科研机构的合作频率

同时，在合作过程中，外资企业会给合作对象提供一定的帮助，包括技术指导、人员培训、资金支持、设备供应等方面。其中，约62%的外资企业会对合作的本土企业和科研机构机型技术上的指导和帮助，约28%和24%的外

资企业会在人员培训和设备供应方面对合作者进行帮助,同时,约 26% 的外资企业未提及是否会对合作者提供帮助(见图 10-27)。

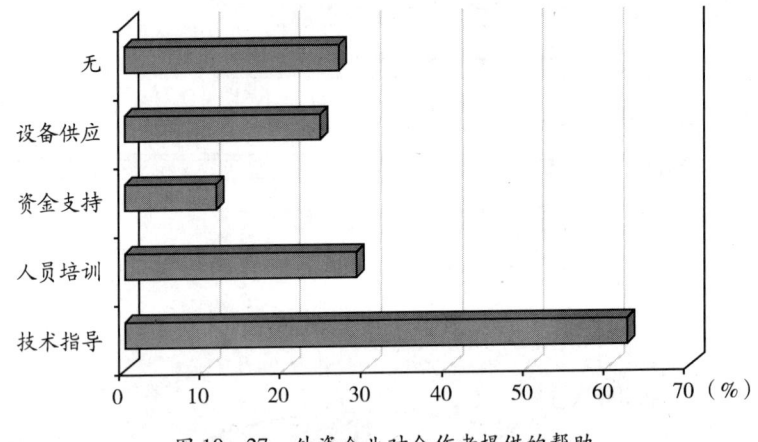

图 10-27 外资企业对合作者提供的帮助

总体而言,对合作者,外资企业的作用主要通过以下几个方式体现:一是溢出效应,通过与本土企业及科研机构的长期合作,其先进的管理方式、研发机制、技术创新、生产制造及文化建设等会溢出,被合作者学习和吸收;二是技术转让,通过技术转让等方式,外资企业将其技术直接转让给本土企业或研发机构,本土企业或研发机构可以了解和学习到先进的技术,同时,通过技术的学习,有可能会促进本土企业及研发机构的技术再创新;三是直接帮助,90% 以上的外资企业会在技术、人员培训、设备、资金等方面对其合作者进行支持和帮助,这对合作者的实力提高具有一定的作用。

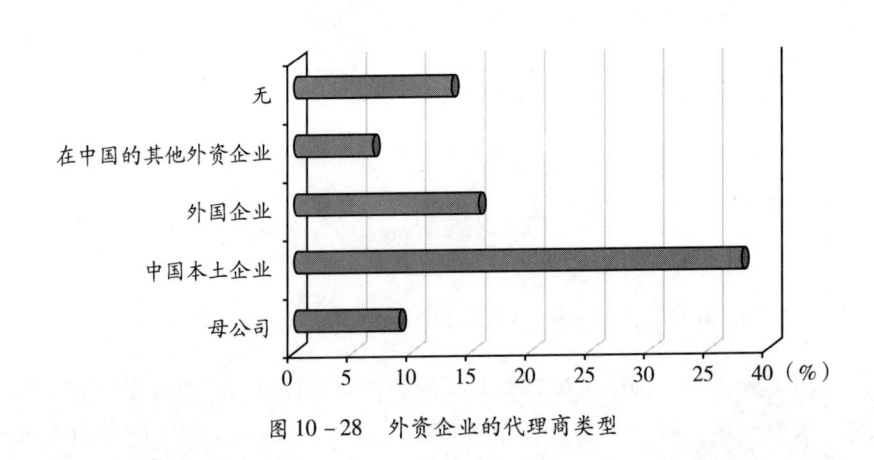

图 10-28 外资企业的代理商类型

### 4. 代理商

代理商是外资企业的另一重要直接利益相关者，外资企业对于代理商的作用体现方式与对供应商的作用体现方式相似，但也有其自己的特点（见图10-28）。

约38%的外资企业会选择中国本土企业作为其代理商，其次是外国企业，约13%的外资企业没有代理商。不到10%的外资企业会选择母公司和外国企业作为自己的代理商（见图10-29）。

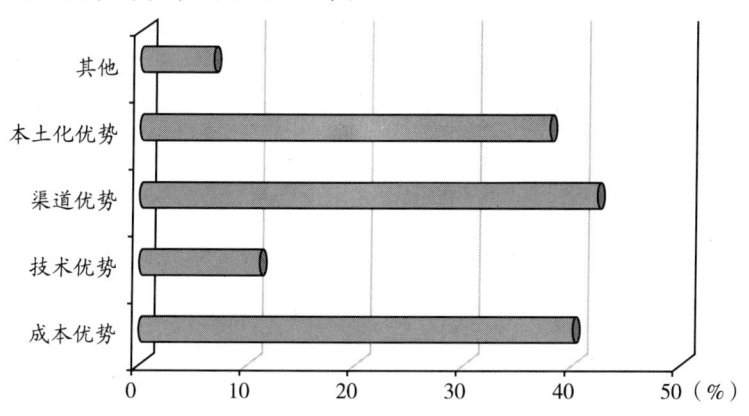

图10-29 外资企业选择本土代理商的原因

在选择本土代理商的外资企业中，约40%的外资企业看中的是本土代理商的渠道优势，其次是成本优势和本土化优势，约占38%，仅10%左右的外资企业看中的是代理商的技术优势（见图10-30）。

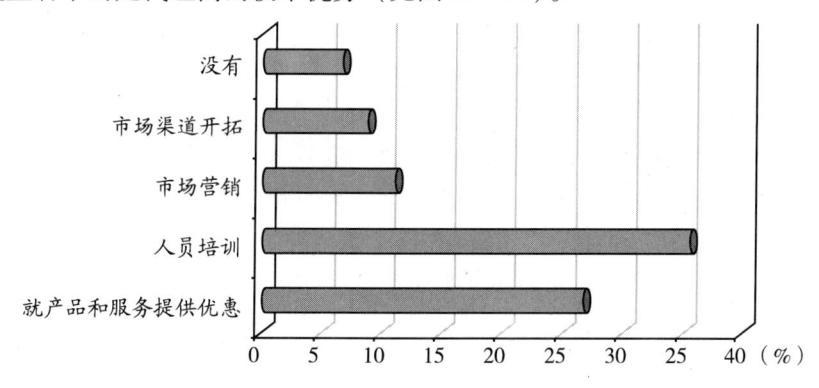

图10-30 外资企业对代理商提供的帮助

约35%的外资企业会在人员培训方面对代理商提供帮助，约25%的外资企业会就产品和服务对代理商提供优惠，约10%的外资企业会对代理商的市场营销及市场渠道开拓提供帮助。

综上所述,外资企业对代理商产生的作用主要体现在以下几方面:一是经济利益的提高,外资企业进入园区,增加了代理商的客户数,为代理商带来新的利润和商机;二是直接提供帮助,部分外资企业会在人员培训方面对代理商提供帮助,同时在产品和服务方面给予优惠,这一定程度支持代理商的发展。但是,大多数外资企业在选择本土代理商时,看中的是代理商的销售渠道、本土化优势和成本优势,这样的合作动机并不会促使外资企业对本土代理商的发展提供实质性的帮助,所以,外资企业对本土代理商的作用是有限的。同时,由于外资企业的财力、技术等优势,在交易过程中其多处于主导地位,代理商地位十分被动,利润空间很小,大多是在夹缝中求生存。

### 5. 政府

外资企业对政府部门的作用主要体现在提高政府工作效率、增强政府服务水平等方面。

#### 5.1 提高政府的工作效率

外资进入园区对提高园区管理部门的工作效率具有明显的促进作用。由于各大园区之间的相互竞争,使得外资的选择权增大,核心区为了吸引优秀外资进驻,必须不断提高自己的工作效率,缩短办事时间,提高办事质量。同时,外资的进入,也带来了相应的先进理念和国际通行的行为惯例,外商在与政府部门沟通的过程中,国际通行的办事程序、办事效率无形之中会通过信息及沟通渠道实现传递,从而实现对政府办事效率提高的促进作用。

#### 5.2 增强政府的服务水平

外资进驻园区,对各种环境条件、服务等的要求极大地促使政府重视园区服务体系的建立与发展。尤其是近几年,海淀园的政府服务得到了极大的发展和改进。如建立了呼叫中心,推行一站式服务,实现了业务集中受理,简化了外资的办事流程;实行电子政务、电子办公,节约了外资企业的办事成本;鼓励和支持中介服务的发展,如出台相关办法支持产权交易、技术转移等。

综上所述,外资企业对其利益相关者的作用主要如表10-5所示。

表10-5　　　　　　　　外资企业对其利益相关者的作用

| 利益相关者 | | 外资企业的作用 |
|---|---|---|
| 内部利益相关者 | 雇员 | (1) 提高管理能力；<br>(2) 培养研发能力；<br>(3) 增强营销能力；<br>(4) 增强生产技能；<br>(5) 提高雇员的自身素质； |
| 外部利益相关者 | 供应商<br>合作者<br>代理商<br>政府 | (6) 规范利益相关者的交易行为；<br>(7) 促进利益相关者提高产品和服务质量；<br>(8) 加快利益相关者的产品创新速度，提高研发能力；<br>(9) 为利益相关者带来新的管理和研究的思想和方法；<br>(10) 促进利益相关者参与国际竞争；<br>(11) 提高利益相关者履行社会责任的意识。 |

(1) 提高管理能力

外资企业进入园区，吸收了大量国内的劳动者作为雇员，其中包括管理人员、研发人员、销售人员、生产人员等，所有的内部利益相关者都可以从外资企业中学习其优秀的管理思想、经验、模式和方法，提高自己的管理技能和水平。

(2) 培养研发能力

众所周知，进入中关村国家自主创新示范区核心区的外资企业相较于内资企业具有卓越的研发能力，这种研发能力不仅仅体现在技术革新、产品创新等方面，也体现在塑造良好的企业研发环境等方面，如企业研发机制、对核心技术的保密机制、对研发人员的管理机制等。内部利益相关者除了能通过企业培训等提高自身研发能力外，也能在日常工作中慢慢学到了如何创造一个适合研发的环境和机制，这种隐性知识的获得是十分珍贵的。

(3) 增强营销能力

外资企业一直很注重营销管理，在产品营销方面具有相当丰富的理论和实践经验。内部利益相关者可以在外资企业中学习和实践诸多先进的营销的手段和方法，提高营销能力。这其中的诸多营销策略和手段是在内资企业中无法学到的，甚至可以说，国内企业目前使用的营销方法，多是向外资企业学习的结果。

(4) 增强生产技能

随着外资企业进入园区，许多新的生产方式和技能也被引入园区。企业的内部利益相关者在为企业创造价值的同时，也学习到了国际先进的生产方式，掌握了国际先进的生产设备的使用方法等，无形中增强了自己的劳动素质。

(5) 提高自身素质

除了提高管理能力、研发能力外，外资企业进入园区，其良好的企业文化对内部利益相关者自身的成长也具有相当突出的作用，如团队合作精神，学习共享精神，责任感的塑造等。

(6) 规范利益相关者的交易行为

外资企业的进入园区，必然会与园区内的其他企业（即直接利益相关者）发生交易往来等行为，而许多大型的跨国公司都有一套标准的世界市场交易规范和准则，在与园区内的其他企业交易的过程中，无形中提高了国内市场交易的标准，规范了园区内外资企业直接利益相关者的交易行为，为直接利益相关者的发展壮大奠定了良好的基础。

(7) 促进利益相关者提高产品和服务质量

随着外资企业进驻园区，其高标准高要求对提高园区其他企业的整体质量有很明显的作用。例如，通过竞争，可以促进同行的其他企业提高自己的产品质量和服务质量；通过采购和产品销售等环节的合作，可以促进上游供货商和下游代理商提高其产品质量和服务水平。

(8) 加快利益相关者的产品创新速度，提高其研发能力

中关村国家自主创新示范区核心区是创新能力比较突出的园区之一，园区内的企业多以持续的创新取胜。外资企业的创新能力突出，为园区内其他企业的生存发展造成一定的压力，为了自身生存发展，园区内的其他企业不得不加快自己产品创新的速度，提高自己的研发能力，一方面是为了与外资企业竞争，另一方面是为了与外资企业合作，这种合作能促使外资企业与本土企业协同共进发展。

(9) 为利益相关者带来新的管理、研究的思想与方法

外资企业进入中国市场的一个显而易见的作用就是为中国带来了新的管理、研究的思想和方法，促进了中国企业生产和管理效率的提高，进而提高了中国企业的竞争力，为中国企业参与国际竞争和国际合作创造了条件。显然，在中关村国家自主创新示范区核心区，外资企业对其直接利益相关者也发挥了同样的作用，这种作用是一个潜移默化的过程，可以通过员工流动等多种方式实现。

(10) 促进利益相关者参与国际竞争

外资进入园区，让园区成为了国际市场的一部分，推动园区内其他企业参与国际化市场和国际化竞争，增强了其直接利益相关者的生存韧性，加快了直接利益相关者的国际化步伐。

(11) 提高利益相关者履行社会责任的意识

外资企业履行其社会责任，使得大众对企业社会责任的重视程度提高，迫

使园区内的其他企业重视其社会责任,在追逐利润的同时,也要保护员工权益,保证产品安全,保护生态环境,节约能源资源,遵守法律法规等。履行社会责任是企业长期发展的关键。

## 二、外资对自主创新的作用

目前,就外资企业对东道国自主创新的作用问题,存在两种观点:一种观点认为,外资企业对自主创新作用很大,主要体现在技术和管理两个方面,既有正向作用也有负向作用,主要通过示范效应、竞争效应、溢出效应、挤出效应等方式实现;另一种观点从技术所有权的角度出发,认为外资企业对东道国的自主创新没有作用,这主要是因为外资企业的知识产权一般较少落户在东道国,企业拥有的专有技术、专有知识一般都归属于外资来源国,而自主创新所强调的就是知识产权的归属问题。

由调查可知,外资企业主要是间接参与海淀园的自主创新活动,无论是人才培训、合作还是技术转让,都是通过合作、培养、技术交易等行为对本土企业产生影响,进而影响园区内的自主创新成果。

总的来说,外资企业在自主创新中发挥的作用可以分为两个方面:正向作用和负向作用。其中正向作用主要是通过溢出来实现的,这种溢出包括外资企业有意识、有控制、主动的溢出,如对员工及合作者的培训、合作与关联效应等;也包括外资企业无意识、无法控制、被动的溢出,如人员流动、标杆作用、模仿效应、竞争效应以及文化和理念等软溢出效应。负向作用主要体现在挤出,这种挤出包括对自主创新成果的显性挤出,也包括对资源的挤出以及企业品牌、消费市场等的隐性挤出(见图10-31)。

首先,外资企业对自主创新的作用是间接的。外资企业正向作用的发挥是一个潜移默化的过程,需要时间的积累才能逐渐的体现出来。其次,外资企业对自主创新的负向作用则是直接的,表现这对人才、资本以及对市场等的挤出。从另一种角度讲,这种外资企业的挤出作用也是市场正常竞争的必然结果,内资企业被挤出是因为其综合实力还不足以与外资企业相抗衡。

**1. 外资企业对自主创新的正向作用**

调研过程中,我们就海淀园近几年自主创新能力的变化对受访企业进行了调查,56%的外资企业认为外资进驻之后,海淀园的自主创新能力有一定的提升,29%的外资企业认为有明显提升,2%的外资企业认为基本无变化。受访的企业中,没有企业认为外资进驻导致海淀园的自主创新能力有降低。

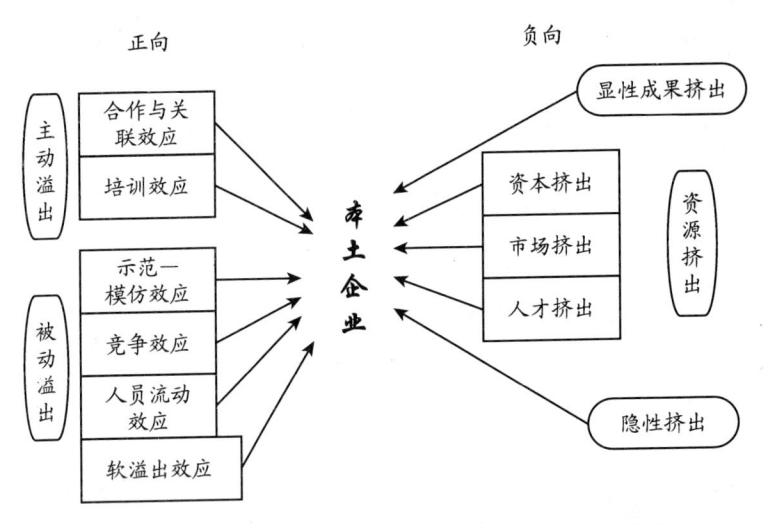

图 10-31 外资企业对海淀园自主创新的两种作用模型

从调查的结果来看，外资进驻海淀园，会对提高海淀园的自主创新能力发挥积极的作用。这种作用主要体现在：

① 合作与关联效应。合作与关联效应主要是指外资企业与本土企业、大学以及其他科研机构合作带动本土技术水平提高以及外资企业对上下游产业链及相关产业起到的整体带动作用（见图 10-32）。

海淀园外资企业的合作方式包括联合研发、共建实验室和研发中心、外包等，其研发不仅涉及周期较短的渐进性创新，也涉及周期较长的突破性创新。大多数情况下，外资企业会与其合作者共享研发成果，共享模式和程度是在其合作初期由合同等方式约定的。所以，欲加强对与外资合作创新成果的控制，必须加强本土企业、高校及科研机构等对合作模式、合同等的重视程度，培养其保护知识产权的意识，增强其保护知识产权的能力。

关联效应具体又可以分为前向关联与后向关联。前向关联是指外资企业同国内下游企业展开的合作关系。外资通过对下游本土企业提供产品生产及使用方面的指导，带动相关技术向本土企业转移，提高本土企业的生产和服务水平。正如前文所提到，在被调研的企业中，约 28% 的外资企业会选择与中国本土供应商合作。后向关联是指外资企业与上游本土供应商之间展开的合作关系。外资企业可以帮助本土潜在的供应商建立现代化的生产基地，并为其提供技术支持和信息帮助以及组织管理培训，引导本土供应商发掘新客户进行多样化经营。在调研过程中也发现，约 27% 的外资企业会选择本土供应商，且多数供应商认为其为外资企业提供的 OEM 服务提高了自己的技术水平，并可能逐渐积累起自主创新的能力。

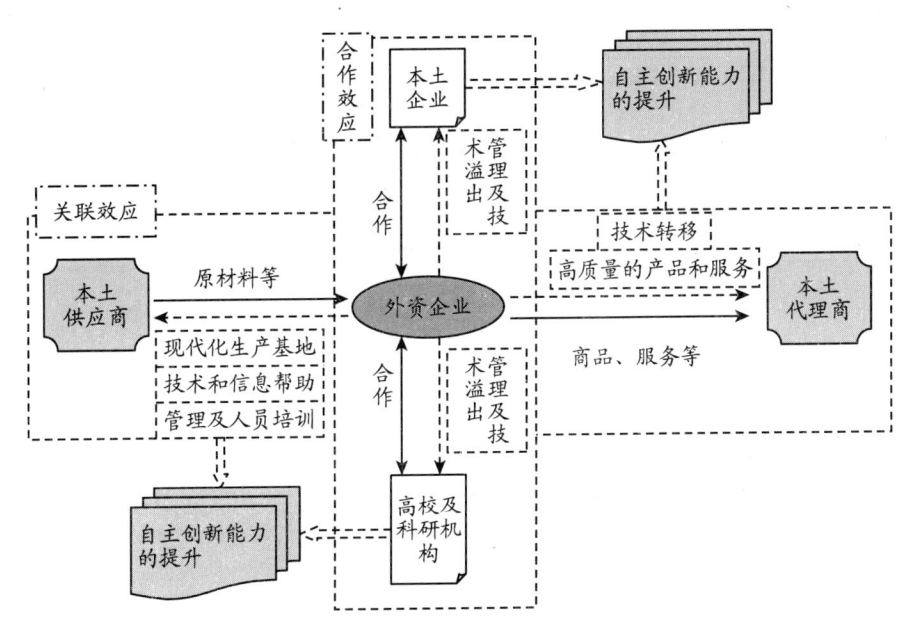

图 10-32 外资企业的合作与关联作用模型

关于合作和关联效应，外包是一个重要的参考变量。外包在外资企业的外溢效应中扮演着重要的角色，外包对我国自主创新的作用主要体现在两个方面：一是外包方可以在接受外包的过程中学习到外资企业的相关技术、管理思想等；二是外包方为保证自己的竞争力，必须不断创新，提高自己的合作水平及管理水平，以保证和外资企业长期的有效的合作。

由图 10-33~图 10-35 可以看出，海淀园约 27% 外资企业会将其主营业务外包，但根据调查数据显示，这其中相当大一部分外资企业仅外包其主营业的一小部分。而有外包业务的这部分企业中，仅 46% 的外资企业选择北京作为其外包区域，约 43% 的企业在研发环节进行外包。从外资企业外包的地域选择来看，北京是其外包的主要选择，说明外资企业通过外包而形成的技术外溢在北京地区是比较明显的；从外资的外包环节来看，外资企业主要在研发环节和生产环节进行外包，研发环节的外包有利于外资企业的技术外溢，生产环节的外包则有利于外资企业对产品质量管理等管理方式的外溢。但是总的来看，选择主营业务外包的外资企业是比较少的，所以外包中外资企业的溢出效应是有限的。

② 培训效应。培训效应主要包含两个方面：一是对本土工作人员的培训，包括研发人员、技术人员、管理人员、销售人员等的培训；二是为提高合作的效率，对上下游合作企业以及同级合作企业的培训，以提高其合作水平，共同进步。

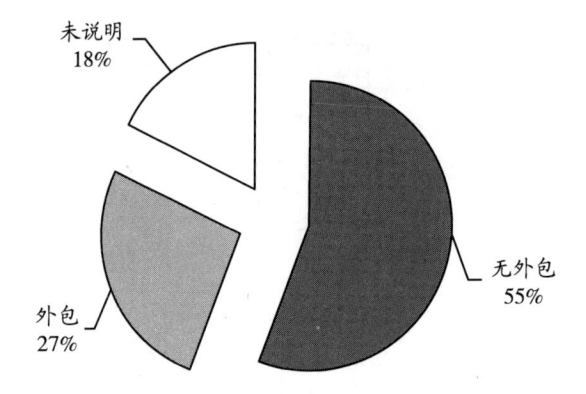

图 10-33　海淀园外资企业外包的情况

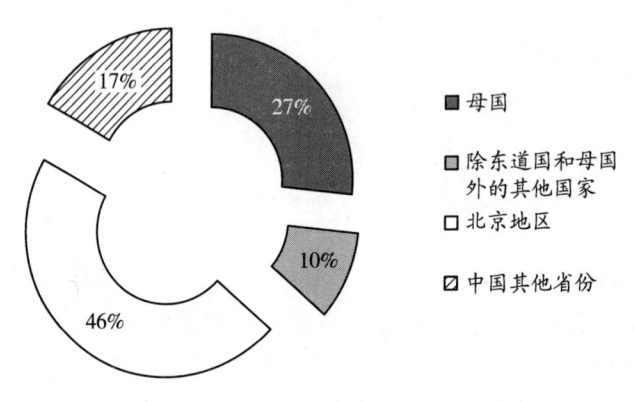

图 10-34　外资企业外包的对象和区域

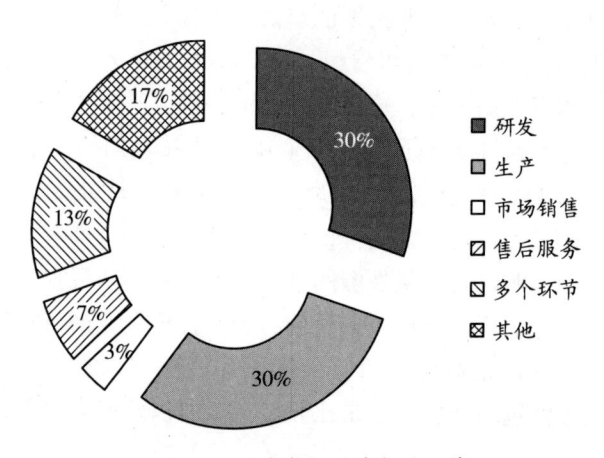

图 10-35　外资企业外包的环节

③ 示范—模仿效应。示范—模仿效应是我国引进外资提高技术能力的最初目的。由于技术与知识的外部性，外资的进入，会给本国带来国际上的先进

技术，成为本国企业追赶和发展的标杆。由于本土企业与外资企业之间存在技术差距，本土企业可以实现模仿，在模仿的基础上，进行技术创新，提升自主研发能力和研发方式，促进自身技术和生产水平的提高。引进、消化、吸收、再创新是目前我国自主创新的主要途径，也是我国追赶国际先进技术的最有效手段。

如图10-36所示，约73%的外资企业认为其相对于本土企业的竞争优势之一是先进的技术，约53%的外资企业认为其相对于本土企业的竞争优势之一是先进的管理手段。不难看出，在技术和管理方面，外资企业对海淀园自主创新的示范效应明显。

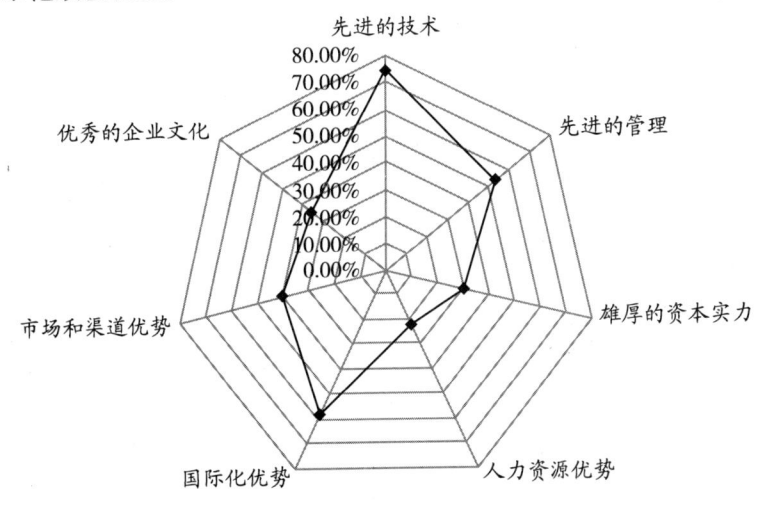

图10-36 外资企业相对于本土企业的竞争优势

如图10-37所示，40%的外资企业将其产品和服务转移给了中方，约29%的外资企业将其无形的技术诀窍转移给了中方，26%的外资企业将其有形的技术诀窍转移给了中方，60%的外资企业将其管理方式转移给了中方。可以看出，海淀园外资企业在海淀园自主创新中的模仿效应较为明显。上述两部分内容说明，内外资之间的技术位差越大，示范—模仿效应越强，这也符合一般性规律。但须特别注意的是：示范—模仿效应强，并不直接等于技术（知识）转移自然完成。后续还存在很重要的消化、吸收过程。因此，考察外资对内资自主创新的影响和作用问题，实质上还涉及一个影响（作用）"程度"和影响（作用）"结果"的问题。

④ 人员流动效应。外资企业对东道国的技术转移是一个复杂的过程，这其中，人员带来的技术转移是不可忽视的部分。人员流动效应是部分培训效应的延续。由于外资企业内部上升空间限制等因素的存在，外资企业员工外流是

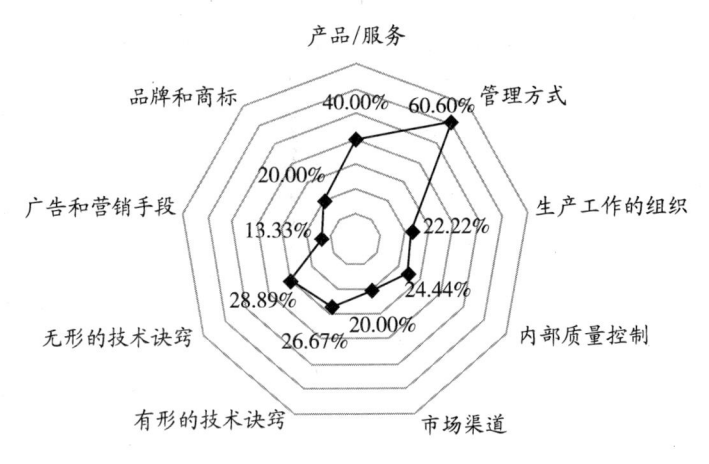

图 10-37 外资企业转移给中方的技术诀窍

不可避免的。这些在外资企业接受过系统性培训及学习的员工流向本土企业后，必然产生技术转移和扩散效应，有利于提升本土企业的技术水平和管理水平，促进本土企业自主技术创新能力的提高。

外资企业流向本土企业的主要是高级技术人才和其他人才（如中级技术人才，一般操作工人等），这说明外资企业对我国自主创新技术人才培养方面起到了较大的作用。但是，外资企业的人才流动频率是比较低的，所调查的样本企业中，外资企业研发人才流动频繁的现象极少，所以，通过研发人才的流动来推动我国自主创新的发展，是一个比较缓慢的过程。

⑤ 软溢出效应。文化对于创新的影响显而易见，技术的创新最终也会回归于文化的创新。硅谷难以复制的原因就在于其文化的异质性。对于技术创新来说，资金、人力资本固然重要，但更重要的是要有一种能充分发挥人的创造能力的体制和文化，而这正是中国企业目前最为缺乏的。就目前而言，相对于本土企业，跨国公司拥有相对完善的体制和开放的文化，更有利于挖掘人的创造能力。外资企业在本土进行生产运营，会将跨国公司在企业管理以及文化等方面一整套的制度和理念引入本土，给本土企业提供有益的借鉴，同时通过人力资源外流以及其他方式，潜移默化地对本土企业的管理和文化产生影响和渗透。

综上，结合外资企业的利益相关者，我们认为外资企业对海淀园自主创新的作用实现方式主要如表 10-6 所示。

表 10-6　　　　　　外资企业对海淀园自主创新的作用方式

| 作用方式＼利益相关者 | 雇员 | 供应商 | 合作者 | 代理商 | 政府 |
|---|---|---|---|---|---|
| 合作与关联效应 |  | ★★★ | ★★★ | ★★ |  |
| 培训效应 | ★★★ | ★ | ★★ | ★ |  |
| 示范—模仿效应 |  | ★★★ | ★★★ | ★★★ |  |
| 人员流动效应 |  | ★ | ★ | ★ | ★ |
| 软溢出效应 | ★ | ★★ | ★★ | ★★ | ★★ |

注：★★★表示效果很明显，★★表示效果较明显，★表示效果一般，空白表示无效果。

**2. 外资企业对自主创新的负向作用**

2.1　专利权的挤出

外资进入本土之后，利用本土的人力、智力以及其他资源优势取得科研成果，增加自身专利数量，导致内资企业与外资企业专利拥有量的差距加大。同时，为获取自有专利带来的经济利益，外资企业多将在东道国取得的成果送往母公司所在国申请，导致中国与国外专利在统计数量上的差距增大。这是最直接的显性挤出。

2.2　资源的挤出

首先是资本挤出。高技术产业具有高风险高投入的特点，资金对于技术创新而言至关重要。我国在改革开放之初，国内资金短缺，外资的进入可以填补本土资金缺口。经过了三十年的发展，我国国内资金充足，大量资金没有得到充分的利用，在这种情况下，外资将会对本土资本产生挤出效应。尤其是2008年之前，我国对外资实行优惠政策，这种挤出效应更加明显，加剧了国内的资金过剩，不利于其发挥对技术创新的作用。同时，这种资本的挤出还会加剧外资企业对国内市场的垄断，抑制本土技术的创新和内资企业的发展。我们在调研过程中发现，访谈企业中外资不断增资扩股甚至直至独资的情况非常突出。

其次是市场（品牌）挤出。外资进入的行业多是竞争性行业，开放程度较高。由于其强大的资金优势，外资企业可以利用合资、并购等手段，挤压、蚕食以至消灭本土品牌，逐渐增加其行业垄断力，打击本土企业的创新能力和创新动机，不利于国内的自主创新。再加上进入本土的外资企业多为竞争力较强的跨国公司，其进入本土后依然具有较强的竞争能力，容易将本土企业的生存与发展陷入困境，并增加其发展和创新的成本。

外资多通过以下几种手段挤出本土品牌：一是通过合资或者并购等方式掌握控股权。二是在中外合资企业中，外资通过增资扩股等方式逐渐达到控股甚至独资，导致本土品牌的丧失。三是外资利用其在技术方面的控制能力，在生产经营过程中限制使用本土品牌的相关产品，直接将本土品牌挤出。四是外资通过其技术、资金以及销售渠道等优势，抑制本土品牌。

再次是人才挤出。对于高新技术产业而言，人才是构成企业核心竞争力的关键要素。外企优厚的福利待遇对人才有着强大的吸引力，同时，外资企业通过人性化的管理、大胆启用新员工、平等开放的企业文化等，增加对高端人才的吸引和员工的忠诚度，对本土企业吸引人才产生一定的挤出效应。据中华英才网调查显示，大学生在择业时将外商独资企业视为首选求职意向。

2.3 隐性挤出（品牌观念、消费观念）

隐性挤出是指外资进入对于本土消费者品牌观念以及消费观念的改变和渗透。外资企业进入中国之时，竞争性的市场才刚刚开始形成，国内消费者的消费观念、消费方式等都处于相对空白状态。外资企业多拥有成熟完善的营销体系，其通过大量的宣传，将国外的消费观念和方式灌输给本土消费者，对本土消费者消费观念和方式起到培育作用，使其逐渐以至完全接受其品牌理念，致使部分消费者形成了国外品牌的盲目崇拜心理，挤出本土品牌。例如在医药行业，外资企业进入本土之后，通过对医生进行大量的专业培训和理念灌输，使本土医生逐渐形成对国外品牌药品的倾向性，影响处方结果，增加了国外品牌药品的销售。尤其在高新技术产业市场，这种现象尤为严重。目前，在计算机、手机以及相机等电子产品市场，国外品牌已经形成了明显的垄断优势，除了国外品牌本身的技术优势之外，本土消费者对于国外品牌的盲目趋附也是一个重要的原因。

## 三、关于外资与中关村产业生态的几点结论与认识

### 1. 内外资比重的真实意义

调查中发现，在中关村核心区，存在部分需要进一步厘清的外资企业，如中资机构在海外注册后的反投资公司、外资并无实质控制权的合资公司、留学归国人员创办的公司，等等。这类公司从产权上看，是真正的中资公司，管理上讲，也是绝对的中国式管理，但有相当一部分这类企业，是作为外资企业对待并进行统计分类的。

与国际统计标准相比，我国目前对 FDI 流量的统计口径相对较宽。同时对部分"假外资"，留学生企业，我国在境外注册的企业等也并未作区分。在访谈

调研过程中，我们发现有很多外资企业除了注册资本中具有外资成分外，在企业经营、投资、研发、人力等各个方面都呈现内资的性质，但是这些企业均以外资企业的身份接受政策监管同时列入外资企业统计范围。随着中国吸引外商直接投资的导向从注重数量向注重质量转变，从"全面引资"向更有针对性的"选资"转变，重新界定外商投资企业，对现有外商投资企业进行必要的细分，不仅有利于外资政策的有效实施，有利于政府对不同类型外资企业的有效引导和服务，也有利于不同类型外资企业自身的发展，有利于不同类型外资企业作用的充分发挥。同时，在研究外资对我国自主创新作用的过程中，如果不对其中具有明显内资性质的企业进行有效的剥离，则通过统计数据反映的情况便不具有真实性和准确性，也就难以精准地判断外资对我国自主创新的作用，对于后期的政策制定也会相应地造成误导与影响。因此，重新界定外商投资企业的概念、性质和统计口径，加强对外资企业的精细化管理已经迫在眉睫。

从海淀园的现有数据来看，2007年外资资产总额占全部资产总额的比例为16%，2008年外资资产总额占全部资产总额的比例为18%（包括实质上的中资公司和留创园企业）。说明海淀园内资资产占据绝对优势，海淀园的招商引资在数量和质量上均处于相对先进的水平。与国际水平相比，中关村的引资比例不属于高限，加之我们在外资概念界定方面同国外存在的差距，进一步显示中国目前吸引外资的水平和能力并非像有些观点所言是"引资过度"。这一点也应该引起重视和反思：即应该如何客观地看待和评价改革开放以来我们吸引外商直接投资工作所取得的成效。

**2. 外资文化及管理技术的溢出效应明显高于技术本身的溢出效应**

如果存在外资的技术溢出效应，那么，我们关心的是，主要溢出的是哪些技术？水平如何？研究发现，在中关村核心区，外资的技术溢出效应更多地表现为管理技术和企业文化的溢出。首先，以专利申请为例，被调查的大多数外资企业均在其母国申请专利，特别是在涉及核心技术专利申请时，在中国境内申请专利的企业只占很少一部分，且专利的层次不高。其次，以外方与中方的研发合作为例，在被调查的企业中，将近一半的外资企业认为其与本土企业以及科研机构的合作频率较为一般，认为合作频率较高的不到1/4。最后，以技术溢出的实现途径为例，在本次调查中，我们对外资企业对园区自主创新能力作用的自我认识做了调查。13.33%的企业认为其起到了标杆和示范作用，7%的企业认为其对园区的自主创新无太大作用，42.22%的企业认为其主要是通过市场竞争来促进内资企业的自主创新。由此可见，外资在纯技术领域对内资自主创新的影响是比较有限的，有些还可能是挤出效应，内资所获取的纯技术方面的成果大多通过被动溢出方式实现。与此相对应，外资在管理方式及企业文化方面的溢出则比较明显。如，在调查中，有超过一半的合资企业认为其相对于内资企业的竞争优势体现为先进的管理与国际化程度，有35.56%的外资企业认为相对于本土企业，其优秀的企业文化构成了竞争优势。此外，不少外资企业认为其对本土人员的吸引力，除了较高的薪酬待遇外，开放的企业文化是不可忽视的因素，同时，被调查的合资企业的多数技术及管理人员表示，在合资企业获得了更多的管理技能，在行为方式及价值观方面也受到很大影响。

### 3. 技术溢出效应的实现是有条件的

外资对东道国自主创新的影响，归根到底是技术溢出的效果。本研究发现，在中关村核心区，外资技术溢出效应的高低与以下因素密切相关：第一，外资的市场竞争地位。合资外方如果能够维持其与合作对象之间的竞争优势，则技术转移的动力非常有限，相反，外方如果与合作企业之间存在竞争关系，或者说中方企业有自身的竞争优势，则外资企业为了维持其竞争能力通常会持续不断地将新的技术转移到合资企业。从这一意义上讲，增加与外资之间的合作与竞争，有利于外资溢出效应的发挥。第二，技术溢出的效果与中方自身技术吸纳能力有关。如果合资中方吸纳能力不足，则很难充分利用溢出效应，一般而言，如果引进的技术与国内技术差距较大，合资企业建立前向以及后向联系的可能性就较小，难以通过供应链以及其他方式将技术充分溢出。如果中方人员与外资企业的要求差距较大，中方员工也很难将先进技术和知识充分理解、吸收，同时也降低了知识通过人员流动加以扩散并转移的机会与效果。即，技术差距越大，人力资本存量越低，中方获取溢出技术的可能性越小。

### 4. 园区内合资企业中方技术呈"点有线无"的特点

中关村作为我国高新技术的发祥地和人才高地，内部聚集了大量优秀人才，中关村内的企业也不泛佼佼者，它们拥有大量的知识储备和核心技术，在某些领域甚至不低于或超过国外同行。但，多数情况下，与外资企业的技术体系相比，内资企业、或称合资企业中方的知识和技术体现为"点"的形式，如技术为某一个人（学术带头人）拥有而非团队行为，企业或个人掌握某些关键核心技术但非整体技术，企业在研发、制造方面力量雄厚，而在市场营销、推广环节却存在致命短板，企业拥有良好的研发能力和研发成果，但制造工艺技术不过关，难以实现产业化，等等，不一而足。这种情况在被调查的企业中不乏实例，较客观地反映了中关村的具体情况，也是我国目前技术格局的一种基本态势。

# 第十一章

# 商业生态视角的中关村区域科技创新能力评价

科技园区的发展对国家经济社会的全面发展具有至关重要的作用。自1951年美国斯坦福大学开启创建科技园区之门以来，全球48个国家和地区先后建立了一千多个科技园区。作为21世纪科技和经济发展的重要载体，无论是美国的硅谷、波士顿128公路科技带，还是20世纪80年代以来以中国台湾新竹、印度班加罗尔科技园区和我国中关村为代表的新兴科技园区，在引领科技创新、推动区域经济发展方面发挥着重要作用。时至今日，科技园区诞生已经60余年，其发展历程显示：世界一流的科技园区始终站在全球经济、科技发展的最前沿，推动着高新技术产业的升级和创新，成为推动区域经济社会全面发展的典范。

在中关村科技园区实现飞速发展的同时，如何对科技园区的发展现状进行客观评价，并基于评价结果制定未来的发展规划，成为管理部门和学者重点关注的问题。在这样的背景下，中关村科技园管理委员会联合科研机构在2004年共同编制并发布了"中关村指数"，包括创新创业企业、产业发展、创新能力、创新创业环境、国际化和中关村300强和上市公司100强等六大类指标。"中关村指数"的编制、修订和发布有助于适时监测中关村科技园区的发展状态和趋势，把握其发展特征、规律和存在问题；有助于向全国其他科技园区推广中关村科技园区的优秀做法和经验；有助于向国际社会展示中关村科技园区的创新能力，从而引导全球高端要素资源集聚；同时，该指数为实现中关村科技园区的持续稳定发展提供了有效的评价工具。

"中关村指数"在发挥其价值的同时,也存在美中不足的地方,如在构建"中关村指数"的理论框架时,比较多地强调了指标的全面性,而在各大类指标的深入性方面还有进一步深入的空间;此外,同以往的各类评价体系一样,较多地关注了区域成长的经济性指标、产出指标等。从可持续发展角度,衡量和考核区域健康发展程度的指导力度还有待加强。

马科·伊恩斯蒂(Marco Iansiti)等(2004)[1]探讨了有关商业生态系统健康的问题,提出可以从生产率、生命力和缝隙市场的创造能力三方面去考察商业生态系统的健康状况。生产率,即系统活力,在商业生态系统中生产率指的是一个商业网络能否将技术和其他创新性原材料持续地转变为更低的成本和新产品。因此,生产率越高企业的创新绩效也越高。生命力,生命力是指商业生态系统结构的复杂性和多样性,即面对各种破坏的稳定性。因此,较高的生命力对于维持企业创新的持续性有着重要的支持作用。缝隙市场的创造能力是指系统自身的创新能力。由于商业生态系统本身具有一定的系统功能性,因此产生了相应的创新能力。缝隙市场的创造能力越强,代表着整个生态系统内部的组成企业创新能力越强。

张文红(2007)[2]把商业生态系统定义为:如果商业生态系统随时间的推移能够维持其自身稳定和可持续发展,并且对外力胁迫具有抵抗力,那么这样的系统就是健康的。在此基础上,她把商业生态系统健康程度的构成要素划分为活力、生命力、恢复力、维持商业生态系统服务、创新的传递、减少投入、对相邻系统的危害、人类健康影响等八个方面。

由于商业生态系统的开放复杂性,其健康状况很难简单地概括为统一的指标,且其指标的测定本身就是一个很复杂、成本很高的工作。因此,对商业生态系统健康的评价可以集中于系统的活力、生命力和恢复力三个方面。

通过分析不同研究者对商业生态系统健康构成要素的研究,我们发现不同研究者都把活力、生命力和创新能力作为商业生态系统健康度评价的基本维度,这揭示了商业生态系统健康的重要的评价方向。但是,作为一个商业生态系统,还必须要有一个内在稳定的动力机制才能确保其健康发展和演化,这个动力机制就是商业系统本身的竞争力。据此,我们归纳出了商业生态系统健康度的构成要素模型(见图11-1)。

活力指一个商业生态系统将技术和其他创新性资源持久地转变为新产品的

---

[1] Marco Iansiti, Ray Levien. Strategy as Ecology. Harvard Business Review, 2004, 82 (3): 68-78.
[2] 张文红. 商业生态系统健康评价方法研究 [J]. 管理现代化, 2007, 5: 40-42.

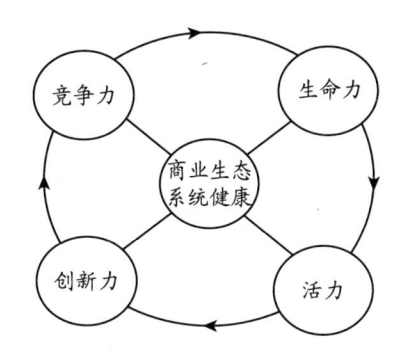

图 11-1　商业生态系统健康构成要素模型

能力。生命力指组织结构的多样性和复杂性，即面对外界各种破坏时的稳定性。恢复力是指"从干扰中恢复的能力"，指商业生态系统能够承受干扰并能维持其原有系统状态的能力。竞争力是指商业生态系统中的成员在生态位中获取生存空间的能力。

# 第一节　中关村区域科技创新能力评价指标体系

## 一、基于商业生态系统视角的区域科技创新能力构成要素

区域科技创新网络作为一个系统，维持健康是其稳定发展和演化的必要条件，基于对商业生态系统健康度构成要素的分析，我们认为在商业生态系统视角下，区域科技创新能力同样可以从生命力、活力、创新进化力和竞争力四个维度进行评价。

科技创新生命力是指创新主体通过构筑多样性和复杂性的科技创新组织和制度，用以在面临各种科技创新不利因素时保持稳定性的能力。

科技创新活力是指创新主体在科技创新生态系统中持续不断地把创新性原材料转变为创新成果和新产品的能力。

科技创新进化力是指创新主体在科技创新系统中对自身结构和功能适时进行调整以更好适应外界环境变化的能力。

科技创新竞争力是指创新主体在科技创新系统激烈的竞争环境中，能够不断产出更多的创新成果或者占领更多的市场份额的能力。

## 二、区域科技创新能力评价指标体系

在对区域科技创新能力不同构成维度内涵分析的基础上，我们抽取出了不

同构成维度的次级观测指标，如表11-1所示。

表11-1　　　　　区域科技创新能力评价指标体系

| | 维　度 | 观测指标 |
|---|---|---|
| 区域科技创新能力 | 科技创新生命力 | 研发机构的职能部门数量 |
| | | 研发人员数量 |
| | | 产业联盟数量 |
| | | 与科技创新相关的政策和制度的数量 |
| | | 研发机构的创新氛围 |
| | | 产学研企合作密切程度 |
| | | 研发机构在受到外界胁迫后恢复到常态的时间 |
| | 科技创新活力 | 研发成果产出数量 |
| | | 新产品销售收入 |
| | | 技术合同成交额 |
| | | 发明专利授权数 |
| | | 版权登记数 |
| | 科技创新进化力 | 研发机构的组织结构的合理性 |
| | | 研发机构的功能的优化性 |
| | | 研发机构的各项制度的完善性 |
| | 科技创新竞争力 | 研发成果的应用性 |
| | | 创新产品的市场份额 |
| | | 创新产品的市场竞争力 |

## 三、中关村区域科技创新能力评价指标体系

基于商业生态系统理论推演产生的区域科技创新能力评价指标体系合乎理论要求，但是在管理实践中，需要加以修订才能更好反映客观现实；同时，与其他区域相比，中关村科技园区具有独特性，因此，只有针对中关村科技园区的现实状况对上述指标体系进行修订才能更好凸显指标体系的针对性。

### 1. 指标体系的修订

在指标体系的修订过程中，我们采用了专家意见法。具体操作过程如下：

① 通过电子邮件把区域科技创新能力指标体系发送给10位该专业领域内专家。

② 与上述专家面对面或者电话单独沟通指标体系不同构成维度的内涵及观测指标的抽取方法。

③ 专家对所有观测指标的合理性及归属进行评价，并把评价意见反馈给研究者。

④ 研究者对收集的专家意见逐条进行研读，找出具有共性的意见和具有分歧的反馈意见。对于具有共性的意见，直接采纳并对指标体系进行修改；对于具有分歧的意见，研究者结合研究需要，有区别地采纳部分意见。

⑤ 经过上述修订工作，最终形成了中关村区域科技创新能力评价指标体系，见表11-2。

表11-2　　　中关村区域科技创新能力评价指标体系

| | 维　度 | 观测指标 |
| --- | --- | --- |
| 区域科技创新能力 | 科技创新生命力 | 中关村科技园区研发机构总数 |
| | | 中关村科技园区研发人员总数 |
| | | 中关村科技园区产业联盟总数 |
| | | 中关村科技园区可以享受的科技创新政策和制度的数量 |
| | | 中关村科技园区的创新氛围 |
| | | 中关村科技园区产学研企合作密切程度 |
| | | 中关村科技园区研发机构在受到外界胁迫后恢复到常态的时间 |
| | 科技创新活力 | 中关村科技园区研发成果产出数量 |
| | | 中关村科技园区新产品销售收入 |
| | | 中关村科技园区技术合同成交额 |
| | | 中关村科技园区发明专利授权数 |
| | | 中关村科技园区版权登记数 |
| | 科技创新进化力 | 中关村科技园区科技管理系统的结构合理性 |
| | | 中关村科技园区科技管理系统的功能优化性 |
| | | 中关村科技园区科技管理系统的制度完备性 |
| | 科技创新竞争力 | 中关村科技园区研发成果的应用性 |
| | | 中关村科技园区创新产品的市场份额占有状况 |
| | | 中关村科技园区创新产品的市场竞争力 |

**2. 构成维度及观测指标权重的确定**

中关村区域科技创新能力评价指标不同维度以及次级观测指标对于区域科技创新实践具有不同的重要性，因此需要确定不同维度及次级观测指标的权重。本书采用层次分析法确定不同维度及次级观测指标的维度，具体操作方法如下：

① 编制《区域科技创新能力构成维度及次级观测指标重要性评价问卷》（见附件1）；

② 依据一定的标准遴选专家填答《区域科技创新能力构成维度及次级观测指标重要性评价问卷》。专家遴选标准包括：一是区域科技创新研究领域的资深研究人员。二是科技管理部门的领导。三是大中型企业分管研发部门的高层领导。

③ 利用 Expert choice 统计软件对收集到的数据实施层次分析法，分析过程如下：

建立层次结构（见图 11-2）。

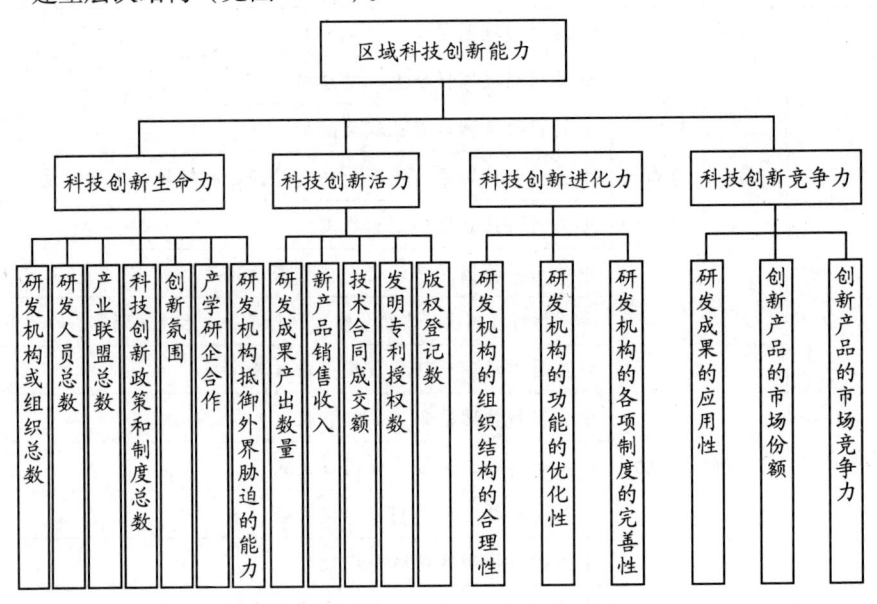

图 11-2 区域科技创新能力层次结构

一致性检验。依据一致性检验结果，有 3 位专家的随机一致性比率 CR > 0.10，不适合进一步进行层次分析，其余各位专家的打分数据适合进行层次分析。

区域科技创新能力构成要素层次分析结果（见表 11-3）。

表 11-3　区域科技创新能力一级维度的重要性分析

| 区域科技创新能力 | 专家-1 | 专家-2 | 专家-3 | 专家-4 | 专家-5 | 均值 |
|---|---|---|---|---|---|---|
| CR | 0.07 | 0.09 | 0.07 | 0.09 | 0.09 | |
| 科技创新生命力 | 0.508 | 0.311 | 0.143 | 0.153 | 0.292 | 0.28 |
| 科技创新活力 | 0.151 | 0.097 | 0.288 | 0.511 | 0.153 | 0.24 |
| 科技创新进化力 | 0.075 | 0.048 | 0.064 | 0.045 | 0.045 | 0.06 |
| 科技创新竞争力 | 0.265 | 0.544 | 0.505 | 0.292 | 0.511 | 0.42 |

次级观测指标层次分析结果（见表11-4~图11-7）。

表 11-4　区域科技创新生命力观测指标的重要性分析

| 科技创新生命力 | 专家-1 | 专家-2 | 专家-3 | 专家-4 | 专家-5 | 均值 |
|---|---|---|---|---|---|---|
| CR | 0.09 | 0.09 | 0.06 | 0.09 | 0.08 | |
| 研发机构或组织总数 | 0.260 | 0.079 | 0.044 | 0.09 | 0.059 | 0.11 |
| 研发人员总数 | 0.271 | 0.172 | 0.148 | 0.155 | 0.129 | 0.18 |
| 产业联盟总数 | 0.043 | 0.055 | 0.066 | 0.058 | 0.042 | 0.05 |
| 科技创新政策和制度总数 | 0.200 | 0.341 | 0.375 | 0.359 | 0.409 | 0.34 |
| 创新氛围 | 0.113 | 0.22 | 0.261 | 0.272 | 0.248 | 0.22 |
| 产学研企合作 | 0.079 | 0.102 | 0.080 | 0.042 | 0.085 | 0.08 |
| 研发机构或组织抵御外界胁迫的能力 | 0.034 | 0.03 | 0.027 | 0.024 | 0.027 | 0.03 |

表 11-5　区域科技创新活力观测指标的重要性分析

| 科技创新活力 | 专家-1 | 专家-2 | 专家-3 | 专家-4 | 专家-5 | 均值 |
|---|---|---|---|---|---|---|
| CR | 0.09 | 0.08 | 0.09 | 0.08 | 0.07 | |
| 研发成果产出数量 | 0.144 | 0.321 | 0.164 | 0.449 | 0.261 | 0.27 |
| 新产品销售收入 | 0.400 | 0.321 | 0.379 | 0.245 | 0.411 | 0.35 |
| 技术合同成交额 | 0.080 | 0.112 | 0.118 | 0.092 | 0.104 | 0.10 |
| 发明专利授权数 | 0.310 | 0.175 | 0.290 | 0.156 | 0.137 | 0.21 |
| 版权登记数 | 0.066 | 0.071 | 0.048 | 0.058 | 0.087 | 0.07 |

表 11-6  区域科技创新进化力观测指标的重要性分析

| 科技创新进化力 | 专家-1 | 专家-2 | 专家-3 | 专家-4 | 专家-5 | 均值 |
|---|---|---|---|---|---|---|
| CR | 0.040 | 0.010 | 0.060 | 0.060 | 0.010 | |
| 研发机构的组织结构的合理性 | 0.637 | 0.243 | 0.731 | 0.649 | 0.243 | 0.50 |
| 研发机构的功能的优化性 | 0.258 | 0.669 | 0.188 | 0.279 | 0.669 | 0.41 |
| 研发机构的各项制度的完善性 | 0.105 | 0.088 | 0.081 | 0.072 | 0.088 | 0.09 |

表 11-7  区域科技创新生命力观测指标的重要性分析

| 科技创新竞争力 | 专家-1 | 专家-2 | 专家-3 | 专家-4 | 专家-5 | 均值 |
|---|---|---|---|---|---|---|
| CR | 0.040 | 0.050 | 0.050 | 0.050 | 0.040 | |
| 研发成果的应用性 | 0.105 | 0.089 | 0.140 | 0.089 | 0.105 | 0.11 |
| 创新产品的市场份额 | 0.258 | 0.559 | 0.333 | 0.559 | 0.258 | 0.39 |
| 创新产品的市场竞争力 | 0.637 | 0.352 | 0.528 | 0.352 | 0.637 | 0.50 |

通过上述讨论和分析，我们获得了区域科技创新能力各构成要素及其次级观测指标的权重系数，如表 11-8 所示。

表 11-8  区域科技创新能力各维度及其次级观测指标的权重系数

| | 维度 | 权重 | 观测指标 | 维度内权重 |
|---|---|---|---|---|
| 区域科技创新能力 | 科技创新生命力 | 0.28 | 研发机构或组织总数 | 0.11 |
| | | | 研发人员总数 | 0.18 |
| | | | 产业联盟总数 | 0.05 |
| | | | 科技创新政策和制度总数 | 0.34 |
| | | | 创新氛围 | 0.22 |
| | | | 产学研企合作 | 0.08 |
| | | | 研发机构或组织抵御外界胁迫的能力 | 0.03 |
| | 科技创新活力 | 0.24 | 研发成果产出数量 | 0.27 |
| | | | 新产品销售收入 | 0.35 |
| | | | 技术合同成交额 | 0.10 |
| | | | 发明专利授权数 | 0.21 |
| | | | 版权登记数 | 0.07 |

续表

| 维度 | | 权重 | 观测指标 | 维度内权重 |
|---|---|---|---|---|
| 区域科技创新能力 | 科技创新进化力 | 0.06 | 研发机构的组织结构的合理性 | 0.50 |
| | | | 研发机构的功能的优化性 | 0.41 |
| | | | 研发机构的各项制度的完善性 | 0.09 |
| | 科技创新竞争力 | 0.42 | 研发成果的应用性 | 0.11 |
| | | | 创新产品的市场份额 | 0.39 |
| | | | 创新产品的市场竞争力 | 0.50 |

# 第二节 中关村区域科技创新能力预警实证研究

在区域科技创新能力构成要素及其次级观测指标的讨论，以及各层面重要性程度研究的基础上，本研究拟通过问卷调查法对中关村科技园区的科技创新能力实施预警实证研究。

## 一、问卷编制

依据表11-8中的研究结果，我们编制了《中关村区域科技创新能力调查问卷》（见附件2）。本问卷包括18个题项，每个题项均包括："增加"、"持平"、"减少"、"不确定"、"无"五个选择项。在填答时，由填答者根据自己平时的经验进行判断，把某题项的现状与上一年的状况进行比较，从而判断该题项的现实情况。

## 二、抽样与数据收集

本研究采用分层随机抽样原则，在中关村科技园区共抽取了120个企事业单位作为研究样本。样本分布情况见表11-9。

表 11-9　　　　　　　　抽样样本分布情况

| 样本 | | 数量 |
|---|---|---|
| 企业 | 海淀园 | 41 |
| | 石景山园区 | 30 |
| | 电子城科技园 | 31 |
| 高校及科研机构 | | 15 |
| 科技管理部门 | | 3 |
| 总　　计 | | 120 |

## 三、统计分析与讨论

在数据处理上，采用国际通行做法，即单个指数采用扩散指数方法，综合指数采用加权综合指数方法。

### 1. 单个指数的计算

单个指数的计算涉及：研发投入、研发人员数量、产业联盟数量、科技创新政策和制度的数量、科技创新氛围、产学研企合作密切程度、抵御外界胁迫的能力、研发成果产出数量、创新产品销售收入、技术合同成交额、发明专利授权数、版权登记数、科研部门的组织结构的合理性、科研部门的功能的优化性、科研部门的各项制度的完善性、研发成果的应用性、创新产品的市场份额，以及创新产品的市场竞争力等18个问题。

（1）汇总方法

数据汇总方法采用不加权计算百分比，即直接通过企业、科研机构和科技管理部门填报数据计算"增加"、"基本持平"、"减少"选项所占百分比。统计结果见表11-10～表11-13。

（2）扩散指数计算

采用扩算指数法，即回答"增加"的百分数加上回答"持平"的百分数的一半。计算公式如下：

$$DI = "增加"选项的百分比 \times 1 + "持平"选项的百分比 \times 0.5$$

对区域科技创新能力四个构成要素的观测指标的扩散指数计算结果如表11-10～表11-13所示。

表11-10　　　　　　　科技创新生命力现状评价及DI值

| 编号 | 研发投入 | 研发人员数量 | 产业联盟数量 | 科技创新政策和制度数量 | 科技创新氛围 | 产学研企合作程度 | 研发机构抵御外界胁迫的能力 |
|---|---|---|---|---|---|---|---|
| "增加"数 | 108 | 111 | 90 | 104 | 102 | 16 | 4 |
| "持平"数 | 7 | 3 | 10 | 7 | 13 | 13 | 5 |
| "减少"数 | 5 | 6 | 0 | 0 | 5 | 0 | 5 |
| "不确定"数 | 0 | 0 | 20 | 9 | 0 | 91 | 104 |
| "无"数 | 0 | 0 | 0 | 0 | 0 | 0 | 2 |
| "增加"比重（%） | 90 | 93 | 75 | 87 | 85 | 13 | 3 |
| "持平"比重（%） | 6 | 3 | 8 | 6 | 11 | 11 | 4 |
| DI值（%） | 93 | 94 | 79 | 90 | 90 | 19 | 5 |
| 权重（%） | 11 | 18 | 5 | 34 | 22 | 8 | 3 |

表11-11　　　　　　　科技创新活力现状评价及DI值

| 编号 | 研发成果产出 | 新产品销售收入 | 技术合同成交额 | 发明专利授权 | 版权登记数 |
|---|---|---|---|---|---|
| 增加 | 114 | 104 | 90 | 56 | 66 |
| 持平 | 1 | 1 | 6 | 27 | 19 |
| 减少 | 5 | 5 | 0 | 0 | 0 |
| 不确定 | 0 | 10 | 0 | 1 | 0 |
| 无 | 0 | 0 | 24 | 36 | 35 |
| 总数 | 120 | 120 | 120 | 120 | 120 |
| "增加"比重（%） | 95 | 87 | 75 | 47 | 55 |
| "持平"比重（%） | 1 | 1 | 5 | 23 | 16 |
| DI值（%） | 95 | 87 | 78 | 58 | 63 |
| 权重（%） | 27% | 35% | 10% | 21% | 7% |

表 11-12　　　　　　科技创新进化力现状评价及 DI 值

| 编号 | 研发机构组织结构的合理性 | 研发机构功能的优化性 | 研发机构制度的完善性 |
|---|---|---|---|
| 增加 | 96 | 97 | 109 |
| 持平 | 16 | 15 | 8 |
| 减少 | 0 | 0 | 0 |
| 不确定 | 8 | 8 | 3 |
| 无 | 0 | 0 | 0 |
| 总数 | 120 | 120 | 120 |
| "增加"比重（%） | 80 | 81 | 91 |
| "持平"比重（%） | 13 | 13 | 7 |
| DI 值（%） | 87 | 87 | 94 |
| 权重（%） | 50 | 41 | 9 |

表 11-13　　　　　　科技创新竞争力现状评价及 DI 值

| 编号 | 研发成果的应用性 | 创新产品的市场份额 | 创新产品的市场竞争力 |
|---|---|---|---|
| 增加 | 116 | 93 | 106 |
| 持平 | 3 | 11 | 0 |
| 减少 | 0 | 0 | 5 |
| 不确定 | 1 | 16 | 9 |
| 无 | 0 | 0 | 0 |
| 总数 | 120 | 120 | 120 |
| "增加"比重（%） | 97 | 78 | 88 |
| "持平"比重（%） | 3 | 9 | 0 |
| DI 值（%） | 98 | 82 | 88 |
| 权重（%） | 11 | 39 | 50 |

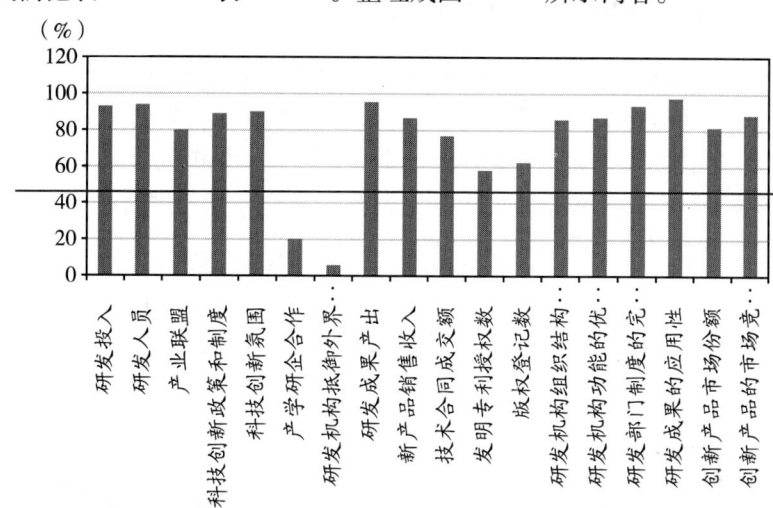

我们把表 11-10~表 11-13。整理成图 11-3 所示内容。

图 11-3　中关村区域科技创新能力各观测指标现状分布

采用这种方法计算扩散系数，50%为衡量扩散系数即两年整体表现差别的基准。如果扩散系数大于50%，表明本年比上年整体表现要好；扩散系数小于50%，则表示本年比上年整体表现要差。扩散指数具有先行指数的特性，可以很方便地显示变化的趋势及变化范围。

通过观察图 11-3，我们发现"产学研企合作程度"和"研发机构抵御外界胁迫的能力"两个观测指标远低于50%，这表明中关村科技园区内产学研企合作情况和研发部门/机构抵御外界胁迫的能力与上年相比，出现了明显的滑坡现象。

依据上述表格的计算结果，我们计算出了区域科技创新能力四个构成要素的指数，见表 11-14。

表 11-14　　　　　区域科技创新能力构成要素指数计算结果　　　　单位:%

| 维度 | 指　　数 | 权　　重 |
| --- | --- | --- |
| 科技创新生命力 | 82 | 28 |
| 科技创新活力 | 81 | 24 |
| 科技创新进化力 | 87 | 6 |
| 科技创新竞争力 | 87 | 42 |

## 2. 综合指数（RSTIAI）的计算

RSTIAI（regional science and technology innovation ability indexes）是区域科技创新能力的综合指数，由4个扩散指数加权而成，即科技创新生命力、科技创新活力、科技创新进化力和科技创新竞争力。这4个指数依据其对区域科技创新的影响程度而定，各指数的权重见表11-14。计算公式如下：

$$\begin{aligned}
RSTIAI &= 科技创新生命力 \times 28\% + 科技创新活力 \times 24\% + 科技创新进化力 \\
&\quad \times 6\% + 科技创新竞争力 \times 42\% \\
&= 82\% \times 28\% + 81\% \times 24\% + 87\% \times 6\% + 87\% \times 42\% \\
&= 84\%
\end{aligned}$$

如此计算出来的RSTIAI指数，如果在50%以上，反映区域科技创新能力较上年相比，有所提升；如果低于50%，则反映区域科技创新能力较上年相比出现衰退趋势。本研究计算出来的RSTIAI值等于84%，远远超过基准值50%，这说明：从整体上看，与上一年相比，中关村科技园区的科技创新能力有较大幅度的提升。

但结合前面的统计分析结论，尽管中关村科技园区科技创新能力在整体上较上一年有较大幅度的提升，但是在其构成维度及观测指标上呈现出较大差异性，具体体现在：

① 园区内产学研企合作情况和研发部门/机构抵御外界胁迫的能力与上年相比，出现了明显的滑坡现象。

为什么会出现这样的状况？依据我们的深度访谈和以往研究经验，我们认为存在以下几个方面的原因：首先，中关村科技园区内科技创新服务组织比较缺乏，特别是促进科技成果转化的中介服务机构和单位较少，在客观上造成了高校和科研机构与产业和企业之间的"断层"，无法实现对接。一方面，高校和科研机构产生了较多比较优秀的科研成果，但是研究人员自身不懂市场，无法把自己的科研成果转化为现实生产力；另一方面，企业懂得市场，熟悉产业运行规律，但却不知道通过什么途径可以获取具有知识产权的基础研究成果。中介服务机构的缺乏在一定程度上影响了产学研企的合作程度。其次，高校和科研机构的科研经费主要来源于科技管理部门的纵向课题资金支持，受外部产业和市场环境变化的影响较小，具有相对稳定性，因此，它们没有培育出适应外部市场需求的能力和抵御外部环境干扰的能力。但是，随着产学研企合作的不断加深，高校和科研机构开始与外部环境发生越来越紧密的联系，从"温室"中走出来的高校和科研机构难免会不适应动态的外部环境，体现出比较有限的抵御外部胁迫的能力。

② 园区内企业和科研机构的发明专利授权数量和版权登记数量略高于上一年，有较大提升空间。出现这种状况的主要原因在于：中关村科技园区自成立起，发明专利和版权登记数量始终保持着持续稳定增长速度，经过多年的发展，目前已经增长到一个较高的基数水平，因此，一定限度内的增长难以呈现出明显的增长趋势。

③ 其他各项观测指标与上一年相比，均获得较大提升，这是中关村科技园区科技创新能力得以提升的基础。通过中关村商业生态系统研究我们发现：中关村科技园区成立之初，得到了国家和政府的大力支持，加之科技园区自身的资源禀赋，以及管理委员会的高效领导，中关村科技园区经济社会发展的各项指标发展良好。纵向看，自 2009 年国务院批复同意中关村科技园区建设国家自主创新示范区以来，国家和北京市相关政府部门对中关村科技园区的投入力度逐年增强，因此，中关村科技园区科技创新能力整体上得到了持续稳定的提升。

## 第三节　研究结论与政策建议

### 一、研究结论

本研究基于商业生态系统相关理论构建了区域科技创新能力评价指标，并通过专家意见法对初始评价指标进行了修订，形成了针对中关村科技园区现实情况的科技创新能力评价指标；然后通过分层随机抽样对 120 个企事业单位研发部门的领导进行了问卷调查；利用问卷数据对中关村科技园区的科技创新能力进行实证研究，研究结论如下：

① 从整体上看，中关村科技园区科技创新能力与上一年相比有了较大幅度的提升，体现出强劲的生命力、活力、进化力和竞争力。

② 在科技创新能力各构成要素层面呈现出较大差异性，具体体现在：一是在科技创新生命力层面，"内产学研企合作状况"和"研发部门/机构抵御外界胁迫的能力"这两个观测指标与上一年相比，出现了剧烈滑坡，远远低于基准水平 50%。二是在科技创新活力层面，"发明专利授权数量"和"版权登记数量"两项观测指标略高于基准水平 50%，表明这两项指标与上一年略有提升，具有较大改善空间。三是科技创新进化力和竞争力两个层面及其观测指标均呈现出良好的发展势头，远远超过基准水平 50%，这是中关村科技园

区科技创新能力得以健康发展的基础。

通过上面的分析,我们可以把中关村科技园区科技创新能力现状归结为表 11-15 所示结论。

表 11-15　　　　　　　中关村科技创新能力警情信号

| 维度 | | 观测指标 | 警情 |
|---|---|---|---|
| 区域科技创新能力 | 科技创新生命力 | 研发机构或组织总数 | ★★★★★ |
| | | 研发人员总数 | ★★★★★ |
| | | 产业联盟总数 | ●★★★★ |
| | | 科技创新政策和制度总数 | ★★★★★ |
| | | 创新氛围 | ★★★★★ |
| | | 产学研企合作 | ▲▲▲▲▲ |
| | | 研发机构或组织抵御外界胁迫的能力 | ▲▲▲▲▲ |
| | 科技创新活力 | 研发成果产出数量 | ★★★★★ |
| | | 新产品销售收入 | ★★★★★ |
| | | 技术合同成交额 | ●★★★★ |
| | | 发明专利授权数 | ●●★★★ |
| | | 版权登记数 | ●●★★★ |
| | 科技创新进化力 | 研发机构的组织结构的合理性 | ★★★★★ |
| | | 研发机构的功能的优化性 | ★★★★★ |
| | | 研发机构的各项制度的完善性 | ★★★★★ |
| | 科技创新竞争力 | 研发成果的应用性 | ★★★★★ |
| | | 创新产品的市场份额 | ★★★★★ |
| | | 创新产品的市场竞争力 | ★★★★★ |

注:1. 符号的数量表示程度;2. 不同形状的符号表示不同的警情,其中:▲表示警情严重,●表示警情需要引起重视,★表示状况良好。

## 二、政策建议

在中关村建设国家自主创新示范区核心区的过程中,区域科技创新能力从整体上得到了持续稳定的发展,但在局部仍然存在较大提升空间。为进一步提升整体科技创新能力,本书提出以下政策建议:

① 从政府层面来讲：一是鼓励区域内产学研企合作，并搭建多样化的沟通平台促进产学研企合作。二是给予区域内研发部门/机构相应的支持，以增强它们抵御外界胁迫的能力，从而免受或减轻外界干扰带来的破坏性影响。三是鼓励区域内企事业单位的自主创新行为，给予一定的支持和奖励，从而提升区域内的发明专利授权数量和版权登记数量。

② 从科研机构来讲：一是主动加强与产业和企业的联系和合作，促进科研成果的转化，增加发明专利和版权，进而提升科研机构的整体创新能力。二是预防外界干扰对自身带来的不利影响，增强自身的免疫能力。

③ 从企业层面来讲：一是主动加强同高等院校及科研机构的合作，寻求把科研成果转化为现实生产力的可能性。二是增强企业的自主创新能力和抵御外部环境干扰的能力。

通过政府、科研机构和企业三个层面的共同努力，必将形成协同创新的态势，最终促进区域科技创新能力的整体提升。

## 附件 1

# 区域科技创新能力构成维度重要性评价问卷

尊敬的专家：

您好！本问卷是×××大学×××学院进行的一项研究，旨在调查区域科技创新能力不同构成要素的重要性程度。您的见解对本研究具有十分重要的价值，我们诚挚邀请您抽出宝贵时间填写问卷。本问卷采用匿名方式填写，所有问题的答案没有对错，且根据《中华人民共和国统计法》相关规定，我们对于您提供的所有信息将严格保密，请您放心填写。如果您对本次调查的研究结果感兴趣，请在问卷最后留下您的邮箱，届时我们将通过 email 把调研结果发送给您。感谢您的参与和配合！

×××大学×××学院<br>2012 年 06 月

## 一、打分方法介绍

本问卷有 5 个判断矩阵需要您进行打分，打分的数值和依据如下表所示。

| A 与 B 指标相比主要程度 | 极重要 | 很重要 | 重要 | 略重要 | 同等重要 | 略不重要 | 不重要 | 很不重要 | 极不重要 |
|---|---|---|---|---|---|---|---|---|---|
| 比值 | 9 | 7 | 5 | 3 | 1 | 1/3 | 1/5 | 1/7 | 1/9 |

也可以选取 8、6、4、2、1/2、1/4、1/6、1/8 等中间值

## 附件1：区域科技创新能力构成维度重要性评价问卷

示例：在下面的矩阵中，如果您认为纵列的"科技创新生命力（A）"与横列的"科技创新进化力（C）"相比"很重要"，您就在矩阵中的相应位置填写代表"很重要"的数字7。

| 区域科技创新能力 | A | B | C | D |
|---|---|---|---|---|
| 科技创新生命力（A） | 1 | | 7 | |
| 科技创新活力（B） | × | 1 | | |
| 科技创新进化力（C） | × | × | 1 | |
| 科技创新竞争力（D） | × | × | × | 1 |

下面请您按照上述标准填答以下五个矩阵。

## 二、一级准则判断矩阵打分

| 区域科技创新能力 | A | B | C | D |
|---|---|---|---|---|
| 科技创新生命力（A） | 1 | | | |
| 科技创新活力（B） | × | 1 | | |
| 科技创新进化力（C） | × | × | 1 | |
| 科技创新竞争力（D） | × | × | × | 1 |

## 三、二级准则判断矩阵打分

**1. 二级观测指标重要性判断矩阵打分－A**

| 科技创新生命力 | A | B | C | D | E | F | G |
|---|---|---|---|---|---|---|---|
| 研发机构/组织总数（A） | 1 | | | | | | |
| 研发人员总数（B） | × | 1 | | | | | |
| 产业联盟总数（C） | × | × | 1 | | | | |
| 科技创新政策和制度总数（D） | × | × | × | 1 | | | |
| 创新氛围（E） | × | × | × | × | 1 | | |
| 产学研企合作（F） | × | × | × | × | × | 1 | |
| 研发机构/组织抵御外界胁迫的能力（G） | × | × | × | × | × | × | 1 |

## 2. 二级观测指标重要性判断矩阵打分 – B

| 科技创新活力 | A | B | C | D | E |
|---|---|---|---|---|---|
| 研发成果产出数量（A） | 1 | | | | |
| 新产品销售收入（B） | × | 1 | | | |
| 技术合同成交额（C） | × | × | 1 | | |
| 发明专利授权数（D） | × | × | × | 1 | |
| 版权登记数（E） | × | × | × | × | 1 |

## 3. 二级观测指标重要性判断矩阵打分 – C

| 科技创新进化力 | A | B | C |
|---|---|---|---|
| 研发机构的组织结构的合理性（A） | 1 | | |
| 研发机构的功能的优化性（B） | × | 1 | |
| 研发机构的各项制度的完善性（C） | × | × | 1 |

## 4. 二级观测指标重要性判断矩阵打分 – D

| 科技创新竞争力 | A | B | C |
|---|---|---|---|
| 研发成果的应用性（A） | 1 | | |
| 创新产品的市场份额（B） | × | 1 | |
| 创新产品的市场竞争力（C） | × | × | 1 |

再次感谢您的参与和配合！

## 附件 2

# 中关村区域科技创新能力调查问卷

尊敬的企业领导：

您好！本问卷是由×××大学×××学院组织的一项调查，旨在了解中关村科技园区企业的科技创新能力现状，为政府相关部门提供政策建议。调研内容包括企业基本情况、企业及所在区域科技创新能力现状、企业发展能力现状，以及企业绩效现状四个部分。我们诚挚邀请您参与本次调查。本问卷以<u>匿名方式</u>填写，所有问题的答案没有对错，且根据《中华人民共和国统计法》相关规定，我们对于您提供的所有信息将严格保密，请您放心填写。如果您对本次调查的研究结果感兴趣，请在问卷最后留下您的邮箱，届时我们将通过 E-mail 把调研结果发送给您。感谢您的参与和配合！

×××大学×××学院<br>2012 年 07 月

## 第一部分：基本情况

下面是对您本人及公司基本情况的调查，请您用最快速度把符合实际情况的选项涂成红色，或者在"＿＿＿＿"上填写相关信息。

1. 您的性别：□男　　□女
2. 您的年龄：＿＿＿＿岁
3. 您的最高学历是：□初中及以下　　□高中　　□大专　　□本科

□研究生
4. 您获得最高学历时的专业属于:
　　□理工类学科　　　□经济管理类学科　　　□文史哲等社会学科
5. 在进入本公司前,您已经工作了_____年
6. 您进入本公司之前的学习或者工作经历与本公司业务的相关性如何:
　　□非常低　　□比较低　　□一般　　□比较高　　□非常高
7. 贵公司已经成立了_____年
8. 贵公司所属行业是:
　　□制造业(机械、电子、建筑、化工、材料、配套生产、食品饮料等)
　　□服务业(服务、商业、贸易、电信、金融、餐饮、咨询、软件等)
9. 贵公司的员工总数是:
　　□300人以下　　□300～1000人　　□1000人以上
10. 贵公司的年均销售额是:
　　□3000万元以下　　□0.3亿～3亿元　　□3亿元以上
11. 贵公司是否被认定为高新技术企业:□是　　□否

# 第二部分　企业及所在区域科技创新能力现状

下面题项是对本公司及所在区域科技创新能力现状的调查,请您根据自己的了解把符合实际情况的选项涂成红色。

举例:如果您认为"本公司研发投入"跟上一年相比增加了,您就把选项"□增加"涂成红色。

| 题项 | 参照 | 选项 | | | |
|---|---|---|---|---|---|
| 研发投入 | 跟上一年相比 | □增加 | □减少 | □持平 | □不确定 |

下面请您按照上述方法回答第1～18题。

| 题项 | 参照 | 选项 | | | |
|---|---|---|---|---|---|
| 1. 研发投入 | 跟上一年相比 | □增加 | □减少 | □持平 | □不确定 |
| 2. 研发人员数量 | 跟上一年相比 | □增加 | □减少 | □持平 | □不确定 |
| 3. 区域产业联盟数量 | 跟上一年相比 | □增加 | □减少 | □持平 | □不确定 |
| 4. 科技创新政策和制度的数量 | 跟上一年相比 | □增加 | □减少 | □持平 | □不确定 |

续表

| 题项 | 参照 | 选项 | | | |
|---|---|---|---|---|---|
| 5. 区域内科技创新氛围 | 跟上一年相比 | □增加 | □减少 | □持平 | □不确定 |
| 6. 区域内产学研企合作程度 | 跟上一年相比 | □增加 | □减少 | □持平 | □不确定 |
| 7. 研发机构/部门抵御外界胁迫的能力 | 跟上一年相比 | □增加 | □减少 | □持平 | □不确定 |
| 8. 研发成果产出数量 | 跟上一年相比 | □增加 | □减少 | □持平 | □不确定 |
| 9. 新产品销售收入 | 跟上一年相比 | □增加 | □减少 | □持平 | □不确定 |
| 10. 技术合同成交额 | 跟上一年相比 | □增加 | □减少 | □持平 | □不确定 |
| 11. 发明专利授权数 | 跟上一年相比 | □增加 | □减少 | □持平 | □不确定 |
| 12. 版权登记数 | 跟上一年相比 | □增加 | □减少 | □持平 | □不确定 |
| 13. 研发部门/机构组织结构的合理性 | 跟上一年相比 | □增加 | □减少 | □持平 | □不确定 |
| 14. 研发部门/机构组织功能的优化性 | 跟上一年相比 | □增加 | □减少 | □持平 | □不确定 |
| 15. 研发部门/机构各项制度的完善性 | 跟上一年相比 | □增加 | □减少 | □持平 | □不确定 |
| 16. 研发成果的应用性 | 跟上一年相比 | □增加 | □减少 | □持平 | □不确定 |
| 17. 创新产品的市场份额 | 跟上一年相比 | □增加 | □减少 | □持平 | □不确定 |
| 18. 创新产品的市场竞争力 | 跟上一年相比 | □增加 | □减少 | □持平 | □不确定 |

再次感谢您对本研究提供的支持！

# 参 考 文 献

1. Abe, J., Dempsey, P., Bassett, D. Business ecology: giving your organization the natural edge. Oxford: Butterworth Heinemann, 1998.

2. Abell, P., Felin, T. & Foss, N. Building micro-foundations for the routines, capabilities, and performance links. Managerial and Decision Economics, 2008, 29 (6): 489 – 502.

3. Adizes, I. Corporate lifecycles: how and why corporations grow and die and what to do about it. New Jersey: Prentice Hall, 1989.

4. Adler, P. S., M. Benner, et al. Perspectives on the productivity dilemma. Journal of Operations Management, 2009, 27 (2): 99 – 113.

5. Akin, G. How long do things last? Journal of Organizational Change Management, 2000, 13 (1): 30 – 31.

6. Alchian, A. Uncertainty, evolution and economic theory. Journal of Political Economy, 1950, 58 (3): 211 – 222.

7. Aldrich, H. E. Organizations and Environments. New Jersey: Prentice Hall, 1979.

8. Ambrosini, V. & Bowman, C. What are dynamic capabilities and are they a useful construct in strategic management? International Journal of Management Reviews, 2009, 11 (1): 29 – 49.

9. Ashforth, B. E. & Y. Fried. The mindlessness of organizational behaviours. Human Relations, 1988, 41 (4): 305 – 329.

10. Aurik, J. C., Jonk, G. J., Willen, R. E. Rebuilding the corporate genome: unlocking the real value of your business. New York: John Wiley & Sons, Inc., 2003.

11. Barney, J. Firm resources and sustained competitive advantage. Journal of Management, 1991, 17 (1): 99 – 120.

12. Barreto, I. Dynamic capabilities: a review of past research and an agenda for the future. Journal of Management, 2010, 36 (1): 256 – 280.

13. Baum, J. A. C. Companion to organizations. Malden, MA: Blackwell Publishers Ltd. , 2002.

14. Baum, J. A. C. , Singh, J. V. Evolutionary dynamics of organizations. New York: Oxford University Press, 1994.

15. Becker, M. C. Organizational routines: a review of the literature. Industrial and Corporate Change, 2004, 13 (4): 643 – 677.

16. Becker, M. C. A framework for applying organizational routines in empirical research: linking antecedents, characteristics and performance outcomes of recurrent interaction patterns. Industrial and Corporate Change, 2005, 14 (5): 817 – 846.

17. Becker, M. C. & Lazaric, N. Organizational Routines: Advances in empirical research. Cheltenham: Edward Elgar Publishing, 2009.

18. Becker, M. C. , Lazaric, N. , Nelson, R. R. & Winter, S. G. Applying organizational routines in understanding organizational change. Industrial and Corporate Change, 2005, 14 (5): 775 – 791.

19. Benner, M. J. & Tushman, M. L. Exploitation, exploration, and process management: the productivity dilemma revisited. Academy of Management Review, 2003, 28 (2): 238 – 256.

20. Birkinshaw, J. & C. Gibson. Building ambidexterity into an organization. Mit Sloan Management Review, 2004, 45 (4): 47 – 55.

21. Bloom, N. & Van Reenen, J. Why do management practices differ across firms and countries? Journal of economic perspectives, 2010, 24 (1): 203 – 224.

22. Boone, C. , Van Witteloostuijn, A. Industrial organization and organizational ecology: the potentials for cross-fertilization. Organization Studies, 1995, 16 (2): 265 – 298.

23. Borgers, T. , Sarin, R. Learning through reinforcement and replicator dynamics. Journal of Economic Theory, 1997, 77 (1): 1 – 14.

24. Bourgeois, L. J. On the measurement of organizational slack. The Academy of Management Review, 1981, 6 (1): 29 – 39.

25. Brirrain, J. W. , Freeman, T. M. Competitive dynamics and organizational diversity: strategic interactions in semi-conductor components. Proceedings of the Southwest Academy of Management, 27th Annual Meeting, New Orleans, LA, 1985.

26. Bruderer, E. , Singh, J. V. Organizational evolution, learning, and selection: a genetic-algorithm-based model. The Academy of Management Journal, 1996,

39 (5): 1322 – 1349.

27. Burgelman, R. A. Fading memories: a process theory of strategic business exit in dynamic environments. Administrative Science Quarterly, 1994, 39 (1): 24 – 56.

28. Burgelman, R. A. A process model of strategic business exit: implications for an evolutionary perspective on strategy. Strategic Management Journal, 1996, 17 (1): 193 – 214.

29. Burgelman, R. A. & Grove, A. S. Let chaos reign, then rein in chaos-repeatedly: managing strategic dynamics for corporate longevity. Strategic Management Journal, 2007, 28 (10): 965 – 979.

30. Burns, L. R., The Chicago School and the study of organization-environment relations. Journal of the History of the Behavioral Sciences, 1980, 16 (4): 342 – 358.

31. Carroll, G. R. Ecological Models of Organizations. Cambridge, MA: Ballinger, 1988.

32. Carroll, G. R., Hannan, M. T. Organizations in industry: strategy, structure, and selection, New York: Oxford University Press, 1995.

33. Carroll, G. R., Hannan, M. T. The Demography of Corporations and Industries. Princeton: Princeton University Press, 2000.

34. Carroll, G. R., Preisendoerfer, P., Swaminathan A., Wiedenmayer, G. Brewery and brauerei: the organizational ecology of brewing. Organization Studies, 1993, 14 (2): 155 – 188.

35. Cheng, J. L. C. & Kesner, I. F. Organizational slack and response to environmental shifts: the Impact of resource allocation patterns. Journal of Management, 1997, 23 (1): 1 – 8.

36. Christine Oliver. Determinants of interorganizational relationships: integration and future directions. Academy of Management Review, 1990, 15 (2): 241 – 265.

37. Cohen, M. D. Individual learning and organizational routine: emerging connections. Organization Science, 1991, 2 (1): 135 – 139.

38. Collins, J. C. & Porras, J. I. Built to Last: Successful Habits of Visionary Companies. New York: Random House Business Books, 1999.

39. Cottrell, T. & Nault, B. R. Product variety and firm survival in the microcomputer software industry. Strategic Management Journal, 2004, 25 (10): 1005 – 1025.

40. Cressman, P. Frequency-dependent stability for two-species interactions. Theoretical Population Biology, 1996, 49 (2): 189 – 210.

41. Daft, R. L. Organization theory and design. St. Paul, MN: West Pub. Co., 1989.

42. Daft, R. L. & Weick, K. E. Toward a model of organizations as interpretation systems. The Academy of Management Review, 1984, 9 (2): 284–295.

43. De Geus, A. The living Company: Growth, Learning and Longevity in Business. London: Nicholas Brealey Publishing, 1999.

44. Delacroix, J., Carroll, G. R. Organizational founding: an ecological study of the newspaper industries in Argentina and Ireland. Administrative Science Quarterly, 1983, 28 (2): 274–291.

45. Dolfsma, W. Institutions, Communication and Values, Palgrave Macmillan, Houndsmills, 2009.

46. Dosi, G., Nelson, R. R. & Winter, S. G. The Nature and Dynamics of Organizational Capabilities. UK: Oxford University Press, 2000.

47. Duncan, R. B. The ambidextrous organization: designing dual structures for innovation. Killman, R. H., L. R. Pondy, and D. Sleven (eds.), The Management of Organization. New York: North Holland, 167–188.

48. Easterby-Smith, M., Lyles, M. A. & Peteraf, M. A. Dynamic capabilities: current debates and future directions. British Journal of Management, 2009, 20 (1): 1–8.

49. Eisenhardt, K. M. & Martin, J. A. Dynamic capabilities: what are they? Strategic Management Journal, 2000, 21 (10–11): 1105–1121.

50. Feldman, M. S. Organizational routines as a source of continuous change. Organization Science, 2000, 11 (6): 611–629.

51. Feldman, M. S. & Pentland, B. T. Reconceptualizing organizational routines as a source of flexibility and change. Administrative Science Quarterly, 2003, 48 (1): 94–118.

52. Felin, T. & Foss, N. J. Organizational routines and capabilities: historical drift and a course-correction toward microfoundations. Scandinavian Journal of Management, 2009, 25 (2): 157–167.

53. Foster, D., Young, P. Stochastic evolutionary game dynamics. Theoretical Population Biology, 1990, 38 (2): 219–232.

54. Foster, R. Innovation: the attacker's advantage. New York: Summit Books, 1986.

55. Foster, R. & Kaplan, S. Creative destruction: why companies are built to last and underperform the market-and how to successfully transform them. New York: Currency, 2001.

56. Freeman, J., Carroll, G. R., Hannan, M. T. The liability of newness: age dependence in organizational death rates. American Sociological Review, 1983,

48 (5): 692-710.

57. Friedman, M. The methodology of positive economic. Chicago: Chicago University Press, 1953.

58. Gersick, C. J. & Hackman, J. R. Habitual routines in task-performing groups. Organizational Behaviour and Human Decision Process, 1990, 47 (1): 65-97.

59. Gibson, C. B. & Birkinshaw, J. The antecedents, consequences and mediating role of organizational ambidexterity. Academy of Management Journal, 2004, 47 (2): 209-226.

60. Giddens, A. The Constitution of Society: Outline of the Theory of Structuration, Polity Press: Cambridge, 1984.

61. Gupta, A. K., Smith, K. G. & Shalley, C. E. The interplay between exploration and exploitation. Academy of Management Journal, 2006, 49 (4): 693-706.

62. Hannan, M. T., Freeman, J. The population ecology of organizations. American Journal of Sociology, 1977, 82 (5): 929-964.

63. Hannan, M. T., Freeman, J. Structural inertia and organizational change. American Sociological Review, 1984, 49 (2): 149-164.

64. Hannan, M. T., Freeman, J. Organizational Ecology. Cambridge, MA: Harvard University Press, 1989.

65. Hannan, M. T., Carroll, G. R. Dynamics of organizational populations: density, legitimation, and competition. New York: Oxford University Press, 1992.

66. Hawley, A. H. Human ecology, in David, L. S. (Eds.), International Encyclopedia of the Social Sciences. New York: Macmillan, 1968.

67. He, Z. L. & Wong, P. K. Exploration vs. exploitation: an empirical test of the ambidexterity hypothesis. Organization Science, 2004, 15 (4): 481-494.

68. Helfat, C. E. & Peteraf, M. A. The dynamic resource-based view: capability lifecycles. Strategic Management Journal, 2003, 24 (10): 997-1010.

69. Helfat, C., Fibkelstein, S., Mitchell, W., Peterafm, M. A., Singh, H., Teece, D. & Winter, S. G. Dynamic Capabilities: Understanding Strategic Change in Organizations. Malden, MA: Blackwell, 2007.

70. Hodgson, G. M. Economics and Institutions. Polity Press: Oxford, 1988.

71. Holland, J. Adaptation in Natural and Artificial Systems. MIT Press, 1992.

72. Judge, W. Q. & Blocker, C. P. Organizational capacity for change and strategic ambidexterity. European Journal of Marketing, 2008, 42 (9-10): 915-926.

73. Kiuchi, T., Shireman, B. What we learned in the rainforest: business

lessons from nature: innovation, growth, profit, and sustainability at 20 of the world's top companies. San Francisco: Berrett-Koehler Publishers, 2002.

74. Klepper, S. Firm survival and the evolution of Oligopoly. The RAND Journal of Economics, 2002, 33 (1): 37 - 61.

75. Klepper, S. Firm Capabilities and industry evolution: the case of the U. S. automobile industry. The NW Meeting of DRUID, Aalborg, 2001.

76. Krell, T. C. Organizational longevity and technological change. Journal of Organizational Change Management, 2000, 13 (1): 8 - 13.

77. Kreps, D. , Rober, W. Reputation and Imperfect Information. Journal of Economic Theory, 1982, 27 (2): 253 - 279.

78. Kumagai, T. On the trading life cycle of the principal export commodities in Japan. Proceeding of the International Conference on Industrial Systems Engineering and Management in Developing Countries, Asian Institute of Technology.

79. Lant, T. K. , Mezias, S. J. Managing discontinuous change: a simulation study of organizational learning and entrepreneurship, Strategic Management Journal, 1990, 11 (special issue): 147 - 179.

80. Levin, R. Complexity life at the edge of chaos. Chicago: The University of Chicago Press, 1999.

81. Levinthal, D. & March, J. The myopia of learning. Strategic Management Journal, 1993, 14 (2): 95 - 112.

82. Lewin, A. Y. , Massini, S. & Peeters, C. Microfoundations of internal and external absorptive capacity routines. Organization Science, 2011, 22 (1): 81 - 98.

83. Lewin, A. Y. & Volberda, H. W. Prolegomena on coevolution: a framework for research on strategy and new organizational forms. Organization Science, 1999, 10 (5): 519 - 534.

84. Lichtenstein, G. A. The significance of relationships in entrepreneurship: a case study of the ecology of enterprise in two buiness incubators. Philadelphia: University of Pennsylvania, 1992.

85. Lubatkin, M. H. , Z. Simsek, Ling, Y. & Veiga, J. F. Ambidexterity and performance in small-to medium-sized firms: the pivotal role of top management team behavioral integration. Journal of Management, 2006, 32 (5): 646 - 672.

86. Marco Iansiti, Ray Levien. Strategy as Ecology. Harvard Business Review, 2004, 82 (3): 68 - 78.

87. March, J. G. & Simon, H. A. Organizations. New York: Wiley, 1958.

88. March, J. G. Exploration and exploitation in organizational learning. Organization Science, 1991, 2 (1): 71 - 87.

89. Marple, D. Technological innovation and organizational survival: a population ecology study of nineteenth-century American railroads, Sociological Quarterly, 1982, 23 (1): 107 - 116.

90. Marret, C. B. Influence on the rise of new organizations: the formation of women's medical societies. Administrative Science Quarterly, 1980, 25 (2): 185 - 199.

91. Maynard Smith, J., Price, G. R. The logic of animal conflicts. Nature, 1973, 246 (2): 15 - 18.

92. Meyer, J., Rowan, B. Institutionalized organizations: formal structures as myth and ceremony. American Journal of Sociology, 1977, 83 (2): 340 - 363.

93. Meyer, M. W. & Zucker, L. G. Permanently Failing Organizations. Newbury Park, California: Sage Publications, 1989.

94. Ming, P. A. Thriving in the new: implication of exploration on organizational longevity. Journal of Management, 2010, 36 (6): 1529 - 1554.

95. Montuori, L. A. Organizational longevity: integrating systems thinking, learning and conceptual complexity. Journal of Organizational Change Management, 2000, 13 (1): 61 - 73.

96. Moore, J. F. The death of competition: leadership and strategy in the age of business ecosystems. New York: Harper Paperbacks, 1996.

97. Nelson, R. R. & Winter, S. G. An Evolutionary Theory of Economic Change. Cambridge MA: Belknap Press, 1982.

98. O'Reilly, C. A., Harreld, J. B. & Tushman, M. L. Organizational ambidexterity: IBM and emerging business opportunities. California Management Review, 2009, 51 (4): 75 - 99.

99. O'Reilly, C. A. & Tushman, M. L. Ambidexterity as a dynamic capability: resolving the innovator's dilemma. Research in Organizational Behavior, 2008, 28: 185 - 206.

100. Pascale, R. T. Managing on the Edge: Companies that Use Conflict to Stay Ahead. New York: Simon and Schuster, 1990.

101. Peli, G., Bruggeman, J., Masuch, M., Nuallain, B. O. A logical approach to formalizing organizational ecology. American Sociological Review, 1994, 59 (4): 571 - 593.

102. Pentland, B. T. & Rueter H. Organizational routines as grammars of ac-

tion, Administrative Science Quarterly, 1994, 39 (3): 484 – 510.

103. Pentland, B. T. & Feldman, M. S. Organizational routines as a unit of analysis. Industrial and Corporate Change, 2005, 14 (5): 793 – 815.

104. Pentland, B. T., Hoerem, T. & Hillison, D. Comparing organizational routines as recurrent patterns of action. Organization Studies, 2010, 37 (7): 917 – 940.

105. Pennings, J. M. Organizational birth frequencies: an empirical investigation. Administrative Science Quarterly, 1982, 27 (1): 120 – 144.

106. Petersen, T., Koput, K. W. Density dependence in organizational mortality: legitimacy or unobserved heterogeneity? American Sociological Review, 1991, 56 (3): 399 – 409.

107. Pettigrew, A. M. Longitudinal field research on change: theory and practice. Organization Science, 1990, 1 (3): 267 – 292.

108. Pfeffer, J. M., Salancik, G. R. The external control of organization: a resource dependence perspective. New York: Harper & Row, 1978.

109. Power, T., Jerjian, G. Ecosystem: living the 12 principles of networked business. Harlow: Financial Times Prentice Hall, 2001.

110. Raisch, S. & J. Birkinshaw. Organizational ambidexterity: antecedents, outcomes, and moderators. Journal of Management, 2008, 34 (3): 375 – 409.

111. Raisch, S., Birkinshaw, J., Probst, G. & Tushman, M. Organizational ambidexterity: balancing exploitation and exploration for sustained performance. Organizational Science, 2009, 20 (4): 685 – 795.

112. Salvato, C. & Rerup, C. Beyond collective entities: multilevel research on organizational routines and capabilities. Journal of Management, 2011, 37 (2): 468 – 490.

113. Sanjiv, G., Gajen, K. The new buiness ecosystem. Strategy & Leadership, 1998, 25 (5): 28 – 33.

114. Selten, R. A note on evolutionarily stable strategies in asymmetric animal conflicts. Journal of Theoretical Biology, 1980, 84 (1): 93 – 101.

115. Selten, R. Evolutionary stability in extensive two-person games. Mathematical Social Science, 1983, 5 (3): 269 – 363.

116. Selten, R. Evolutionary stability in extensive two-person games: correction and further development. Mathematical Social Science, 1988, 16 (3): 93 – 101.

117. Schafer, M. E. Evolutionarily stable strategies for a finite population and a variable contest size. Journal of Theoretical Biology, 1988, 132 (4): 469 – 478.

118. Scruggs, J. T. Noise trader risk: evidence from the Siamese twins. Journal of Financial Markets, 2007, 10 (1): 76 – 105.

119. Simon, H. A Behavior Model of Rational Choice. Quarterly Journal of Economics, 1955, 69 (1): 99 – 118.

120. Simsek, Z. Organizational ambidexterity: towards a multilevel understanding. Journal of Management Studies, 2009, 46 (4): 597 – 624.

121. Simsek, Z., Heavey, C., Veiga, J. F. & Souder, D. A typology for aligning organizational ambidexterity's conceptualizations, antecedents, and outcomes. Journal of Management Studies, 2009, 46 (5): 864 – 894.

122. Singh, J. V. Organizational evolution: new directions. Newbury Park, CA: Sage, 1990.

123. Smith, W. K. & Tushman, M. L. Managing strategic contradictions: a top management model for managing innovation streams. Organization Science, 2005, 16 (5): 522 – 536.

124. Stadler, C. The four principles of enduring success. Harvard Business Review, 2007, 85 (7): 62 – 72.

125. Stubbart, C. I. & Knight, M. B. The case of the disappearing firms: empirical evidence and implications. Journal of Organizational Behavior, 2006, 27 (1): 79 – 100.

126. Suárez, F. F. & Utterback, J. M. Dominant designs and the survival of firms. Strategic Management Journal, 1995, 16 (6): 415 – 430.

127. Suan, Tan Sen. Enterprise Ecology. Singapore Management Review, 1996, 8 (2): 51 – 63.

128. Sutton, R. I. The process of organizational death: disbanding and reconnecting. Administrative Science Quarterly, 1987, 32 (4): 542 – 569.

129. Swaminathan, A., Delacroix, J. Differentiation within an organizational population: additional evidence from the wine industry. The Academy of Management Journal, 1991, 34 (3): 679 – 692.

130. Swinkels, J. Adjustment dynamics and rational play in games. Games and Economics Behavior, 1993, 5 (3): 455 – 484.

131. Tan, J. & Peng, M. W. Organizational slack and firm performance during economic transitions: two studies from an emerging economy. Strategic Management Journal, 2003, 24 (13): 1249 – 1263.

132. Taylor, P., Jonker, L. Evolutionarily stable strategy and game dynam-

ics. Mathematical Biosciences, 1978, 40 (1 – 2): 145 – 156.

133. Teece, D. J., Pisano, G. & Schuen, A. Dynamic capabilities and strategic management. Strategic Management Journal, 1997, 18 (7): 509 – 533.

134. Teece, D. J. Explicating dynamic capabilities: the nature and microfoundations of (sustainable) enterprise performance. Strategic Management Journal, 2007, 28 (13): 1319 – 1350.

135. Tushman, M. L. & O'Reilly, C. A. Ambidextrous organizations: Managing evolutionary and revolutionary change. California Management Review, 1996, 38 (4): 8 – 30.

136. Van Driel, H. & Dolfsma, W. Path dependence, initial conditions, and routines in organizations: The Toyota production system re-examined. Journal of Organizational Change Management, 2009, 22 (1): 49 – 72.

137. Van Zanden, J. L., Howarth, S., Jonker, J. & Sluijterman, K. A History of Royal Dutch Shell. From Challenger to Joint Industry Leader, 1890 – 1939, 1939 – 1973, 1973 – 2007. 3 volumes and Appendices. New York: Oxford University Press, 2007.

138. Veblen, T. Why is economics not an evolutionary science. Quarterly Journal of Economics, 1898, 12 (4): 373 – 397.

139. Volberda, H. W. & Lewin, A. Y. Co-evolutionary dynamics within and between firms: from evolution to co-evolution. Journal of Management Studies, 2003, 40 (8): 2111 – 2136.

140. Williamson, O. E. Market and Hierarchies: Analysis and Anti-trust Implications. New York: Free Press, 1975.

141. Wernerfelt, B. A resource-based view of the firm. Strategic Management Journal, 1984, 5 (2): 171 – 180.

142. Wholey, D. R., Christianson, J. B., Sanchez, S. The effect of physician and corporate interests on the formation of health maintenance organizations, American Journal of Sociology, 1993, 99 (1): 164 – 200.

143. Winter, S. G. Schumpeterian competition in alternative technological regimes. Journal of Economic Behavior and Organization, 1984, 5 (3 – 4): 287 – 320.

144. Winter, S. G. The satisficing principle in capability learning. Strategic Management Journal, 2000, 21 (10 – 11): 981 – 996.

145. Winter, S. G. Understanding dynamic capabilities. Strategic Management Journal, 2003, 24 (10): 991 – 995.

146. Zollo, M. & Winter, S. G. Deliberate learning and the evolution of

dynamic capabilities. Organizational Science, 2002, 13（3）：339 – 351.

147. ［美］H. T. Odum，将有绪，徐德应译. 系统生态学［M］. 北京：科学出版社，1993.

148. ［美］阿里·德赫斯·王晓霞译. 长寿公司［M］. 北京：经济日报出版社，1998.

149. ［美］伊查克·艾迪斯. 企业生命周期［M］. 北京：中国社会科学出版社，1997.

150. ［美］罗启义著，王晓路译. 企业生理学——企业活力探源［M］. 北京：新华出版社，2001.

151. ［美］比尔·舍尔曼. 潘海燕译. 企业的自然课——从雨林中寻求持续盈利的商业法则［M］. 北京：机械工业出版社，2003.

152. ［美］理查德·L·达夫特著，王凤彬译. 组织理论与设计［M］. 北京：清华大学出版社，2003.

153. ［美］保罗·霍肯，夏善晨等译. 商业生态学［M］. 上海：上海译文出版社，2001.

154. ［美］欧文·拉兹洛等，文昭译. 管理的新思维［M］. 北京：社会科学文献出版社，2001.

155. ［美］肯·巴斯金，刘文军译. 公司DNA：来自生物的启示［M］. 北京：中信出版社，2001.

156. ［美］理查德·R·纳尔逊，悉尼·G·温特. 经济变迁的演化理论［M］. 北京：商务印书馆，1997.

157. ［美］斯蒂格勒. 产业组织与政府管制［M］. 上海：上海人民出版社，1996.

158. ［荷］约翰·C·奥瑞克等著，高远洋等译. 企业基因重组［M］. 北京：电子工业出版社，2003.

159. ［美］梅尔达德·巴格海著，奚博铨等译. 增长炼金术：企业启动和持续增长之秘诀［M］. 北京：经济科学出版社，1999.

160. ［美］塞斯·戈丁. 李茂林等译. 公司进化［M］. 沈阳：辽宁教育出版社，2003.

161. ［美］肯尼斯·普瑞斯. 以合作求竞争［M］. 沈阳：辽宁教育出版社，1998.

162. ［美］伯格曼等著，陈劲，王毅译. 技术与创新的战略管理［M］. 北京：机械工业出版社，2004.

163. 本杰明·古莫斯－卡瑟尔斯著，吴镝译. 竞争的革命［M］. 广州：

中山大学出版社, 2002.

164. 詹姆斯·弗·穆尔著, 梁俊等译. 竞争的衰亡 [M]. 北京: 北京出版社, 1999.

165. 阿尔弗雷德·钱德勒等编, 吴晓波等译. 透视动态企业 [M]. 北京: 机械工业出版社, 2005.

166. 格雷德尔, 艾伦比著, 施涵译. 产业生态学 [M]. 北京: 清华大学出版社, 2004.

167. 刘东. 企业网络论 [M]. 北京: 中国人民大学出版社, 2003.

168. 席酉民. 经济管理基础 [M]. 北京: 高等教育出版社, 1998.

169. 席酉民. 管理研究 [M]. 北京: 机械工业出版社, 2000.

170. 罗珉. 管理理论的新发展 [M]. 成都: 西南财经大学出版社, 2003.

171. 孙成章. 现代企业生态概论——企业五五五管理法 [M]. 北京: 经济管理出版社, 1996.

172. 唐海滨. 企业生命的秘密——兼论与社会科学有关的话题 [M]. 北京: 经济出版社, 2002.

173. 王玉. 企业进化的战略选择 [M]. 上海: 上海财经大学出版社, 1997.

174. 王玉. 公司进化 [M]. 北京: 企业管理出版社, 2002.

175. 韩福荣, 徐艳梅. 合营企业稳定性与寿命周期 [M]. 北京: 中国发展出版社, 1997.

176. 韩福荣, 徐艳梅. 企业仿生学 [M]. 北京: 企业管理出版社, 2001.

177. 杨丁元. 业竞天择——高科技产业生态 [M]. 北京: 航天工业出版社, 1999.

178. 陈天乙. 生态学基础教程 [M]. 天津: 南开大学出版社, 1995.

179. 马世骏. 现代生态学透视 [M]. 北京: 科学出版社, 1990.

180. 戈峰主编. 现代生态学 [M]. 北京: 科学出版社, 2002.

181. 尚玉昌. 行为生态学 [M]. 北京: 北京大学出版社, 2001.

182. 李博. 生态学 [M]. 北京: 高等教育出版社, 2002.

183. 张军. 合作团体的经济学: 一个文献综述 [M]. 上海: 上海财经大学出版社, 1999.

184. 张恩迪, 康蔼黎. 追捕与逃亡: 行为生态学 [M]. 上海: 上海科学技术出版社, 2002.

185. 熊彼特. 资本主义、社会主义和民主主义 [M]. 北京: 商务印书馆，1979.

186. 熊彼特. 经济发展理论 [M]. 北京：商务印书馆，1987.

187. 谢伟. 追赶和价格战：中国彩电和轿车工业的实证分析 [M]. 北京：经济管理出版社，2001.

188. 王伯荪编. 植物群落学 [M]. 北京：高等教育出版社，1989.

189. 李难编著. 进化论教程 [M]. 北京：高等教育出版社，1990.

190. 张福森. 中关村改革风云纪事 [M]. 北京：科学出版社，2008.

191. 中国科技发展战略研究小组. 中国区域创新能力报告（2001）[M]. 北京：中共中央党校出版社，2002.

192. 钟坚. 世界硅谷模式的制度分析 [M]. 北京：中国社会科学出版社，2001.

193. 杨小凯，黄有光. 专业化与经济组织——一种新兴古典微观经济学框架 [M]. 北京：经济科学出版社，1993.

194. 韩孝成. 中关村科技园区发展机制研究 [D]. 北京：中共中央党校，2002.

195. 李少斌. 进化博弈论与企业家形成机制研究 [M]. 北京：经济科学出版社，2005.

196. 张维迎. 博弈论与信息经济学 [M]. 上海：上海人民出版社，2004.

197. 秦海. 制度、演化与路径依赖 [M]. 北京：中国财政经济出版社，2004.

198. 陈平. 文明分岔、经济混沌和演化经济学动力学 [M]. 北京：北京大学出版社，2004.

199. 梅特卡夫著，冯健译. 演化经济学与创造性毁灭 [M]. 北京：中国人民大学出版社，2007.

200. 贾根良. 演化经济学：经济学革命的策源地 [M]. 太原：山西人民出版社，2004.

201. [日] 井口富夫. 战后日本生产集中度的变化 [C]. 六甲台论集，1975.

202. 北京晨报. 北京经济增长中关村贡献两成 [N]. 2012年03月06日.

203. 中关村国家自主创新示范区发展规划纲要（2011-2020年）[R].

204. 中关村国家自主创新示范区核心区"十二五"时期发展规划（2011-2015年）[R].

205. 黄凯南. 企业和产业共同演化理论研究 [D]. 济南：山东大学，2007.

206. 万茭屏. 从组织生态理论观点探讨组织生死与组织转变 [D]. 台

北：国立中央大学人力资源管理研究所，2000.

207. 谢扬林. 中关村 IT 企业创业管理研究［D］. 西安：西安理工大学，2003.

208. 韩孝成. 中关村科技园区发展机制研究［D］. 北京：中共中央党校，2003.

209. 李晔. 新竹科学工业园区与中关村科技园区发展模式的比较分析［D］. 天津：天津大学，2005.

210. 梁志刚. 论中关村的自主创新与发展［D］. 北京：中央民族大学，2006.

211. 钮亚敏. 中关村科技园区昌平园产业集群［D］. 北京：北京大学，2007.

212. 孙华. 商业银行客户信贷风险预警体系研究［D］. 武汉：武汉理工大学，2008.

213. 易蔚. 中关村"硅谷模式"的探索历程考察［D］. 北京：中国科学院研究生院，2006.

214. 赵枫. 基于商业生态系统的团队效能评价模型研究［D］. 上海：同济大学，2007.

215. 吴光飙. 企业发展分析：一种以惯例为基础的演化论观点［D］. 上海：复旦大学，2002.

216. 李鑫. 基于惯例变异的战略变革过程研究［D］. 上海：复旦大学，2005.

217. 徐建平. 组织惯例的演化机制及其效能研究：基于学习视角［D］. 杭州：浙江大学，2009.

218. 刘洪涛，李垣，王磊. 当代企业战略研究的理论基础综述［J］. 经济学动态，1999，2：64-67.

219. 罗珉. 组织理论的新发展——种群生态学理论的贡献［J］. 外国经济与管理，2001，10：34-37.

220. 张长元. 构建企业生态学人格［J］. 环境科学进展，1998，6：82-86.

221. 邹凤岭. 欧美构筑现代企业模式强化竞争新动向［J］. 财贸论坛，1998，12：47-49.

222. 许亮. 谈现代企业商业生态系统的建立［J］. 昆明理工大学学报，1998，4：38-41.

223. 蓝海林，谢洪明. 企业战略的抽象群及其演化引论［J］. 管理工程学报，2003，4：55-60.

224. 梁嘉骅,葛振忠,范建平. 企业生态与企业发展[J]. 管理科学学报,2002,2:34-40.

225. 齐振彪,齐振宏. 组织及其智能优势:组织生态学的新视角[J]. 科技进步与对策,2002,10:18-20.

226. 陈佳贵. 关于企业生命周期与企业蜕变的探讨[J]. 中国工业经济,1995,11:5-13.

227. 肖海林. 企业生命周期理论辨析[J]. 学术论坛,2003,1:65-67.

228. 贾根良. 演化经济学:21世纪经济学的主旋律[J]. 天津商学院学报,2005,3:1-5.

229. 贾根良. 演化经济学:现代流派与创造性综合[J]. 学术月刊,2002,12:13-19.

230. 任佩瑜,林兴国. 基于复杂性科学的企业生命周期研究[J]. 四川大学学报,2003,6:35-39.

231. 韩永学. 企业生命周期的二阶段多重性周期曲线与混沌边界管理[J]. 商业经济与管理,2004,1:20-23.

232. 韩永学. "后结构主义"思维框架下的企业生命有机体理论研究[J]. 北方论丛,2005,3:145-149.

233. 陆玲,黄稼跃. 企业生态健康理论基础探讨[J]. 中国生态学学会通讯,2000年特刊:18-20.

234. 周晖,彭星闾. 企业生命模型初探[J]. 中国软科学,2000,10:36-40.

235. 冯德连. 中小企业与大企业共生模式的分析[J]. 财经研究,2000,6:35-42.

236. 王强. 企业失败定义研究[J]. 北京工业大学学报(社会科学版),2002,1:21-26.

237. 周洁. 企业集群的共生模型及稳定性分析[J]. 系统工程,2003,4:32-37.

238. 张涛,晏文胜. 高科技企业的"捕食"模型及资源瓶颈问题分析[J]. 科研管理,2003,3:75-78.

239. 张红岩. 企业生命形态的病理研究[J]. 马钢职工大学学报,2003,4:70-72.

240. 万伦来. 企业生态位及其评价方法研究[J]. 中国软科学,2004,1:73-78.

241. 李文华,韩福荣. 企业生态位参数计测方法研究[J]. 北京工业大学学报,2006,4.

242. 刘友金,罗发友. 企业技术创新集群行为的行为生态学研究——一个分析框架的提出与构思 [J]. 中国软科学, 2004, 1: 68-72.

243. 毛凯军,田敏,许庆瑞. 基于复杂系统理论的企业集群进化动力研究 [J]. 科研管理, 2004, 4: 110-115.

244. 杨忠直,陈炳富. 商业生态学与商业生态工程探讨 [J]. 自然辩证法通讯, 2003, 4: 55-61.

245. 王育民. 高科技产业生态与林业产业的竞争力 [J]. 林业经济, 2003, 3: 27-33.

246. 蒋德鹏,盛昭瀚. 基于产业进化模型的主导产业策略分析 [J]. 东南大学学报(自然科学版), 2000, 3: 1-6.

247. 谢识予. 有限理性条件下的进化博弈理论 [J]. 上海财经大学学报, 2001, 10: 3-9.

248. 张良桥. 论进化稳定策略 [J]. 经济评论, 2003, 2: 70-74.

249. 张良桥. 进化博弈基本动态理论 [J]. 中国经济评论, 2003, 5: 58-64.

250. 达庆利,张骥骧. 有限理性条件下进化博弈均衡的稳定性分析 [J]. 系统工程理论方法应用, 2006, 6: 279-284.

251. 赵晗萍,冯允成,蒋家东. 进化博弈模型中有限理性个体学习机制设计框架 [J]. 系统工程, 2005, 9: 16-19.

252. 颜爱民,刘志成,刘媛. 组织惯例研究述评 [J]. 中南大学学报, 2007, 4: 187-192.

253. 高展军,李垣. 组织惯例及其演进研究 [J]. 科研管理, 2007, 5: 142-147.

254. 万伦来,达庆利,黄熙. 虚拟企业类生物特征及其生长机理透视 [J]. 科研管理, 2001, 5: 32-36.

255. 袁智德,宣国良. 产业生态与高科技产业的发展 [J]. 科学·经济·社会, 2000, 2: 53-57.

256. 林共市. 高科技产业生态与中国台湾新竹科学工业园区的发展 [J]. 科技进步与对策, 2002, 8: 49-51.

257. 郝刚,胡悦,张东生. 区域产业生态分析框架 [J]. 科学学与科学技术管理, 2002, 3: 91-94.

258. 姚群峰. 论3G产业生态 [J]. 现代电信科技, 2003, 8: 30-35.

259. 王兆华,武春友. 基于交易费用理论的生态工业园中企业共生机理研究 [J]. 科学学与科学技术管理, 2002, 8: 9-13.

260. 王兆华,武春友,王国红. 生态工业园中两种工业共生模式比较研究[J]. 软科学, 2002, 2: 11-14.

261. 林瑞基. 企业兼并与破产的组织人口生态学解释[J]. 经济体制改革, 2002, 4: 54-58.

262. 林瑞基. 企业组织发育与死亡的影响因素[J]. 工业企业管理, 2001.11: 51-55.

263. 郑如霞. 从生态理论探索研究中小企业的成长[J]. 工业技术经济, 2002, 5: 84-86.

264. 杨忠直. 企业生态学引论[M]. 北京: 科学出版社, 2003.

265. 杜惠平, 杜和平, 赵为粮. 电子信息产品制造业产业链分析[J]. 重庆邮电大学学报 (社会科学版), 2002, 11: 35-39.

266. 熊炜烨, 张圣亮. 基于生态系统的我国宽带产业发展对策研究[J]. 管理评论, 2004, 7: 34-37.

267. 徐艳梅, 柳玉峰. 竞争格局与成像产业生态实证分析[J]. 研究与发展管理, 2004, 2: 33-38.

268. 陈静. 上市公司财务恶化预测的实证分析[J]. 会计研究, 1999, 4: 31-38.

269. 陈晓, 陈治鸿. 企业财务困境研究的理论、方法及应用[J]. 投资研究, 2000, 6: 29-33.

270. 杜国柱, 舒华英. 企业商业生态系统理论研究现状及展望[J]. 经济与管理研究, 2007, 7: 75-79.

271. 杜国柱, 王博涛. 企业商业生态系统健壮性内涵研究[J]. 当代经济, 2007, 6: 48-49.

272. 杜国柱, 王博涛. 商业生态系统与自然生态系统的比较研究[J]. 北京邮电大学学报 (社科版), 2007, 5: 34-38.

273. 冯益. 集群、价值网络与商业生态系统[J]. 经营管理者, 2011, 12: 48.

274. 高雪莲. 北京高科技产业集群衍生效应及其影响分析[J]. 地域研究与开发, 2009, 28 (1): 47-52.

275. 辜胜阻, 李俊杰. 区域创业文化与发展模式比较研究[J]. 武汉大学学报 (哲学社会科学版), 2007, 60 (1): 5-11.

276. 顾晓安. 公司财务预警系统的构建[J]. 财经论丛 (浙江财经学院学报), 2000, (4): 65-71.

277. 胡岗岚, 卢向华, 黄丽华. 电子商务生态系统及其协调机制研究[J]. 软科学, 2009, 23 (9): 5-10.

278. 季洪芳,顾力刚. 基于商业生态系统的企业战略协同[J]. 企业管理,2012,2:98-99.

279. 姜秀华,任强,孙铮. 上市公司财务危机预警模型研究[J]. 预测,2002,21(3):56-61.

280. 李爱玉. 健康商业生态系统的评价量化模型[J]. 华北水利水电学院学报,2011,32(1):139-141.

281. 李强,揭筱纹. 商业生态系统网络核心企业价值评价研究[J]. 科技进步与对策,2012,29(4):110-114.

282. 李文清,贾岷江. IT产业集群发展的实证研究——中关村、新竹和硅谷案例的比较[J]. 当代经济,2006,7:130-131.

283. 李永发,田秀华. 论商业生态系统理论的核心主张[J]. 生产力研究,2009,15:24-25.

284. 李志坚,颜爱民,徐晓飞. 商业生态系统的复杂适应性研究[J]. 矿冶工程,2008,28(3):124-128.

285. 梁运文,谭力文. 商业生态系统价值结构、企业角色与战略选择[J]. 南开商业评论,2005,8(1):57-63.

286. 刘文婷,王建明. 国内外区域创新能力评价研究综述[J]. 科技与经济,2008,6:21-23.

287. 刘晓敏. 国家创新能力预警信息系统研究[J]. 情报科学,2001,19(3):228-230.

288. 陆杉,高阳. 供应链的协同合作:基于商业生态系统的分析[J]. 管理世界,2007,5:160-161.

289. 陆瑜萍. 高新技术产业集群的创新体系研究[J]. 中国商界,2008,9:135.

290. 潘剑英,王重鸣. 商业生态系统理论模型回顾与研究展望[J]. 外国经济与管理,2012,34(9):51-58.

291. 潘军,黄昕. 一种新的视角——商业生态系统观[J]. 生态经济,2004,8:172-176.

292. 孙连才,王宗军. 基于动态能力理论的商业生态系统下企业商业模式指标评价体系[J]. 管理世界,2011,5:184-185.

293. 田秀华,聂清凯,夏健明,李永发. 商业生态系统视角下企业互动关系模型构建研究[J]. 南方经济,2006,4:50-57.

294. 王兴元. 商业生态系统理论及其研究意义[J]. 科技进步与对策,2005,2:175-177.

295. 吴世农，卢贤义．我国上市公司财务困境的预测模型研究［J］．经济研究，2001，6：46－55．

296. 杨保安，季海，徐晶，温金祥．BP神经网络在企业财务危机预警之应用［J］．预测，2001，20（2）：49－54．

297. 叶新凤，王智宁，吴欣宇．基于模糊评价的企业核心能力衰败的预警［J］．统计与决策，2009，3：186－188．

298. 殷晓莉，王里克．区域科技创新能力评价研究［J］．生产力研究，2006，6：99－100．

299. 张爱民，祝春山，许丹健．上市公司财务失败的主成分预测模型及其实证研究［J］．金融研究，2001，3：10－25．

300. 张金萍，周游．基于商业生态系统的企业竞争战略［J］．管理世界，2005，6：159－160．

301. 张玲．财务危机预警分析判别模型［J］．数量经济技术经济研究，2000，3：49－51．

302. 张文红．商业生态系统健康评价方法研究［J］．管理现代化．2007，5：40－42．

303. 张友棠．财务预警系统管理研究［J］．财会通讯，2004，1：63－67．

304. 张逾坤，吴见平，管连龙．区域科技创新能力的动态评估及实证分析［J］．华东经济管理，2007，21（1）：90－94．

305. 赵湘莲，陈桂英．未来新的商业模式——商业生态系统［J］．经济纵横，2007，4：79－81．

306. 甄峰，黄朝永，罗守贵．区域创新能力评价指标体系研究［J］．科学管理研究，2000，18（6）：5－8．

307. 钟耕深，崔祯珍．商业生态系统理论及其发展方向［J］．东岳论丛，2009，30（6）：27－33．

308. 周首华，杨济华，王平．论财务危机的预警分析——F分数模式［J］．会计研究，1996，8：8－11．

309. 周游，徐婷婷．商业生态系统的复杂性思考［J］．哈尔滨商业大学学报（社会科学版），2010，1：84－88．

310. 朱海就．区域创新能力评估的指标体系研究［J］．科研管理，2004，25（3）：30－35．

311. 朱怀意，高涌．核心能力战略危机预警系统设计原理与方法［J］．软科学，2002，16（5）：13－16．

# 后　　记

从生态的视角考察和分析经济组织并不是什么新鲜事，马歇尔早有"生物学是经济学的麦加"的断言，但组织生态学真正的快速发展，是近些年的事情。越来越多的学者将目光投向这一领域，似是相互影响、相互启示的结果，但从作品出版的年代看，实则是不谋而合。如《基业长青》、《长寿公司》、《公司 DNA》、《企业生命周期》、《企业基因重组》、《企业的自然课——从雨林寻找持续盈利的商业法则》、《企业生理学》、《企业仿生学》、《业竞天择——台湾 IC 产业生态研究》等著作的出版发行及畅销。

为什么会在世纪之交出现这种转变或趋势？最主要的原因当然是革命性的技术创新导致的经济环境急剧变化的结果。与此同时，也是管理学理论发展的一种必然结果。

我们的团队涉入这一研究领域，粗粗算来应该有不下十几年的时间，这尚不包括此前的那些潜在研究。但实际上，却正是此前那些"不相干"的内容，形成了思路上的"锁定"，成为日后研究方向的路径依赖。

最早可追溯至 20 世纪 80 年代末、90 年代初开始的中外合营企业稳定性研究。其时，中国改革开放，大量中外合营企业兴办，随之出现一系列管理现实问题需要破解，我们承接了由北京工业大学韩福荣教授（我的博士生导师）主持的国家自然科学基金项目"合营企业稳定性与寿命周期研究"和其他一些省部级课题及企业委托项目，围绕合营企业的生存、发展展开研究。在这些研究当中，一个重要的内容是：合营企业稳定性的判定标准，由此，进一步引申出另一个命题：合营企业寿命周期的影响因素。于是，初具了仿生意味"生命周期"概念被纳入分析视野，企业仿生研究的序幕开启。当时，我们将合营企业寿命周期界定为"法定寿命周期"（合营企业注册生命周期）和"自然寿命周期"（合营企业实际存活时间）。其后，一个偶然的机会，接触到日本"企业商业年龄"的概念及其完整的研究成果，兴奋不已的同时也为之大振，由此，企业仿生研究的意念开始萌发，但时隐时现，若即若离。1998 年，由韩福荣教授主持，再次承接北京市自然科学基金项目"企业技术进步及产业转移的仿生研究"，至此，主题明确、方向明确、目标明确的企业仿生研究正式开启。

2001年，作为研究成果的《企业仿生学》一书出版。

再其后，研究开始向纵深方向发展，围绕自然生态系统的生态系谱概念，渐次进入生物个体（微观企业）、生物种群（中观产业）、生物群落（宏观系统）三个不同层面的分析。微观层面，为开展有关企业基因变异、企业进化的研究，刻意选取具有长期历史积淀的老字号企业作为关注对象，在这一过程中，北京几家著名的老字号企业，如便宜坊、全聚德、张一元、六必居、大明眼镜等均被纳入调研范围，其间，原北京市老字号企业协会高以道先生给予了大量无私的帮助。中观及宏观层面，为进一步了解种群结构、生态因子、协同进化等产业特征，先后对中关村高新技术产业集群、北京望京高科技产业集群、北京高碑店文化产业集群等进行了多次调研、走访、考察、追踪，完成了国家自然自然科学基金项目"企业生命力评价及企业商业年龄模型研究"和北京市自然科学基金项目"组织生态视角的区域科技创新能力预警研究"等。

严谨、规范、机械的学术，因为加入仿生，具有了生命力，平添诸多灵动和有机。其间，我的许多学生也痛并快乐地参与着、兴奋着、进步着。忆及当年韩福荣教授引我入门，及至今日我的学生继往开来，感慨良多，也欣慰良多。

参与本书工作的有于佳丽、雷蕾、龚先进、姚翔、刘龙、司高飞、李文明等。如今，他们有人在学，也有的已然步入工作岗位，在实践中寻求组织生命变迁的轨迹。

真诚地感谢经济科学出版社的刁其武、王东岗先生和侯晓霞女士。

徐艳梅

2013年4月于北京